네가 복되고 형통하리라

"평강의 주님께서
친히
때마다 일마다 평강을 주시며
복되고 형통하게 하시기를 기도합니다."

김장환

"여호와하나님을 경외하며
그의 길을 걷는 자마다
복이 있도다
네가 네 손이 수고한 대로 먹을 것이라
네가 복되고 형통하리로다"

-시편 128편 1,2절-

특별히 _____ 님께
이 소중한 책을 드립니다.

김장환 목사와 함께 / 경건생활 365일

네가 복되고 형통하리라

나침반

세상에서 가장 귀한 선물
(A Gift to The World)

미국 워싱턴 스미소니언(SmithSonian)박물관에는 '호프 다이아몬드'(The Hope Diamond)'라고 불리는 멋진 보석이 전시되어 있습니다. 45.52캐럿의 반짝이는 이 푸른 다이아몬드는 시가로 미화 2억 5000만 불인데, 이 다이아몬드는 누구도 손대거나 가져가지 못하도록 방탄유리 상자 안에 보관되어 자물쇠로 단단히 잠겨져있고, 감시카메라와 경보장치까지 해놓은 상태입니다. 그럼에도 지난 수십 년 동안, 세상 사람들은 이 귀한 보석에 대해 감탄하고 있습니다. 그런데 이 다이아몬드가 과연 세상 사람들에게 어떤 희망을 줄 수 있을까요?

반면에 예수님은 우리를 모든 죄에서 구원하시고 삶의 소망과 참된 기쁨을 주십니다. 죄로 죽은 우리에게 새 생명을 주신 주님의 사랑이야말로 인류 최고의 선물이자 희망입니다. 지난 수천 년 동안, 세상 사람들은 이 귀한 선물에 대해 경탄하고 있습니다.

우리나라 격언 중에 "오르지 못할 나무는 쳐다보지도 말라"는 말이 있습니다. 세상은 우리에게 포기와 절망을 강요합니다. 그러나 주님은 오늘도 "Try it!"(시도하라)고 말씀하십니다.

하나님의 말씀인 성경 시편 128편 1,2절 "하나님을 경외하며 그의 길을 걷는 자마다 복이 있도다... 네가 복되고 형통하리로다"라는 말씀이 당신에게 성취되길 기도합니다.

세상에서 가장 귀하고 값진 선물은 '예수 그리스도'의 구원입니다.

주님이 주시는 큰 선물을 받으시고 멋진 한해가 되기를 바랍니다.

형통케 하실 주님을 의지하며...

김장환(목사/극동방송-이사장)

1

월

"내가 네게 명령한 것이 아니냐
강하고 담대하라 두려워하지 말며 놀라지 말라
네가 어디로 가든지 네 하나님 여호와가
너와 함께 하느니라"
-여호수아 1:9-

행복한 한해를 위해 필요한 것

읽을 말씀 : 신 33:26-29

●신 33:29 ...너는 행복한 사람이로다 여호와의 구원을 너 같이 얻은 백성이 누구냐 그는 너를 돕는 방패시요 네 영광의 칼이시로다 네 대적이 네게 복종하리니 네가 그들의 높은 곳을 밟으리로다

'행복심리학'의 전문가 6명은 영국의 한 마을에서 이론이 실제로 효과가 있는지 실험을 했습니다. 그리고 다음과 같은 10가지 행복지침이 사람을 더 행복하게 만들어준다는 것을 발견했습니다.

01. 일주일에 3회, 30분씩 운동을 하라.

02. 자기 전에 하루 동안 감사해야할 일 5가지를 떠올려라.

03. 일주일에 한 시간 이상은 친밀한 사람과 대화를 나눠라.

04. 쉽게 키울 수 있는 식물을 하나 키워라.

05. TV 보는 시간을 절반 이상으로 줄여라.

06. 미소로 사람을 대하라. 낯선 사람이라도 하루 한 번은 인사를 해라.

07. 친구들에게 연락을 하고, 만날 약속을 잡아라.

08. 하루에 한 번은 유쾌하게 웃는 시간을 가져라.

09. 자신에게 작은 선물을 매일 주고, 그것을 즐겨라.

10. 매일 누군가에게 친절을 베풀어라.

우리가 생활에서 작은 노력으로도 할 수 있는 좋은 제안입니다. 그러나 행복한 삶은 하나님과 동행하면서 무엇인가를 할 때 이룰 수 있습니다. 행복을 주시는 분은 하나님이심을 잊지 말고 금년에도 때마다 일마다 주님을 의지하며 새로운 맘으로 때마다 일마다 하나님을 의지하십시오. 반드시 복되고 형통할 것입니다.

♥ 주님, 새로운 한해를 주심에 감사하며 다시 시작할 힘을 주소서.

▨ 금년에는 주님을 위해 매일 한가지씩 무슨 일을 할 지 결정하십시오.

나의 영적 일지

위기 속의 기회

읽을 말씀 : 신 30:15-20

● 신 30:20 네 하나님 여호와를 사랑하고 그의 말씀을 청종하며 또 그를 의지하라 그는 네 생명이시요 네 장수이시니 여호와께서 네 조상 아브라함과 이삭과 야곱에게 주리라고 맹세하신 땅에 네가 거주하리라

미국에 경제대공황이 찾아왔을 때 정말로 많은 회사와 공장이 문을 닫았습니다. 은행들도 빌려줄 돈이 없어 문을 닫았으며 심지어 학교까지 문을 닫을 정도였습니다. 많은 사람들이 일자리를 잃고 비관론에 빠져 스스로 목숨을 끊었습니다.

많은 사람들이 제 정신이 아니라고 말했지만 래코스는 실업자가 많고 물가가 싸진 대공황 때가 초고층 빌딩을 짓기에 적기라고 판단을 했습니다. 그렇게 약 3년에 걸쳐 완공된 '엠파이어스테이트 빌딩'은 전 세계적으로 유명한 고층빌딩의 대명사가 되었으면 래코스는 투자비용과 비교할 수 없을 정도로 큰 수익을 얻었습니다.

같은 시기에 존 템플턴이라는 투자가도 돈을 빌려 거의 망해버린 100개의 회사의 주식을 구입했습니다. 사람들은 미련한 짓이라고 손가락질했고, 실제로 그중 34개의 회사가 상장폐지를 당했습니다. 그러나 나머지 회사의 주식은 급격히 상승해 3년이 지나고 존 템플턴은 5배가 넘는 수익을 올렸으며 그 수익을 기반으로 자신의 투자회사를 세울 수 있었습니다.

시대가 아무리 어렵고, 환경이 아무리 척박해도 기회는 분명히 존재하고 있습니다. 세상에서 가장 값진 지혜인 성경을 통해 길을 찾고 전능한 하나님과 함께 그 길을 걸어가십시오. 반드시 복되고 형통할 것입니다.

💚 주님, 어려움을 극복할 수 있는 용기를 마음 속에 허락하소서.

🪹 어려운 상황과 위기 속에서도 주님으로 인해 담대하십시오.

나의 영적 일지

의미 있는 인생이란?

읽을 말씀 : 잠 19:20-29

● 잠 19:21 사람의 마음에는 많은 계획이 있어도 오직 여호와의 뜻만이 완전히 서리라

　'마음이 사는 집'이라는 베스트셀러의 저자인 세계적인 건축가 사라 수산카는 사람의 인생에 대해서 다음과 같이 말했습니다.

　"우리는 인생의 대부분을 일을 하면서 보냅니다. 그것도 대부분 남을 위해 일을 하고, 번 돈의 대부분은 또 생필품을 사는데 사용합니다. 거기서 돈을 더 벌면 더 맛있는 음식, 좋은 텔레비전, 명품을 구입하기 위해 노력합니다. 돈을 벌수록 고급스런 자가용과 넓은 집과 같이 더 비싼 투자를 합니다. 그리고도 돈이 남으면 은퇴시기를 위해 돈을 모아둡니다. 그렇게 60대에 은퇴를 하고 충분한 돈이 모였지만 당신은 이제 원하는 일을 하지 못합니다. 아니, 원하는 일이 무엇인지도 모릅니다. 결국 힘이 다 빠진 상태에서 요양원이나 자녀의 집에 얹혀 들어가 텔레비전이나 보며 소일을 하다 삶을 마칩니다."

　수산카는 가질수록 더 행복해지는 것처럼 삶이 단순하진 않으며 소유의 개념을 넘어서는 더 높은 차원의 생각이 사람들에게 필요하다고 말했습니다.

　인생은 하나님의 뜻을 이루며, 행복을 위한 수단이 되어야 하지 돈을 위한 수단이 되어서는 안 됩니다. 이 땅에 태어난 목표를 알고, 우리를 계획하신 분을 만나고, 그 분의 계획대로 사는 삶이 진정으로 행복한 삶입니다. 주님을 만남으로 진정한 행복을 찾으십시오. 반드시 복되고 형통할 것입니다.

♥ 주님, 참된 행복이 무엇인지 깨닫는 지혜를 주소서.

▧ 지금 원하는 목표를 모두 이루면 행복한 인생이 될지 생각해 보십시오.

나의 영적 일지

관심을 더하면 사랑

읽을 말씀 : 롬 15:1-13

1월 4일

● 롬 15:2 우리 각 사람이 이웃을 기쁘게 하되 선을 이루고 덕을 세우도록 할지니라

한 성도가 목사님을 찾아와 봉사에 대한 질문을 했습니다.

"목사님, 저는 요즘 말씀을 실천하는 삶을 살기 위해서 나름 열심히 봉사활동을 하고 있습니다. 최근에는 토요일마다 고아원을 찾아가 아이들을 돌보며 가르치고 있습니다. 그런데 저의 이런 모습이 진정한 사랑에서 나온 것인지 아니면 동정심과 의무감에서 행동하는 그냥 그런 선행의 껍데기인지를 분간하기가 어렵습니다. 이 두 가지를 구분할 수 있는 방법이 없을까요?"

목사님이 대답했습니다.

"성도님이 만약 아이들을 돌보면서 이름과 취미, 최근의 관심사에 대해서 물었다면 그것은 분명한 사랑입니다. 그러나 고아원에서 요청한 일만 하고 그냥 돌아왔다면 안타깝게도 의무감에서 나온 친절입니다. 사랑은 상대방을 향한 관심에서부터 시작되기 때문입니다."

말씀을 실천하는 것도 중요하고, 이웃을 위해 봉사와 선행, 친절을 베푸는 일도 중요합니다. 그러나 사랑이 없이는 그 어떤 선행도 아무런 의미가 없습니다. 남을 위해 베푸는 모든 선한 일들에 관심을 더함으로 사랑의 동기를 일구십시오. 반드시 복되고 형통할 것입니다.

♥ 주님, 사랑의 동기로 모든 선행을 실천하게 하소서.
📷 이웃을 향한 나의 관심도는 어느 정도인지 스스로 체크해보십시오.

나의 영적 일지

신앙의 본질

읽을 말씀 : 고전 1:10-17

● 고전 1:17 그리스도께서 나를 보내심은 세례(침례)를 베풀게
하려 하심이 아니요 오직 복음을 전하게 하려 하심이로되 말
의 지혜로 하지 아니함은 그리스도의 십자가가 헛되지 않게
하려 함이라

　　어느 교회의 정문에 "우리는 십자가에 못 박히신 그리스도를 전합니
다."라는 팻말이 있었습니다.

　　이 교회 교인들은 이 문구를 매우 자랑스러워했습니다. 그런데 어떤 사
람들이 '십자가에 못 박히신'이라는 문구를 빼자고 건의했습니다. 비참
한 느낌을 주기 때문에 전도가 어려울 수 있다고 생각했기 때문입니다. 그
래서 팻말을 "우리는 그리스도를 전합니다"로 바꾸었습니다. 그런데 또
어떤 사람들이 '그리스도'라는 말을 더 포괄적으로 바꾸자고 건의했습
니다. 교회에서 단순히 주님만을 전할 것이 아니라 실생활에 필요한 처세
와, 축복, 봉사와 같은 다양한 주제를 다루자는 것이었습니다. 그러나 주
제가 너무 많아서 딱히 뭐라고 적을 수가 없었고 결국 그냥 그리스도라는
단어만 빼기로 했습니다. 그래서 교회에는 "우리는 전합니다"라는 문장
만 남았습니다. 그렇게 시간이 몇 년 정도 흐르자 교회에 다니는 사람들
도, 그 교회를 바라보는 사람들도 도대체 그곳에서 전하는 것이 무엇인지
알 수가 없었습니다.

　　교회는 다양한 역할을 소화하는 사회의 중추적인 기관이 되어야 하지
만 그 중심에는 반드시 그리스도의 십자가 복음이 있어야 합니다. 십자가
의 복음이 없이는 교회의 어떤 것도 의미가 있을 수 없습니다. 그리스도
를 통한 참된 복음이 교회와 신앙의 본질임을 항상 잊지 마십시오. 반드
시 복되고 형통할 것입니다.

💙 주님, 절대로 중심을 잃지 않는 한국 교회와 성도가 되게 하소서.
🔲 교회의 중심 역할이 복음 전파를 위한 일이 되게 더 집중하십시오.

나의 영적 일지

인터넷 중독의 증상들

읽을 말씀 : 시 13:1-6

● 시 13:5 나는 오직 주의 사랑을 의지하였사오니 나의 마음은 주의 구원을 기뻐하리이다

　　자는 시간을 제외하고는 하루 종일 스마트 폰을 사용하는 사람들이 많아지면서 엄지손가락의 통증으로 병원을 찾는 사람들과 심각할 정도로 인터넷 중독 증상을 보이는 사람들이 점점 늘고 있다고 합니다.
　　다음은 건국대학교 정신건강의학과에서 공개한 인터넷 중독을 체크해 볼 수 있는 다섯 가지 주요 증상입니다.
　　1. 낮과 밤이 따로 구분되는 삶을 살지 않는다.
　　2. 학업과 직장에서의 업무 성과가 급격히 떨어진다.
　　3. 현실 세계보다 가상 세계에서의 인간관계가 더 돈독하다.
　　4. 착시나 환시를 보고, 현실이 게임처럼 느껴질 때가 있다.
　　5. 폭언이 늘고, 공격적인 행동이 부쩍 많아진다.
　　인터넷 중독이 위험한 이유는 어떤 목적으로 인터넷을 하던 간에 필요 이상으로 시간을 낭비할 가능성이 크기 때문입니다. 따라서 먼저 중독 증상이 나타난다면 사태의 심각성을 인식하고 중독 증상에서 헤어 나오기 위해서 조금씩 노력할 필요가 있습니다.
　　삶에 지장을 줄 정도로 시간을 빼앗기는 것은 모두 현대판 우상입니다. 성도들이 중독되어야 할 것은 예배의 기쁨과 하나님에 대한 감사뿐입니다. 세상의 문화와 즐거움에 빠지기 보다는 하나님을 예배하는 기쁨을 더욱 사모하십시오. 반드시 복되고 형통할 것입니다.

♥ 주님, 잘못된 중독에 빠지지 않고 경건한 삶을 살아가게 하소서.
🀫 인터넷 중독 증상이 나타나고 있는지 체크하십시오.

나의 영적 일지

감옥도 하나님의 뜻

읽을 말씀 : 수 24:2-15

● 수 24:15 너희 조상들이 강 저쪽에서 섬기던 신들이든지 또는 너희가 거주하는 땅에 있는 아모리 족속의 신들이든지 너희가 섬길 자를 오늘 택하라 오직 나와 내 집은 여호와를 섬기겠노라 하니

1920년도에 러시아는 인접한 나라 아르메니아를 점령했습니다.

당시 러시아는 종교를 인정하지 않았기 때문에 아르메니아의 많은 그리스도인들은 박해를 받고 신앙을 포기해야 했습니다. 그러나 네리 먼이라는 사람은 하나님을 부인할 수는 없다며 신앙을 숨기지 않았고 오히려 당당하게 복음을 전하기까지 했습니다. 그는 투옥되었으나 거기에서도 복음을 전했습니다. 이 모습을 본 간수가 그에게 말했습니다.

"너 하나도 감옥에서 못 구해내는 신이 뭐가 좋다고 그렇게 따르는 거지?"

간수는 하나님이 정말로 전지전능한 분이라면 모든 그리스도인들은 감옥에 오지 말았어야 한다며 그의 믿음을 조롱했습니다. 그러나 네리 먼은 흔들림 없이 간수에게도 복음을 전했습니다.

"하나님은 무능한 것이 아니라 나를 이곳에 보내신 것입니다. 감옥에 들어오지 않고는 감옥에서 복음을 전할 수 없습니다. 당신들은 나에게 복음을 전하기 위한 숙소와 음식을 제공하고 있습니다."

순도 백퍼센트의 믿음은 어떤 상황에서도 흔들리지 않습니다. 성도가 할 일은 의심하고 고민하는 것이 아니라 믿고 따름으로 순종하는 것임을 깨달으십시오. 반드시 복되고 형통할 것입니다.

💛 주님, 세상의 모든 일이 주님의 섭리 안에 있음을 알고 믿게 하소서.
🔳 모든 일에 아멘으로 순종하는 믿음을 달라고 주님께 기도하십시오.

나의 영적 일지

한 알의 씨앗

읽을 말씀 : 마 13:10-23

● 마 13:23 좋은 땅에 뿌려졌다는 것은 말씀을 듣고 깨닫는 자니 결실하여 어떤 것은 백 배, 어떤 것은 육십 배, 어떤 것은 삼십 배가 되느니라 하시더라

"원시림의 성자 슈바이처 박사는 아프리카의 불쌍한 사람들을 위해서 수십 년째 봉사중이다"라는 신문 기사를 읽은 미국의 한 소년이 있었습니다.

이 기사 한 줄이 소년의 마음을 흔들었고, 소년은 자기의 마음을 어떻게든 아프리카에 전해야겠다고 결심을 했습니다. 그리고 소년은 당돌하게도 당시 미 공군 사령관인 리처드 린제이 장군에게 편지를 보냈습니다.

"존경하는 장군님, 저는 슈바이처 박사님의 이야기를 듣고 큰 감동을 받았습니다. 그리고 작게나마 박사님에게 도움이 되기 위해서 용돈을 모아 아스피린을 한 병 샀습니다. 장군님께서 이 약을 슈바이처 박사님이 있는 아프리카 병원에 떨어트려 주세요."

린제이 장군은 소년의 편지에 큰 감동을 받았으나 달랑 아스피린 한 병을 보내기 위해서 비행기를 그렇게 먼 곳까지 보낼 수는 없었습니다. 그러나 이 사연은 라디오를 통해 미국과 유럽으로 전해졌고, 소년의 뜻에 동참하는 사람들의 기부로 당시 가치로 약 100억 원어치의 구호품이 모여 아프리카에 전달되었습니다.

흔들림 없는 믿음을 통해 행해지는 모든 사랑과 선행은 예수님이 말씀하시는 겨자씨의 믿음이 될 수 있습니다. 선행과 사랑, 친절의 호의에 크고 작은 개념을 생각하지 말고 하나님을 바라봄으로 그저 최선을 다해 베푸십시오. 반드시 복되고 형통하게 될 것입니다.

♥ 주님, 제가 가진 것으로부터 주님과 이웃을 섬기게 하소서.

▨ 2년 동안 쓰지 않고 있는 것들을 정리해 불우한 이웃에게 전해 주십시오.

나의 영적 일지

하나님께 인정받는 믿음

읽을 말씀 : 히 11:1-11

● 히 11:6 믿음이 없이는 하나님을 기쁘시게 하지 못하나니 하나님께 나아가는 자는 반드시 그가 계신 것과 또한 그가 자기를 찾는 자들에게 상 주시는 이심을 믿어야 할지니라

스트로맨 박사가 교회를 다니는 7천명의 청년을 대상으로 믿음에 대한 설문조사를 한 적이 있습니다.

그 중에는 "하나님께 인정받기 위해 무엇이 필요하다고 생각하십니까?"라는 질문이 있었는데 응답자의 60%는 "선행을 해야 한다"고 답했습니다. 정답인 '믿음'이라고 응답한 사람들은 집계될 만큼 많지 않았습니다.

다음으로는 "인정받기 위해 필요하다고 생각되는 노력은 어느 정도입니까?"라는 질문이 있었는데, "최선을 다해서 노력해야 한다"라는 응답이 70%나 되었습니다.

스트로맨 박사는 설문조사를 마무리하는 보고서에서 "구원은 믿음으로 받는 것이며 사람이 아무리 노력을 한다 해도 하나님께 선한 일을 통해 인정을 받을 수는 없다. 믿음으로 받는 구원은 가장 기본적인 내용이지만 지금 우리가 다니는 교회들에는 공로주의가 너무 만연한 것 같다"라는 의견으로 글을 마무리 지었습니다.

하나님은 우리의 공로가 아니라 믿음을 받으시는 분입니다. 많은 업적보다도 내가 구원 받아야할 사람이라는 고백을 기쁘게 받으시고 높은 명예보다도 눈물의 회개를 인정해주십니다. 노력이 아닌 믿음으로 주님께 인정을 받는 성도가 되십시오. 반드시 복되고 형통할 것입니다.

♡ 주님, 잘못된 공로주의에서 벗어나 더욱 믿음에 집중하게 하소서.
🎴 예수님을 붙드는 믿음이 신앙의 시작이자 끝임을 기억하십시오.

나의 영적 일지

담대함의 비결

읽을 말씀 : 요 16:25-33

●요 16:33 이것을 너희에게 이르는 것은 너희로 내 안에서 평안을 누리게 하려 함이라 세상에서는 너희가 환난을 당하나 담대하라 내가 세상을 이기었노라

2세기 초에 소아시아의 한 지방을 다스리는 플리니라는 로마의 총독이 있었습니다.

플리니는 뇌물 받기를 좋아하고 폭정을 일삼았는데, 이런 모습을 보다 못한 한 기독교인이 찾아와 플리니의 잘못을 조목조목 따지며 제대로 통치할 것을 권유했습니다. 기독교인의 직언을 들은 플리니는 큰 화를 내며 "감히 총독에게 이따위 말을 하다니, 나는 너를 이 지역에서 추방시킬 수도 있다."고 했습니다.

"그래도 상관이 없습니다. 모든 땅이 하나님의 것이니 저는 집을 잃지 않습니다."

"그래? 나는 당장 너를 죽일 수도 있다."

"인간은 누구나 죽습니다. 그러나 나에게는 부활의 약속이 있습니다. 생명은 빼앗을 수 있어도 이것은 빼앗을 수 없습니다."

"도저히 못 참겠군, 그렇다면 너의 가족까지 모두 죽여 버리겠다."

"총독 각하, 저의 가정은 모두 저와 같은 믿음과 신앙을 갖고 있습니다. 각하가 방금 하신 협박들은 저희에겐 아무것도 아닌 일들입니다."

크리스천의 담대함에 당황한 플리니는 결국 그를 돌려보냈습니다.

예수님은 이미 세상에서 승리를 거두셨습니다. 우리는 말씀을 믿음으로 승리를 받기만 하면 됩니다. 예수님의 말씀을 통해 승리에 대한 담대한 자신감을 가지십시오. 그로 인해 세상과 타협하지 말고 당당히 진리와 복음을 외치십시오. 반드시 복되고 형통할 것입니다.

💛 주님, 반석위의 믿음을 통해 더욱 담대하게 하소서.
🖼 하늘의 권세를 우리에게 허락하신 주님께 감사의 기도를 드리십시오.

나의 영적 일지

성도의 에너지

읽을 말씀 : 엡 6:10-20

● 엡 6:10 끝으로 너희가 주 안에서와 그 힘의 능력으로 강건하여지고

제말 구르셀 터키 대통령이 재임 중이던 1960년도에 터키는 처음으로 자국 내에서 자동차를 생산할 수 있는 시설을 갖추었습니다.

당시 터키의 경제재건에 총력을 기울이던 제말 대통령은 이 자랑스러운 일을 온 국민에게 알리기를 원했고, 국회의사당에서 축제를 크게 열고 생산된 최초의 자동차를 직접 시승하기로 계획을 세웠습니다. 이 소식을 들은 많은 국민들이 국회의사당으로 몰려와 축제에 참여했고 마침내 대통령의 시승식 순서가 찾아왔습니다.

대통령이 차에 탄 뒤 시동을 걸자 차는 요란한 엔진 소리를 내며 앞으로 가기 시작했습니다. 그런데 출발한지 1분도 안 되어 터덜거리는 소리를 내더니 그 자리에서 멈춰버렸습니다. 차에 탄 대통령 뿐 아니라 그 자리에 있던 모든 사람들이 일순간 당황했습니다. 경호원들은 재빨리 대통령을 대피시켰고, 엔지니어들이 문제를 확인하기 위해 투입되었습니다.

잠시 뒤 엔지니어들이 밝힌 문제의 원인은 '연료의 고갈'이었습니다. 모든 것이 완벽에 가깝게 준비되었던 행사였지만 가장 기본인 연료를 깜박 잊고 넣지 않았던 것입니다.

하나님을 모르는 인생의 성공이 이와 같고, 전도의 결실이 없는 신앙의 열심이 이와 같습니다. 말씀과 기도, 전도와 나눔으로 올바른 목표를 향해 갈 수 있게 해주는 에너지를 삶에 가득채우십시오. 반드시 복되고 형통할 것입니다.

♥ 주님, 하나님을 예배하고 찬양함으로 삶의 에너지를 충전하게 하소서.
▣ 마음을 다한 경건생활로 영적인 에너지를 충분히 채우십시오.

나의 영적 일지

세상이 줄 수 없는 평안

읽을 말씀 : 요 14:25-31

●요 14:27 평안을 너희에게 끼치노니 곧 나의 평안을 너희에게 주노라 내가 너희에게 주는 것은 세상이 주는 것과 같지 아니하니라 너희는 마음에 근심하지도 말고 두려워하지도 말라

　20세기 최고의 복서로 인정받는 '무하마드 알리'는 권투로 성공한 뒤에 영국의 '런던 데일리 스타'와 인터뷰를 한 적이 있습니다.

　"성공을 한 뒤에 저는 물질적으로 풍요로운 삶을 살게 되었습니다. 그러나 저의 삶은 더욱 하찮아졌습니다. 신경은 더욱 날카로워졌고, 정신적으로는 나태해지고 있습니다. 풍요함은 삶을 게으르게 만듭니다. 저는 오히려 돈 없이 뛰어다니던 가난한 시절이 더 좋았던 것 같습니다. 지금은 정원사가 잔디를 깎고 물을 주지만 직접 손질할 때가 보람이 있었습니다. 지금은 가정부가 모든 집안일과 음식을 해주지만 아내가 차려준 밥을 먹고 함께 설거지를 했던 때가 더욱 행복했습니다."

　이 인터뷰는 당시 진행한 기자와 그 기사를 본 모든 사람들에게 충격이었습니다. 알리의 이 인터뷰는 '지구상에서 가장 슬픈 스포츠 스타의 이야기'라는 제목으로 실렸습니다.

　진정한 평안은 외적인 요소에서 오는 것이 아닙니다. 풍요로운 물질보다 감사할 줄 아는 마음과 삶의 여유를 가진 사람이 진정으로 풍요롭고 평안한 사람입니다. 하나님을 알며 그분이 주신 것에 감사하는 사람이 되십시오. 반드시 복되고 형통할 것입니다.

💗 주님, 믿음을 통해 만족하고 평안을 누리게 하소서.
🏞 오늘 삶에서 누리는 모든 것을 통해 주님께 깊은 감사를 드리십시오.

나의 영적 일지

1월 13일 하나님이 쓰시는 사람

읽을 말씀 : 수 1:10-18

● 수 1:17 우리는 범사에 모세에게 순종한 것 같이 당신에게 순종하려니와 오직 당신의 하나님 여호와께서 모세와 함께 계시던 것 같이 당신과 함께 계시기를 원하나이다

전 세계적으로 인기를 끌었던 서부영화 '하이눈'에는 다음과 같은 장면이 나옵니다.

마을을 지키는 임무를 맡은 보안관 케인은 임기를 마치고 다른 지역으로 떠나야 하는 상황입니다. 그러나 마을을 털러 무법자 일당이 찾아온다는 소문을 듣고는 떠나지 않고 결전을 준비합니다. 무법자의 수가 꽤 많다는 것을 알게 된 케인은 마을 사람들을 불러놓고 도움을 요청합니다.

"저는 보안관으로써의 마지막 임무를 피하고 싶지 않습니다. 마을을 지키기 위해서는 여러분의 도움이 필요합니다. 그러나 총을 잘 쏘는 사람보다는 마을을 지키는 일이 나의 일이라고 생각하는 사람을 원합니다. 그런 분이 있다면 내일 결투에 저와 함께 해주십시오."

그러나 다음 날 마을 사람들은 단 한 명도 모이지 않았습니다. 결국 케인은 혼자서 악당들과 혈투를 벌여 간신히 승리를 거둡니다. 그리고는 길가에 보안관 배지를 빼서 버리고 마을을 떠나버립니다.

일이 힘들다고, 상황이 안 좋다고 자신의 책임을 미루면 다른 사람이 피해를 봅니다. 하나님은 능력 있는 사람을 찾기보다는 하나님을 의지하고 따르기 원하는 사람을 찾으십니다. 성경에서 쓰임 받는 사람들은 능력 있는 사람이 아니라 순종하는 사람이었습니다. 하나님께 순종하며 따르는 하루를 살기 바랍니다. 반드시 복되고 형통할 것입니다.

♡ 주님, 주님께 온전히 들려 쓰임 받는 충성된 종이 되게 하소서.
▩ 성경의 말씀은 주님이 나에게 하시는 말씀임을 믿으십시오.

나의 영적 일지

인생의 종착지

읽을 말씀 : 마 24:3-14

● 마 24:14 이 천국 복음이 모든 민족에게 증언되기 위하여 온 세상에 전파되리니 그제야 끝이 오리라

　헝가리의 피아니스트인 리스트는 어려서부터 실력을 인정받은 천재였습니다. 리스트가 빈에서 피아노 연주를 하는 것을 본 사람들마다 천재가 나타났다고 말했는데 이 소문을 들은 베토벤도 호기심이 생겨 빈을 방문해 리스트의 연주를 듣고는 "정말 대단한 음악가가 탄생했다"며 실력을 인정했습니다. 성인이 되고 처음으로 열린 연주회에서는 청중의 반응이 너무 열정적이어서 작은 소요 사태가 일어날 정도였습니다.

　사람들은 이제 리스트를 천재가 아닌 '피아노의 신'이라고 불렀습니다. 리스트는 수많은 팬을 거느리며 전 유럽을 돌며 연주회를 했습니다. 각 나라의 왕들에게 초청받았습니다.

　그러나 리스트는 말년에 프란시스라는 성직자를 통해 복음을 듣고 믿음을 갖게 됩니다. 그는 자신의 화려한 삶이 그저 지나가는 여정이라는 사실을 깨달았습니다. 그 깨달음을 얻은 뒤에 리스트는 다른 지역으로 연주를 하기 위해 떠났는데, 호텔에서 체크인 노트에 다음과 같이 적었습니다.

　"이름-리스트/직업-음악가/출발지-방랑의 세상/행선지-진실한 천국"

　우리의 인생은 아주 중요한 순간이자 귀한 하나님의 복입니다. 그러나 영원히 거할 종착역은 아닙니다. 하늘나라를 향한 즐거운 여정으로 인생을 생각하십시오. 반드시 복되고 형통할 것입니다.

🖤 주님, 하늘의 소망을 품은 인생의 여정이 되게 하소서.
🔲 모든 성도의 인생의 종착지가 천국이라는 사실을 잊지 마십시오.

나의 영적 일지

목표가 가진 의미

읽을 말씀 : 빌 3:1-16

● 빌 3:14 푯대를 향하여 그리스도 예수 안에서 하나님이 위에서 부르신 부름의 상을 위하여 달려가노라

　미국의 대통령 아이젠하워의 어머니는 자녀들을 키우면서 두 가지 원칙을 항상 지키게 했습니다.

　첫째, 매일 저녁 다음날의 계획을 세울 것.

　둘째, 그 계획을 반드시 완수할 것.

　"목표는 이루어야만 의미가 있다"라는 생각 때문이었습니다. 아무리 밤이 늦더라도 계획은 반드시 완수하도록 했고, 대신에 시간의 활용은 철저히 자율적으로 하게 했습니다.

　어린 아이젠하워는 이런 부모님의 교육을 통해서 자기가 놀고 싶은 만큼 놀아도 괜찮지만 세운 계획은 반드시 완수해야 된다는 것을 스스로 깨달았습니다. 그래서 계획을 세운 것은 반드시 실행하는 집중력과 나머지 시간은 마음 편히 활용할 수 있는 여유를 동시에 몸에 익히게 되었습니다.

　아이젠하워는 대통령이 돼서도 이 습관을 통해서 많은 일정과 계획을 소화하면서도 충분히 개인의 가정사를 위한 시간을 낼 수 있었습니다.

　하나님이 주신 자유를 제대로 활용하기 위해서는 이 땅에서의 우리의 목표를 분명히 알고 그 목표를 위한 계획을 실천해야 합니다. 본분을 잊지 않으면서 하나님이 주신 자유를 누리는 이 땅에서의 삶을 사십시오. 반드시 복되고 형통할 것입니다.

💗 주님, 이 땅을 살아가는 동안 성도의 본분을 잊지 않게 하소서.
📓 목표와 계획을 세우고 실행할 자제력과 집중력을 달라고 기도하십시오.

나의 영적 일지

필연의 세계

읽을 말씀 : 엡 1:3-14

● 엡 1:5 그 기쁘신 뜻대로 우리를 예정하사 예수 그리스도로 말미암아 자기의 아들들이 되게 하셨으니

'우연의 세계'라는 단편소설에 이런 내용이 나옵니다.

"이 세계에서는 어떤 날은 해가 뜨고, 어떤 날은 해가 뜨지 않습니다. 모든 것이 우연으로 결정되기 때문입니다. 아기가 태어나도 부모들은 마음이 편치 않습니다. 팔, 다리, 손가락이 몇 개가 달려 있을 지도 우연에 의해 결정되기 때문입니다. 이 세계에서는 중력도 일정하지 않습니다. 어떤 날은 십층에서 떨어진 사람도 사뿐히 착륙하며 어떤 날은 계단에서 내려오던 사람도 충격으로 죽습니다. 이 세계에서 제대로 존재하는 것은 아무것도 없으며 사람들은 도저히 정상적인 삶을 살아가지 못합니다."

의학박사인 헤글러에 따르면 우리 몸은 완벽한 규칙에 의해 창조되었다고 합니다.

예를 들어 6일 내내 노동을 하는 사람은 매일 조금씩 몸에 산소가 부족해 피로감이 쌓이게 됩니다. 이렇게 하루에 1/6씩 부족해지는 인체의 부족한 산소량은 주일날 일을 하지 않고 휴식을 함으로써 완벽하게 회복된다고 합니다. 업종과 환경에 따라 조금씩 다르겠지만 이처럼 우리의 세상과 몸은 하나님의 완벽한 법칙에 의해 창조된 것입니다.

세상을 창조한 분이 누구인지, 우리가 살아야 할 방법과 목적은 무엇인지는 이미 주님께서 성경을 통해 우리에게 말씀하셨습니다. 내 삶에 일어나는 모든 것이 우연이 아니라 하나님의 계획 아래 있음을 인정하십시오. 반드시 복되고 형통할 것입니다.

♥ 주님, 바른 길로 인도하실 하나님의 섭리를 오늘도 신뢰하게 하소서.
▨ 나의 모든 인생이 하나님의 섭리 안에 있음을 인정하십시오.

나의 영적 일지

1월 17일

성경이 말하는 죄

읽을 말씀 : 요일 1:5-10

● 요일 1:9 만일 우리가 우리 죄를 자백하면 그는 미쁘시고 의로우사 우리 죄를 사하시며 우리를 모든 불의에서 깨끗하게 하실 것이요

작자가 알려지지 않았지만 인터넷을 통해 십년 가까이 퍼지며 많은 성도들에게 깨달음을 준 귀한 지혜가 담긴 글이 있습니다.

"어떤 사람들은 죄를 짓고 '사고'라고 말합니다.

그러나 하나님은 '증오와 미움'이라고 말씀하십니다.

어떤 사람들은 죄를 '좋은 기회'라고 말합니다.

그러나 하나님은 '선택의 문제'라고 말씀하십니다.

어떤 사람들은 죄를 짓고 이게 '자유'라고 말합니다.

그러나 하나님은 그건 '무법'이라고 말씀하십니다.

어떤 사람들은 죄가 '하나님의 실수'라고 말합니다.

그러나 하나님은 '인간의 마음병'이라고 말씀하십니다.

어떤 사람들은 자신이 죄가 없다고 말합니다.

그러나 하나님은 '무지'라고 말씀하십니다.

어떤 사람들은 죄를 피하려고만 합니다.

그러나 하나님은 죄를 해결해주시려고 합니다."

문제의 해결은 문제의 인식에서 출발합니다. 오늘도 수없이 죄 가운데서 살았던 나의 모습을 주님께 자백하고 새롭게 되십시오. 반드시 복되고 형통할 것입니다.

💙 주님, 죄를 미워하고 부끄러워하는 심령을 주소서.
🖼 지어도 괜찮은 죄는 없다는 사실을 마음에 새겨두십시오.

나의 영적 일지

진흙과 대리석

읽을 말씀 : 시 66:10-20

● 시 66:10 하나님이여 주께서 우리를 시험하시되 우리를 단련 하시기를 은을 단련함 같이 하셨으며

'러시아의 양심'으로 불리는 솔제니친은 '암 병동'이라는 작품으로 노벨문학상을 받았습니다.

노벨상을 수여하는 한림원에서는 당시 솔제니친을 '도덕과 정의의 힘을 갖춘 사람'이라고 평했을 정도로 그는 문학 뿐 아니라 양심에 있어서도 떳떳한 사람이었습니다.

솔제니친은 스탈린을 비판하다가 8년 동안 수감이 되었는데 출소를 한 뒤에도 무고하게 갇혔던 것을 전혀 억울해 하지 않았습니다. 이 과정을 통해 무신론자였던 그는 하나님을 만났고 독실한 신앙인이 되었기 때문입니다. 그래서 오히려 그때의 고통을 통해 믿음을 갖고 내면의 성숙함을 키울 수 있었음에 감사하며 이런 글을 남겼습니다.

"저는 저의 감옥 생활을 축복합니다. 내 삶에 감옥에 갔던 것은 비록 억울한 일이라 하더라도 정말 큰 축복입니다. 썩은 냄새가 진동하는 감방 안에서 인생의 목적이 번영이 아닌 영혼의 성숙에 있다는 사실을 깨달을 수 있었기 때문입니다."

세계적인 명강사 스웻 마든은 '진흙으로 태어나 대리석으로 죽는 사람'이 성공한 사람이라고 정의했습니다. 나를 연단하여 정금과 같이 단련하실 주님을 모든 순간에 의지하십시오. 반드시 복되고 형통할 것입니다.

♥ 주님, 악한 세상에서 선한 일을 위해 쓰임 받는 종이 되게 하소서.
🖼 고통과 어려움을 통해 성장의 기쁨이 찾아온다는 사실을 기억하십시오.

나의 영적 일지

믿는 분이 누구인가?

읽을 말씀 : 막 9:14-29

●막 9:23 예수께서 이르시되 할 수 있거든이 무슨 말이냐 믿는 자에게는 능히 하지 못할 일이 없느니라 하시니

하버드대학교 경영연구소에서는 스마트폰과 자신감에 대한 흥미로운 연구를 발표했습니다.

연구결과에 따르면 전자기기 화면의 크기에 따라 사람의 자신감도 달라진다고 합니다. 노트북같은 큰 화면의 기기를 사용하는 사람들은 자신감이 상승하고 자기주장도 강해지는 반면에 화면이 작은 스마트폰을 사용하는 사람들은 정 반대의 결과가 나온다는 것입니다.

처음에는 하버드 연구팀도 이 결과를 믿기가 힘들었습니다. 그러나 조건에 따른 결과가 너무 뚜렷하게 나타났기에 더욱 면밀히 조사를 했고, 이런 결과의 원인은 화면의 크기보다도 사람의 자세에 따른 것으로 드러났습니다. 노트북이나 데스크탑을 사용할 때에 비해 작은 스마트폰을 사용할 때는 자세가 위축되고 수그리는 모습을 취하게 되는데 그로 인해 스트레스 수치가 올라가고 자신감과 관련이 있는 호르몬인 테스토스테론이 내려간다고 합니다. 더욱 흥미로운 것은 스마트폰을 잠깐 사용한 다음에 정상적인 자세를 취한다 해도 일정시간 동안은 계속해서 스마트폰을 쓰던 자세의 영향을 받는다는 것이었습니다.

우리가 사용하는 물건을 쓰는 자세에도 생각과 마음이 영향을 받습니다. 그렇다면 내가 믿는 분이 누구인지에 따라 삶을 대하는 태도도 분명 달라져야 할 것입니다. 내가 믿는 분이 누구인지, 그 분을 믿을 때 어떻게 살아야 하는지, 매일 아침 생각하며 하루를 시작하십시오. 반드시 복되고 형통할 것입니다.

♥ 주님, 주님을 바라보며 세상에서 더욱 당당하게 하소서.
🎴 주님이 내 인생을 책임져주신다는 믿음을 가지십시오.

나의 영적 일지

예수님을 나타내는 삶

읽을 말씀 : 고후 4:1-15

● 고후 4:5 우리는 우리를 전파하는 것이 아니라 오직 그리스도 예수의 주 되신 것과 또 예수를 위하여 우리가 너희의 종 된 것을 전파함이라

레오나르도 다빈치의 '최후의 만찬'은 3년에 걸쳐 완성된 대작입니다. 최후의 만찬은 한 백작의 요청으로 어쩔 수 없이 그리기 시작한 작품이었습니다. 그러나 다빈치는 이 작품을 통해 예수님의 숭고함이 나타나기를 원해 최선을 다했습니다. 다빈치는 작품이 거의 완성될 무렵에 한 친구에게 그림을 보여줬는데, 그 친구는 그림을 보자마자 "이건 정말 대작이군, 여기 예수님이 들고 계시는 컵도 마치 진짜로 존재하는 것 같아."라고 말했습니다.

그날 다빈치는 예수님의 손에서 컵을 지우고 다시 그림을 완성했습니다. 비록 그림이지만 예수님보다도 더 눈길이 가거나 드러나는 것이 있어선 안 된다고 생각했기 때문입니다. 그래서 당시 많은 화가들이 유다의 배신에 초점을 맞춰 최후의 만찬과 비슷한 그림을 그렸던 것과 달리 다빈치는 예수님을 중심으로 놓고 가장 먼저 예수님에게 눈이 가도록 그림을 그렸습니다.

예수님이 주신 지상명령을 실천하기 위해서는 사람들에게 하나님을 알게 해야 합니다. 그러나 많은 성도들이 예수님을 통해 개인의 영위만을 구하고 있습니다. 나를 통해 예수님의 사랑과 자비를 세상에 드러내게 해 달라고 기도하십시오. 반드시 복되고 형통할 것입니다.

💙 주님, 온전히 주님을 드러내는 삶을 살수 있게 겸손한 마음을 주소서.
🖼 주님께 받은 것을 세상에 전하는 은혜의 통로가 되십시오.

나의 영적 일지

만족하고 계십니까?

읽을 말씀 : 시 17:1-15

● 시 17:15 나는 의로운 중에 주의 얼굴을 뵈오리니 깰 때에 주의 형상으로 만족하리이다

　　미국의 광고 중 가장 많이 사용되는 단어는 '만족'입니다.

　　상품을 불문하고 모든 광고의 마지막에는 대부분 "당신을 만족시켜 드립니다"라는 말이 나옵니다. 이 뜻은 바꿔 말하면 현대의 사람들은 물건을 통해 만족할 수 있다고 생각하고 있다는 얘기도 됩니다.

　　그러나 만족한다는 뜻인 그리스어 'Autarkeia'는 본래 완전한 자기 충족을 의미했습니다. 즉 만족은 외부에서부터 오는 것이 아니라 오히려 외부로부터 완전히 독립되어 내면을 지킬 때 찾아온다는 것입니다. 그래서 많이 가진 사람이 아니라 마음이 풍족한 사람을 '만족한 사람', 혹은 '족한 사람'이라고 그리스인들은 불렀습니다. 이 진리를 깨달은 에피쿠로스 같은 학자는 "작은 것에 만족 못하는 사람은 큰 것에도 못한다"라고 했고, "더 가지려고 하기보다 가지고 싶어 하는 욕망을 줄여라"라고 말을 했습니다. 또한 E. F. 브라운 같은 학자들은 "현대인의 문제는 가진 것이 부족해서가 아닌 만족하는 법을 모르는 데서 온다"고 말했고 헨리 6세는 "나의 왕관은 머리에 있지 않고 가슴에 있다"고 말했습니다.

　　성도들의 외부적인 것이 아니라 예수님을 통해 만족하고 또 행복해야 합니다. 삶의 기쁨으로 찾아오시는 분으로 예수님을 마음속에 모시십시오. 반드시 복되고 형통할 것입니다.

💛 주님, 주님을 통한 참된 만족을 경험하게 하소서.
🎦 모든 것을 다 잃는다 해도 주님으로 인해 기뻐할 수 있는지 생각해보십시오.

나의 영적 일지

유일한 방법

읽을 말씀 : 행 4:1-12

● 행 4:12 다른 이로써는 구원을 받을 수 없나니 천하 사람 중에 구원을 받을 만한 다른 이름을 우리에게 주신 일이 없음이라 하였더라

　　남아프리카의 한 출판사에서 미국의 회사로부터 비싼 인쇄기를 구입했습니다.

　　그런데 물건을 받은 지 한 달 만에 기계에 문제가 생겼습니다. 설명서에 나온 대로 손을 써봤지만 고칠 수 없었고, 남아프리카에는 기계를 고칠만한 기술자도 없었습니다. 출판사로부터 연락을 받은 미국의 회사는 답신을 보냈습니다.

　　"죄송합니다. 기계의 결함을 해결해드리기 위해 최고의 전문가를 가장 빠른 비행기 편으로 보내드리겠습니다. 모든 비용은 저희가 책임지겠습니다."

　　이틀 뒤 출판사를 찾아온 직원은 새파란 젊은이였습니다. 출판사 직원은 젊은이를 보자마자 다시 미국으로 전화를 걸어 따졌습니다.

　　"아무래도 사람을 잘못 보낸 것 같습니다. 비용을 저희가 부담해도 상관없으니 정말로 최고의 기술자를 보내주십시오."

　　"죄송하지만 그 청년이 고칠 수 없다면 방법이 없습니다. 왜냐하면 그 기계를 만든 사람이거든요."

　　물건을 가장 잘 아는 것은 만든 사람입니다. 만든 사람이 할 수 없으면 누구도 문제를 해결할 수 없습니다. 마찬가지로 인간의 모든 문제를 해결하실 수 있는 분은 오직 창조주이신 하나님이심을 인정하십시오. 반드시 복되고 형통할 것입니다.

♡ 주님, 주님을 믿는 것이 구원의 유일한 방법임을 깨닫게 하소서.
🐞 구원의 은혜를 허락하여 주신 주님께 감사하십시오.

나의 영적 일지

하나님께 받는 인정

읽을 말씀 : 롬 3:19-31

● 롬 3:28 그러므로 사람이 의롭다 하심을 얻는 것은 율법의 행위에 있지 않고 믿음으로 되는 줄 우리가 인정하노라

공자의 수제자인 자공이 훌륭한 사람의 기준에 대해서 물은 적이 있습니다.

"선생님, 많은 사람들에게 칭찬을 받으면 훌륭한 사람입니까?"

"아니다. 사람들에게 뇌물을 주고 속임으로 칭찬을 받을 수도 있는 일이다."

자공이 다시 물었습니다.

"그렇다면 반대로 사람들이 모두 악담을 하는 사람입니까?"

"아니다. 훌륭한 사람에게는 많든 적든 반드시 그를 인정해주는 무리가 있는 법이다."

자공은 다시 물었습니다.

"그렇다면 훌륭한 사람의 조건이 무엇입니까?"

"훌륭한 사람이 훌륭하다고 인정을 하면 훌륭한 사람이다. 얼마나 많은 사람에게 인정을 받았는가가 아니라 누구에게 인정을 받느냐가 중요한 것이다."

많은 사람의 인기를 얻기 보다는 옳은 사람의 인정을 받는 것이 중요합니다. 그리고 옳은 사람의 인정을 받기보다는 하나님의 인정을 받아야 합니다. 사람들의 인정에 기준을 두지 말고 말씀에 합한 사람이 되는 일에 기준을 두십시오. 반드시 복되고 형통할 것입니다.

♥ 주님, 주님이 보시기에 기뻐하는 일을 하며 살게 하소서.
🖾 주님을 섬기는 마음으로 신앙생활을 해나가십시오.

나의 영적 일지

새로운 시작을 준비하라

읽을 말씀 : 수 14:6-15

●수 14:11 오늘 내가 팔십오 세로되 모세가 나를 보내던 날과 같이 오늘도 내가 여전히 강건하니 내 힘이 그 때나 지금이나 같아서 싸움에나 출입에 감당할 수 있으니

'제 2의 인생', '인생 2막'이라는 말에 관심을 갖는 중년 남성들이 많아지고 있습니다.

평균수명 100세 시대가 찾아왔지만 오히려 빨라지는 은퇴시기로 퇴직 후의 삶을 준비하는 일에 어려움을 겪는 사람들이 많아졌기 때문입니다. 미국에서도 이와 비슷하게 50대 이상의 나이를 '최종기한'이라고 부릅니다. 50이 넘으면 새로운 기술이나 승진, 이직과 같은 새로운 시도를 할 수 없게 된다는 연로함의 부정적인 의미를 담고 있습니다.

미국의 유명한 설교가인 어떤 목사님도 나이가 50이 되었을 때 사람들로부터 슬슬 최종기한을 준비하셔야 되지 않느냐는 이야기를 들었다고 합니다.

그러나 그런 말을 들을 때마다 목사님은 이렇게 대답했습니다.

"나이 50살이 최종기한이 되는 것은 성장하고자 하는 노력이 없기 때문입니다. 30살 때보다 40살 때 저는 설교를 더 잘했습니다. 제가 50살 때도 포기하지 않는다면 40살 때 보다 더 설교를 잘하게 될 것이며 멈추지만 않는다면 60세 때는 더더욱 잘하게 될 것입니다."

우리 주변에도 60대, 70대, 80대, 심지어 90때에도 활동을 왕성하게 하는 사람들을 매스컴을 통해서도 많이 봅니다. 하나님이 주신 사명을 다하기 전까지는 한계를 정해놓지 말아야 합니다. 나이는 숫자에 불과 합니다. 나이라는 한계에 나를 가두지 말고 하나님이 주신 가능성을 좇아 살아가십시오. 반드시 복되고 형통할 것입니다.

♥ 주님, 세상의 한계에 갇히지 않고 주님의 가능성을 좇아 살게 하소서.
▨ 100세를 기준으로 인생의 목표와 계획을 세우십시오.

나의 영적 일지

평신도라는 잘못된 개념

읽을 말씀 : 행 13:42-52

●행 13:47 주께서 이같이 우리에게 명하시되 내가 너를 이방의 빛으로 삼아 너로 땅 끝까지 구원하게 하리라 하셨느니라 하니

'파비'는 세계의 명차들에 사용되는 프랑스의 자동차 부품 회사로 직원이 600명 규모의 중견 회사이지만 지난 20년 동안이나 인사를 관리하는 부서가 없습니다.

이 회사의 사장인 장 프랑수아 사장은 인사부를 만들지 않는 이유에 대해서 다음과 같이 말합니다.

"제가 처음에 이 회사에 사장으로 취임했을 때 궁금한 점이 있어 말단 직원에게 물었습니다. 그랬더니 자기는 모르니 팀장에게 가보라고 하더군요. 팀장에게 물었더니 점장에게 가보라고 했습니다. 점장에게 가보니 사장에게 가보라고 했습니다. 책임을 지려는 직원이 한 명도 없다는 사실에 저는 충격을 받았습니다."

이 후 프랑수아 사장은 직원들 개개인에게 모든 권한을 주었습니다. 일이 잘못되더라도 모든 책임을 자신이 졌습니다. 그러자 사원들은 더 나은 제품을 만들기 위해서 스스로 노력했고, 여러 창의적인 아이디어들이 쏟아져 나오며 회사는 계속해서 성장하게 되었습니다.

신학자 칼 바르트는 평신도라는 개념은 교회에서 사라져야 한다고 말했습니다. 말씀을 실천하고 경건한 삶을 살아야 하는 모든 성도들의 책임을 목회자들에게만 미룰 수 있기 때문입니다. 교회의 어떤 직책이든 얼마나 신앙생활을 했든 하나님을 위해서 항상 최선을 다하십시오. 반드시 복되고 형통할 것입니다.

💗 주님, 거룩한 삶은 모든 성도의 의무이자 책임임을 깨닫게 하소서.

🖼 하나님의 말씀과 구원은 나를 향한 것임을 기억하십시오.

나의 영적 일지

그리스도인의 언어

읽을 말씀 : 사 58:1-12

1월 26일

● 사 58:9,10 만일 네가 너희 중에서 멍에와 손가락질과 허망한 말을 제하여 버리고 주린 자에게 네 심정이 동하며 괴로워하는 자의 심정을 만족하게 하면 네 빛이 흑암 중에서 떠올라 네 어둠이 낮과 같이 될 것이며

세계에는 약 6000여개의 언어가 있다고 합니다.

그중에서 100만 명 이상이 사용하는 언어는 250개 정도가 되는데, 이렇게 많은 종류에도 불구하고 각 언어들에는 확연히 구분되는 저마다의 특징이 있다고 합니다.

유럽에서는 나라별 언어의 특징을 알려주는 다음과 같은 이야기가 있습니다.

"이탈리아어는 노래를 위해 있다. 이탈리아 사람들의 노래를 들어보면 누구나 그 사실을 알 수 있다. 프랑스어는 사랑을 위해 있다. 아무리 무식한 사람도 프랑스 말을 하면 마치 시인처럼 보인다. 독일인의 말은 철학을 위해 있다. 많은 유명한 철학자와 과학자들이 독일에서 나왔다. 영어는 사업을 위해 있다. 적당한 친분을 쌓고 본론을 논의하기에는 영어만한 것이 없다. 일본어는 외교를 하기에 좋다. 뜻을 불분명하고 의사를 정확히 표현하지 않는 말을 하기에는 일본어가 최고다."

그렇다면 우리가 사용하는 한국어의 특징은 무엇일까요? 그리고 그리스도인들의 공통된 언어에선 어떤 특징이 묻어나야 할까요?

수많은 나라의 언어가 저마다의 특성을 가지고 있듯이 언어에 상관없이 그리스도인들의 말의 특징도 똑같이 나타야 합니다. 험담보다는 칭찬, 멸시보다는 격려, 무관심보다는 사랑을 나타내는 말로 하늘의 성도임을 드러내십시오. 반드시 복되고 형통할 것입니다.

💜 주님, 주님의 나라를 전하고 나타내는 말을 사용하게 하소서.
🎨 그리스도인으로써 합당한 언어를 사용하는 하루가 되십시오.

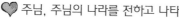
나의 영적 일지

1월 27일

스펙보다 중요한 인격

읽을 말씀 : 잠 17:22-28

● 잠 17:27 말을 아끼는 자는 지식이 있고 성품이 냉철한 자는 명철하니라

심리학자 듀에인 슐츠는 성공한 사람들에게는 훌륭한 성품에 관한 다섯 가지 공통점이 있다고 말했습니다.

1. 자신을 벗어난 자아의 확장입니다.

인격이 성숙할수록 나를 넘어서 남에 관심을 가지는 이타적인 사람이었습니다.

2. 따뜻한 관계입니다.

가족과 친지들과 좋은 관계를 유지했으며 감정을 더 잘 표현하는 사람들이었습니다.

3. 정서적인 안정감입니다.

실패도 받아들이고 슬픔 속에서도 극단적인 생각을 하지 않는 정서적인 안정의 모습이 있었습니다.

4. 일에 대한 책임감입니다.

일에 대한 책임감은 곧 인생의 의미와 지속성과도 밀접한 관련이 있습니다.

5. 철학이 있는 인생입니다.

인생에 의미를 부여하고 목적을 부여함으로 미래지향적인 인생을 만들어 나갔습니다.

자신만을 위해 노력하는 사람이 되지 말고 하나님이 주신 소중한 삶을 바른 일을 위해 사용하는 사람이 되십시오. 반드시 복되고 형통할 것입니다.

♥ 주님, 허영의 욕망에서 벗어나 진실한 내면을 갖게 하소서.
🏮 가진 것을 인정받기보다는 하는 일로 인정받는 사람이 되십시오.

나의 영적 일지

진실한 믿음

읽을 말씀 : 엡 3:14-21

● 엡 3:17 믿음으로 말미암아 그리스도께서 너희 마음에 계시게 하시옵고 너희가 사랑 가운데서 뿌리가 박히고 터가 굳어져서

　　실존주의 철학의 선구자이자 신학자인 키에르케고르는 자신의 어린 시절의 경험을 빗대어 믿음의 수준에 대해 설명한 적이 있습니다.

　　"제가 어렸을 때 아버지와 함께 물놀이를 간 적이 있습니다. 저는 아버지에게 수영을 잘한다는 사실을 보여드리고 싶어서 물에 뜬 척을 하면서 '아빠, 여길 보세요. 제가 물 위에 떠 있어요!'라고 말을 했습니다. 그러나 그것은 물에 뜬 척을 한 것이지 결코 물에 떠 있었던 것은 아닙니다. 단지 물에 떠 있는 것 같은 모습을 아버지에게 보여드린 것뿐입니다.

　　하나님을 향한 우리의 믿음도 혹시 이와 같진 않은지 생각해봐야 합니다. '하나님, 저에게는 믿음이 있어요.', '절 보세요! 하나님을 이렇게나 잘 믿고 있습니다.' 이런 말을 하며 스스로를 속이는 신앙생활은 아닌지 말입니다. '나의 믿음은 물 위에 떠 있는 척 한 믿음이 아닌가?'라는 질문을 여러분 스스로에게 던져 보십시오."

　　키에르케고르는 이런 종류의 믿음을 '검증되지 않은 믿음'이라고 말했습니다.

　　하나님을 향한 우리의 믿음이 검증되는 순간은 기쁨과 즐거움의 때가 아니라 환란과 시험의 때입니다. 복과 평안을 위해 스스로를 속이는 믿음을 갖지 말고 역경에서도 감사로 피어나는 진정한 믿음을 위해 기도하십시오. 반드시 복되고 형통할 것입니다.

💜 주님, 있는 모습 그대로 주님께로 나아가게 하소서.
🎴 환경과 감정의 상태에 따라 믿음의 상태가 변하진 않는지 진단해보십시오.

나의 영적 일지

잘못 간 길에서 만난 하나님의 뜻

읽을 말씀 : 살전 5:12-22

●살전 5:18 범사에 감사하라 이것이 그리스도 예수 안에서 너희를 향하신 하나님의 뜻이니라

　강원도 어촌 마을에서 목회하던 한 목사님이 볼일이 있어 지방을 갔다오는 길에 한 두번 다니는 길도 아니었는데 엉뚱한 곳으로 지나가게 돼 방향을 잡기 위해 잠간 멈췄는데 그 옆에 넓은 부지가 있었고 "택지개발-부지 매입을 원하시는 분은 연락 주십시오"라는 현수막이 걸려 있었습니다.

　집으로 돌아온 목사님은 혹시 그곳에서 개척을 하라는 하나님의 뜻인가 싶어 사모님과 함께 기도하기 시작했습니다. 그러나 땅 살 돈도, 건물지을 돈도 없는데다가 토지가 있던 곳은 복음화율이 당시 3%도 되지 않는 전국에서 가장 영적으로 척박한 지역 중 하나인 삼척이었습니다.

　그러나 기도 중에 응답이 왔고, 목사님은 믿음으로 결단을 내리고 순종함으로 개척교회를 시작 했는데, 십년이 지난 지금은 큰 부흥이 일어나 영동지역의 랜드마크이자 대형교회가 되었고, 특히 불신자들도 좋아하는 교회로 유명해졌습니다.

　삼척 큰빛교회 이야기인데, 이 교회 담임이신 김성태 목사님은 '불신자들도 찾아오는 교회'라는 책을 통해 전국의 목회자들에게 교회부흥 리더십과 성도들의 파트너십을 전하고 계십니다.

　잘못 들어간 길에서 하나님의 뜻을 발견 할 수 있듯이, 잘못된 일에서도 하나님의 큰 뜻이 숨겨 있습니다. 실망하지 말고 그 뜻을 찾아 믿음으로 순종하면 하나님께서 역사하십니다. 넘치도록 채우시는 하나님께 나를 온전히 드림으로 순종하십시오. 반드시 복되고 형통할 것입니다.

♥ 주님, 먼저 하나님의 뜻을 온전히 깨달을 수 있는 지혜와 마음을 주소서.
▨ 내가 지금 실패라고 느껴지는 일에 주님의 뜻이 무엇인지 찾아 보십시오.

　나의 영적 일지

올바른 리더의 조건

읽을 말씀 : 롬 14:13-23

●롬 14:18 이로써 그리스도를 섬기는 자는 하나님을 기쁘시게
하며 사람에게도 칭찬을 받느니라

　　미국의 가전회사 '제네럴 일렉트릭'의 제프리 이멜트 회장은 '경영의
신'이라고 불리는 잭 웰치의 뒤를 이어 취임을 했습니다.
　　잭 웰치의 뒤를 이었다는 사실 때문에 높은 압박과 부담스러운 관심을
받았지만 그는 회사를 잘 경영하며 잭 웰치가 경영할 때보다 더 높은 수
익을 거두는 성과를 보였습니다. 이런 모습을 보고 이제 사람들은 잭 웰
치가 아니라 제프리 이멜트 회장을 찾아와서 성공한 경영자와 리더의 조
건에 대해서 묻기 시작했는데, 그는 '좋은 리더의 5가지 조건'에 대해서
다음과 같이 말했습니다.
　　1. 항상 배우고자 노력한다.
　　2. 선의의 경쟁을 좋아한다.
　　3. 위기를 감수한다.
　　4. 악재와 호재를 잘 견디어 낸다.
　　5. 사람을 좋아한다.
　　제프리 회장이 이야기한 5가지의 조건은 모두 능력과 결과보다는 성격
과 과정에 초점이 맞춰져 있었습니다. 군림하는 리더(보스)에서 섬기는
리더의 시대로 변화되고 있는 시대에 모든 그리스도인들은 더욱 완벽한
리더가 되어야 합니다. 성경에 나오는 예수님의 모습을 통해 이웃을 내
몸과 같이 섬기는 리더가 되십시오. 반드시 복되고 형통할 것입니다.

♥ 주님, 예수님의 본을 따라 섬김을 행하게 하소서.
🎎 남을 섬기기 위한 성공을 꿈꾸십시오.

나의 영적 일지

참된 사랑이 만드는 변화

읽을 말씀 : 눅 6:27-38

● 눅 6:35 오직 너희는 원수를 사랑하고 선대하며 아무 것도 바라지 말고 꾸어 주라 그리하면 너희 상이 클 것이요 또 지극히 높으신 이의 아들이 되리니 그는 은혜를 모르는 자와 악한 자에게도 인자하시니라

사무엘 모펫 선교사님은 개화 초기에 46년간 복음을 전하며 헌신하신 분입니다.

선교사님은 교육을 위해 숭실전문학교도 설립을 했고, 또 한국의 상황을 국제 언론에 알리는 등의 역할도 감당하셨다가 결국 일본의 탄압으로 미국으로 추방을 당했습니다. 그런데 모펫 선교사님이 한국에 계실 때 이기풍이라는 평양의 깡패가 외국인이 이상한 종교를 전한다는 말을 듣고는 매일 같이 선교사들을 찾아가 문을 부수고 돌을 던졌습니다. 한 번은 불까지 지르려다 실수를 해 오히려 자신이 심하게 다쳐 쓰러져 있었는데 이 모습을 발견한 모펫 선교사님이 병원으로 데리고 가 치료를 해주었습니다.

이기풍은 선교사님의 이런 친절한 사랑을 통해 하나님의 사랑을 체험했고, 복음을 받아들이고 신학을 공부해 목사님이 되었습니다. 평양의 유명한 깡패에서 목사님이 된 이기풍 목사님은 호남지역과 제주도를 돌아다니며 평생 복음을 전했고, 일제강점기 시대 때 순교를 당하면서까지 신사참배에 반대하며 하나님을 위해 살다가 하늘나라로 가셨습니다.

복음을 전하지 못하는 것은 지식과 논리가 부족해서가 아니라 사랑과 관심이 부족해서입니다. 주변 사람들을 믿게 하기 위해서, 이제는 복음을 입으로만이 아니라 사랑과 친절의 행위와 함께 전하십시오. 반드시 복되고 형통할 것입니다.

💜 주님, 넘치는 주님의 사랑이 먼저 제 마음에 있게 하소서.
🎴 하나님의 사랑을 나눌 준비가 되었는지 생각해 보십시오.

나의 영적 일지

2월

"내가 너와 함께 있어 네가 어디로 가든지 너를 지키며
너를 이끌어 이 땅으로 돌아오게 할지라
내가 네게 허락한 것을 다 이루기까지
너를 떠나지 아니하리라 하신지라"
-창세기 28:15-

27년의 기다림

읽을 말씀 : 사 30:18-26

● 사 30:18 그러나 여호와께서 기다리시나니 이는 너희에게 은혜를 베풀려 하심이요 일어나시리니 이는 너희를 긍휼히 여기려 하심이라 대저 여호와는 정의의 하나님이심이라 그를 기다리는 자마다 복이 있도다

영국의 한 지역 신문사 정문에 다음과 같은 쪽지가 붙어있었습니다.

"내 딸 맨디! 너는 나를 기억도 못할 수 있겠지만 이 아빠는 너를 오랜 시간 동안 찾고 있단다. 매일 너를 그리워하고 있어. 사랑한다."

신문사 직원들은 이 쪽지를 대수롭게 생각하지 않아 뜯어 버렸습니다. 그러나 버려진 쪽지를 발견한 어떤 길 가던 사람이 쪽지에 사연이 있다고 생각해 사진을 찍어 인터넷에 올렸습니다.

그 사연은 많은 사람들의 심금을 울려 삽시간에 영국 전역에 퍼졌고, 마침내 쪽지에 나오는 맨디라는 딸도 잃어버린 아버지가 자신을 찾고 있다는 사실을 알게 되었습니다.

쪽지를 붙인 마이클 호그벤이라는 할아버지는 1980년도에 아내와 이혼을 했는데, 아내가 딸을 데리고 연락두절이 된 탓에 27년 간 소식을 알 수 없었다가 너무나 간절한 마음에 신문사 정문 유리창에 이와 같은 쪽지를 붙인 것입니다.

다행히 버려진 편지를 발견한 한 남자의 작은 관심에 의해서 할아버지는 다시 딸을 만날 수 있게 되었고, 이 만남은 영국의 전역에 뉴스와 기사로 퍼지며 많은 사람들에게 놀라운 감동을 전했습니다.

하나님은 이보다 훨씬 더 간절한 마음으로 나를, 그리고 아직 하나님을 모르는 사람들을 찾고 계십니다. 하나님의 간절한 마음을 깨달음으로 복음을 믿고 또 전하십시오. 반드시 복되고 형통할 것입니다.

♡ 주님, 주님의 간절하고 귀한 사랑의 가치를 깨닫게 하소서.
▨ 주님의 사랑을 아는지, 그 사랑을 전하는 삶을 사는지 돌아보십시오.

나의 영적 일지

탁월한 공동체로의 교회

읽을 말씀 : 행 20:22-35

● 행 20:28 여러분은 자기를 위하여 또는 온 양 떼를 위하여 삼가라 성령이 그들 가운데 여러분을 감독자로 삼고 하나님이 자기 피로 사신 교회를 보살피게 하셨느니라

경영학자 워렌 베니스는 21세기의 모든 공동체는 더 이상 한 두 사람의 카리스마 있고 뛰어난 리더에 의해서 세워지지 않고 공동체를 구성하고 있는 사람들의 관계에 따라서 세워지며 이런 기업들에는 다음의 4가지 특징이 있다고 말했습니다.

1. 공유하고 있는 꿈입니다.

탁월한 공동체는 일을 노동으로 생각하지 않고 사명으로 생각하고 있었습니다.

2. 개인적인 이기심을 양보하는 모습입니다.

이기심의 극복은 더 큰 공동체의 사명을 달성하는 데에 큰 도움을 줍니다.

3. 리더를 세우는 시스템입니다.

훌륭한 리더를 지속적으로 양성하고 세울 수 있는 공동체는 오랜 시간 존속이 가능합니다.

4. 세심한 채용입니다.

공동체의 가치관을 공유할 수 있고 필요한 일을 담당할 수 있는 사람을 받아들여야 성과를 내는 공동체가 될 수 있습니다.

가정과 더불어 교회는 세상에서 가장 탁월한 공동체가 되어야 합니다. 하나님의 택하심을 받은 거룩한 하나님의 자녀가 나이며, 하나님의 부르심에는 후회하심이 없다는 것을 잊지 마십시오. 반드시 복되고 형통할 것입니다.

💙 주님, 주님의 원리를 따라 움직이는 공동체인 우리 교회가 되게 하소서.
🎴 교회의 비전과 목표에 적극 참여하는 공동체원이 되십시오.

나의 영적 일지

관점 바꾸기 테스트

읽을 말씀 : 빌 2:1-11

●빌 2:3 아무 일에든지 다툼이나 허영으로 하지 말고 오직 겸
손한 마음으로 각각 자기보다 남을 낮게 여기고

미국의 심리학자들이 만든 내가 '자기중심적'인 사람인지 알아볼 수 있는 간단한 테스트가 있습니다.

먼저 주로 사용하는 손을 다섯 번 정도 가볍게 털고 자기 이마에다가 'ㄷ'자 모양을 그려봅니다. 만약 그려진 'ㄷ'이 상대방이 읽기 쉽게 썼다면 타인에 대한 공감능력이 뛰어난 사람이고, 자기가 읽기 쉽게 썼다면 공감능력이 상대적으로 떨어지는 사람입니다.

한 가지 재밌는 것은 이 실험을 하기 전에 가벼운 아령을 들게 해서 "나는 힘이 강하다"라는 생각이 들게 한 경우에는 사람들이 대부분 자기중심적인 방식으로 글자를 그렸고, 무거운 아령을 들다가 실패하게 해서 "나는 힘이 약하다"라는 생각이 들게 한 경우에는 상대방 중심적으로 글자를 그렸습니다. 나에 대한 자신감이 자만감으로 잘못 발전하는 경우에는 자기중심적인 사람이 될 확률이 매우 높았습니다.

구원을 받고도 하나님의 말씀대로 살지 못하는 것은 나에 대한 잘못된 확신이 너무 강하기 때문입니다. 전능하신 하나님 앞에서 나의 죄성과 무력함을 진실로 고백할 때 하나님의 은총이 임하게 되며 하나님의 능력을 덧입는 삶을 살 수 있습니다. 나를 내려놓고 하나님의 뜻과 마음을 품으십시오. 반드시 복되고 형통할 것입니다.

💜 주님, 교만하지 않고 오직 겸손함으로 무릎 꿇게 하소서.
🔳 말이 아닌 행동이 겸손을 나타내고 있는 신앙인지 생각해 보십시오.

나의 영적 일지

교회가 필요한 사람들

읽을 말씀 : 마 18:1-14

●마 18:12 너희 생각에는 어떠하냐 만일 어떤 사람이 양 백 마리가 있는데 그 중의 하나가 길을 잃었으면 그 아흔아홉 마리를 산에 두고 가서 길 잃은 양을 찾지 않겠느냐

국내의 한 고등학교에서 실제로 있었던 일입니다.

한 여학생이 원조교제를 하다가 경찰에 적발이 되었습니다. 원조교제 전에도 워낙 문제를 많이 일으켜서 선생님들은 이제는 학생을 퇴학시켜야 한다고 의견을 모았습니다. 그러나 그 담임선생님만큼은 절대로 퇴학은 안 된다며 완강히 거부했습니다.

"머물 곳이 없어서 가출하고 원조교제까지 한 학생을 학교에서도 내쫓으면 도대체 어디로 가라는 말입니까? 아예 술집을 가든 다시 원조교제를 하던 이제는 상관 안 하겠다는 소리입니까? 그게 정말 학교입니까?"

이 선생님의 노력으로 아이는 퇴학을 당하지 않았습니다. 이후에도 비슷한 일이 계속 있었으나 선생님은 직접 아이를 찾아다니며 어떻게든 졸업을 시키려고 노력했습니다. 결국 이 선생님의 사랑과 노력으로 여학생은 변화 되었습니다. 열악한 가정환경과 부모님의 학대로 방황을 하던 이 여학생은 고2때 공부를 하기로 마음을 먹었고 학교를 무사히 졸업을 한 뒤에 서울에 있는 대학까지 들어가게 되었습니다.

사회에서 어려워하는 사람들을 자신 있게 받아줄 수 있는 교회가 정말로 건강한 교회입니다. 예수님이 더럽고 추악한 우리들을 위해서 이 땅에 오셨던 것처럼 그런 사람들을 두려워하거나 더러워하지 말고 먼저 다가가 포용하십시오. 반드시 복되고 형통할 것입니다.

💟 주님, 하나님의 사랑으로 병들고 약한 자들에게 다가가게 하소서.
🖼 약자와 병자들을 받아줄 수 있는 분위기의 교회가 되도록 노력하십시오.

나의 영적 일지

영생의 선물

읽을 말씀 : 계 2:18-29

● 계 2:19 내가 네 사업과 사랑과 믿음과 섬김과 인내를 아노니 네 나중 행위가 처음 것보다 많도다

쥐의 수명에 대해서 연구하던 학자들은 다음과 같은 사실을 발견했습니다.

- 쥐는 평균 약 2년 정도의 수명을 가진 동물인데 혼자가 아닌 여러 마리가 함께 모여서 살 경우에는 약 3달 정도를 더 살게 됩니다.

- 사람이 먹이를 주고 하루에 한 두 번씩 쓰다듬어 주면 5달 정도로 수명이 늘어납니다.

- 사람이 조금 더 정성을 투자해 쥐를 돌보고 가끔 안아주며 보살핀다면 쥐의 수명은 약 4년 가까이로 늘어납니다.

같은 종류의 쥐를 어떻게 키우느냐에 따라서 수명이 약 2배 가까이 늘어납니다.

전도대상자들을 섬기는 성도들의 마음과 자세에도 이런 열정이 필요합니다. 사람의 정성으로 쥐를 보살필 때는 수명이 약 2배 늘어나지만 사람의 정성으로 불신자를 보살필 때는 영생을 얻게 되고, 저 천국에서까지 함께하는 놀라운 축복이 임하기 때문입니다.

영생의 축복을 함께 누리기 위해서 들이는 이 땅에서의 노력은 그 어떤 것이라도 결코 너무하거나 과도한 것이 아닙니다. 진심이 담긴 노력과 사랑은 반드시 효과가 있음을 믿고 지속적인 관심으로 전도대상자들에게 복음을 전하십시오. 반드시 복되고 형통할 것입니다.

♥ 주님, 영생의 선물을 한 사람에게라도 더 전하게 하소서.
▦ 내가 보살필 수 있는 만큼 전도대상자의 수를 정하고 관심을 보이십시오.

나의 영적 일지

약점을 덮는 강점

읽을 말씀 : 롬 8:18-30

● 롬 8:26 이와 같이 성령도 우리의 연약함을 도우시나니 우리는 마땅히 기도할 바를 알지 못하나 오직 성령이 말할 수 없는 탄식으로 우리를 위하여 친히 간구하시느니라

미국 대학농구의 명문인 플로리다 대학교는 밀튼이라는 시골 지역에 있는 고등학교의 잭 호드스킨이란 선수를 뽑았습니다.

이 일은 굉장한 화제가 되어 당시 뉴욕타임즈까지 취재를 올 정도였는데 그것은 잭이 외팔이 농구선수였기 때문입니다. 태어날 때부터 한쪽 팔의 팔꿈치 아래쪽이 없었던 잭은 선천성 장애를 갖고 태어났지만 농구선수로의 꿈을 키웠습니다. 손을 주로 사용하는 농구에 있어서 이는 치명적인 약점이었지만 잭은 공을 뺏기지 않게 더 낮게 드리블을 하는 법을 연습했고, 비록 한손이지만 정교하게 슛을 쏠 수 있게 피나는 연습을 했습니다.

고등학교 시절 잭을 상대하는 팀들은 잭의 빠른 드리블과 정확한 슛에 놀라 종종 반칙작전을 사용해 공격을 막곤 했는데, 한손으로 던지는 자유투까지 너무 정확해서 대부분 제대로 막지를 못했습니다. 바로 이런 잭의 강점을 약점보다 더 높이 평가했기 때문에 농구 명문인 플로리다 대학교는 주저하지 않고 잭을 영입했습니다.

하나님의 계획에는 실수가 없습니다. 내가 가진 모든 것은 세상에서 하나님을 드러냄으로 하나님께 영광을 돌리는 일에 이미 충분합니다. 감사하는 마음으로 가진 것을 지혜롭게 사용하고 약점보다는 강점을 활용하는 삶을 사십시오. 반드시 복되고 형통할 것입니다.

♥ 주님, 주신 것에 먼저 감사할 줄 아는 성품을 갖게 하소서.
🧎 감사가 불평보다 훨씬 높은 비율의 삶을 사십시오.

나의 영적 일지

2월 7일

금보다 귀한 것

읽을 말씀 : 시 119:120-136

● 시 119:127 그러므로 내가 주의 계명들을 금 곧 순금보다 더
사랑하나이다

6.25, 한국전쟁을 무사히 넘기고 한 시골에 정착해 살고 계시던 할아
버지가 있었습니다.

할아버지는 농사를 짓고 작은 양식장을 했는데 나이가 들어 돌아가셨
습니다. 서울에 살던 아들은 시골로 내려와 장례를 치르고 아버지의 유품
을 정리하는 중에 낡은 일기장을 발견했습니다. 아들은 할아버지가 살아
오신 인생의 흔적을 마음에 담아두고자 일기장을 펼쳤는데, 이런 내용이
있었습니다.

'어제 밭을 일구다가 또 금덩이를 발견했다. 어제 발견한 금덩이와 합
치면 꽤나 묵직하다. 이 금을 팔면 이제 일을 하지 않아도 남부럽지 않게
살 수 있다. 하지만 그동안 내가 누렸던 일의 기쁨, 아름다운 자연, 아내
와의 좋은 관계는 어떻게 될까? 지금 누리는 소중한 대부분의 것들이 이
금덩이로 인해 사라지게 될 것 같다.'

아들은 혹시나 하는 마음에 창고를 샅샅이 뒤져봤는데 정말로 두 개의
금덩이가 있었습니다. 아들은 눈앞의 금덩이를 보고 순간 망설였으나 일
기에 적힌 할아버지의 진솔한 고백이 머릿속을 떠나지 않았고, 결국 다시
깊숙한 곳에 금덩이를 묻어놓고 집으로 돌아갔습니다.

정말로 중요한 것은 돈으로 살 수가 없습니다. 죄와 심판에서 나를 구
원해 주신 주님을 아는 기쁨은 그 중에서도 가장 귀하고 중요한 사실입니
다. 세상의 하찮은 것들과 이 소중한 기쁨을 바꾸려는 미련한 사람이
되지 마십시오. 반드시 복되고 형통할 것입니다.

🖤 주님, 금보다 귀한 주님이심을 오늘도 고백하게 하소서.
🧎 언제나 주님을 내 인생의 최우선의 가치로 삼으십시오.

나의 영적 일지

언제나 최선을 다하면

읽을 말씀 : 삼상 12:16-25

● 삼상 12:24 너희는 여호와께서 너희를 위하여 행하신 그 큰 일을 생각하여 오직 그를 경외하며 너희의 마음을 다하여 진실히 섬기라

인천의 한 시내버스에서 일어났던 일입니다.

마지막 운행을 하던 버스가 한 학교의 정거장 앞에서 출발을 하지 않고 그대로 서 있었습니다. 어떤 승객이 왜 출발하지 않냐고 묻자 기사가 대답했습니다.

"죄송합니다. 모른 척 가려고 했는데 너무 열심히 뛰어오는 바람에..."

백미러로 보일락 말락한 먼 거리에서 한 남학생이 전력질주로 버스를 타러 오고 있었습니다. 기사는 그 학생을 태우기 위해 손님들에게 양해를 구하고 약 30여초를 기다려주었습니다. 남학생은 숨이 턱 밑까지 타올라 버스에 타면서도 계속 감사하다는 말을 했습니다.

"학생, 힘들지? 그래도 지금 같이 마음먹고 열심히 살면 앞으로 못 할 일이 없을 거야."

버스의 늦은 출발에 불만이 있던 승객들은 이 대화를 듣고 큰 감동을 받았고 그중의 한 승객이 인터넷에 글을 올리면서 이 작지만 훈훈한 이야기가 많은 사람들에게 퍼져나갔습니다.

우리는 때때로 너무나 작은 일에는 최선을 다하면서 너무나 중요한 일은 서둘러 포기합니다. 어떤 일이든 최선을 다하면 주님께서 열매를 맺게 하십니다. 아무리 작은 일에도 최선을 다하고 아무리 큰일이라도 포기하지 마십시오. 반드시 복되고 형통할 것입니다.

♡ 주님, 모든 일에 최선을 다할 수 있는 열정을 허락하여 주소서.
🎴 지금 맡고 있는 모든 일을 최선을 다해 순차적으로 처리하십시오.

나의 영적 일지

2월 9일

예배의 품격

읽을 말씀 : 시 5:1-12

●시 5:7 오직 나는 주의 풍성한 사랑을 힘입어 주의 집에 들어가 주를 경외함으로 성전을 향하여 예배하리이다

기독교정보사이트 갓피플닷컴에서 기독교인 약 2천명을 대상으로 '예배시간에 지각하는 이유'에 대해서 조사를 했습니다. 순위는 다음과 같습니다.

1위, 교회에 가기 위해서 씻고 꾸미느라(20%)

2위, 아침에 일어나는 것이 힘들어 늑장을 부리다가(15%)

3위, 그냥 늦게 가는 것이 습관이라(12%)

4위, 배우자나 가족을 기다리다가(12%)

5위, 토요일 새벽까지 뭘 하다가 피곤해져서(11%)

반면에 무슨 일이 있어도 거의 지각하지 않는다는 응답자는 고작 14%밖에 되지 않았습니다.

하나님을 예배하는 자리에 늦는 이유가 많을 수는 있지만 늦지 않아야 할 이유보다 중요할 수는 없습니다. 예배하는 시간조차 지각하는 사람이 자신의 전부를 하나님께 드릴 수는 없습니다. 가장 기본적인 예배의 시간부터 철저히 지킴으로 예배의 품격을 높여 드리십시오. 그리고, 교회에 갈 때 교회에서 목사님 설교시 프로젝트로 띄워져도 성경 구절을 꼭 성경책을 가지고 가십시오. 우리가 성경책을 들고 다니는 것을 오가는 사람들이 보는 것만도 전도가 됩니다. 예배하며 한 영혼이라도 주님께 인도하십시오. 반드시 복되고 형통할 것입니다.

💜 주님, 주님과의 약속을 무엇보다 소중히 여기게 하소서.
🎴 예배 시간에 늦지 않는 일을 결코 소홀히 여기지 마십시오.

나의 영적 일지

비어있는 의자의 주인

읽을 말씀 : 골 3:18-25

● 골 3:23 무슨 일을 하든지 마음을 다하여 주께 하듯 하고 사람에게 하듯 하지 말라

　세계 최대의 인터넷 상거래 기업인 아마존의 창업자 제프 베조스는 회의 때마다 항상 빈 의자를 하나 가져다 놓습니다. 그리고 회의를 시작하러 모인 중역들에게 이렇게 말합니다.

　"저기 비어있는 의자가 보이십니까? 저기에는 정말로 중요한 사람이 앉아있습니다. 바로 고객입니다. 지금 여기서 가장 중요한 사람은 저 보이지 않는 의자에 앉아있는 고객이라는 사실을 명심하십시오."

　아마존은 지극히 사용자 중심적인 서비스로 유명합니다. 아마존의 인터넷 홈페이지는 전문가들이 뽑은 '인터넷에서 가장 사용자 친화적인 사이트'이며, 결재를 비롯한 사용자들이 번거롭고 귀찮아하는 서비스들은 가장 최소한의 마우스 클릭으로 가능하도록 이루어져 있습니다. 이런 고객중심적인 마인드 때문에 지금 아마존은 세계에서 가장 거대한 기업이 되었으며 아마존의 창업자인 제프는 세계에서 30위 안에 꼽히는 부자가 되었습니다.

　아마존의 회의 때 고객이 앉아있는 비어있는 의지가 등장하는 것처럼 그리스도인들의 삶에도 항상 구세주와 주님이신 주 예수님이 앉아 계시는 의자가 있어야 합니다. 모든 일을 주님과 함께 한다고 생각하는 것만으로도 큰 변화가 일어날 것입니다. 내 인생의 사장 자리에 예수님을 앉히십시오. 반드시 복되고 형통할 것입니다.

💗 주님, 삶의 모든 발걸음을 주님과 함께 걸어가게 하소서.
🖼 "예수님이라면 어떻게 하실까?"라는 질문으로 하루를 살아가십시오.

나의 영적 일지

신앙에도 완주가 필요하다

읽을 말씀 : 딤후 4:1-8

● 딤후 4:7 나는 선한 싸움을 싸우고 나의 달려갈 길을 마치고 믿음을 지켰으니

'차밍걸'이라는 경주마는 은퇴할 때까지 한 번도 1등을 해보지 못했습니다.

오로지 승리만을 토대로 가치가 매겨지는 경주마 시장에서 형편없는 성적 탓에 사람들은 이 말을 '똥말'이라고 부르며 기피하기 시작했습니다. 은퇴하던 순간까지 기록한 것이라고는 한국 최다연패기록과 101전 101패라는 초라한 성적뿐이었습니다.

그러나 은퇴식에서 사람들은 이 말에게 '위대한 꼴찌'라는 별명을 붙여주었으며 협회에서는 '개근상'이라는 특별상을 주었습니다. 비록 한 번도 1등을 하지 못하던 실력 없는 말이었으나 101전이나 경주에 성실이 나서서 매번 완주를 했기 때문입니다.

101전이라는 기록은 현재까지 한국 경주마 중에 최다 출전 기록입니다. 비록 성적은 형편없었지만 누구보다 많은 경기를 나와 성실히 임무를 수행했기에 사람들은 상품 가치가 없음에도 그 말의 실적을 인정했고 또 감동을 받았습니다.

하나님이 보시기에 모든 인간이 똑같은 죄인인 것처럼 의인의 믿음도 똑같습니다. 우리가 할 수 있는 것은 다만 주어진 믿음의 분량만큼 삶의 마지막 순간까지 하나님을 성실히 믿고 따르는 것뿐입니다. 인생의 마지막이 가까워질수록 하나님을 향한 신뢰가 더욱 깊어지는 성실한 완주의 신앙을 꿈꾸십시오. 반드시 복되고 형통할 것입니다.

💙 주님, 마지막까지 변치 않는 굳건한 신앙을 허락하소서.
🎴 흔들림 없는 믿음으로 변함없이 주님만을 의지하십시오.

나의 영적 일지

마음의 양식의 중요성

읽을 말씀 : 신 30:1-20

● 신 30:14 오직 그 말씀이 네게 매우 가까워서 네 입에 있으며 네 마음에 있은즉 네가 이를 행할 수 있느니라

독일의 문호 괴테는 베츨라르라는 곳에 여행을 갔다가 요한이라는 친구를 사귀었습니다. 뜻과 마음이 잘 맞았던 두 사람은 금방 친해졌고, 괴테는 한 동안 그 도시에 머물며 우정을 키워갔습니다.

어느 날 괴테는 요한의 약혼녀를 소개받게 되었는데 그만 한눈에 반하고 말았습니다. 친한 친구에 대한 의리와 처음 느껴본 격한 사랑에 괴로워하던 괴테는 결국 작별 인사도 하지 못한 채 다시 고향으로 도망쳐 왔습니다. 그리고 자신의 슬픈 심정을 담아 소설로 승화시켰는데 이 책이 '젊은 베르테르의 슬픔' 입니다.

이 소설에서 주인공은 실연의 아픔으로 자살을 합니다. 그리고 괴테의 이 작품을 읽고 동질감을 느낀 많은 사람들이 베르테르와 같은 방법으로 자살하기 시작했고 지금도 유명인의 자살을 모방해 사회적 자살률이 높아지는 것을 '베르테르의 효과'라고 합니다. 괴테는 자신의 감정을 해소하기 위해서 글을 썼을 뿐이지만 그 소설이 사회적으로 미치는 여파는 400년이 지난 지금도 매우 강력하고 참혹합니다.

그 어떤 종류의 자유로운 표현이라도 불특정 다수의 사람들에게 어떤 방식으로든 좋지 않은 영향을 미칩니다. 그러므로 우리는 세상을 향해 더 강력하게 생명과 소망과 승리를 주는 주 예수 그리스도의 복음을 전해야 합니다. 건강을 위해 나쁜 음식을 멀리하듯이 마음을 위해서도 똑같은 노력을 기울이십시오. 반드시 복되고 형통할 것입니다.

🩷 주님, 불건전한 문화가 주류가 되지 않도록 한국 사회를 지켜주소서.
🖼 자극적이고 선정적인 매체들을 되도록 멀리 하십시오.

나의 영적 일지

2월 13일

더딘 것 같은 응답

읽을 말씀 : 렘 33:1-11

● 렘 33:3 너는 내게 부르짖으라 내가 네게 응답하겠고 네가 알지 못하는 크고 은밀한 일을 네게 보이리라

18세기 말에 영국에는 필립 브룩스라는 유명한 목사님이 있었습니다.

워낙 성품이 유하고 부드러워 사람들은 목사님을 '평정과 침착의 필립'이라고 불렀습니다. 그러나 험난했던 당시 종교적인 상황 때문에 필립 목사님 역시 마음에 불안함을 느낄 때가 많았습니다. 한 번은 필립 목사님을 어떤 친구가 찾아왔는데, 목사님이 성경책을 뒤적이면서 방안을 빙글빙글 돌고 있는 모습을 보게 되었습니다.

"왜 그러는가 필립? 무슨 문제라도 있나?"

"문제야 항상 있지, 그러나 가장 큰 문제는 내가 서두르는 만큼 하나님께서 서두르고 있지 않고 계신다는 것일세!"

모든 사람들이 입을 모아 언제나 평정을 잃지 않고 항상 침착하다고 평가했던 필립 목사님에게도 마음이 불안하고 초조하던 때가 많았습니다. 그러나 그 순간을 지혜롭게 극복하고 결국 하나님의 때에 자신을 맞추어 나갔기 때문에 생의 마지막에는 '평정과 침착의 필립'이라는 평가를 받을 수가 있었습니다.

사람이기에 하나님의 뜻과 때를 완벽하게 알 수는 없습니다. 그러나 불안하고 힘든 상황이더라도 주님을 믿는 마음으로 기다리며 순종함으로 결국 모든 것이 하나님의 뜻임을 알 수 있습니다. 하나님의 응답이 더딘 것 같아 마음이 불안할 때면 그 불안함마저 하나님께 고백하십시오. 반드시 복되고 형통할 것입니다.

💗 주님, 끝까지 기도함으로 순종하는 모습을 허락하여 주소서.
🔲 믿음으로 구한 것은 이미 받은 줄로 믿으십시오.

나의 영적 일지

불신자의 입장에서

읽을 말씀 : 잠 21:24-31

● 잠 21:24 무례하고 교만한 자를 이름하여 망령된 자라 하나니 이는 넘치는 교만으로 행함이니라

현대 연극의 장르 중에는 '즉흥 연기'라는 것이 있습니다.

배우들은 아무런 약속도 하지 않은 상황에서 그때그때 임기응변을 하며 서로의 역할, 주인공, 시대적 배경을 만들어 나갑니다. 이렇다보니 어떤 때는 상상도 못할 멋진 공연이 되기도 하지만 때때로 관객이 납득할 수 없는 최악의 상황이 연출되기도 합니다.

캐시 샐리트는 이 즉흥연기를 잘하기로 소문이 난 배우로 많은 제자까지 거느리고 있습니다. 그녀는 즉흥 연기에서 가장 중요한 것은 무대 위의 배우들이 서로의 의도를 제대로 파악하고 동조하는 것이라고 주장하며 그 능력을 키우기 위해서 '시간 여행자와의 대화'라는 훈련을 시킵니다.

두 명이 짝을 지은 뒤에 한 사람은 원시시대의 사람 역할을 하고 다른 한 사람은 현대 시대의 사람으로 영화관이 뭔지 설명을 해서 납득을 시킵니다. 때때로 사막에서만 자란 사람에게 바다나 섬의 개념이 무엇인지 설명을 하기도 합니다. 정말 힘든 일처럼 보이지만 이런 일들을 무사히 완수해낸다면 배우들은 무대에서 어떤 상황이 펼쳐지더라도 자연스럽게 그 안에 녹아들 수 있으며, 이로 인해 관객들도 몰입하게 됩니다.

믿지 않는 사람들의 입장에서 성경의 복음과 예수님의 십자가를 어떻게 전할 수 있을까를 생각해본다면, 더더욱 효과적인 관계 전도를 위한 방법이 될 것입니다. 믿지 않는 사람의 입장에서 먼저 생각해보고 고민해 보십시오. 반드시 복되고 형통할 것입니다.

💜 주님, 한 명이라도 더 많은 사람들에게 복음을 전하게 하소서.
🔲 믿지 않는 사람의 입장을 통해 복음을 이해하고자 노력해 보십시오.

나의 영적 일지

낮은 곳으로 흐르는 돈

읽을 말씀 : 잠 28:20-28

● 잠 28:27 가난한 자를 구제하는 자는 궁핍하지 아니하려니
와 못 본 체하는 자에게는 저주가 크리라

미국에는 세계 최고의 명문대학들이 엄청나게 많이 있습니다.

이들 명문대에는 엄청난 학비라는 공통점도 있는데, 미국 대통령인 오바마도 한 연설에서 "아직까지 학자금을 갚고 있다"고 말할 정도로 금액이 높습니다. 최고 수준을 유지하기 위해서는 많은 돈이 필요하기 때문에 당연히 높은 학비가 요구된다는 주장입니다.

그러나 미국의 보든 대학을 비롯한 몇몇 대학들은 전체 등록금에서 학생이 부담할 수 있는 금액만을 내게 합니다. 학생의 형편이 어려워 백만원 밖에 낼 수 없다면 그만큼만 받고 나머지 등록금과 기숙사비, 심지어 생활비까지 학교에서 지원을 해줍니다. 학생들이 과도한 빚을 지고 사회생활을 하게 되면 돈을 쫓아 직장을 구하게 되고, 남을 위한 헌신이나, 정말 하고 싶은 일을 하지 못하게 되기 때문입니다. 또한 더 많은 돈을 벌려고 비양심적인 일을 할 수도 있습니다. 한국의 현실로는 마냥 꿈같은 이야기지만 미국에는 보든 대학 외에도 비슷한 시스템을 가진 대학들이 많이 있고, 이런 학교 정책을 유지하기 위해서 동문들이 중심이 되어 모은 기금이 1조원이나 있다고 합니다.

혜택을 받은 동문들의 기금이 없었다면 또한 졸업을 하고 나만 아는 이기적인 행동을 했었다면 이런 대학의 아름다운 시스템은 유지가 될 수 없었을 것입니다. 하나님께서 주시는 큰복과 은사와 재능은 남을 위해 사용하고 베풀라는 것임을 잊지 마십시오. 반드시 복되고 형통할 것입니다.

💜 주님, 나만 아는 이기적인 마음을 벗어버리게 하소서.
▧ 삶의 작은 영역에서 먼저 양보와 베푸는 일들을 실천 하십시오.

나의 영적 일지

남아 있었던 한 사람

읽을 말씀 : 잠 25:1-15

2월 16일

● 잠 25:13 충성된 사자는 그를 보낸 이에게 마치 추수하는 날에 얼음 냉수 같아서 능히 그 주인의 마음을 시원하게 하느니라

몇 년 전 미국 뉴올리언스에 태풍 카트리나가 몰아쳤을 때 도시의 80%가 물에 잠기고 모든 시스템이 마비되었습니다.

미리 태풍이 닥칠 것이라고 2주 전에 예고가 됐음에도 재난 시스템이 제대로 작동하지 않아서 아무런 대책도 없는 상황이었습니다. 세계 최강대국이라는 수식어가 무안하게 이틀 만에 도시는 완전히 마비되었고 약탈의 현장으로 변해버렸습니다.

당시 미국의 국민들은 세월호 참사 때의 우리 국민들처럼 비난과 분노가 극에 달해 있었습니다. 정부의 늑장 대응과 부족한 사태수습 등 두 사건이 닮은 부분이 많이 있기도 합니다. 그런데 다른 게 하나 있었습니다. 뉴올리언스의 시장은 도시를 버리지 않고 끝까지 현장에 남아서 복구를 지휘했습니다. 시장을 제외한 공무원들과 지역의 부호들은 태풍이 오기도 전에 도망을 쳤지만 시장만큼은 현장이 복구될 때까지 도시를 떠나지 않고서 끝까지 책임을 졌습니다. 정치적인 쇼라며 비난하던 사람들의 목소리도 1,2주가 지나자 사그라졌고, 시장을 도와 피해복구와 예방책에 신경을 쓰자는 주장이 더 높아졌습니다.

단 한 사람의 리더의 책임감 있는 모습이 최악의 참사를 더 잘 극복할 수 있는 원동력을 만들었습니다. 일어난 일에 책임을 끝까지 지는 흔들림 없는 모습이 나에게 있어야 하며, 우리 그리스도인들에게 있어야 합니다. 크리스천답게 끝까지 책임을 완수하는 한 사람이 되십시오. 반드시 복되고 형통할 것입니다.

♥ 주님, 언제나 소신을 지킬 수 있는 책임감을 주소서.
🎨 복음에 있어서도, 맡은 책임에 있어서도 끝까지 완수를 하십시오.

나의 영적 일지

작은 아이디어의 힘

읽을 말씀 : 눅 19:11-27

● 눅 19:17 주인이 이르되 잘하였다 착한 종이여 네가 지극히 작은 것에 충성하였으니 열 고을 권세를 차지하라 하고

미국의 한 비누공장에서 봉지만 있는 불량품이 자꾸 나와 컨설팅을 받았습니다.

컨설팅 업체는 엑스레이 투시기를 공정에 포함시켜서 속이 비어있는 봉지를 사전에 걸러내는 자동화 공정을 설계해주면서 필요한 예산을 청구했습니다.

'상담비: 천만 원, 엑스레이 기계 값: 5천만 원, 유지비 및 추가 인건비: 년 5천만 원'

그런데 예산안을 처리하는 동안 갑자기 제품의 불량률이 0%가 되는 일이 일어났습니다. 현장을 확인해 보니 한 신입사원이 최종 물건이 실려 나오는 컨베이어 벨트 옆에다가 대형 선풍기를 가져다 놓았습니다. 비누가 들어있지 않은 봉지는 바람에 날려가기 때문에 불량률이 0%가 된 것입니다. 현장직에 있던 사원이 선풍기를 구입하기 위해서 청구한 비용은 단돈 5만 원이었습니다.

5만 원짜리 아이디어에 때때로 수억 원의 가치가 담겨 있습니다. 성령님은 때때로 우리의 마음 가운데, 우리의 생활 가운데 번뜩이는 작은 아이디어들을 주십니다. 그 음성에 순종하는 사람만이 영성에서도 삶의 현장에서도 동일한 축복을 누릴 수 있습니다. 성령님이 주시는 작은 아이디어에 언제나 순종하십시오. 반드시 복되고 형통할 것입니다.

♡ 주님, 작은 가능성만 있어도 먼저 실천하는 행동력을 주소서.
▨ 성령님이 매일 주시는 작은 감동과 생각들에 충실하게 순종하십시오.

나의 영적 일지

진짜 이웃

읽을 말씀 : 레 19:13-18

● 레 19:18 원수를 갚지 말며 동포를 원망하지 말며 네 이웃 사랑하기를 네 자신과 같이 사랑하라 나는 여호와이니라

　서울 도봉구의 어떤 아파트에서는 층간소음 문제를 비롯한 이웃들 간의 다툼이 전혀 없습니다.

　최신식 아파트처럼 방음공사가 잘 된 것도 아니고, 다른 아파트와 똑같이 독립형 구조로 되어 있습니다. 다만 이 아파트에는 이웃끼리 서로 불편 사항이 있을 때는 '엽서'로 보냅니다. '밤에 조금 시끄러운 것 같습니다. 살짝 주의해 주실 수 있나요?'

　그러면 다음 날 답장이 옵니다.

　'죄송해요. 제가 중학생인데 깊이 생각을 못하고 밤에 시끄럽게 한 것 같습니다.'

　'괜찮아, 그럴 수도 있지. 우린 이웃인데 뭐.'

　이런 식으로 엽서를 보내며 마음을 표현하다 보니 주민들 간의 싸울 일도 거의 없고 대부분의 문제들도 자연스럽게 서로 간에 해결되곤 합니다.

　서로 간에 배려와 사랑의 마음으로 이해하자 문제들을 넘어서는 화합이 꽃피었습니다. 작은 진심으로 층간 소음 문제가 해결되는 것같이 우리 교회의 공동체 가운데에도 '형제, 자매'라는 호칭이 허울 좋은 껍데기가 되지 않게 이런 진심이 담긴 고백들이 서로를 향해 있어야 합니다. 서로를 향한 돈독한 교제를 통해 세상의 든든한 이웃이 되어주는 성도가 되십시오. 반드시 복되고 형통할 것입니다.

♥ 주님, 마음을 나누는 공동체인 교회의 일원이 되게 하소서.

🥘 분노와 짜증을 넘어서는 배려와 이해의 성품을 가꾸십시오.

나의 영적 일지

내가 승리할 수 있는 이유

읽을 말씀 : 고전 15:50-58

● 고전 15:57 우리 주 예수 그리스도로 말미암아 우리에게 승리를 주시는 하나님께 감사하노니

아프리카 선교사인 데이비드 리빙스턴은 죽기 전에 댄 크로포드를 후계자로 세웠습니다.

처음 리빙스턴의 후임으로 크로포드가 세워졌을 때에 사람들은 워낙 훌륭한 인물의 뒤를 잇는 자리기 때문에 이전과 같은 성과는 내기 힘들 것이라고 예상했습니다. 그러나 시간이 흐르자 크로포드는 리빙스턴의 역할을 완벽하게 대체했고, 어떤 사람들은 오히려 리빙스턴보다 더 뛰어난 역할을 담당했다고 평가하기도 했습니다. 크로포드가 이처럼 사역을 훌륭히 감당할 수 있었던 비결은 그가 평생 가지고 다니던 신약성경의 속표지에 적혀 있었습니다.

"난 이 엄청난 사역을 감당할 수 없다. 파도는 거세고 높아서 넘어설 수 없다. 안개가 짙어 앞이 보이지 않으며 하늘의 빛도 나에게 닿지 않는다. 그러나 우리는 반드시 승리한다. 나는 약하지만 예수님과 함께라면 모든 나약함과 약점을 극복할 수 있다. 나는 매일 지치고 무너지지만 하나님은 절대 나를 포기하지 않는다. 그래서 예수와 나, 우리는 결국은 승리할 것이다."

나는 할 수 없지만 하나님은 하실 수 있습니다. 험악한 세상에서 완전한 승리를 거둘 수 있는 방법은 하나님과의 동행뿐입니다. 나를 포기하지 않으시는 하나님이 언제나 날 지켜주신다는 것을 잊지 마십시오. 반드시 복되고 형통할 것입니다.

♥ 주님, 지금 맡겨진 일도 주님이 주시는 힘으로 충분히 할 수 있게 하소서.
🎴 지금 맡겨진 일을 주님을 의지하며 하는지 점검하십시오.

나의 영적 일지

세계 각국의 속죄의 개념

읽을 말씀 : 히 9:11-22

● 히 9:12 염소와 송아지의 피로 하지 아니하고 오직 자기의 피로 영원한 속죄를 이루사 단번에 성소에 들어가셨느니라

　성경을 각국어로 번역을 하다 보면 언어의 차이 때문에 뜻의 풀이가 조금씩 다르게 되는 경우가 있습니다.

　예를 들어서 우리말 성경의 '속죄'라는 단어는 남미의 한 부족의 성경에는 "더 이상 죄 안에 머무르지 않는 것"이라는 뜻의 단어로 번역이 되어 있습니다.

　아이보리 제도의 빠울리 부족의 성경에는 "죄를 우리에게서 떠나가게 하는 것"이라고 번역이 되어 있습니다.

　멕시코의 후이촐 부족의 성경에는 "하나님께서 죄를 가져가시는 것"이라고 표현되어 조금 더 하나님의 은총에 초점을 맞췄고, 이베리아 반도의 케펠 부족은 "죄에서 돌아서는 것."이라고 표현되어 있는데 이 표현은 우리가 죄에서 돌아서는 것이 아니라 하나님이 우리가 가진 죄를 돌아보지 않으시고 그 죄로 인해 비난하지 않으신다는 뜻입니다.

　나라마다 속죄의 표현이 모두 다르고 때로는 깊이 이해해야 할 부분들이 있지만 그럼에도 어떤 언어로 표현할 지라도 속죄는 오로지 하나님의 구원의 은혜로만 받을 수 있으며 그로 인해 우리가 자유할 수 있다는 사실에는 변함이 없습니다. 이 만고불변의 진리를 오늘도 확고히 붙들고 전파하십시오. 반드시 복되고 형통할 것입니다.

💛 주님, 오직 예수님의 보혈로만 모든 죄를 용서 받을 수 있음을 알게 하소서.
🎴 십자가의 복음 외에는 다른 진리가 없음을 고백하십시오.

나의 영적 일지

최후의 덕목, 예의

읽을 말씀 : 히 13:9-17

● 히 13:17 너희를 인도하는 자들에게 순종하고 복종하라 그들은 너희 영혼을 위하여 경성하기를 자신들이 청산할 자인 것 같이 하느니라 그들로 하여금 즐거움으로 이것을 하게 하고 근심으로 하게 하지 말라…

신학자 코렌트리 팻모어에게 한 학생이 찾아와 물었습니다.

"교수님, 지금 세상에서의 가치관이나 성품 중에 하늘나라에서도 통용되는 것이 있을까요?"

"글쎄, 솔직히 잘은 모르겠네. 그러나 분명한 것 하나는 예의가 하늘나라에서도 가장 중요한 덕목이 될 것이라는 사실이네."

전혀 의외의 대답이 나와 놀란 학생이 그 이유를 물었습니다.

"몇 가지만 예를 들어보겠네. 천국에서는 희망을 품을 일도 없을 거라네. 우리가 더 이상 바랄 게 없기 때문이지. 용기는 어떨까? 아마도 용기를 발휘할 위험한 상황이 존재하지도 않을 것 같네. 게다가 배고프고 목마를 일도 없으니 동정심이나 자비심도 있을 수가 없고 말이야. 다만 다른 영혼을 맞이하고 인사하는 일만은 계속해서 존재할 것이기 때문에 예의가 필요하다고 개인적으로는 생각하네. 물론 하늘나라에 가봐야만 알 수 있겠지만."

철학자 칸트는 예의는 그것을 지키는 사람을 가치 있게 만들어주기 때문에 반드시 지켜야 한다고 말했습니다. 성경 역시 연장자와 마땅히 존경받을 사람에 대한 예의를 매우 강조합니다. 그래서 성도들은 인륜적으로나 처세방법으로나 또는 성경적으로나 예의를 중요하게 생각해야 합니다. 어떤 상황에서도 상대에 맞는 예의와 겸손을 차리십시오. 반드시 복되고 형통할 것입니다.

💙 주님, 주님이 세우신 사람들을 인정하고 기도하게 하소서.
🔲 어떤 상황에서도 기본적인 예의는 마음을 다해 지키십시오.

나의 영적 일지

화합과 고백의 기도

읽을 말씀 : 롬 6:1-14

● 롬 6:5 만일 우리가 그의 죽으심과 같은 모양으로 연합한 자 가 되었으면 또한 그의 부활과 같은 모양으로 연합한 자도 되 리라

　세계 최대 인터넷 검색 사이트인 구글에서 '한국 교회'라는 단어를 치 면 '한국 교회 순위, 한국 교회 교단, 한국 교회 숫자'라는 검색어가 가장 먼저 자동으로 완성됩니다. 그리고 연관검색어에는 '한국교회의 문제점' 이라는 키워드가 바로 뜹니다. 내용을 찾아보면 대부분 한국 교회가 분열 되고 있는 모습에 대한 여러 기사들과 안타까움을 나타내는 글들이 많습 니다.

　레이건 대통령은 재임 시절 국가의 조찬 기도회에서 다음과 같은 말을 한 적이 있었습니다.

　"지금 이 자리에 오신 여러분들의 면면을 보니 기도의 힘은 정말로 놀 랍다는게 느껴집니다. 정치인이란 어제의 친구가 오늘의 적이 되기도 하 고, 많은 정적을 두어야 하는 자리인데, 이렇게 모든 것을 초월해 한 자리 에 많은 사람들이 모였으니 말입니다. 기도는 서로 대립되는 정치인들이 마음을 합해 국가적인 위기를 극복하게 만들어주는 최고의 방법입니다."

　기도는 서로 다른 사람들을 하나로 묶어줄 수 있는 강력한 끈입니다. 한국 교회에 이런 안타까운 분열의 모습들이 많이 보이는 것은 기도가 부 족하기 때문이며, 남을 나보다 더 낫게 여기는 겸손이 부족하기 때문이 고, 하나님께 간구하지 않기 때문입니다. 약간의 차이와 이해관계를 넘어 서서 하나님을 향한 진심어린 사랑으로 다시 아름다운 연합의 모습을 이 루게 되는 성도들의 모습을 위해서 간절히 기도하십시오. 반드시 복되고 형통할 것입니다.

♡ 주님, 하나된 영성으로 다시 아름답게 화합하는 한국 교회가 되게 하소서.
🗺 하나 된 우리 교회, 하나 된 한국 교회를 위해서 뜨겁게 기도하십시오.

나의 영적 일지

두 가지 관계와 건강

읽을 말씀 : 시 69:30-36

● 시 69:32 곤고한 자가 이를 보고 기뻐하나니 하나님을 찾는 너희들아 너희 마음을 소생하게 할지어다

　19세기 초에 정신의학과 박사였던 린치는 인간관계가 건강상태를 나타내는 중요한 척도가 된다고 주장했습니다.

　당시 의사들은 린치 박사의 주장에 대해서 "병은 병균에 의해서 걸리는 것이고 건강은 먹고 마시고 자는 상태에 의해서 결정되는 것이기 때문에 아무것도 모르는 의학박사의 아주 원시적인 주장이다"라며 평가절하 했습니다.

　그런데 현재에 와서는 이 린치 박사의 주장이 다시 맞는 것으로 밝혀졌습니다.

　몇 십 년 전부터 사람의 건강에는 환경적인 영역 못지않게 정신적인 영역이 중요하며, 이런 삶의 질에 영향을 가장 크게 주는 것이 인간관계로 밝혀졌기 때문입니다.

　린치 박사가 주장했던 인간관계는 건강 뿐 아니라 삶의 만족도, 삶의 행복도, 그리고 수명에까지 영향을 끼쳤습니다. 만약 19세기 초에 의사들이 린치 박사의 말을 조금만 더 진지하게 받아들이고 연구를 했더라면 현대의학은 훨씬 더 바람직한 방향으로 발전해 나갔을 것입니다.

　인간관계가 신체의 건강에 큰 영향을 끼치듯이 하나님과의 관계는 영적인 건강에 큰 영향을 끼칩니다. 우리의 삶과 인생에 중요한 영향을 미치는 하나님과의 관계를 소홀히 여기지 마십시오. 반드시 복되고 형통할 것입니다.

💚 주님, 주님과의 관계의 중요성을 깨닫고 소중히 여기게 하소서.
🧩 최근 나의 영성상태가 잘 유지되고 있는지 확인해 보십시오.

나의 영적 일지

사랑의 레모네이드

읽을 말씀 : 시 119:129-137

● 시 119:132 주의 이름을 사랑하는 자들에게 베푸시던 대로 내게 돌이키사 내게 은혜를 베푸소서

　미국 앨라배마 주의 한 가구점에서는 레모네이드를 판매하는 초등학생 소녀가 있습니다.

　가구점을 하는 할머니를 도와 사람들의 심부름을 하고 레몬에이드를 만들어서 대접하는 소녀는 음료의 값으로 1달러를 받습니다. 밤새 준비하고 학교까지 다녀와 힘들게 만들어 번 돈이지만 입천장 파열로 고생하는 아이들을 위해 모두 기부합니다.

　하루에 약 8만원을 넘게 벌 만큼 장사가 잘 되지만 자기가 가지고 싶은 것, 먹고 싶은 것에 사용하지 않고 모두 다 기부를 합니다. 아직 놀랄만한 금액을 모금한 것도 아니고 그저 한잔에 1달러씩 꾸준히 기부를 하는 선행이지만 이 선행은 지역 방송국에도 알려져 뉴스에 보도되었습니다. 한창 공부하고 놀고 싶을 나이에 매일 이렇게 고생을 하는 이유에 대해서 리포터가 묻자 레너드라는 이름의 소녀는 이렇게 대답했습니다.

　"내가 만드는 레모네이드를 사람들이 맛있게 먹어주니 너무 즐거워요. 제 레모네이드를 여러 사람이 즐겼으면 좋겠고, 또 그렇게 번 돈으로 고생하고 있는 아이들이 웃음을 찾았으면 좋겠어요."

　작은 선행에 작은 노력이라도 얼마든지 남을 도울 수 있고 또 사랑을 전할 수 있습니다. 하루에 작은 손길 하나라도 남을 위해, 하나님을 위해 베푸십시오. 반드시 복되고 형통할 것입니다.

🖤 주님, 세상을 조금이라도 더 따뜻하게 만들 수 있는 제가 되게 하소서.
🔲 하루에 한 가지 선행인 일일일선 운동을 실천하십시오.

`나의 영적 일지`

하나님께 물어라

읽을 말씀 : 시 34:1-10

●시 34:4 내가 여호와께 간구하매 내게 응답하시고 내 모든 두려움에서 나를 건지셨도다

사람들은 어떤 일을 할 때 스스로 대화를 하며 풀어나가는 과정을 거치는데 이것을 '자기대화'라고 합니다.

자기대화에는 크게 세 가지 종류가 있습니다.

1. 자기가 무조건 할 수 있다고 생각하는 긍정적인 대화입니다.

2. 자신은 무조건 할 수 없다고 생각하는 부정적인 대화입니다. 심리학자들은 긍정적인 자기대화가 부정적인 자기대화보다는 더 효과적이라고 말하지만 최선의 방법은 아니라고 주장합니다.

3. "내가 이 일을 할 수 있을까?"라는 질문 방식의 자기대화인데, 이 방식이 어떤 일을 처리하는 데에 결과가 월등히 좋았다고 합니다.

많은 자기계발서와 동기부여강사들은 무조건 "하면 된다!", "할 수 있다!"고 외치라고 말하지만 실제 실험 결과는 대부분의 경우에 자기에게 질문을 하는 방식의 자기대화가 가장 효과가 좋았습니다.

막연한 부정보다는 긍정이 낫지만 그보다 나은 것은 스스로에게 질문을 던지는 것입니다. 그리스도인들은 여기에 더해서 항상 하나님께 물어야 합니다. "내가 이 일을 할 수 있을까?", "이 일을 해야 할까?"에 앞서 "주님이라면 어떻게 하셨을까?", "하나님의 뜻일까?"라는 질문을 던져 보십시오. 반드시 복되고 형통할 것입니다.

💗 주님, 먼저 주님의 뜻을 구하고자 하는 마음을 갖고 살아가게 하소서.
🗒 마음의 갈등이 생길 때는 먼저 하나님께 질문하는 습관을 가지십시오.

나의 영적 일지

열매로 진리를 안다

읽을 말씀 : 눅 6:39-45

●눅 6:44 나무는 각각 그 열매로 아나니 가시나무에서 무화과를, 또는 찔레에서 포도를 따지 못하느니라

영국에서 예수님의 후손이 존재한다는 내용의 책이 출간된 적이 있습니다. 영화감독과 심리학 박사, 역사학자 3명이 참여해서 쓴 이 책은 예수님이 죽지 않고 프랑스로 망명해 결혼을 하고 살았으며 그 후손들이 지금도 계속해서 프랑스에 남아있다고 주장했습니다. 그들은 자기들의 전문성을 토대로 이 내용이 분명한 역사적 사실이라고 각종 언론을 통해 말했습니다.

그런데 스위스에서도 예수님에 대해서 비슷한 주장을 하는 책이 나왔습니다. 영국에서와 마찬가지로 비슷한 분야의 전문가들이 참여한 이 책은 예수님이 제자들을 데리고 인도로 건너갔으며 네팔과 파키스탄까지 건너가 복음을 전했고, 또 들렀던 곳마다 후손을 남겼다고 주장했습니다. 이들 역시도 자신들의 주장이 분명한 역사적 사실이라고 말했습니다.

예수님의 존재를 부정하는 사람들은 이 두 권의 책 중에 어떤 책을 믿어야 할까요? 사실 이와 비슷한 주장을 하는 더 많은 종류의 책들이 있지만 주장들이 다들 제각각입니다.

성경이 하나님의 말씀인지 아니면 그냥 사람이 엮은 책인지에 대한 논쟁은 아주 오랜 시간 동안 계속되고 있지만 그 열매를 보면, 그 나무를 아는 법입니다. 생활속에서 열매를 보여줌으로 성경 속의 예수님이 진짜 참 진리라는 것을 증명시켜주십시오. 반드시 복되고 형통할 것입니다.

🖤 주님, 성경이 말하는 예수님이 진짜임을 세상 사람들이 알게 하소서.
🔲 거짓정보에 흔들리지 말고 굳건히 믿음을 지키십시오.

나의 영적 일지

말씀에 감격하라

읽을 말씀 : 요 4:27-38

● 요 4:28,29 여자가 물동이를 버려 두고 동네로 들어가서 사
람들에게 이르되 내가 행한 모든 일을 내게 말한 사람을 와서
보라 이는 그리스도가 아니냐 하니

'백조의 호수', '호두까기 인형' 등의 명곡을 많이 작곡한 차이코프스
키에게는 이상한 버릇이 있었습니다.

늦은 저녁이나 새벽에 돌연 듯 집 밖으로 뛰쳐나와서 만나는 사람마다
불러 세운 뒤에 질문을 던졌습니다.

"실례지만 지금 이 음악이 들리십니까?"

"도대체 무슨 음악이 들린다는 거요?"

차이코프스키의 이런 행동이 작곡을 하다 엄청난 영감이 떠오를 때 하
는 것이라는 걸 마을 사람들은 나중에 알게 되었습니다. 자기 머릿속에
떠오르는 아름다운 선율 때문에 나가서 사람들에게 말이라도 걸지 않으
면 그 희열을 견딜 수가 없었던 것입니다.

성경은 예수님의 말씀을 들은 제자들의 마음이 매우 뜨거워졌다고 말
합니다. 진리의 말씀을 들은 사람들은 복음을 전하지 않고는 견딜 수 없
었고, 그로 인해 진리가 세계로 퍼지고 많은 사람들이 구원을 받게 되었
습니다. 주님은 모든 사람이 구원을 받으며, 진리를 아는데 이르기를 원
하십니다. 오늘 나에게 주시는 하나님의 말씀으로 인해 감격하는 신앙을
가지십시오. 반드시 복되고 형통할 것입니다.

💙 주님, 매일 들리는 하나님의 음성에 귀를 열게 하소서.

 성경 말씀을 나에게 주시는 말씀이라 생각하고 묵상하십시오.

나의 영적 일지

중산층의 기준

2월 28일

읽을 말씀 : 삼상 16:1-13

● 삼상 16:7 여호와께서 사무엘에게 이르시되 그의 용모와 키를 보지 말라 내가 이미 그를 버렸노라 내가 보는 것은 사람과 같지 아니하니 사람은 외모를 보거니와 나 여호와는 중심을 보느니라 하시더라

최근 한국보건사회연구원에서 한국의 중산층의 비율에 대해서 조사를 했습니다. 일반적으로 한 사회의 중산층의 비율이 높을수록 건강한 사회로 여겨지지만 1990년대의 74%에 비해서 나라가 경제적으로 발전한 최근에는 오히려 7%나 떨어진 67%로 조사되면서 사회적인 대책이 필요하다는 결론이었습니다.

한 가지 특이한 것은 중산층의 기준이었는데, 한국의 경우 월 소득, 주거지, 보유차량과 같이 소득과 물질적인 것에만 초점이 맞춰져 있었습니다. 물론 중산층의 기준은 절대적인 측정방식이 없지만 외국의 경우에는 물질적인 측정방식보다도 중요하게 생각하는 것이 있었습니다.

프랑스의 경우 전 대통령이 '외국어를 구사할 줄 알고 악기를 다룰 줄 아는 사람'을 중산층의 기준으로 제시했으며 영국의 경우에는 옥스퍼드 대학이 '정의로운 정신, 약자를 포용하는 능력'을 중산층의 기준에 포함시켰습니다. 미국과 독일의 경우는 한국과 같이 소득을 주요 측정기준으로 삼기는 하지만 그 수준이 훨씬 낮으며 소유하고 있는 물건의 가치보다는 생활양식과 만족도를 더욱 중요한 기준으로 삼습니다.

가진 것으로 사람을 평가하는 것은 매우 잘못된 일입니다. 그러나 특히 한국사회에서는 이런 성향이 교회안팎에서 은연중에 드러나고 있습니다. 하나님이 보시는 것은 오직 믿음이며 우리의 능력과 소유가 아닙니다. 물질에 대한 과도한 집착을 내려놓고 오직 성령에 대한 열망을 품으십시오. 반드시 복되고 형통할 것입니다.

♡ 주님, 물질의 기준으로 사람을 평가하지 않게 하소서.
▨ 물질은 평가의 기준으로 삼지 말고 무형적인 가치를 더 중요하게 여기십시오.

나의 영적 일지

3
월

"아무 것도 염려하지 말고 다만 모든 일에 기도와 간구로,
너희 구할 것을 감사함으로 하나님께 아뢰라
그리하면 모든 지각에 뛰어난 하나님의 평강이
그리스도 예수 안에서 너희 마음과 생각을 지키시리라"
-빌립보서 4:6,7-

큰 죄보다 무서운 작은 죄

읽을 말씀 : 요일 1:5-10

●요일 1:9 만일 우리가 우리 죄를 자백하면 그는 미쁘시고 의
로우사 우리 죄를 사하시며 우리를 모든 불의에서 깨끗하게
하실 것이요

한 목회자에게 두 명의 성도가 찾아와 상담을 했습니다.

한 성도는 자신이 과거에 지었던 비교적 큰 죄에 대한 고충을 털어놓았
고, 한 사람은 자신이 평소에 지었던 작은 죄들에 대한 불안감에 대해서
이야기를 했습니다.

두 사람이 지나간 뒤에 이 모습을 지켜본 목사님의 제자인 신학생이 물
었습니다.

"어떤 사람의 죄가 더 회개하기 어렵습니까?"

"그야 작은 죄를 지은 사람이지. 산 속에 있는 큰 바위는 비록 치우긴
쉽지 않지만 위치를 기억하기도 쉽고, 그냥 지나치기도 쉽지 않아. 마찬가
지로 큰 죄가 자신의 잘못이고 그 죄를 대신 치워주신 분이 예수님이라는
사실을 언제나 기억할 수 있지. 그러나 작은 죄를 계속해서 지은 것은 바
다의 모래알과 같아서 일일이 떠올리기도 힘들고 회개하기도 어렵지 않겠
나? 죄가 문제가 아니라 기억하고 자백하는 상황이 문제가 되기 때문에
작은 죄들을 더욱 조심해야 한다네."

일상 속의 작은 죄에 둔감해지다보면 점점 하나님과 멀어지게 됩니다.
매일 말씀이란 거울을 통해 나의 양심과 영혼을 비추어보는 생활 속의 영
성을 추구하십시오. 반드시 복되고 형통할 것입니다.

♥ 주님, 죄에 대해서 늘 깨어있는 양심을 허락하소서.
❋ 말씀을 통해 하루를 반성하고 또 자백하는 시간을 가지십시오.

나의 영적 일지

순수한 기쁨

읽을 말씀 : 시 4:1-8

● 시 4:7 주께서 내 마음에 두신 기쁨은 그들의 곡식과 새 포도주가 풍성할 때보다 더하니이다

　페이스북을 창업해 억만장자가 된 마크 주커버그는 자신의 성공비결에 대해서 이렇게 말했습니다.

　"많은 사람들이 저에게 성공비결에 대해서 묻습니다. 이런 사람들은 저의 창업 스토리를 특별한 비결로 포장해 신화로 만들고 싶어 하지만 제가 성공한 비결은 딱히 없습니다. 이 일을 해야겠다고 마음을 먹었고, 이 세계에 몸담고 있는 다른 사람들이 다들 하는 것처럼 그저 하루에 6시간씩 프로그램을 짰을 뿐입니다."

　철저한 고객만족으로 유명한 유통회사 자포스의 창업자 역시 비슷한 이야기를 했습니다.

　"고객과 소통하기 위해 노력하는 저희의 모습이 성공의 비결이라고 많은 사람들이 생각합니다. 그러나 회사를 세우면서 우리가 가장 신경을 쓴 일은 상품을 포장하고 번개같이 배송하는 일이었습니다. 몇 년 간 저희가 했던 업무의 90%가 바로 단순 포장과 배송이었습니다."

　전설적인 농구선수 줄리어스 어빙은 "프로란 자기가 하고 싶은 일을 하기 싫은 날에도 꾸준히 하는 것"이라고 말했습니다.

　성도들의 경건생활은 날마다 반복되어도 순수한 기쁨을 경험하는 일이 되어야 합니다. 하나님의 깊은 사랑에 날마다 더 가까이 다가서기 위해 노력하십시오. 반드시 복되고 형통할 것입니다.

🖤 주님, 크신 사랑의 기쁨을 매일 더 알게 하소서.
🗯 반복되는 경건생활 속에 기쁨이 샘솟고 있는지 점검하십시오.

나의 영적 일지

말씀이 나타내는 것

읽을 말씀 : 사 43:8-13

●사 43:12 내가 알려 주었으며 구원하였으며 보였고 너희 중
에 다른 신이 없었나니 그러므로 너희는 나의 증인이요 나는
하나님이니라 여호와의 말씀이니라

　마틴 루터는 말씀을 '구유 속에 담기신 예수 그리스도'라고 표현했습니다.

　예수님이 태어나신 상황을 그래도 적용한 것인데, 더러운 구유에 세상에서 가장 귀한 예수님이 계시는 것이 마치 누구보다 추악한 우리에게 임한 구원의 은혜와 같다고 생각했기 때문입니다.

　키에르 케고르는 하나님의 말씀을 '하나님의 연애편지'라고 표현했습니다. 단순한 글이 아니라 사랑이 담겨 있으며 상대방이 마음을 돌리기까지 끈질기게 구애하기 때문입니다. 만약 하나님의 연애편지를 받고 마음을 돌리는 사람이라면 사랑에 빠진 사람처럼 용기를 얻고 행복해진다는 뜻도 있습니다.

　에밀 브레너는 하나님의 말씀을 '주인의 음성'이라고 표현했습니다. 하나님의 말씀은 비록 인간의 언어로 기록되고 수천 년을 이어져 내려오면서 조금씩 달라지기는 했으나 그 안에 담긴 능력과 진리는 우리를 지으신 분의 분명한 음성이기 때문입니다.

　말씀이 나타내는 복음은 너무나 명확합니다. 하나님은 우리를 사랑하시고, 그 사랑을 예수님을 통해 확인시켜주셨습니다. 이 사실을 믿는 사람은 구원을 받고 영생을 얻습니다. 모든 말씀이 이 사실을 나타내는 것 같이 나의 모든 삶으로 이 사실을 나타내십시오. 반드시 복되고 형통할 것입니다.

♥ 주님, 모든 것 안에 담긴 하나님의 말씀을 깨달아 알게 하소서.
▨ 다른 복음이 아닌 오직 성경의 복음만을 신뢰하십시오.

나의 영적 일지

빛이 되기 위한 조건

읽을 말씀 : 요 1:1-14

● 요 1:3,4 만물이 그로 말미암아 지은 바 되었으니 지은 것이
하나도 그가 없이는 된 것이 없느니라 그 안에 생명이 있었으
니 이 생명은 사람들의 빛이라

　　버뮤다 해역에 있는 '버뮤다 삼각지대'에는 많은 미스테리한 이야기들
이 있습니다.

　　버뮤다와 연관된 항간에 떠도는 대부분의 미스테리 사건들이 사실로
확인이 된 것은 거의 없지만 실제로 이곳은 안개가 많아서 배와 비행기를
위한 커다란 등대가 건설되어 있습니다. 그런데 이렇게 중요한 위치에 설
치된 등대의 구조는 매우 단순합니다. 500와트짜리 평범한 전구들과 이
빛을 펼쳐주는 프리즘이 전부입니다.

　　최첨단의 시대를 걷는 지금에도 이 단순한 구조의 등대는 변하지 않았
고 지금까지 오랜 시간 동안 이곳을 지나는 배와 비행기들에게 큰 희망
의 역할을 하고 있습니다. 현대 기술이 눈부시게 발전하고 있지만 이곳을
지나는 배와 비행기들을 안내하기에는 전구와 프리즘만으로도 충분하기
때문에 등대는 지어졌을 때의 모습 그대로이지만 여전히 자기의 역할을
충실히 감당하고 있습니다.

　　등대가 제 역할을 하기 위해서는 빛을 만들 전기와 그 빛을 퍼트려줄
전구와 프리즘만 있으면 됩니다. 예수님이 말씀하신 세상의 빛이 되기 위
해서는 진리의 빛인 하나님의 말씀과 그 말씀을 삶으로 보여줄 참된 성도
인 우리들만 있으면 됩니다. 하나님의 말씀을 세상에 비추일 빛으로의 삶
을 살아가십시오. 반드시 복되고 형통할 것입니다.

♥ 주님, 말씀의 거룩한 빛이 언제나 제 안에 머물게 하소서.
🏵 주님의 말씀을 실천함으로 세상의 빛이 되십시오.

나의 영적 일지

재림의 참된 의미

읽을 말씀 : 요 11:17-27

● 요 11:25 예수께서 이르시되 나는 부활이요 생명이니 나를 믿는 자는 죽어도 살겠고

　예수님이 십자가에 돌아가시고 부활한 직후 1세기의 그리스도인들은 그야말로 온갖 고초와 수모를 당했습니다.

　어떤 성도들은 원형 경기장에서 굶주린 야수들의 먹이가 되었고,

　어떤 성도들은 번화가에서 사람들에게 돌에 맞아 죽었습니다.

　어떤 성도들은 사지가 찢겨 죽는 처참함을 견뎠으며,

　어떤 성도들은 십자가에 거꾸로 달려 순교했습니다.

　또 참수를 당하고, 끓는 기름에 들어가고, 얼음에 갇혀서 얼어 죽는 처형도 당했지만 그래도 성도들은 신앙을 포기하지 않았습니다. 그래서 비밀 표식을 만들어 서로 소통하고 그래도 안 되자 땅굴로 들어가 예배를 드리고 모임을 가졌습니다.

　이런 박해를 견딜 수 있었던 것은 다시 오실 예수님의 재림을 믿었기 때문입니다. 그래서 이런 박해에도 서로 웃으며 "마라나타!(주님이 다시 오십니다!)"라고 인사할 수 있었습니다.

　예수님의 재림을 믿음으로 기독교는 세상의 박해를 이겨내고 전 세계에 전파 될 수 있었습니다. 진정한 재림은 종말을 강조하기 보다는 예수님이 다시 오신다고 하신 예수님의 약속, 곧 성경이 살아있는 진리임을 표현하는 신앙입니다. 재림을 약속하신 예수님의 말씀을 깊이 신뢰하십시오. 반드시 복되고 형통할 것입니다.

♥ 주님, 다시 오실 주님을 믿음으로 지금의 고난을 이겨내게 하소서.

🙏 잘못된 종말론에 빠지지 말고 성도끼리 "마라나타!"의 뜻으로 인사 합시다.

　나의 영적 일지

듣는 훈련의 필요성

읽을 말씀 : 잠 18:1-13

3월 6일

● 잠 18:13 사연을 듣기 전에 대답하는 자는 미련하여 욕을 당하느니라

　10년 전만 해도 대부분의 사람들은 '말을 하는 것'이 중요하다고 생각했지만, 지금은 '경청'으로 대표되는 '말을 듣는 것'이 더 중요하다고 생각합니다.

　그러나 사람들은 여전히 경청이 더 중요하다고만 이야기하지만 실제로 듣지는 않습니다. 의사들은 환자의 말을 평균 17초 만에 가로막는다고 합니다. 때문에 환자의 증상을 세세하게 판단하지 못하며 이로 인해 의료문제가 발생해 많은 사회적 손실이 일어나고 있습니다. 다른 전문직 종사자들이나 고객문제를 처리하는 상담사의 경우에는 의사들의 경우보다도 더욱 짧다고 합니다. 말하기보다 듣는 것이 더 중요하다고 사람들은 생각하지만 실제로 듣는 사람들은 여전히 별로 세상에 존재하지 않습니다. 철학자인 모티머 애들러는 지금으로부터 약 40년 전에 이미 듣기의 중요성에 대해서 말했습니다.

　"사람들이 듣지 못하는 이유는 듣는 법을 배운 적이 없기 때문이다. 듣는 능력 또한 재능이며 훈련이 필요한 일이다. 이토록 중요한 사실을 모르는 사람이 왜 이리 많은지 나로서는 알 수가 없다."

　경청은 가만히 앉아 있으면 되는 일이 아니라 노력과 훈련으로 완성되는 일입니다. 이제는 듣는 일의 중요성에 대해서 말할 뿐 아니라 실제로 듣는 연습을 해야 합니다. 사람들의 음성에도, 또한 하나님의 음성에도 귀를 기울여 듣는 연습을 하십시오. 반드시 복되고 형통할 것입니다.

🩶 주님, 마음을 고요히 하고 주님의 음성을 듣게 하소서.
🧩 상대방과 대화를 나눌 때는 표정과 시선까지 사용해 경청하십시오.

나의 영적 일지

3월 7일

밀알처럼 흩어지는 교회

읽을 말씀 : 살후 3:1-5

●살후 3:1 끝으로 형제들아 너희는 우리를 위하여 기도하기를 주의 말씀이 너희 가운데서와 같이 퍼져 나가 영광스럽게 되고

커다란 예배당에 수만 명의 사람들이 모이는 교회들을 '메가 처치'라고 합니다. 이런 교회들은 사회적으로 영향력을 미칠 수 있는 힘을 가진 교회라는 장점이 있지만 반대로 그로 인한 단점 역시 존재하기에 메가 처치에 대한 여러 의견들과 논의가 꾸준히 사역자들과 성도들 사이에서 이루어졌습니다.

그런데 이런 메가 처치인 미국의 대형 교회들이 이제는 다시 지역적 소규모로 쪼개지는 '멀티사이트 캠퍼스 처치'의 형식으로 바뀌어가고 있습니다. 한 지역의 성도들을 모두 끌어 모으는 기존의 방법에서 교회의 비전과 목적을 공유하는 각기 다른 지역에 퍼져있는 중소규모의 교회로 변화하고 있는 것인데 최근 미국에서 급성장하는 교회들도 대부분 개척단계에서부터 이런 방식의 교회들로 세워지고 있습니다.

현재 미국의 100대 교회 중 80여 곳 이상이 이런 방식으로 급격히 변화하고 있는데, 그 이유는 각 지역사회에 맞는 봉사와 전도를 하기에 하나의 대형교회보다 수많은 멀티사이트 캠퍼스 방식의 교회가 더욱 효과적이라는 것이 그동안 밝혀졌기 때문입니다.

진짜 힘이 있는 교회는 많이 모이는 교회가 아니라 말씀을 실천하는 교회입니다. 은연중에 갈라져 있는 성도들 간의 모든 벽이 사라진다면 한국의 모든 교회가 하나님의 뜻을 사회에 전하는 이웃교회가 될 것입니다. 우리 교회의 화합과 한국 교회의 화합을 위해서 항상 기도하십시오. 반드시 복되고 형통할 것입니다.

♡ 주님, 외형보다는 내형에 더욱 집중하는 한국교회가 되게 하소서.
▨ 우리 교회가 지역사회를 위해 할 일이 무엇인지 함께 고민해 보십시오.

나의 영적 일지

자유와 용서

읽을 말씀 : 렘 50:11-20

3월 8일

● 렘 50:20 여호와의 말씀이니라 그 날 그 때에는 이스라엘의 죄악을 찾을지라도 없겠고 유다의 죄를 찾을지라도 찾아내지 못하리니 이는 내가 남긴 자를 용서할 것임이라

중범죄를 저질러 중형을 선고받은 두 명의 강도가 있었습니다.

감옥에서 20년을 갇혀 있다가 출소된 한 강도는 자신을 검거한 형사를 찾아가 말했습니다.

"저는 20년 전에 당신에 의해 체포된 사람입니다. 이제 감옥을 벗어나 자유의 몸이 되었습니다. 제가 당신을 찾아온 것은 감사를 표현하고 싶어서입니다. 제가 감옥에 가지 않았더라면 저의 죄의 대가를 치루지 못했을 것이고 감옥에 가지 않고 잘 살았더라 하더라도 마음의 짐을 평생 벗지는 못했을 것입니다. 당신 덕분에 저는 잠시 몸의 자유는 잃었지만 마음의 자유는 얻었습니다."

그러나 같은 이유로 감옥에 갇혔던 한 사람은 이런 생각을 품었습니다.

'감히 나를 감옥에 쳐 넣었단 말이지? 20년을 허비하게 만들었던 대가를 철저히 치르게 해주마. 난 이제 자유의 몸이 되었다.'

하나님이 우리의 모든 죄를 용서해주신 것은 우리가 죄를 잊고 선한 삶을 살아감으로 죄에서 자유로워지라는 의미이지 죄를 짓는 일을 자유롭게 하라는 것이 아닙니다. 하나님의 용서가 귀한 은혜임을 언제나 잊지 말고 그 뜻에 부합한 인생을 살아가십시오. 반드시 복되고 형통할 것입니다.

♥ 주님, 나의 모든 죄를 용서해주신 주님의 은혜를 감사하고 찬양하게 하소서.
🎞 하나님의 긍휼과 은혜에 대한 감격과 구원의 확신이 있는지 돌아보십시오.

나의 영적 일지

3월 9일

인생의 필수요소인 신앙

읽을 말씀 : 행 20:23-35

●행 20:24 내가 달려갈 길과 주 예수께 받은 사명 곧 하나님의 은혜의 복음을 증언하는 일을 마치려 함에는 나의 생명조차 조금도 귀한 것으로 여기지 아니하노라

　　예전에 미국의 CNN 방송을 비롯한 여러 방송국에서 '운동과 신앙, 어떤 것이 더 건강에 좋은가?'라는 주제가 화두가 된 적이 있었습니다.

　　그 중 한 프로그램은 직접 뉴욕의 여러 피트니스 클럽과 요가센터 같이 건강을 위해 운동하는 모임들을 찾아다니며 신체의 수치를 측정하고, 또 교회를 오래 다니며 예배를 드리고 나온 사람들의 몸 상태를 측정해 건강에 더 효과적인 활동이 무엇인지를 측정했습니다.

　　그리고 나온 결론은 "신앙생활을 하는 쪽이 운동을 꾸준히 하는 쪽보다 훨씬 건강하다"였습니다. 사람마다 편차가 있지만 대체로 신앙생활을 하는 쪽이 심리적인 안정감이 있었고, 신체적 기능이 건강해 장수했습니다. 방송에는 단 한 번의 측정으로 나온 것처럼 보였지만 이 결론은 사실 뉴욕대학교의 연구진이 수년간의 조사 끝에 도출된 것이었습니다. "건강해지고 싶다면 운동보다도 교회에 가서 기도를 하는 편이 더 좋을 것입니다"라는 앵커의 멘트가 이날 방송의 클로징 멘트였습니다.

　　신앙생활을 하면 생기는 여러 가지 이득이 있습니다. 그러나 그 이득들이 신앙생활의 목적이 되어서는 안 됩니다. 우리가 하나님을 예배하고 찬양할 때 하나님은 많은 복을 주시지만 그렇지 않더라도 더욱 열심히 하나님을 찾고 또 예배해야 합니다. 나의 유익을 위한 신앙이 아니라 하나님을 체험하기 위한 바른 목적으로 신앙생활을 하십시오. 반드시 복되고 형통할 것입니다.

♥ 주님, 신앙생활을 통해 주님을 더 깊이 체험하게 하소서.
▨ 신앙생활을 통해 주님을 더 깊이 알아가도록 노력하십시오.

나의 영적 일지

하나님을 알게만 된다면

읽을 말씀 : 호 6:1-11

● 호 6:6 나는 인애를 원하고 제사를 원하지 아니하며 번제보다 하나님을 아는 것을 원하노라

국내은행의 한 은행장이 정년이 되어 퇴임식을 가졌습니다.

식순에는 공개적으로 질문을 받는 시간이 있었는데 막 입사한 한 행원이 손을 들었습니다.

"은행장님은 우리 은행이 처했던 어려운 순간마다 현명한 선택을 하셨습니다. 최고의 자리에서 매번 그러기가 쉽지는 않았을 텐데 올바른 결정을 내릴 수 있었던 노하우는 무엇입니까?"

잠시 생각에 잠긴 은행장은 곧 경험이 제일 중요하다고 대답했습니다.

"나는 은행장이 되기까지 수많은 결정을 내렸고 수많은 잘못된 경험을 했습니다. 그러나 잘못된 경험을 할 때마다 많은 것을 배울 수 있었습니다. 수많은 잘못된 결정들을 통해 배웠기 때문에 은행장이라는 자리에 오를 수 있었고, 또 그런 경험으로 인해 운 좋게 올바른 결정들을 내릴 수가 있게 된 것 같습니다. 그러니 실패를 두려워하기보다는 실패에서 배우고자 하는 자세를 우리 직원들이 가졌으면 좋겠습니다."

하나님을 알게만 된다면 세상 속에서의 방황과 숱한 고난들도 비할 데 없이 값진 것입니다. 그러나 믿음의 울타리 안에서 아무리 오래 머물러 있다 하더라도 마지막에 하나님을 떠나면 그 시간들은 아무런 가치도 없는 낭비가 됩니다. 하나님을 만남으로 이 땅에서의 시간을 최고로 의미 있는 시간으로 만드십시오. 반드시 복되고 형통할 것입니다.

🩷 주님, 간절히 하나님을 찾고, 또 만나는 축복을 허락하소서.
🎴 그 동안의 잘못된 결정, 잘못된 경험에서 배운 것을 생각해 보십시오.

나의 영적 일지

태풍을 멈춘 기도

읽을 말씀 : 막 9:25-29

●막 9:29 이르시되 기도 외에 다른 것으로는 이런 종류가 나
갈 수 없느니라 하시니라

도미니카공화국은 잦은 허리케인으로 매년 큰 고통을 받는 나라인데,
우리나라에서 도미니카에 최초로 파송된 최광규 선교사님은 현지에서
교회를 8군데나 개척해 어느 교회는 현지인 주일학생이 1,500명, 청년
450명, 장년 300명이 출석하는 교회로 성장했고, 한국과 도미니카 앞자
를 딴 한도초중고등학교도 설립해 명문 학교가 되었습니다.

최선교사님은 2014 언더우드상을 수상했는데, 그의 간증집 "모든 것
위에 계신 하나님"을 보면, 시도 때도 없이 몰아치는 허리케인을 하나님
께 해결 방법을 달라고 기도하는 도중에 '기도'가 바로 해결 방법임을 깨
닫고 엘리야를 도왔던 7천 명처럼 그 목표로 기도 동역자들을 찾기 시작
했습니다. 처음엔 7명으로 시작된 이 기도운동은 불일 듯 번지기 시작했
고, 2009년 10월 10일 7천명이 모여 허리케인으로부터의 보호를 위해
기도했습니다. 그 결과 허리케인이 발생했다 소멸되거나 도미니카를 비켜
미국 동부로 빠져 나가기 시작했습니다. 도미니카 전역에 이 소문이 돌자
사람들은 처음에 우연일 것이라 생각했습니다. 그러나 몇 년이 지나도록
허리케인이 계속해서 도미니카를 피해갔고, 이제는 정부에서도 이런 기
적이 기도의 효과라는 것을 인정하고 기도군을 창설해 최선교사님이 대
장으로 임명되고 공영방송에 월요일부터 금요일까지 하루 1시간 기도시
간을 정규방송으로 편성해 줬습니다.

우리가 기도할 때 하나님이 우리의 상상을 초월해 역사하십니다. 어떤
상황이든 기도를 쉬지 마십시오. 반드시 복되고 형통할 것입니다.

♥ 주님, 주님의 능력을 전폭적으로 믿고 기도하게 하소서.
📷 모든 문제를 함께 공유하고 중보하는 기도 그룹을 만드십시오.

나의 영적 일지

날 향한 하나님의 뜻

읽을 말씀 : 시 145:1-21

● 시 145:19 그는 자기를 경외하는 자들의 소원을 이루시며 또 그들의 부르짖음을 들으사 구원하시리로다

　　미국의 사회학자 폴 마이어는 목표와 꿈을 가진 사람들을 조사해 통계를 냈습니다.

　　그의 조사에 따르면 일생 동안 뚜렷한 목표를 가지고 사는 사람은 3%밖에 되지 않았습니다.

　　나머지 60%의 사람들은 목표가 전혀 없었습니다.

　　꿈을 가진 사람들은 30%밖에 되지 않았으며, 그 30% 중에 꿈을 위해 행동하는 사람들은 약 3%로 정말로 극소수였습니다.

　　결론적으로 정말로 꿈을 위해 노력하는 사람들은 구체적인 목표를 세우는 3%의 사람이며 나머지 27%는 막연한 꿈을, 나머지 70%의 사람들은 표류하는 인생을 살아갔습니다.

　　철학자 강신주 씨는 꿈에는 '두 가지 종류'가 있다고 했습니다.

　　하나는 '현실에서 도피하기 위해서 품는 꿈'이며, 하나는 '현실에서 행동하게 만드는 꿈'입니다.

　　내가 하나님을 정말로 만나고 체험했다면, 날 향한 하나님의 계획이 무엇인지 알았다면, 나의 삶이 바뀌어야 하고, 그 꿈을 위한 실천이 이루어지고 있어야 합니다. 하나님의 뜻을 이루기 위해서 노력하며 실천하는 삶을 사십시오. 반드시 복되고 형통할 것입니다.

♥ 주님, 날 향한 하나님의 뜻과 계획을 명확히 깨달아 알게 하소서.
🖼 내 인생은 어떤 목표와 뜻을 향해 달려가고 있는지 확인해보십시오.

나의 영적 일지

두 가지 질문

읽을 말씀 : 행 16:16-31

● 행 16:30,31 그들을 데리고 나가 이르되 선생들이여 내가 어떻게 하여야 구원을 받으리이까 하거늘 이르되 주 예수를 믿으라 그리하면 너와 네 집이 구원을 받으리라 하고

"죄송합니다, 선생님. 혹시 구원 받으셨습니까?"

"만약 오늘 죽게 된다면 천국에 갈 수 있다는 확신이 있습니까?"

호주의 프랭크 제너 씨는 40년 동안 이 두 마디를 가지고 노방전도를 했습니다. 제너 씨가 전도를 하던 1960년대에는 지금처럼 노방전도의 이미지가 나쁘지 않았지만 초면에 이처럼 돌직구 같은 질문을 하는 거리의 전도자에게 호의적인 사람은 별로 없었습니다.

제너 씨는 40년 동안 위의 2가지 질문과 복음의 원리에 대해 적혀있는 전도지로 노방전도를 했지만 생전에는 자신의 전도로 예수님을 믿었다는 사람을 단 한 명도 만나지 못했습니다. 그렇게 결실이 없어 보이던 제너 씨의 노방전도는 20년이 지나면서 세계 곳곳에서 결실이 맺어지기 시작했는데, 영국에서 목회를 하던 딕슨 목사님이 다니는 집회 때마다 "시드니 조지 거리에서 전도를 하는 노인 때문에 예수님을 믿게 됐다"는 공통된 이야기를 듣고 호기심이 생겨 직접 호주로 찾아가 그 노인이 프랭크 제너 씨라는 것을 알아냈습니다.

제너 씨를 통해 예수님을 알게 된 사람들이 몇 명이나 되는지는 정확히 알 수 없지만 지금도 이와 같은 간증을 하는 사람들이 계속해서 생겨나고 있습니다. 전도는 내가 할지라도 하나님께서 이루시는 놀라운 역사입니다. 때를 얻든지 못 얻든지 전도에 대한 열망을 늘 품으십시오. 반드시 복되고 형통할 것입니다.

♥ 주님, 두려움 없이 과감히 복음을 전할 수 있는 용기를 허락하소서.
🖎 누구에게나 할 수 있는 나만의 전도 질문이나 전도지를 만들어 보십시오.

나의 영적 일지

예수님만 따르는 삶

읽을 말씀 : 마 19:16-30

● 마 19:21 예수께서 이르시되 네가 온전하고자 할진대 가서 네 소유를 팔아 가난한 자들에게 주라 그리하면 하늘에서 보화가 네게 있으리라 그리고 와서 나를 따르라 하시니

스페인의 귀족이며 명문대학의 교수인 라몬은 재력과 학력, 인품을 겸비한 스페인이 자랑하는 인재였습니다.

그러나 그는 예수님을 믿은 뒤로는 완벽해 보이던 자신의 삶에 만족하지 못했고, 공허한 가슴을 채우기 위해 무슬림들을 전도하러 아랍지역으로 떠났습니다. 기독교가 금지되어 있는 나라에 당당히 복음을 전하러 왔다고 말한 라몬은 땅을 밟아보지도 못하고 추방을 당했고 오해가 생겨 2년 간 감옥에 간 적도 있었습니다. 하지만 그는 계속해서 아랍 지역을 찾아다니며 복음을 전할 방법을 찾았습니다. 그는 노인이 될 때까지 한 군데도 정착할만한 선교지를 찾지 못했습니다. 고향으로 돌아만 간다면 언제든지 명예롭고 수준 높은 삶을 다시 살 수 있었지만 무슬림들에게 복음을 전하는 것이 그가 바라던 삶이었습니다.

라몬은 세상을 떠나기 전에 다음과 같은 명언을 남겼습니다.

"이웃을 사랑하지 않는 사람은 살아있지 못하는 사람이다. 그리스도를 따르는 삶을 사는 사람은 결코 죽지 않는다."

모든 사람이 라몬처럼 선교를 하며 살아야 하는 것은 아니지만 예수님을 따르겠다고 고백하는 성도들의 삶은 분명 무언가가 달라야 합니다. 고백에 합당한 열매를 맺는 삶을 사십시오. 반드시 복되고 형통할 것입니다.

🖤 주님, 예수님을 따르는 제자의 의미를 깨닫게 하소서.
🖼 예수님의 제자로 살고 있는지 살펴보십시오.

나의 영적 일지

서번트 리더십의 정의

3월 15일

읽을 말씀 : 요 13:12-20

●요 13:14,15 내가 주와 또는 선생이 되어 너희 발을 씻었으니 너희도 서로 발을 씻어 주는 것이 옳으니라 내가 너희에게 행한 것 같이 너희도 행하게 하려 하여 본을 보였노라

인류의 역사가 시작된 이래 계속해서 사람들은 유능하고 카리스마 있는 강렬한 리더가 되려했고 또 그런 리더를 원했습니다.

그러나 21세기의 패러다임의 변화로 인해서 이제 리더는 소통이 가능한 감성을 가지며 먼저 섬기는 리더가 이상형으로 자리매김하고 있습니다. 소위 말하는 '서번트 리더십'의 이야기입니다.

그러나 이 '서번트 리더십'은 최근에 나온 것이 아니라 1970년대의 AT&T라는 대기업의 중역이었던 로버트 그린리프의 '서번트 리더십'이라는 에세이를 통해 진즉에 세상에 알려졌습니다. 로버트는 자신의 경험과 관찰을 통해서 조용하고 겸손할수록 리더에 적합하다고 주장했습니다. 그는 '섬기는 것이 리더십의 조건'이 아니라 '섬기는 것이 리더십의 목적'이라는 것을 세상에 알리기 위해서 '서번트 리더십'이라는 단어를 만들었고 자신의 책 제목으로 사용했습니다.

우리가 세상에 나가 사람들을 섬기고 교회 안에서 하나님의 사랑으로 서로 섬겨야 하는 것은 그것이 예수님을 따르는 것이며 또한 사랑을 실천하는 일이기 때문입니다. 예수님의 본을 따라 섬길 때 누구보다 앞선 리더가 될 수 있음을 기억하며 더욱 섬기려 노력하십시오. 반드시 복되고 형통할 것입니다.

💙 주님, 섬김의 중요성을 잊지 않고 실천하는 삶을 살게 하소서.
🪟 어디서든지 섬길 기회가 있다면 솔선수범을 하십시오.

나의 영적 일지

조금만 더의 함정

읽을 말씀 : 전 5:10-20

●전 5:10 은을 사랑하는 자는 은으로 만족하지 못하고 풍요를 사랑하는 자는 소득으로 만족하지 아니하나니 이것도 헛되도 다

앤드류 하츠는 잘나가는 회사의 사장이었지만 실패로 큰 빚을 지고 파산했습니다.

그동안 피상적인 신앙생활을 해왔던 그는 파산을 신청한 다음날 아침에 마음에 큰 감동을 느꼈는데 그 감동으로 인해 재산을 정리하고 남은 돈의 절반을 하나님께 헌금했습니다. 십일조 한 번 제대로 내지 않았던 하츠의 이런 모습에 가족들까지도 크게 놀랐습니다. 먼 친척들이 찾아와 빚까지 있는 판에 왜 그런 행동을 했느냐고 물어볼 정도였습니다.

"지금껏 사업을 하면서 저는 항상 조금만 더 잘 되고, 조금만 더 여유가 생기면 하나님께 드리겠다고 말해왔습니다. 하나님께 드리는 것이 아까워 회피하기 위해 둘러댄 거짓 고백이었습니다. 파산을 당하고 나서 아침에 오랜만에 성경을 묵상하게 되었는데, 그동안 내가 한 일이 모두 도둑질이라는 사실을 깨닫게 되었습니다. 사람에게 진 빚도 중요하지만 지금 저에게 중요한 것은 하나님께 진 빚입니다."

하츠는 파산을 당한 뒤에도 힘겨운 삶을 살았으나 하나님께 드릴 헌금은 빼먹지 않았습니다. 그리고 재기에 성공했으며 백만장자가 되었습니다. 백만장자가 된 뒤에도 하츠는 복음과 선교사역을 위해서 큰돈을 조금의 거리낌 없이 내어놓는 믿음을 유지하고 있었습니다.

내일 일을 알 수 없는 것이 우리의 인생입니다. '조금만 더'라는 거짓된 고백으로 성도의 의무를 회피하고 하나님을 기만하지 마십시오. 지금 최선을 다하십시오. 반드시 복되고 형통할 것입니다.

💗 주님, '나중에, 뒤에' 신앙이 아닌 '지금, 바로'의 신앙을 갖게 하소서.
🖼 주님께 서원하고 지키지 못한 것이 있는지 돌아보십시오.

나의 영적 일지

카네기의 후계자

읽을 말씀 : 약 4:1-10

● 약 4:10 주 앞에서 낮추라 그리하면 주께서 너희를 높이시리라

강철왕 카네기가 은퇴하기 전에 미리 후계자를 발표하던 때였습니다.

막대한 부와 명예를 가질 수 있는 그 자리에 과연 어떤 사람이 앉게 될 것인가 전 세계의 이목이 쏠리고 있었습니다.

카네기는 자신의 후계자로 쉬브라는 사람을 임명했는데 그는 중학교도 나오지 못한 데다가 회사에 청소부로 입사한 사람이라 모두가 놀랐습니다. 그가 카네기의 후계자가 될 것이라고는 어떤 사람도 예상하지 못했습니다. 심지어 쉬브 자신도 매우 놀랐습니다. 카네기는 쉬브 씨를 후계자로 지명한 이유로 성실성과 책임감을 들었습니다.

"쉬브 씨는 내가 유일하게 이름을 알고 있는 청소부였네, 정원을 청소하라고 하면 항상 그 주변까지 즐겁게 자발적으로 청소를 하곤 했지. 내 비서 일을 할 때는 나의 일거수일투족을 공부하며 기록하더군. 업무 시간이 끝나도 내가 퇴근을 하기 전에는 항상 자리를 지켰네. 이런 사람에게 회사를 물려주지 않으면 어떤 사람에게 물려주겠나? 좋은 대학을 나와 유명한 학위를 가진 사람은 매년 수만 명씩 나타나지만 이런 성실성과 책임감을 가진 사람은 좀처럼 나타나지 않는 법이지."

부족한 것을 넘치게 채워주시는 주님이시기에 그분을 믿는 우리는 단지 아멘으로 화답하며 주어진 일에 최선을 다하기만 하면 주님이 가장 좋은 것으로 갚아 주십니다. 주님이 주신 자리에서 최선을 다하십시오. 반드시 복되고 형통할 것입니다.

🖤 주님, 주님의 일을 하는 자세로 모든 일을 하는 성도가 되게 하소서.
🎟 지금 나의 자리가 하나님이 맡겨주신 자리임을 기억하십시오.

나의 영적 일지

의미가 있는 실패

읽을 말씀 : 엡 5:1-14

● 엡 5:2 그리스도께서 너희를 사랑하신 것 같이 너희도 사랑 가운데서 행하라 그는 우리를 위하여 자신을 버리사 향기로운 제물과 희생제물로 하나님께 드리셨느니라

미국 세인트루이스에서 큰 화재가 난 적이 있었습니다.

불길이 너무 커서 진입이 쉽지 않았고 이미 살아남은 사람들이 거의 없을 상황이었지만 소방관들은 건물에 용감하게 진입을 했습니다. 그 와중에 한 소방관이 이제 막 3살 정도 된 아기를 품에 안고 나왔습니다. 아이는 가망이 없어보였지만 소방관은 구급차가 도착할 때까지 필사적으로 인공호흡을 하며 아이를 살리려고 노력했습니다. 그러나 안타깝게도 아이는 6일 만에 세상을 떠나게 되었습니다.

결과만 보면 매우 참혹한 상황이었지만 이후에 놀라운 일들이 일어났습니다.

이때의 참혹한 화재로 모든 공공기관의 소방시설법과 대응방법이 개정되었기 때문입니다. 또한 목숨을 아끼지 않고 자신의 일을 했던 소방관들의 모습을 보고 시민들은 큰 감동을 받아 공공기관에 대한 신뢰도가 매우 높아졌으며 국가적으로도 단합이 되었습니다. 그리고 3살된 아기를 살리려 했던 소방관의 노력은 한 기자의 사진에 담겨 많은 사람들에게 감동과 위로를 주었으며 퓰리처상을 받기까지 했습니다.

최선을 다했고 무언가를 배울 수 있다면 때론 실패도 성공보다 더한 가치가 있습니다. 낙망하고 넘어졌을 때 슬퍼할 것이 아니라 그 일을 통해 주님께 더 가까이 나아갈 수 있다면 그 역시 무엇과도 바꿀 수 없는 귀한 축복임을 믿으십시오. 반드시 복되고 형통할 것입니다.

♥ 주님, 가능성의 여부와 상관없이 맡은 일에는 최선을 다하게 하소서.
🖼 실패를 가치 있게 만드는 한 걸음을 더 내딛으십시오.

나의 영적 일지

오직 바라고 구할 것

읽을 말씀 : 마 6:19-34

●마 6:24 한 사람이 두 주인을 섬기지 못할 것이니 혹 이를 미워하고 저를 사랑하거나 혹 이를 중히 여기고 저를 경히 여김이라 너희가 하나님과 재물을 겸하여 섬기지 못하느니라

경제잡지 포브스에서는 해마다 세계의 억만장자 리스트를 발표합니다. 미국의 투자기관 모건 스탠리는 최근 이 리스트를 통해 각국의 부자유형을 분석했는데, 나라별 특징을 따라 다음과 같이 분류되었습니다.

– 벤처형 부자: 미국의 억만장자들은 기술과 창의성을 바탕으로 자수성가한 벤처 부자들이 많았습니다. 대표적인 예로 페이스북 창업자인 마크 저커버그와 마이크로소프트의 빌 게이츠 회장을 들 수 있습니다.

– 원자재형 부자: 원자재 산업으로 돈을 번 사람으로 미국의 경우는 벤처형 부자의 반 정도라고 합니다.

– 상속형 부자: 우리나라에 1조원이 넘는 억만장자의 84%는 부모로부터 부를 물려받은 형태입니다. 대물림이 부자가 되기 위한 조건이 되었기 때문입니다.

– 정경유착형 부자: 러시아의 경우에는 상속형 부자나 자수성가형 부자가 거의 존재하지 않았고 다만 푸틴 대통령의 측근들이 80%의 비율로 대부분을 차지하고 있었습니다. 권력자의 주변 인물들이 부를 차지하는 구조입니다.

악하고 불의한 세상에서 부의 구조는 비이상적일 수밖에 없습니다. 그러나 훨씬 귀한 하나님을 향한 믿음은 어떤 영향도 받지 않습니다. 잘못된 세상에서 기형적으로 자라난 부를 쫓지 말고 오로지 주님을 향한 믿음을 바라고 더 열심히 전하십시오. 반드시 복되고 형통할 것입니다.

♥ 주님, 부를 인생의 최고의 가치로 삼는 잘못을 범하지 않게 하소서.
▨ 돈을 위해 양심과 믿음을 어기는 일을 하지 마십시오.

나의 영적 일지

선행을 망치는 탐심

읽을 말씀 : 잠 28:23-28

3월 20일

●잠 28:25 욕심이 많은 자는 다툼을 일으키나 여호와를 의지하는 자는 풍족하게 되느니라

이기심과 선행에 관련된 미국의 유머입니다.

하루는 초등학생 데이브가 꽤 출석을 늦게 했습니다. 선생님은 데이브를 불러 지각한 이유를 물었습니다.

"오늘 수업에 늦게 들어온 이유가 뭐지, 데이브?"

"사실은요. 오다가 100달러짜리 지폐를 잃어버려서 곤경에 처한 사람을 봤거든요."

선생님은 데이브가 선행을 한 줄 알고 화가 약간 누그러졌습니다.

"저런, 곤경에 처한 사람을 도와주고 오느라 늦었구나."

데이브가 자리에서 조금 머뭇거리다 작은 목소리로 말했습니다.

"저기, 진짜 사실은요... 그 돈을 제가 밟고 있느라 늦게 왔어요."

선행을 망치는 것은 욕심과 탐심입니다. 하나님이 주신 것이 충분하다고 느끼지 못하는 사람은 진정한 선행을 실천할 수 없습니다. 우리가 선행을 한다고 해도 구원 받지 못합니다. 예수그리스도를 믿어야만 모든 죄를 용서 받고 선행과 상관없이 구원 받습니다. 그러나 구원받은 성도들은 선행을 해야 된다고 성경은 말씀하고 있습니다. 은밀한 중에 보시는 하나님께서 모든 것을 갚아주심을 믿음으로 사사로운 욕심과 탐심에서 해방되십시오. 반드시 복되고 형통할 것입니다.

♡ 주님, 썩어질 세상의 열매가 아니라 성령의 열매만을 더욱 갈구하게 하소서.
🎟 세상의 가치에 욕심을 내고 있는 부분을 놓고 주님께 기도하십시오.

나의 영적 일지

작은 지혜로 생기는 변화

읽을 말씀 : 잠 25:11-22

● 잠 25:11 경우에 합당한 말은 아로새긴 은 쟁반에 금 사과니라

　우리나라에는 손님의 호칭에 따라 받는 고기의 양이 달라지는 조선시대 때의 유명한 구전이 있습니다. 그런데 프랑스에서 이와 비슷한 일이 실제로 카페에서 일어났습니다.

　프랑스의 한 카페에는 메뉴판에 다음과 같이 기록돼 있습니다.

　'여기, 커피 한 잔. - 만원

　커피 한 잔 부탁합니다. - 6천원

　안녕하세요? 커피 한잔 부탁드리겠습니다. - 2천원'

　같은 커피지만 부르는 호칭과 주문 방법에 따라서 가격을 다르게 책정해 놓은 것입니다. 이 카페의 주인인 페피노 씨는 업무에 시달린 사람들이 카페에 찾아와서 무례한 행동으로 직원들을 함부로 대하는 것을 오랜 기간 봐왔기 때문에 이를 해결할 방법을 찾다가 이와 같은 메뉴를 만들었다고 합니다. 실제로 이 메뉴를 개발한 뒤에 무례한 행동을 하는 손님들은 거의 사라졌고 몹시 화가 나서 카페에 들어 왔다가도 메뉴를 보고 기분이 풀리는 경우가 많아졌습니다. 어떤 손님들은 한 술 더 떠서 "전하, 커피를 부탁드려도 되겠습니까?"라고 주문을 하기도 한다고 합니다.

　손님들의 무례한 행동에 감정적으로 응대했다가는 문제가 해결되지 못하고 또 다른 다툼만 생겼을 것입니다. 작은 지혜와 한 발 뒤로 물러서는 여유로 문제를 해결하고 기쁨과 즐거움을 가져다주는 사람이 되십시오. 반드시 복되고 형통할 것입니다.

💙 주님, 여유와 사랑을 가지고 모든 문제를 바라보는 시선을 주소서.

🧩 갈등을 해결할 수 있는 작은 지혜와 유머에 관심을 가십시오.

나의 영적 일지

단 한 번의 구출

읽을 말씀 : 롬 6:15-23

● 롬 6:15 그런즉 어찌하리요 우리가 법 아래에 있지 아니하고 은혜 아래에 있으니 죄를 지으리요 그럴 수 없느니라

호주의 어부인 아놀드 포인터는 물고기를 잡으러 쳐 놓은 그물을 거두다가 작은 새끼 백상아리를 발견했습니다.

사람도 해치는 무서운 상어였지만 생각보다 작은 백상아리가 어쩐지 불쌍하게 보여 아놀드는 상어를 풀어줬습니다. 그런데 그날부터 이 작은 백상아리는 아놀드의 배를 따라다니기 시작했습니다. 항구에 정박해 있는 아놀드의 배 밑에 붙어 있다가 출항을 하면 어김없이 쫓아왔습니다. 상어가 배를 항상 쫓아다니니 물고기가 잘 잡힐 리가 없었고, 때문에 몇 번이나 쫓아내려고 시도를 했지만 아무런 소용이 없었습니다.

결국 아놀드는 상어에게 신디라는 이름을 붙여주었고, 일은 잘 안 되도 함께 지내기로 결심을 했습니다. 신디는 아놀드가 사진을 찍으려고 하면 물에서 나와 자신의 얼굴을 드러냈고, 몸을 만져주면 물장구를 치며 좋아했습니다. 지금은 길이 4m가 넘는 커다란 상어가 됐지만 지난 몇 년간 한 번도 아놀드를 해치려고 한 적은 없었다고 합니다.

백상아리는 지능이 높은 편도 아니고 사람을 따르는 종도 아닙니다. 그러나 자신을 구해준 어부의 단 한 번의 손길을 잊지 않고 은혜를 갚기 위해 따라다니고 있답니다.

우리의 모든 죄를 용서하시고 영생을 주신 주님께 우리는 과연 어떤 은혜와 보답을 하고 있을까요? 그 놀라운 은혜에 보답할 순 없겠지만 최선을 다한 말의 고백과 행동과 마음을 주님께 드리십시오. 반드시 복되고 형통할 것입니다.

♡ 주님, 죄악에서 구원하신 그 놀라운 은혜를 영원히 잊지 않게 하소서.
▨ 구원의 은혜에 다시 한 번 감사하고 다시 한 번 결심하십시오.

나의 영적 일지

파레토 법칙의 적용

읽을 말씀 : 딤전 1:10-20

●딤전 1:12 나를 능하게 하신 그리스도 예수 우리 주께 내가 감사함은 나를 충성되이 여겨 내게 직분을 맡기심이니

어떤 일의 완성이 100이라고 볼 때에 20의 사람들이 80을 완성한다는 것이 파레토의 법칙입니다.

파레토는 개미들의 활동을 비롯한 자연현상을 보고 사회현상에 적용을 시켰는데 어떤 사람이 이를 실제적으로 조사한 뒤에 '기업, 시간, 책, 성과, 리더십' 등에 적용한 후 다음과 같은 결과를 발표했습니다.

– 우리가 사용하는 20%의 집중된 시간이 80%의 성과를 가져온다.

– 회사가 내놓는 20%의 제품이 80%의 이윤을 가져온다.

– 책의 20%의 내용이 80%의 내용을 담고 있다.

– 리더의 20%가 80%의 사람들에게 영향을 미친다.

– 중요 기부금을 낸 사람들의 20%가 일반인 80%의 기부금을 담당한다.

예수님은 씨뿌리는 비유를 통해 백배의 결실을 맺는 좋은 밭을 가진 사람이 얼마 되지 않는다는 사실을 말씀하셨습니다. 또한 신령과 진정으로 예배하는 자를 찾으신다는 뜻은 그만큼 참된 성도가 적다는 뜻입니다. 하나님께서 찾으시는 예배자 20%에 속하는 성도가 되십시오. 반드시 복되고 형통할 것입니다.

♥ 주님, 말씀을 듣고 결실을 맺는 좋은 밭을 일구는 신앙이 되게 하소서.
🧎 말씀을 통해 어떤 결실을 맺었는지, 또 맺을 것인지 생각해 보십시오.

나의 영적 일지

허울뿐인 회개

읽을 말씀 : 행 8:14-25

● 행 8:22 그러므로 너의 이 악함을 회개하고 주께 기도하라 혹 마음에 품은 것을 사하여 주시리라

　일본의 신학자 우찌무라 간조에게는 모태신앙인으로 꾸준히 교회에 다니고 있는 미요꼬라는 딸이 있었습니다.

　한 번은 식사 시간에 신앙에 대한 대화를 하다가 간조는 딸인 미요꼬에게 엄중한 경고를 했습니다.

　"아빠와의 한 시간이 넘는 대화 동안 너는 계속해서 남의 흠만 이야기했단다. 아빠가 보기에는 네가 아직 구원 받지 못한 것 같구나. 죄에 대한 진심어린 회개가 없는 크리스천은 진정한 크리스천이 아니란다. '난 잘못한 게 없어요.', '난 그렇게까지 나쁜 사람이 아니에요.' 라는 생각이 남아 있다면 아직도 제대로 된 회개를 하기 위해서 먼 길을 가야 하는 상태야. 나에게는 좋은 점이 하나도 없고 오로지 은혜로만 살아간다는 생각이 들어야만 겸손한 마음이 생겨 다른 사람의 죄를 비판하지 않고, 진정한 의미에 용서를 할 수 있게 되는 거란다. 얘야, 내가 이렇게 말해도 너는 듣기만 할 뿐 이 사실을 체험 할 수는 없으니 제발 예수님을 체험함으로 이런 변화가 일어나게 해달라고 우리 함께 기도하자꾸나."

　진정한 회개는 예수님을 인격적으로 체험함으로 일어나게 됩니다. 나의 모든 것을 드러내고 고백하는 그 눈물의 변화는 지식이나 가르침으로 배울 수 있는 것이 아닙니다. 간절히 기도함으로 나의 죄를 주님께 자백하고 은혜를 간구하십시오. 반드시 복되고 형통할 것입니다.

💙 주님, 뜨거운 회개를 통해 다시 주님께로 돌이키게 하소서.
🖼 겉보기에만 좋은 종교생활이 아니라 회개가 살아있는 신앙생활을 하십시오.

`나의 영적 일지`

하나님의 인내

3월 25일

읽을 말씀 : 딤전 1:12-20

● 딤전 1:16 그러나 내가 긍휼을 입은 까닭은 예수 그리스도께서 내게 먼저 일체 오래 참으심을 보이사 후에 주를 믿어 영생 얻는 자들에게 본이 되게 하려 하심이라

교회사의 매우 중요한 인물인 요한 웨슬레에 대한 위키피디아의 글을 보면 "영국교회사에서 존 웨슬리라는 지성적이고 활동적인 신학자가 나온 것은 부모의 영향이다."라는 내용이 나옵니다.

특히 어머니 수잔나는 19남매를 키우면서도 철저히 예의범절과 기초학문을 교육시킨 대단한 분이었는데, 목회자였던 웨슬레의 아버지도 놀랄 정도로 인내와 친절의 대가였습니다. 한 번은 이런 아내의 모습을 보고 이런 말을 한 적도 있습니다.

"여보, 도대체 어떻게 저렇게 말썽을 피우는 여러 아이들에게 지치지도 않고 한결같이 같은 소리로 타이를 수가 있는 거요? 벌써 한 20번은 반복한 것 같소만..."

수잔나는 웃으며 대답했습니다.

"하지만 19번째에서 참지 못하고 화를 냈다면, 18번의 타이름이 헛수고가 되지 않겠어요?"

나의 잘못에도 하나님이 바로 벌을 주시지 않는 것은 나를 사랑하시기 때문이고 내가 죄를 스스로 깨달아 바로 서기를 바라시기 때문입니다. 모든 상황 가운데서 우리를 원하시는 하나님 아버지이심을 깨닫고 하나님의 인내를 가벼이 여기지 마십시오. 반드시 복되고 형통할 것입니다.

💚 주님, 주님의 인내하심을 통한 사랑을 가슴 깊이 깨닫게 하소서.
🔳 인내의 하나님께서 지금도 나를 기다리고 계신다는 것을 기억하십시오.

나의 영적 일지

순결의 중요성

읽을 말씀 : 롬 13:11-14

● **롬 13:14** 오직 주 예수 그리스도로 옷 입고 정욕을 위하여 육신의 일을 도모하지 말라

　미국에서는 하루 동안 다음과 같은 일이 일어나고 있으며, 점점 빈도가 늘어나는 추세입니다.
　－ 하루에 태어나는 만 명의 신생아중 약 10%가 사생아.
　－ 하루에 6천 건의 결혼이 일어나며 2천 건의 이혼이 일어남.
　－ 강간은 8분에 1번, 살인은 27분 만에 1번 일어남.
　－ 하루에 임신하는 10대 미혼모들의 수는 집계된 것만 약 3천명.
　미국의 한 신학교의 교수는 이런 사회적 현상들을 연구한 결과 모든 사회문제의 80%는 십계명의 7계명인 "간음하지 말라"는 하나님의 명령을 어김으로 발생한다고 했습니다.
　성경의 말씀과 각종 계명들은 과거에는 아주 보수적인 것으로 여겨졌습니다. 시대가 급격히 발전한 지금 시대에는 특히 성적인 부분을 포함해 성경의 방식이 완전히 구닥다리로 생각되어지고 있으며, 믿는 사람들조차 실제로는 지키지 못한다는 인식이 퍼져 있습니다.
　하지만 사회적으로 일어나는 비참한 현상들을 돌아보면 가장 현대적인 지금이야말로 가장 고전적인 하나님의 계명을 더욱 되찾고 지켜야 할 때입니다. 하나님의 말씀이 세상을 창조하신 원리임을 믿으십시오. 반드시 복되고 형통할 것입니다.

🤍 주님, 저의 기준으로 성경의 말씀을 판단하고 무시하지 않게 하소서.
🖼 십계명의 계명들을 다시 한 번 마음에 새기십시오.

나의 영적 일지

3월 27일 하나님을 위한 일이라면...

읽을 말씀 : 고전 16:13-24

● 고전 16:16 이같은 사람들과 또 함께 일하며 수고하는 모든 사람에게 순종하라

오스트리아에 빈에서 어떤 음악가의 파이프오르간 연주회가 있었습니다. 파이프오르간은 연주 과정에서 소리통에 공기가 쉽게 가득차기 때문에 수시로 빼줘야 하는데 지금은 모터로 이일을 자동으로 처리하지만 당시만 해도 펌프질로 이 공기를 빼주는 사람이 따로 있었습니다.

그런데 어떤 이유에서인지 연주회에서 이 일을 담당하는 사람이 아무 연락도 하지 않고 나오지 않았습니다. 담당자가 이 일을 대체하려는 사람을 구하러 가려는 동안 연주회가 늦어질 수밖에 없었는데 자리에 초대받은 한 유명한 작곡가가 자신이 이 일을 하겠다며 나섰습니다. 동행한 작곡가가 이 모습을 보고 놀라 물었습니다.

"선생님 같은 저명한 분이 왜 이런 잡일을 자청하십니까?"

"아름다운 음악을 위해서 하는 일이라면 어떤 일도 저에겐 천한 일이 아닙니다."

내가 예수님을 정말로 사랑한다면, 또한 주님의 전인 교회를 위해서 정말로 헌신하고 싶어 한다면, 어떤 일을 하던지 즐겁게 감당할 수 있을 것입니다. 모든 일을 하나님을 위해 한다는 사명감을 가지고 하십시오. 반드시 복되고 형통할 것입니다.

♥ 주님, 겸손함으로 모든 일을 즐거이 맡을 수 있는 마음을 주소서.
🏃 교회, 가정, 직장에서 맡은 일을 즐겁게 완수하십시오.

나의 영적 일지

성도의 책임감을 가져라

읽을 말씀 : 고전 4:1-13

● 고전 4:1,2 사람이 마땅히 우리를 그리스도의 일꾼이요 하나님의 비밀을 맡은 자로 여길지어다 그리고 맡은 자들에게 구할 것은 충성이니라

　미국 워싱턴에는 문 앞에 다음과 같은 표지판이 걸려 있는 이탈리안 식당이 있습니다.
　"여러분의 도움이 필요합니다!
　저희 식당의 음식이 마음에 들지 않으시거나
　개선할 점이 무엇인지 발견하셨다면
　아래에 있는 저의 핸드폰 번호로 연락 주십시오."
　고객을 위해서 최선을 다하겠다는 식당은 정말 많습니다. 그러나 자기 개인전화번호까지 공개를 하며 피드백을 해달라는 식당은 정말 드뭅니다.
　이 가게 주인은 약 2년 동안 총 8통의 전화를 받았는데 그 중의 6통은 음식의 맛과 서비스를 칭찬하는 전화였고, 2통은 가게의 문제점을 지적하는 전화였습니다. 물론 이 가게의 주인은 그 2통의 전화를 참고해서 식당의 문제점을 고치는데 참고했습니다.
　이 식당의 주인은 자신이 손님들에게 제공되는 음식의 맛을 책임져야 한다는 사명감이 있었습니다.
　하나님을 믿는 성도들은 세상에 복음을 전파해야할 책임감이 있어야 합니다. 하나님께서 성도에게 맡겨주신 본분을 기억하고 실행하십시오. 반드시 복되고 형통할 것입니다.

♡ 주님, 특권만 기대하고 책임은 지지 않는 성도가 되지 않게 하소서.
🗺 말씀이 명하는 사항들을 중요하게 여기고 생각하십시오.

나의 영적 일지

깨어있는 결심

읽을 말씀 : 수 24:14-28

● 수 24:16 백성이 대답하여 이르되 우리가 결단코 여호와를 버리고 다른 신들을 섬기기를 하지 아니하오리니

영국에서 대각성 운동이 일어날 때 일입니다.

아무도 더 이상 진리의 복음에 관심을 가지고 않던 시기에 조나단 에드워드 목사님을 통해 이 운동이 시작됐고, 그 부흥의 불길은 영국을 거쳐 유럽과 미국으로 퍼져갔습니다. 이 운동을 통해 정말로 수많은 사람들이 주님께로 돌아왔고 또한 미국의 아이비리그를 대표하는 수많은 대학들도 기독교 이념을 통해 세워지게 되었습니다.

이런 엄청난 부흥의 중심이었던 조나단 목사님은 매일 다섯 가지 결심을 통해 이런 사명을 감당하셨습니다.

1. 주님이 부르시는 날까진 최선을 다해 살아간다.
2. 사랑과 선행을 실천할 기회가 온다면 절대 놓치지 않는다.
3. 내게 큰 이익이 되어도 사람들이 싫어할 일이라면 손대지 않는다.
4. 원한 때문에, 인기 때문에, 관심 때문에 어떤 일을 하지 않는다.
5. 인생의 마지막 기회라 하더라도 하나님이 보시기에 합당하지 않은 일이라면 절대 선택하지 않는다.

새로운 결심은 내가 아니라 하나님이 보시기에 아름다운 인생이 되어야 합니다. 하나님이 주신 선한 비전을 위해 매일 경건한 결심을 하십시오. 반드시 복되고 형통할 것입니다.

♥ 주님, 저도 다섯가지의 결심을 실천하며 살게 하소서.
🧩 새로운 성장을 위한 결심의 목록 5가지를 뽑아보십시오.

나의 영적 일지

하루를 시작하는 방법

읽을 말씀 : 시 5:1-12

●시 5:3 여호와여 아침에 주께서 나의 소리를 들으시리니 아침
에 내가 주께 기도하고 바라리이다

자신을 그냥 '크게 성공한 크리스천'이라고만 익명으로 나타낸 사람이
어려서부터 어려웠던 집안 환경을 극복하고 성공하게 된 비결이라며 한
인터넷 사이트에 공개한 글입니다.

"매일 아침 일어나자마자 그날도 어김없이 반드시 해야 될 일이 주어졌
다는 것에 하나님께 감사하십시오. 그 일이 좋아하는 일이든 싫어하는 일
이든 상관하지 말고 감사함으로 최선을 다하십시오.

나의 기호에 상관없이 최선을 다하는 자세는 인내심과 자제력을 키워주
고, 근면과 성실, 그리고 강한 의지를 쌓는 법을 알려줍니다.

그리고 이런 하루를 반복하다보면 싫은 일이다. 억지로 주어진 일이라
도 완벽하게 해나가는 과정을 통해서 즐거움과 만족감을 얻게 된다는 사
실을 당신은 알게 될 것입니다.

이것은 매일 하루를 제대로 시작할 줄 모르는 게으른 사람들은 결코 맛
볼 수 없는 감정입니다. 매일 아침 일어나자마자 어김없이 하나님께 감사
하십시오. 그리고 주어진 일을 완수하십시오."

매일 아침 일어나자마자 하나님을 찬양하십시오. 매일 아침 일어나자
마자 내가 해야 할 일이 무엇인가를 기억하십시오. 매일 아침 일어나자마
자 우리가 결국 가야할 곳이 어딘가를 생각하십시오. 반드시 복되고 형
통할 것입니다.

♡ 주님, 하루의 시작을 주님을 찬양하고 경배하며 열게 하소서.
▨ 아침마다 주님을 찬양하고 할 일에 감사하는 습관을 만드십시오.

나의 영적 일지

사랑의 전염

읽을 말씀 : 살전 2:7-12

●살전 2:8 우리가 이같이 너희를 사모하여 하나님의 복음뿐 아니라 우리의 목숨까지도 너희에게 주기를 기뻐함은 너희가 우리의 사랑하는 자 됨이라

영국 여왕이 세계에서 가장 훌륭한 여성이라는 명목으로 헬렌 켈러에게 훈장을 수여했을 때, 헬렌 켈러는 이런 소감을 말했습니다.

"만일 저의 선생님인 설리반 선생님이 안 계셨다면 저는 결코 여기에 설 수 없었을 것입니다."

그러나 헌신의 아이콘으로 유명한 설리반 선생님 역시 어린 시절에는 정신질환으로 인해 수용소에 갇혀 지냈습니다. 워낙에 마음을 열지 않고 제멋대로여서 어린 여자아이였음에도 독방에서 생활을 했는데, 그럼에도 포기하지 않고 극진히 어린 설리반을 보살펴 준 한 여인이 있었습니다. 이 여인의 이름은 알려지지 않았고 다만 독실한 신앙인이었다는 것만 밝혀졌는데, 이 여인의 헌신으로 설리반은 2년 만에 정상 판정을 받고 수용소에서 나올 수 있었습니다. 설리반은 수용소를 나오면서 자신이 도움을 받았던 것처럼 자기와 비슷한 처지의 다른 아이들을 돕는 사람이 되기로 결심했고, 그 결과 특수교사가 되어서 나중에는 헬렌 켈러와 같은 위인을 키워낼 수 있었습니다.

사랑만큼 강력하게 사람을 변화시키는 것도 없고 전염되는 것도 없습니다. 인간을 향한 하나님의 사랑이 예수님을 통해 전 세계에 강력하게 퍼졌습니다. 그 사랑을 받은 우리 역시 세상에 계속해서 퍼트려야 합니다. 위대한 주님의 사랑을 오늘도 세상에 퍼트리십시오. 반드시 복되고 형통할 것입니다.

♥ 주님, 놀라운 은혜인 예수님의 사랑을 세상 사람들이 깨닫게 하소서.
▨ 기억에 남는 사랑을 베푼 분이 있다면 감사를 표현하십시오.

나의 영적 일지

4
월

"여호와하나님은 나의 반석이시요 나의 요새시요
나를 건지시는 이시요 나의 하나님이시요
내가 그 안에 피할 나의 바위시요 나의 방패시요
나의 구원의 뿔이시요 나의 산성이시로다"
-시편 18:2-

완전한 속죄

읽을 말씀 : 히 9:11-22

●히 9:12 염소와 송아지의 피로 하지 아니하고 오직 자기의 피로 영원한 속죄를 이루사 단번에 성소에 들어가셨느니라

　누군가의 죄를 대신 해결한다는 속죄의 개념은 기독교의 전유물인 것 같이 여겨지지만 사실 오랜 시대에 걸쳐 모든 대륙에는 속죄의 의식이 존재했습니다.

　멕시코에서는 기원 후 1300년대까지도 전염병이나 자연재해를 당하면 신의 진노라고 생각을 했습니다. 그들은 신을 만족시키기 위해서 잘생긴 청년을 한 명 골라서 제물로 삼았습니다. 그 청년을 죽여 피라미드 제단에 피를 뿌리는 동안에 다른 사람들은 "내 죄를 가져가십시오!"라고 계속해서 외쳤습니다.

　아테네에도 멕시코와 비슷한 의식이 있었는데, 아테네 시민들은 한 사람을 제물로 삼아 돌로 쳐서 죽이면 그 사람이 흘린 피로 인해 돌을 던진 사람들의 죄가 사라진다고 생각했습니다.

　신학자들의 연구에 따르면 역사의 95%에 해당하는 인구가 어떤 방식으로든 피로 죄사함을 받는 의식을 치렀다고 합니다. 인류의 역사에 자리잡고 있는 뿌리 깊은 죄의식이 하나님을 모르는 상태에서도 작용을 했기 때문입니다. 이 잘못된 속죄의 역사는 오로지 예수님의 십자가를 통해서만 끝낼 수가 있습니다. 하나님의 아들인 예수님이 아니고서는 인류의 그 수많은 죄의 굴레를 끊어낼 수 없기 때문입니다. 예수님으로 인해 나의 모든 죄의 문제가 완전히 해결되었음을 믿으십시오. 반드시 복되고 형통할 것입니다.

♥ 주님, 예수님의 귀한 보혈의 능력을 믿게 하소서.
▦ 예수님을 믿음에도 죄의 종노릇하고 있지는 않은지 돌아보십시오.

나의 영적 일지

일의 우선순위

읽을 말씀 : 마 6:26-34

4월 2일

●마 6:33 그런즉 너희는 먼저 그의 나라와 그의 의를 구하라 그리하면 이 모든 것을 너희에게 더하시리라

엘리자베스 여왕이 나라의 대사직을 맡기기 위해서 한 유능한 무역업자를 불렀습니다.

그런데 자리에 초청된 무역업자는 생계를 이유로 거절을 했습니다.

"폐하, 저를 귀한 자리에 임명해주신 것은 가문의 영광이오나, 평생 일군 사업을 떠나서 그 일을 맡을 수는 없사옵니다."

이 말을 들은 여왕은 다음과 같은 명언을 남겼습니다.

"그대는 걱정 말고 나의 일을 돌보시오. 그대의 일은 내가 돌보리다."

무역업자는 여왕의 말을 믿고 해외로 대사직을 수행하러 떠났고, 여왕은 유능한 경영자를 불러서 무역업자의 회사를 맡긴 뒤에 국가적으로도 편의를 봐주었습니다.

몇 년이 지나고 무역업자는 대사의 역할을 잘 수행해 국익에 큰 도움을 주고 고국에 돌아왔습니다. 그리고 여왕이 신경을 써 지켜준 자신의 사업장을 확인하고 기쁘게 본업으로 돌아갔습니다.

하나님의 일보다 더 중요한 것은 없습니다. 수많은 계산과 욕심을 내려놓고 하나님의 일에 먼저 집중하면 하나님이 더 큰 복으로 내 일을 처리해주신다는 것을 체험하게 됩니다. 일의 우선순위를 하나님 우선으로 분명하게 정하십시오. 반드시 복되고 형통할 것입니다.

🩶 주님, 하나님의 나라와 의를 먼저 구하는 삶을 사모하게 하소서.
🖼 나의 일처리 방식이 하나님 우선인지 살펴봅시다.

나의 영적 일지

진짜 복음

읽을 말씀 : 롬 1:1-7

●롬 1:2 이 복음은 하나님이 선지자들을 통하여 그의 아들에 관하여 성경에 미리 약속하신 것이라

미얀마에서 숱한 고난을 겪으며 복음을 전하던 아도니람 저드슨 선교사님이 잠시 미국에 돌아와 한 교회에서 몇 달 간 말씀을 전하고 있었습니다.

선교사님은 매 주일마다 예수님의 십자가 복음에 대해서 설교를 했는데 몇 주가 지난 뒤에 한 성도가 이런 말을 했습니다.

"선교사님, 미얀마에서 있었던 흥미진진한 이야기를 좀 해주시면 안 되겠습니까?"

"흥미진진한 이야기라니요?"

"미얀마 정부의 방해 속에서도 꿋꿋이 복음을 전하고 열매를 맺던 목사님의 모험담 말입니다. 저를 비롯한 많은 성도들은 그 이야기를 듣기 위해서 매주 오고 있습니다."

선교사님은 이 말을 듣고 매우 굳은 표정으로 말을 이었습니다.

"예수님이 나를 위해 돌아가신 십자가의 이야기보다 더 흥미진진하고 중요한 이야기는 저에게 없습니다. 이 이야기 때문에 나는 지금도 가슴이 뜁니다. 이 중요한 이야기를 두고서 보잘 것 없는 나의 모험담을 전할 수는 없습니다. 아무리 뭐라 해도 저는 또 다시 예수님을, 복음을 전할 수밖에 없습니다."

세상에서 가장 중요한 이야기는 예수님의 십자가와 복음 이야기입니다. 나의 신앙생활과 전도와 모든 삶에 이 이야기가 깃들어 있도록 노력하십시오. 반드시 복되고 형통할 것입니다.

💜 주님, 오직 십자가 외에는 자랑할 것이 없게 하소서.
🎴 흥미 위주가 아닌 진짜 복음을 추구하는 신앙을 가지십시오.

나의 영적 일지

역사의 가장 큰 사건

읽을 말씀 : 고전 15:12-19

●고전 15:19 만일 그리스도 안에서 우리가 바라는 것이 다만 이 세상의 삶뿐이면 모든 사람 가운데 우리가 더욱 불쌍한 자이리라

　자신을 독실한 크리스천이라고만 밝힌 한 역사학자는 인류 역사상 가장 커다란 세 가지 사건을 다음과 같이 뽑았습니다.
　1. 하나님이신 예수님이 인간으로 세상에 오신 사건입니다.
　바로 예수 그리스도의 탄생인데, 이것이 얼마나 큰 사건인지 이로 인해 기원 전과 후인 A.D.와 B.C.가 나뉘어 졌습니다. 역사가 예수님의 오심을 인정하고 있는 것입니다.
　2. 그 예수님이 고통을 받고 죽으신 사건입니다.
　역사를 나눌 정도로 큰 영향력을 끼치고 수많은 이적을 일으켰던 예수님이 피조물인 인간들에 의해서 고통을 받으셨고 또 죽임을 당하셨습니다. 그것도 극형인 십자가에서 달리셨다는 것은 이 땅에 예수님이 오신 사건보다 훨씬 충격적인 사건입니다.
　3. 죽음에서 부활하신 예수님의 사건입니다.
　예수님의 부활을 목격한 수많은 사람들이 있었기에 기독교는 지금처럼 세계에 전파 될 수 있었고 또한 많은 성도들이 생겨날 수 있었습니다. 예수님의 부활이 없었다면 기독교는 단지 2천 년 전의 이야기로만 역사에 남았을 것입니다.
　부활이 사실이 아니라면, 예수님이 하나님의 아들이 아니라면 진리의 복음은 지금처럼 세계 만방에 퍼질 수 없습니다. 예수님의 나심과 죽으심, 그리고 부활을 분명히 믿으십시오. 반드시 복되고 형통할 것입니다.

♡ 주님, 부활하신 주님으로 인해 새로운 능력을 갖게 하소서.
▦ 예수님의 오심과 죽으심, 부활을 분명하게 믿는지 생각해보십시오.

나의 영적 일지

생기의 근원

읽을 말씀 : 창 2:4-18

●창 2:7 여호와 하나님이 땅의 흙으로 사람을 지으시고 생기를 그 코에 불어넣으시니 사람이 생령이 되니라

한때 세계 최고의 물리학자로 불리던 마이클 푸핀은 자신의 자서전 '양치기에서 발명가로'에서 이런 고백을 했습니다.

"지금의 내가 존재하게 된 것은 하나님께서 나에게 생기를 불어넣어 주셨기 때문입니다."

푸핀은 헝가리에서 태어나 가난한 양치기로 살았습니다. 대학을 가기로 결심하고 미국으로 떠났을 때 그의 손에는 단돈 5센트가 들려 있었습니다. 이후에 이루 말로 다 할 수 없는 고난과 역경을 겪었지만 그는 결국 물리학이라는 자신의 꿈을 찾았고, 콜롬비아 대학의 교수가 되었으며 30km가 한계였던 전화선을 2,000km까지 확장시켜 풀리쳐상을 받았고 세계최고의 물리학자 자리에 우뚝 서게 되었습니다.

푸핀이 어려운 고비와 순간이 찾아올 때마다 극복하고 성공할 수 있었던 것은 바로 하나님이 불어넣어 주신 생기 때문이었습니다. 하나님은 생기의 근원이십니다. 우리가 하나님을 경배하고 예배하는 시간을 통해서 하나님은 우리에게 생령을 불어넣어 주시고 심령을 회복시켜 주십니다. 생기의 근원이신 하나님을 통해 날마다 회복되는 기쁨을 누리십시오. 반드시 복되고 형통할 것입니다.

♡ 주님, 주님과의 만남을 통해 영이 회복되는 기쁨을 누리며 살아가게 하소서.
🖊 회복과 기쁨이 넘치는 신앙생활이 되게 해달라고 주님께 기도하십시오.

나의 영적 일지

목숨을 살리는 거래

읽을 말씀 : 요 20:24-31

● 요 20:31 오직 이것을 기록함은 너희로 예수께서 하나님의 아들 그리스도이심을 믿게 하려 함이요 또 너희로 믿고 그 이름을 힘입어 생명을 얻게 하려 함이니라

　　세계 최대의 금융그룹인 JP 모건의 창업자 피에폰트 모건은 유언장을 미리 만들어 두었습니다.

　　그의 유언장은 약 37개의 항목으로 구성되어 있는데, 세계시장에 영향을 미칠 정도의 대형 금융투자와 중요한 증권거래 몇몇에 대한 이야기도 적혀 있습니다. 그중에 31번째 항목에는 '내 인생의 가장 중요한 거래'라는 제목이 있는데 그 내용을 요약해보면 다음과 같습니다.

　　"내 영혼이 주님 손에 있음을 나는 믿는다. 그가 나를 구원해주시고 보혈로 죄를 정결케 해주신 것을 믿는다. 그로 인해 내가 죽고 나서는 한 점의 부끄러움도 없이 하나님 앞에 설 수 있게 될 것이다. 내 후손들에게 주님을 믿는 것은 어떤 위험을 감수하더라도 걸어볼만한 투자라는 것을 말해주고 싶다."

　　지금도 세계에서 가장 큰 금융그룹을 창업하고, 많은 돈과 존경을 받은 금융인에게도 예수님을 믿는 것은 가장 중요한 거래였으며 가장 높은 수익률을 보장하는 거래였습니다. 실상 그 거래는 거저 받는 은혜이기 때문에 거래라고 조차 할 수 없습니다. 예수님이 주시는 귀한 은혜는 거저 받는 것이지만 가장 귀한 큰 복임을 믿으십시오. 반드시 복되고 형통할 것입니다.

🩷 주님, 구원이라는 인생 최대의 기회를 놓치지 않게 하소서.
🧧 구원을 허락하신 예수님의 은혜에 감사하십시오.

나의 영적 일지

예수님을 담아라

읽을 말씀 : 고전 1:26-31

● 고전 1:30 너희는 하나님으로부터 나서 그리스도 예수 안에 있고 예수는 하나님으로부터 나와서 우리에게 지혜와 의로움과 거룩함과 구원함이 되셨으니

　볼리비아의 원주민들은 의심이 많고 자존심이 강해서 남의 도움을 쉽게 받지 않습니다.

　선교사님들이 전해주는 복음이나 구호품에도 관심이 없으며 정말로 필요한 물건이라 하더라도 받는 경우가 거의 없습니다. 그래서 볼리비아의 선교사님들은 구호품이나 선물을 원주민들이 주로 다니는 길목에 몰래 가져다 놓습니다. 그리고 그 선물 안에는 꼭 십자가를 같이 넣습니다. 원주민들은 길에서 발견한 선물을 일단 집에 가져가고 십자가를 발견하지만 그게 무슨 의미인지는 알지 못합니다. 그러다가 나중에 선교사님들이 목에 걸고 있는 십자가를 발견하고 자기들이 받은 물건들을 누가 준 것인지 알게 됩니다. 원주민들은 대놓고 티를 내지는 않지만 반복되는 이 과정을 통해서 조금씩 선교사님들에게 마음을 열게 되고 나중에는 예수님까지 믿게 됩니다.

　그냥 구호품이고 그냥 물건일 뿐이지만 그 물건에 신뢰를 담을 때 대화가 통하고 복음이 흘러갑니다. 사소한 말 한 마디와 작은 행동에도 예수님을 담는 성도들이 많아질 때에 우리 가정과 우리나라, 전 세계에 복음이 흘러가게 됩니다. 나의 하루의 모든 것에 예수님을 담으십시오. 반드시 복되고 형통할 것입니다.

♥ 주님, 저의 작은 말과 행동에도 예수님이 담기는 역사가 일어나게 하소서.
▦ 모든 행실 가운데 조금이라도 주님의 향기가 풍겨질 수 있게 노력하십시오.

나의 영적 일지

더불어 사는 삶과 겸손

읽을 말씀 : 시 22:22-31

● 시 22:26 겸손한 자는 먹고 배부를 것이며 여호와를 찾는 자는 그를 찬송할 것이라 너희 마음은 영원히 살지어다

타임지가 선정한 20세기의 가장 중요한 과학자 아인슈타인은 "저는 하루에도 몇 번씩이나 제 인생이 얼마나 많은 동료들의 노력으로 이루어졌는지를 생각하곤 합니다" 라고 말했습니다.

세계최고의 과학자로 노벨상까지 수상하고, 천재의 대명사가 된 아인슈타인이었지만 동료들의 도움이 없이는 지금의 자신이 없었다는 겸손한 고백을 했습니다. 아인슈타인은 실제로 자신의 부족한 수학 부분을 보충하기 위해서 교수로 임용되는 학교마다 박사 학위 이상의 수학조교를 2명 이상 붙여줄 것을 요구했습니다. 천재 아인슈타인에게는 이런 약점이 있었지만 그럼에도 그는 그것을 부끄러워하지 않고 오히려 당당하게 감사를 표현했습니다.

성공한 사람들을 평생에 걸쳐 연구한 데일 카네기는 노년에 이런 말을 했습니다.

"자수성가한 사람은 있을 수 없다."

아무리 잘나고 노력한 사람이라 하더라도 어떤 사람의 도움 없이 스스로 잘될 수는 없습니다. 그리고 더 나아가 하나님이 허락하지 않으신다면 그 어떤 일도 일어날 수 없습니다. 모든 삶과 모든 만남이 하나님이 허락하신 귀한 은혜이기에 우리는 더욱 더 하나님께 겸손해야 하며 사람에게 겸손해야 합니다. 나에게 가려 있는 많은 동역자들에게 감사하십시오. 그리고 그 뒤에 계신 하나님께는 더욱 감사하십시오. 반드시 복되고 형통할 것입니다.

💙 주님, 귀한 동역자들과 더불어 하나님의 사역을 협력함으로 이루게 하소서.
🖼 스스로의 능력으로 인한 성취라는 교만에서 빠져 나오십시오.

`나의 영적 일지`

당신을 위한 십자가

읽을 말씀 : 고후 13:1-13

●고후 13:4 그리스도께서 약하심으로 십자가에 못 박히셨으
나 하나님의 능력으로 살아 계시니 우리도 그 안에서 약하나
너희에 대하여 하나님의 능력으로 그와 함께 살리라

독일의 화가 스턴벅이 십자가에 달리신 예수님의 모습을 그리고 있었습니다.

낮에는 사람들의 초상화를 그리며 돈을 벌고 저녁에 자기 작업을 하는 시간에 성화를 그리곤 했는데, 한 번은 어떤 미망인의 초상화를 그려주게 되었습니다. 의자에 앉아 포즈를 취하던 미망인은 우연히 반쯤 그려진 성화를 보게 되었습니다.

"저기 나무에 달려 있는 사람은 죄인인 것 같은데 왜 그림을 그리고 계시는 거죠?"

"예수님을 모르시는군요. 저것은 나무가 아니라 십자가라는 처형도구입니다. 그리고 저분은 죄인이 아니라 사람들의 죄를 위해 대신 돌아가신 분입니다."

스턴벅의 무미건조한 대답을 들은 미망인이 다시 말했습니다.

"그렇군요. 그러나 당신의 대답을 들어보니 아마 당신의 죄를 위해 돌아가지는 않으셨나 보네요."

스턴벅은 이 말을 듣고 정신이 번쩍 들었습니다. 그는 성화에 관심을 가지고 있었고 예수님에 대해서는 알고 있었지만 그저 작품의 모델로만 생각하고 있었습니다.

스턴벅은 이 일이 있은 후에 회개하고 성화를 단순한 작품으로 그리지 않고 자신의 고백으로 그려서 하나님께 드렸습니다. 성경의 구원과 약속이 날 위한 것임을 깨달으십시오. 반드시 복되고 형통할 것입니다.

💗 주님, 십자가에서 흘리신 그 귀한 보혈을 가슴으로 기억하게 하소서.
▨ 주님의 십자가가 나에게 어떤 의미인지 적어보십시오.

나의 영적 일지

변화시키는 교회

읽을 말씀 : 롬 12:1-13

4월 10일

● 롬 12:2 너희는 이 세대를 본받지 말고 오직 마음을 새롭게 함으로 변화를 받아 하나님의 선하시고 기뻐하시고 온전하신 뜻이 무엇인지 분별하도록 하라

영국의 웨스트민스터 사원은 세계문화유산으로 지정되어 있는 중요한 장소입니다.

그만큼 이곳은 역사적으로 중요한 곳이며 또한 신학적으로도 매우 중요한 곳입니다. 영국 왕실과도 연관이 깊어서 지금도 왕가의 각종 행사가 열리며 유명 관광지로 해마다 수십만 명의 사람들이 방문합니다.

워낙 역사가 깊기 때문에 이곳을 방문하는 사람들은 대부분 가이드를 통해 설명을 듣습니다. 가이드들은 이곳이 얼마나 유서 깊은 곳이며 엄청난 신학자들이 지나온 곳인지, 또한 교리적인 발전이 일어난 곳인지를 구구절절이 설명합니다. 내, 외관 또한 너무나 고급스럽고 예술적이라 관광객들 대부분은 사원을 둘러보는 내내 입을 다물지 못합니다.

그런데 어떤 크리스천 가이드는 한 관광객에게 다음과 같은 질문을 받은 뒤에 깊은 고민에 빠지게 되었다고 합니다.

"그런데 이 멋진 곳을 통해서 최근에 구원을 받은 사람은 몇 명이나 됩니까?"

역사와 전통이 있는 곳이며, 많은 신학자들과 교리적인 발전이 이루어진 곳이라 하더라도 지금 사람들을 변화시키지 못하면 아무런 의미가 없습니다. 교회가 예수님이 세우신 참된 교회가 되기 위해서는 사람들을 변화시키고 더 많은 제자를 세우는 교회가 되어야 합니다. 지금 우리교회, 그리고 우리성도, 나의 모습을 돌아보고 반성하십시오. 반드시 복되고 형통할 것입니다.

💚 주님, 영혼을 구원하고 제자를 세우는 우리교회가 되게 하소서.
🎴 우리교회는 교회의 역할을 잘 감당하고 있는지 생각해 보십시오.

나의 영적 일지

4월 11일

포스터에 비친 얼굴

읽을 말씀 : 살전 1:2-10

●살전 1:4 하나님의 사랑하심을 받은 형제들아 너희를 택하심을 아노라

제 2차 세계 대전 때는 참전 중인 각 나라에서 신병을 모집하기 위해서 다양한 방법을 활용했습니다.

그 중에서 가장 많이 사용되던 것은 포스터였는데, 미국에서는 이 포스터를 잘 활용해 다른 나라보다 월등하게 높은 신병을 모집할 수 있었습니다.

"당신의 조국이 필요로 하는 사람이 여기 있습니다."

라는 글귀 밑에는 동그랗고 커다란 은박지가 붙어 있었습니다. 포스터를 보는 사람들은 글을 먼저 읽고 그 사람이 누구인지 확인 하고자 시선을 내리는데 이때 은박지에 비친 자신의 얼굴을 보게 됩니다. 별 것 아닌 것 같지만 이 포스터를 보는 사람들은 일종의 사명감을 느꼈습니다. 글을 통해 조국이 지금 사람을 필요로 한다는 것을 알게 된 뒤에 포스터에 비친 자기의 얼굴을 보고 그 사람이 누구인지를 알게 되었기 때문입니다.

성경이 말하고 있는 죄인이 바로 나입니다. 성경이 말하는 귀한 하나님의 자녀가 바로 나입니다. 예수님의 말씀을 따르고 실천해야 하는 것도 나이며, 천국의 귀한 상속자가 되는 것 또한 바로 나입니다. 천국에서 모집하는 일꾼이 누구인지 성경을 통해 확인하십시오. 반드시 복되고 형통할 것입니다.

♥ 주님, 주님 말씀에 비추어 마음을 돌아보고 실천할 힘을 주소서.
▩ 성경의 인칭대명사에 나의 이름을 넣어서 읽으십시오.

나의 영적 일지

사랑받는 사람의 법칙

읽을 말씀 : 잠 4:1-9

●잠 4:6 지혜를 버리지 말라 그가 너를 보호하리라 그를 사랑하라 그가 너를 지키리라

미국의 린든 존슨 대통령은 사람들에게 사랑을 받는 사람의 조건에 대해서 관심이 많았습니다.

그는 다양한 자료를 연구해 다음의 몇 가지 법칙으로 요약했는데, 그것을 대통령 집무실에 놓고 임기 내내 꺼내보며 적용을 하기 위해서 노력했습니다.

1. 사람의 이름을 중요하게 생각하라.
2. 자신을 자랑하지 말고, 전문 분야에 대해서도 아는 체를 하지마라.
3. 남에게 정말로 유익을 주고자 하는 선한 마음을 가져라.
4. 오해가 생기면 그냥 두지 말고 진지한 노력으로 풀고자 해라.
5. 인맥을 관리하지 말고 인간을 좋아해라.
6. 축하의 말과 위로의 말은 신중하게 건네라.
7. 부담을 주는 부탁은 하지 말고 항상 미소를 지어라.

예수님이 가르쳐주신 황금률은 내가 바라는 것이 무엇이냐에 따라 다양하게 적용될 수 있습니다. 내가 받고자 하는 대접이 무엇인지 생각한 뒤에 그것을 그대로 다른 사람에게 적용하십시오. 반드시 복되고 형통할 것입니다.

♥ 주님, 사람에게도 하나님에게도 사랑받는 사람이 되게 하소서.
🎴 사람에게 사랑받는 조건에서 내게 부족한 부분을 찾아 개선하십시오.

나의 영적 일지

예수님을 대신해

읽을 말씀 : 딛 2:1-14

●딛 2:14 그가 우리를 대신하여 자신을 주심은 모든 불법에서 우리를 속량하시고 우리를 깨끗하게 하사 선한 일을 열심히 하는 자기 백성이 되게 하려 하심이라

알렉산더 더프 박사님은 인도에서 반평생을 선교사로 헌신해오다가 노환으로 고향인 영국으로 돌아왔습니다.

항구에는 조촐한 환영식이 준비되어 있었고, 낡은 연단에 어울리지 않는 수많은 인파가 모였습니다. 더프 박사님은 오랜만에 돌아온 고향에서 많은 사람들이 환대해 주는 것에 크게 기뻐했습니다. 그리고 연단에 올라가서 짧게 말씀을 전하며 자신과 같이 인도에서 선교사로 헌신할 사람이 있다면 손을 들어줄 것을 요구했습니다.

시간이 꽤 흘렀지만 아무도 손을 드는 사람들이 없었습니다. 더프 박사님은 웃음기가 사라진 얼굴로 말했습니다.

"예전 빅토리아 여왕이 나라를 위해 싸울 병사를 모집할 때는 정말로 많은 사람들이 목숨을 아끼지 않고 지원을 했었습니다. 그런데 이 초라한 늙은이를 마중 나올 정도로 선하고 신실한 이 많은 성도들 가운데 하나님을 위해서 고국을 떠날 단 한 명의 사람이 나오지 않는다니 너무나 슬픕니다. 어쩌면 오늘 은퇴식을 취소하고 제가 다시 인도로 떠나야 할지도 모른다는 생각이 듭니다."

예수님은 우리를 위해 이 세상에 오셨고, 다시 우리를 세상으로 보내셨습니다. 그 부름에 내가 응답하지 않는다면 다른 누군가가 나의 짐까지 함께 져야 합니다. 예수님이 맡기신 나의 소명에 일단 충실하십시오. 반드시 복되고 형통할 것입니다.

💜 주님, 나의 죄를 대신 짊어지고 돌아가신 주님을 잊지 않게 하소서.
🎞 '쿼바디스 도미네' 라는 작품을 영화나 소설로 감상하십시오.

나의 영적 일지

은혜의 가치

읽을 말씀 : 롬 3:19-31

4월 14일

● 롬 3:24 그리스도 예수 안에 있는 속량으로 말미암아 하나님의 은혜로 값없이 의롭다 하심을 얻은 자 되었느니라

뉴욕에 새로운 지역신문이 생긴 적이 있었습니다.

신문을 홍보하기 위해서 먼저 다양한 잡지에 창간 소식을 알렸는데, 그만 편집자의 실수로 1년 구독료가 원래 가격의 1/10로 실렸습니다.

다음날 신문사에는 공지한 가격이 정말로 맞느냐는 전화가 불이 날 정도로 왔고, 또 벌써 돈을 부치며 구독을 신청하는 사람들도 많았습니다.

약 1주일 정도 지나고 광고가 수정된 뒤에 들어온 구독신청을 확인해 보니 그대로 진행을 했다가는 창간을 하자마자 3억 원 이상의 손실이 날 위기였습니다. 그러나 회사 임원진들은 초기 광고를 보고 구독을 신청한 사람들을 정말로 1/10 구독료만 받고 인정해주기로 했습니다. 비록 실수였지만 회사에서 광고를 냈으며, 그 실수까지도 책임을 져야 한다고 생각을 했기 때문입니다.

10만원의 가치를 가진 신문이라도 신문사가 맘만 먹는다면 만원에도 제공할 수 있습니다. 내가 누리는 은혜는 가치를 환산할 수 없는 귀한 것이지만 주님께서 그냥 주셨기에 믿음만 가지면 얼마든지 그 귀한 축복을 누릴 수 있습니다. 매순간 주시는 하나님의 은혜를 절대로 싸구려로 취급하지 마십시오. 반드시 복되고 형통할 것입니다.

♡ 주님, 주님의 은혜가 아닌 것은 아무것도 없음을 고백하게 하소서.
▨ 아침과 저녁, 매 순간마다 하나님의 은혜가 임함을 느껴 보십시오.

나의 영적 일지

욕심의 말로

읽을 말씀 : 잠 28:18-28

● 잠 28:25 욕심이 많은 자는 다툼을 일으키나 여호와를 의지
하는 자는 풍족하게 되느니라

　석유회사 엔론은 수익을 높이기 위해서 직원들에게 무리한 매출목표를
지시했습니다.

　목표를 맞춰야 많은 보너스를 챙길 수 있었던 직원들은 수단과 방법을
가리지 않았고, 그 방법 중에는 가짜 장부를 만드는 분식회계도 있었습니
다. 엔론에선 어느 샌가 분식회계가 공공연한 관행이 되었고, 그 결과 겉
으로 드러나기에는 회사가 매우 성장가도를 달리고 있는 것처럼 보였습니
다. 직원들도 많은 보너스를 챙겼지만 모든 것이 거품이란 진실이 드러났
고 미국 최고의 정유회사가 하루아침에 파산하고 말았습니다.

　자동차 회사인 포드사는 정해진 날짜만큼 목표한 차량을 만들어내는
시스템을 도입한 적이 있었습니다. 일정 안에 약속된 수량을 채우면 보너
스를 받게 됐고, 모자라면 감봉을 받는 형식이었는데, 공장의 노동자들
은 이 납기를 맞추기 위해서 차량의 안전조사를 건너뛰었습니다. 그런데
출고된 자동차에서 엔진 폭발의 위험이 있는 것으로 밝혀져 결국 핀토라
는 모델의 자동차는 전량 리콜이 실시되었고, 또한 포드사도 소송이 걸려
천문학적인 비용을 배상해야 했습니다.

　가고자 하는 방향이 잘못된 경우에는 더 나은 성과와 더 나은 목표가
비참한 결과를 초래합니다. 더 많은 것을 바라고 더 높은 곳을 향해 올라
가려고 하지 말고 정말로 가치 있고 귀한 것이 무엇인지를 주님 안에서 찾
으십시오. 반드시 복되고 형통할 것입니다.

♥ 주님, 세상적인 욕심의 결국은 파멸임을 알게 하소서.
🏃 올바른 가치를 향해 달려가는 인생으로 방향을 수정하십시오.

나의 영적 일지

다섯 가지 헌신

4월 16일

읽을 말씀 : 삿 5:1-9

● 삿 5:9 내 마음이 이스라엘의 방백을 사모함은 그들이 백성 중에서 즐거이 헌신하였음이니 여호와를 찬송하라

예수님이 열두 제자를 세우시고 초대교회가 세워진 직후에는 '헌신'이 성도들에게 매우 중요한 신앙의 요소였습니다.

박해를 피하기 위해서 땅굴에 숨어 살면서도 얼굴에는 웃음을 잃지 않고, 사자 먹이가 되면서도 찬양을 부를 수 있었던 이유는 그 고난마저도 하나님을 위한 헌신이라는 신실함이 있었기 때문입니다. 또한 헌신에는 순전한 기쁨이 있습니다. 교회와 이웃을 위한 헌신을 할 때에 우리들은 세상의 쾌락과는 비교도 되지 않는 즐거움을 느끼게 되는데 이것은 하나님이 은혜를 부어주시며 성령님이 우리 안에 임하는 역사가 일어나기 때문입니다.

성경을 보면 성도들이 마땅히 해야 할 헌신이 크게 다섯 가지 범주로 나옵니다.

1. 나의 생각을 말씀의 진리 아래 내려놓는 헌신.
2. 도덕적인 부분을 성경의 계명에 순종하는 헌신.
3. 소명을 따르는 삶으로 자유를 누리는 헌신.
4. 하나님의 복음과 영광을 내가 속한 사회에 알리는 헌신.
5. 하나님의 복음과 영광을 국경을 초월해 세상에 알리는 헌신.

하나님은 모든 성도들이 스스로 헌신하기를 원하십니다. 교회에 앉아만 있다고 예배가 아니듯이 헌신이 없이는 참된 그리스도인이 되지 못합니다. 다섯 가지의 헌신이 녹아있는 아름다운 성도의 삶을 꿈꾸십시오. 반드시 복되고 형통할 것입니다.

💗 주님, 온전한 헌신을 드리는 삶으로 점점 변화되게 하소서.
🧩 어느 영역까지의 헌신을 하는 삶인지 체크해 보십시오.

나의 영적 일지

그리스도인의 성공

읽을 말씀 : 욥 5:1-16

● 욥 5:12 하나님은 교활한 자의 계교를 꺾으사 그들의 손이 성공하지 못하게 하시며

세계적인 외과의사 하워드 캘리는 의대를 졸업하고 사회생활을 시작하는 첫날에 다음과 같은 일기를 썼습니다.

"주님, 내 자신과 나의 시간과 나의 능력과 나의 열정, 나의 모든 것을 주님께 드립니다. 제가 주님께 가까이 가는 것을 방해하는 것이라면 세상에서의 어떠한 성공이라도 제게 허락하지 말아주소서."

캘리는 세계적인 외과의가 되었지만 이것은 그가 바라던 일은 아니었습니다. 그는 다만 하나님의 일을 하기에 흠이 없는 도구가 되기를 바랐습니다.

웰츠 남작은 남아메리카 동북부인 기아나 지역을 돌보러 가기 위해서 자신의 모든 작위와 재산을 포기했습니다. 다시 돌아올 때를 대비해 굳이 포기할 필요는 없지 않느냐는 사람들의 말에 그는 이렇게 대답했습니다.

"하나님의 종에게는 귀족의 작위나 수많은 재산이 필요 없습니다. 이제 하나님의 일을 하러 가는 나는 세상의 모든 허영을 예수님의 발 아래 바치고 떠날 것입니다."

베들레헴 교회의 존 파이퍼 목사님은 마지막 은퇴설교에서 복음은 좋은 차와 좋은 집을 갖게 해주는 축복이 아닌 예수 그리스도라는 메시지를 전했습니다. 그리스도인의 성공은 환경에 있지 않고 살아온 삶의 열매에 있음을 기억하십시오. 반드시 복되고 형통할 것입니다.

♥ 주님, 성경이 말하는 바른 성도의 가치관으로 살아가게 하소서.
🌀 복음을 변질시키는 잘못된 가치관과 이론에 미혹되지 마십시오.

나의 영적 일지

당근과 채찍의 부작용

읽을 말씀 : 잠 3:1-10

● 잠 3:6 너는 범사에 그를 인정하라 그리하면 네 길을 지도하시리라

경영에서는 '당근과 채찍'이라는 사람의 동기를 유발하는 방법이론이 있습니다.

성과를 내면 합당한 보상을 주고, 그렇지 않은 경우에는 처벌을 하는 가장 기본적인 동기유발이론인 당근과 채찍은 전 세계의 모든 회사를 비롯한 교회, 가정, 소모임 등등에서 가장 자주 사용되고 또 언급되는 이론입니다.

그러나 최근의 연구에 따르면 '당근과 채찍 이론'에는 다음의 다섯 가지 치명적인 결점이 있다고 합니다.

1. 순수한 내재적 동기의 발현을 가로막는다.
2. 창의성이 발휘되는 환경을 사라지게 한다.
3. 선행을 실천할만한 여유를 몰아낸다.
4. 물질적 보상에 대한 중독성을 유발한다.
5. 눈앞의 이익만을 생각하게 만든다.

하나님께 복을 받기 위해 믿는 기복신앙 역시 당근과 채찍 이론의 폐해입니다. 우리는 하나님이 우리에게 복을 주기 때문에 예배하고 섬기는 것이 아니라 하나님이 이미 우리에게 필요한 모든 것을 주신 분이기 때문에 예배하고 섬겨야 합니다. 환경과 여건에 상관없이 언제나 존귀하신 주님을 찬양하십시오. 반드시 복되고 형통할 것입니다.

♥ 주님, 보상에 대한 기대가 아닌 감사와 감격이 살아있는 예배를 드리게 하소서.
🧎 오직 믿음으로 인해 주님을 예배하는 신앙생활을 이루십시오.

나의 영적 일지

진리를 알 수 있는 방법

읽을 말씀 : 시 25:1-10

●시 25:10 여호와의 모든 길은 그의 언약과 증거를 지키는 자에게 인자와 진리로다

영국의 방송잡지 '텔레비전'에서 한 때 직접 TV를 조립하는 이벤트를 한 적이 있습니다.

잡지에 당시로써는 신기술이었던 컬러 TV를 만들 수 있는 설명서를 첨부하고 재료들은 따로 판매 했습니다. 생각보다 저렴한 가격에 비싼 컬러 TV를 마련할 수 있었기에 많은 매니아들을 비롯해 손재주가 있는 사람들이 재료를 구입해 조립을 했습니다. 그러나 해당 내용이 실려 있는 잡지가 팔린 다음부터 사람들의 불만이 폭주하기 시작했습니다. "너무 어렵다.", "시간이 오래 걸린다."... 등등의 의견도 있었지만 대부분의 불만은 "설명서대로 했는데 되지 않는다"는 내용으로 아예 설명서가 잘못되었다는 지적이었습니다.

처음에 잡지회사에서는 결코 그럴 일은 없으며 자신들의 설명서는 완벽하다고 대응을 했습니다. 그러나 면밀한 검토결과 설계도에 중요한 실수가 있음을 발견하고는 인정을 했습니다. 수많은 사람들이 나와 있는 재료와 설명서를 가지고 실제로 만들어보았기 때문에 그 설명서를 만든 전문가보다도 진짜와 가짜를 더 잘 알 수가 있었습니다.

하나님의 말씀이 참인지 거짓인지 알 수 있는 방법은 매우 간단합니다. 그 말씀대로 살아보고, 하나님의 원리를 내 삶에 적용시켜 보면 알 수 있습니다. 하나님의 말씀을 내 삶에 적용하므로 어떤 일이 일어나는지 한번 확인해 보십시오. 반드시 복되고 형통할 것입니다.

💙 주님, 말씀을 깨닫고 체험함으로 더욱 굳건한 믿음이 되게 하소서.

🧩 말씀을 체험하는 삶으로 모든 의심이 사라지게 해달라고 기도하십시오.

나의 영적 일지

누군가의 천사가 되자

읽을 말씀 : 잠 27:1-10

● 잠 27:10 네 친구와 네 아비의 친구를 버리지 말며 네 환난 날에 형제의 집에 들어가지 말지어다 가까운 이웃이 먼 형제 보다 나으니라

세계 최고로 손꼽히는 대학교의 약 70%는 모두 미국 안에 있습니다.

미국의 대학은 높은 수준과 더불어 높은 학비로도 유명한데, 그러나 생계가 어려운 학생들에게는 출신을 가리지 않고 무조건 학비의 대부분을 지원해주는 대학교의 자체 프로그램이 있습니다. 학생들이 '천사의 도움'이라고 부르는 이 제도 때문에 부모님이 정말 가난하더라도 입학여건만 갖추면 빚을 지지 않고 학위를 무사히 딸 수 있습니다. 한국이나 동남아에서 온 유학생이라도 차별 없이 혜택을 받을 수 있습니다. 이 '천사의 도움'은 이런 혜택을 받은 졸업생들이 보내준 기금으로 다시 운영됩니다.

무조건 수익이 목표인 주식투자 시장에 '천사의 투자'라는 새로운 방식이 최근에 생겼습니다. 성공할 가능성을 따지지 않고 돈이 가장 필요한 벤처기업부터 투자를 하는 이 방식은 원금을 건질 확률이 10%도 되지 않는 경우가 대부분입니다. 그러나 도움이 필요한 사람들을 돕기 위한 방식으로 '투자'를 선택하는 사람들이 많고 때때로 가능성이 없어 보였던 상품이 대박이 나는 경우가 있기 때문에 더 많은 사람들이 천사의 투자를 통해 어려운 기업들을 돕는 일이 일어나고 있습니다.

필요한 곳에 필요한 돈을 쓰고 필요한 일을 하는 것이 손해를 보지 않는 것보다 훨씬 더 중요합니다. 나의 작은 희생을 통해서 누군가는 생명을 구할 수도 있습니다. 하나님의 사랑을 전할 누군가의 천사가 되기 위해 노력하십시오. 반드시 복되고 형통할 것입니다.

♥ 주님, 사람을 통해 역사하시는 주님이심을 기억하게 하소서.
🎴 선행을 위한 선행의 방법에 대해서 고민하고 실천해 보십시오.

나의 영적 일지

그리스도인의 프레임

읽을 말씀 : 창 13:11-14

●창 13:14 롯이 아브람을 떠난 후에 여호와께서 아브람에게
이르시되 너는 눈을 들어 너 있는 곳에서 북쪽과 남쪽 그리고
동쪽과 서쪽을 바라보라

　국내 한 대학의 유명한 물리학과 교수가 강의 중에 이런 말을 한 적이
있습니다.
　"기독교인들이 말하는 천국이나 하나님은 어디에 있는지 나는 도저히
알 수가 없습니다. 우리는 이미 온 우주 구석구석을 뒤져보고 또 찾아가
고 있지만 천국이나 지옥, 천사나 하나님과 같은 존재를 전혀 발견할 수
가 없었습니다. 그런데도 아직도 이런 것들이 존재한다고 믿는 사람들이
이렇게 많다는 것이 과학자로써 너무나 놀랍습니다."
　런던대학의 우주물리학 교수인 보이드 박사는 이런 말을 했습니다.
　"우리 눈으로 볼 수 있는 별의 수는 10만개나 됩니다. 허블 망원경을
사용하면 2천억 개의 별을 볼 수 있습니다. 더 최신의 망원경을 사용하면
죽을 때까지 별만 봐도 다 볼 수 없는 엄청난 개수의 별을 볼 수가 있습니
다. 그런데 신기하게도 저는 이런 사실들을 새롭게 알아갈 때마다 하나님
을 더욱 믿고 성경이 진리라는 것을 확신하게 됩니다."
　같은 우주를 연구하는 과학자라 하더라도 한 사람에겐 그것이 하나님
의 실존에 대한 증거가, 한 사람에겐 무신론의 근거가 되었습니다. 말씀
이란 창에 비추어 세상을 바라보지 않고는 아무리 똑똑한 사람이라 하
더라도 진리를 깨달을 수 없습니다. 무엇이 진실이고 이 세상을 창조하신
분이 누구인지 성경을 근거로 생각해보고 또 스스로에게 물어보십시오.
반드시 복되고 형통할 것입니다.

🖤 주님, 창세기 1장 1절이 믿어지는 믿음을 허락하소서.
🎴 창조주 하나님께서 내 삶의 모든 부분을 새롭게 할 수 있음을 고백하십시오.

나의 영적 일지

그들인가, 우리인가?

읽을 말씀 : 롬 12:1-13

●롬 12:5 이와 같이 우리 많은 사람이 그리스도 안에서 한 몸이 되어 서로 지체가 되었느니라

미국의 노동부 장관이었던 로버트 라이시는 회사의 건강도를 알아볼 수 있는 '대명사 테스트'라는 것을 만들었습니다.

방법은 이렇습니다. 먼저 회사에 사람을 보내 직원들을 인터뷰 하면서 몇 가지 질문을 던집니다. 직원들이 회사를 표현하는 단어가 '그들'인지 아니면 '우리'인지를 분석해 회사의 건강도를 측정했는데, 대부분 회사를 '우리'라고 표현하는 직원들이 많을수록 여러 가지 성장지표가 좋았습니다. 그리고 이 간단한 테스트는 지금도 미국 노동부를 비롯한 많은 기관의 건강도를 평가하는 신뢰도 높은 방법으로 사용되고 있습니다.

신천지와 같은 이단들이 교회를 무너트리기 위해서 가장 예의주시하는 것은 바로 성도들이 교회나 목회자를 욕하는지의 여부라고 합니다. 소위 추수꾼이라고 불리는 무리들은 새신자로 가장해 교회에 잠입을 합니다. 그리고 약 한달 간 성도들의 대화를 들어보고 목사님과 교회에 대한 불만이 많은 교회이면 자리를 잡고 작업을 시작하며, 사랑과 격려가 충만한 건강한 공동체인 경우에는 슬며시 다른 교회를 알아보러 옮깁니다.

건강한 공동체에는 악한 무리가 틈탈 곳이 없습니다. 우리교회, 나아가 모든 크리스천 들은 서로 다른 '그들'이 아닌 하나님 안의 '우리'임을 기억하십시오. 반드시 복되고 형통할 것입니다.

♥ 주님, 그리스도와 연합된 한 공동체인 한국의 성도들이 되게 하소서.
▦ 나는 우리 교회를 어떻게 표현하고 있는지 생각해 보십시오.

나의 영적 일지

마지막 15분

읽을 말씀 : 욥 14:7-17

● 욥 14:10 장정이라도 죽으면 소멸되나니 인생이 숨을 거두면 그가 어디 있느냐

'15분'이라는 연극 작품의 내용입니다.

어렸을 때부터 수재였던 한 남자는 명문대에 진학해 항상 수석을 차지했습니다. 박사 과정에서 준비한 논문 역시 학계에 호평을 받으며 장차 교수임용을 기다리기만 하면 되는 상황이었습니다. 그런데 학위를 받기 며칠 전 갑자기 가슴에 극심한 통증이 찾아왔습니다. 병원을 찾아가 진단을 받은 그에게 의사는 시한부 인생, 그것도 15분밖에 삶이 남지 않았다는 청천벽력과 같은 말을 전합니다.

3개월, 6개월 시한부는 들어봤어도 15분이라는 말도 안 되는 짧은 시간이 남았다는 말에 남자는 정신을 차리지 못하고 5분을 허비했습니다. 그 와중에 갑자기 전화가 왔는데, 부자인 삼촌이 세상을 떠나면서 자신을 상속인으로 지정했다는 연락이었습니다. 전화를 끊자마자 다시 박사 과정을 통해 준비한 논문이 이번 졸업자 중에 최우수 논문으로 뽑혔다는 소식이 전해졌습니다. 그리고는 며칠 전 프로포즈한 사랑하는 연인에게 결혼승낙 문자메시지가 도착했습니다. 그러나 어떤 낭보도 그의 수명을 1분도 늘리지는 못했고 그는 15분이 지난 뒤에 정확히 숨을 거두었습니다.

유한한 인생의 결국은 허무함밖에 남지 않습니다. 천국에서의 삶과 영생의 약속이 없다면 세상의 그 어떤 즐거움과 기쁨도 스쳐가는 꿈입니다. 생의 마지막에 후회하지 않을 믿음을 간구하십시오. 반드시 복되고 형통할 것입니다.

♥ 주님, 가장 귀한 주님을 섬기고 전하는 일에 모든 것을 사용하게 하소서.

🎴 15분 뒤에 내가 죽는다면 어떤 후회를 할지 생각해보십시오.

나의 영적 일지

참된 위로의 시작

읽을 말씀 : 롬 12:14-21

●롬 12:15 즐거워하는 자들과 함께 즐거워하고 우는 자들과 함께 울라

알렉스 헤일리의 소설 '뿌리'에서 주인공 쿤타킨테는 주인의 호의로 백인들만 참석하는 호화 무도회에 참석을 하게 됩니다.

매일 창고에서 자다가 좋은 옷을 입고 화려한 연회장을 거닐게 되었지만 쿤타킨테에게는 아무런 감동이 없었습니다. 결국 맛있는 음식도 거의 먹지 않고 자리를 피해 밖으로 나왔는데 어디선가 익숙한 음악소리가 희미하게 들리기 시작했습니다. 소리를 따라가 보니 정원의 한 구석퉁이에서 어떤 노예가 하모니카를 불고 있었습니다.

그 노예 역시 쿤타킨테처럼 아프리카에서 잡혀왔는데, 고향 생각을 하며 지역의 전통 노래를 하모니카로 연주하고 있었습니다. 대화를 통해 비슷한 처지라는 것을 알게 된 두 사람은 곧 얼싸안고 눈물을 흘렸습니다. 쿤타킨테에게는 화려한 무도회장과 좋은 음식보다도 같은 처지에 처한 동료와의 만남이 힘든 노예생활에 더 큰 위로와 기쁨이 되었습니다.

진정한 위로는 자신의 처지를 이해하는 사람으로부터 시작됩니다. 하나님은 우리를 창조하셨고, 예수님은 인간의 몸으로 오셨기 때문에 주님으로 인해 우리는 참된 위로를 받을 수 있으며 모든 마음의 상처를 치유받을 수 있습니다. 주님을 만남으로 참된 위로와 참된 힐링을 받으십시오. 반드시 복되고 형통할 것입니다.

💜 주님, 정말 참된 위로는 주님으로부터 나옴을 알게 하소서.
🌸 주님의 사랑과 말씀이 나에게 위로가 되는지 적용해 보십시오.

나의 영적 일지

링컨 리더십의 비결

읽을 말씀 : 시 26:1-12

● 시 26:2 여호와여 나를 살피시고 시험하사 내 뜻과 내 양심을 단련하소서

미국 역사상 가장 위대한 대통령 링컨의 라이벌을 포용하는 능력과 더 나은 이상을 위해 국가를 하나로 통합하는 능력은 지금까지도 따라올 정치인이 없다는 평가가 지배적입니다.

최근에 진행된 연구를 보면 링컨이 대통령 시절에 보였던 리더십의 큰 특징들은 다음과 같습니다.

- 대통령이 된 뒤에도 정치를 잘하고 법을 알고자 많은 노력을 했음.
- 최고의 라이벌들에게도 권력과 자율성을 수여했음.
- 노예제도 폐지, 북군 유지와 같은 높은 차원의 목표를 제시했음.

링컨에 대한 많은 연구로 수많은 책을 저술한 도리스 굿윈은 링컨이 다른 정치인과 달리 이런 성과를 낼 수 있었던 세 가지 비결을 다음과 같이 뽑았습니다.

1. 자신의 능력에 대한 확신이 있어서 라이벌에게 권력을 주더라도 불안해하지 않았다.
2. 사람들의 생각을 경청하여 극과 극의 견해를 합쳐 통합해 나갔다.
3. 칭찬할 사람과 비판받을 사람에게는 누구이든지 상관 않고 합당한 처우를 했다.

자신에 대한 실력과 양심에 대해 떳떳한 것이 링컨 리더십의 비결이었습니다. 마땅히 해야 할 일을 하는 것과 말씀에 담긴 지혜를 실천하는 것이, 진정한 인생 성공의 비결임을 깨달으십시오. 반드시 복되고 형통할 것입니다.

🖤 주님, 주님과 사람들 앞에서 떳떳한 양심과 자세를 갖게 하소서.
🎴 자신감을 가지고 타인의 의견을 경청할 줄 아는 사람이 되십시오.

나의 영적 일지

죄를 향한 시선

읽을 말씀 : 딛 3:3-11

● 딛 3:11 이러한 사람은 네가 아는 바와 같이 부패하여 스스로 정죄한 자로서 죄를 짓느니라

한 청년이 반복된 죄로 인해 목사님을 찾아와 상담 했습니다.

"목사님, 저는 매번 눈물로 회개를 하고 다시는 죄를 짓지 않겠다고 다짐을 합니다. 그러나 며칠이 지나면 보란 듯이 유혹을 못 이겨 또 죄를 짓고 맙니다. 예수님을 분명 믿고 구원의 확신도 있는데 왜 이런 일이 반복되는 것일까요?"

청년의 말을 들은 목사님은 아프리카에서 사는 뱀 이야기를 해주었습니다.

"아프리카에는 새를 잡아먹고 사는 뱀이 있습니다. 일반적으로 뱀은 절대로 새를 잡아먹을 수가 없고 오히려 사냥을 당하는 경우가 많습니다. 이 뱀은 새 근처로 다가가 가만히 눈을 바라봅니다. 새는 처음에 뱀이 있는지도 몰랐다가 그 몸의 영롱한 색과 신비한 눈을 바라보고는 넋이 나가 호기심에 나아가게 됩니다. 뱀은 새가 다가오기를 기다렸다가 한 입에 삼켜버리기만 하면 됩니다. 형제님, 제가 하고 싶은 말은 죄를 바라보지 말고 시선을 돌려 하나님의 영광을 바라보라는 것입니다."

죄를 이겨내고, 죄를 극복해야 하는 시선이 아니라 하나님을 사랑하고, 말씀을 따라 실천하는 일에 성도들의 초점은 맞춰져야 합니다. 하나님은 우리의 자백을 언제나 기쁘게 받으시고 다시는 죄를 기억하지 않으시지만 우리의 삶과 시간이 더 소중한 일에 쓰이기를 바라십니다. 하나님이 기뻐하시는 일에 집중하는 성도가 되십시오. 반드시 복되고 형통할 것입니다.

🖤 주님, 아무리 달콤해 보이는 죄일지라도 시선을 거둘 용기를 주옵소서.
🗺 죄가 아니라 선한 행실이 습관이 되도록 노력하고 집중하십시오.

나의 영적 일지

세 가지 질문

4월 27일

읽을 말씀 : 시 62:1-12

●시 62:9 아, 슬프도다 사람은 입김이며 인생도 속임수이니 저
울에 달면 그들은 입김보다 가벼우리로다

'끌리는 사람은 1%가 다르다'는 책에서 저자는 자신만의 독특한 매력
을 만들기 위해서는 자신이 인생을 살아가는 이유를 먼저 알아야 한다는
주장을 펼칩니다.

그리고 그 이유는 다음의 3가지 질문을 통해서 알 수 있다고 합니다.

첫 번째 질문은 "왜 사는가?", 즉 "Why?"이며,

두 번째 질문은 "무엇 때문에 사는가?", 즉 "What?"이고,

세 번째 질문은 "어떻게 살 것인가?", "How?"입니다.

이 세 가지 질문을 자신에게 던져볼 때 인생의 의미가 어렴풋이나마 그
려지고, 인생의 목표와 방향이 설정됨으로 인해서 남들에게 인정받는 매
력 있는 사람이 될 수 있습니다. 사람들은 자신이 가지지 못하는 걸 가진
사람에게 끌리는 경향이 있는데, 많은 사람들이 인생에서 가장 중요한 목
표를 놓치고 살기 때문입니다.

솔직한 심정으로 세 가지 질문에 답해 보십시오. 말씀을 푯대로 인생의
목표를 세우고 말씀의 기준으로 인생을 살아가는 지혜로운 사람이 되어
야 합니다. 나온 정답이 그리스도인의 인생이라 할 만한 내용인지, 아니
면 세상 사람들과 다를 바 없는 내용인지 양심적으로 판단해보십시오. 반
드시 복되고 형통할 것입니다.

♥ 주님, 삶의 모든 목적에 대한 대답이 예수 그리스도로 나올 수 있게 하소서.
▨ 세 가지 질문에 대한 답을 적어본 후 일주일간 묵상해보십시오.

나의 영적 일지

시간 매트릭스 활용법

읽을 말씀 : 마 24:40-51

●마 24:45 충성되고 지혜 있는 종이 되어 주인에게 그 집 사람들을 맡아 때를 따라 양식을 나눠 줄 자가 누구냐

　많은 컨설턴트들이 시간을 관리하는 가장 중요한 지침으로 '눈앞의 일들에 매달리지 않는 것'을 꼽습니다.

　반대로 이야기하면 시간 순서에 상관없이 중요한 일부터 하라는 뜻인데, '시간 매트릭스'라는 도구를 통해서 어떤 일이 중요한 일이고 그렇지 않은지 지혜롭게 판단할 수 있습니다. 시간 매트릭스는 총 4가지 항목으로 나눠집니다.

　1. 중요하고 긴급한 일.

　2. 중요하지만 긴급하지 않은 일.

　3. 중요하지 않지만 긴급한 일.

　4. 중요하지도 않고 긴급하지도 않은 일.

　24시간이라는 소중한 시간을 사용할 때 1부터 4순으로 일을 처리하는 사람이 정말로 현명한 사람이지만 대부분의 사람들은 1이 아닌 2와 3부터 시작을 하기 때문에 시간이 언제나 모자라는 느낌을 받는다고 합니다.

　시간을 사용하는 빈도가 그 일의 중요성을 뜻합니다. 그러나 많은 성도들이 입으로는 주님이 가장 귀한 분이라고 고백만 할 뿐 주님을 위해 시간을 사용하는 것은 4순위로 놓곤 합니다. 주님과 더 많은 시간을 보내고 교제하기 위해서 시간을 사용하십시오. 반드시 복되고 형통할 것입니다.

🩷 주님, 가장 소중한 시간까지도 주님께 아낌없이 드리게 하소서.
🎴 하루를 마무리하면서 시간의 가계부를 적어보십시오.

나의 영적 일지

성숙한 인격을 만드는 법

읽을 말씀 : 시 16:1-11

● 시 16:7 나를 훈계하신 여호와를 송축할지라 밤마다 내 양심이 나를 교훈하도다

심리학자 듀에인 슐츠는 '성장심리학'이라는 자신의 책에서 '성숙한 성격을 가진 사람들의 7가지 특징'에 대해서 언급했습니다.

1. 자신의 테두리에서 벗어난 자아영역의 확장
2. 주변 사람들에게 친밀감을 잘 표현하는 따스한 관계
3. 실패와 성공에 연연하지 않는 정서적인 안정감
4. 현실을 왜곡해서 바라보지 않는 객관적인 지각
5. 삶에서 주어지는 과제와 과업에 대한 성실
6. 자기 자신을 있는 그대로 바라보는 능력
7. 일관성 있는 인생의 철학

슐츠는 또한 이런 성숙한 인격을 만드는 데 가장 중요한 것은 '양심'이라고 말했습니다. "그건 어쩔 수 없어"라고 말하는 사람이 아닌 "그건 이렇게 해야만 해"라고 말하는 사람이 성숙한 인격을 가질 수 있으며 전인적인 성장을 할 수 있다는 것입니다.

나의 양심 역시 하나님이 주신 것입니다. 하나님이 주신 매뉴얼을 따를 때 그분의 약속대로 우리는 성장하고 또 큰 복을 받게 됩니다. 하나님이 주신 선한 양심의 음성을 늘 지켜 따르십시오. 반드시 복되고 형통할 것입니다.

♥ 주님, 성격과 인품이 주님 안에서 나날이 성장해 나가게 하소서.
🧧 내 인격의 성숙도는 어느 정도인지 7가지 법칙에 비추어 보십시오.

나의 영적 일지

가장 중요한 단어

읽을 말씀 : 막 12:28-34

● 막 12:29,30 예수께서 대답하시되 첫째는 이것이니 이스라엘아 들으라 주 곧 우리 하나님은 유일한 주시라 네 마음을 다하고 목숨을 다하고 뜻을 다하고 힘을 다 하여 주 너의 하나님을 사랑하라 하신 것이요

세계 3대 영화제 중 하나인 아카데미상 시상식이 끝난 뒤에는 항상 수상자들이 모여 파티를 엽니다.

과거 이 파티에서 "인생에서 가장 중요한 단어는 무엇인가?"라는 주제로 참석자들 사이에 이야기가 오갔던 적이 있습니다.

세기의 미인으로 알려진 배우 엘리자베스 테일러는 '아름다움'이라고 대답했습니다.

명배우 애비 가드너는 '믿음'이라고 대답했고, 베스트셀러 작가인 트루먼 가포티는 '건강'이라고 대답했습니다. 마지막으로 세계 3대 영화제에서 수많은 상을 받았던 명감독 존 휴스턴은 다음과 같이 말했습니다.

"관심입니다. 태어나서 죽을 때까지 인생이 우리를 위해서 준비해놓은 일들에 대한 관심 말입니다."

존 휴스턴은 인생이 자신의 삶에 베푸는 일들에 관심을 가졌습니다. 그러나 얼핏 대단해 보이는 답변이지만 그 인생을 통해서 중요한 가치를 깨달은 것은 하나도 없었습니다.

내 인생의 가장 중요한 단어는 무엇입니까? 하나님이 우리를 위해서 준비해 놓으신 수많은 일들을 통해서 내가 깨닫게 된 것은 무엇인지 생각해 보십시오. 반드시 복되고 형통할 것입니다.

♥ 주님, 인생의 가장 중요한 단어를 표현할 수 있는 사명을 허락하소서.

▧ 내 인생에서 가장 중요한 한 단어를 생각해 보십시오.

나의 영적 일지

5
월

"또 여호와하나님을 기뻐하라
그가 네 마음의 소원을 네게 이루어 주시리로다
네 길을 여호와께 맡기라 그를 의지하면 그가 이루시고
네 의를 빛 같이 나타내시며 네 공의를 정오의 빛 같이 하시리로다"
-시편 37:4-6-

5월 1일

보물을 발견하는 사람

읽을 말씀 : 골 1:24-2:5

●골 2:2,3 이는 그들로 마음에 위안을 받고 사랑 안에서 연합
하여 확실한 이해의 모든 풍성함과 하나님의 비밀인 그리스
도를 깨닫게 하려 함이니 그 안에는 지혜와 지식의 모든 보화
가 감추어져 있느니라

한 마을의 유지가 아버지의 유물인 귀한 시계를 잃어버렸습니다.

커다란 창고에서 일을 하다 어느 샌가 시계가 사라졌는데, 다시 찾으려
고 했지만 창고 안에 너무나 많은 잡동사니들이 있어서 혼자서 찾기에는
역부족이었습니다. 그래서 결국 마을 사람들을 다 불러서 상금을 걸고
시계를 찾게 시켰습니다.

그러나 유지의 창고가 워낙 넓고 많은 물건들이 있어서 아무리 뒤져도
시계는 나오지 않았습니다. 반나절이 지나도 시계를 찾지 못하자 사람들
은 하나 둘씩 돌아가기 시작했고, 어느새 꼬마 아이 한명만 남게 되었습
니다.

커다란 창고에 혼자 남게 된 아이는 무서워서 곧 돌아가려고 했지만 어
디선가 시계소리가 들리기 시작했습니다. '째깍째깍', '째깍째깍', 분명
한 시계소리였습니다. 그 소리에 귀를 기울인 아이는 곧 시계를 찾게 되
었고, 어른들도 찾지 못한 시계를 찾음으로 많은 상금과 칭찬을 받게 되
었습니다.

창고에 혼자 있는 아이가 시계바늘 소리를 들었던 것처럼 나 홀로 고요
히 있는 시간에 우리 심중에 계시는 주님의 음성을 들을 수 있습니다. 매
일 고요한 가운데 주님과 함께하는 시간을 만드십시오. 반드시 복되고 형
통할 것입니다.

💗 주님, 고요한 가운데 임하시는 성령님을 체험하게 하소서.
🔲 하루에 단 5분이라도 주님과 함께하는 시간을 만드십시오.

나의 영적 일지

워미곤 호수 효과

읽을 말씀 : 롬 12:1-13

● 롬 12:11 부지런하여 게으르지 말고 열심을 품고 주를 섬기라

　게리슨 케일러 소설 '워미곤 호숫가 사람들'에는 지금말로 '근거 없는 자신감'이라는 뜻의 '근자감'을 가진 사람들이 나옵니다.

　그 소설의 배경인 워미곤 호숫가 마을에 나오는 사람들은 모두들 자신이 남보다는 잘났다고 생각을 합니다.

　"내가 그래도 다른 사람들보다는 잘생겼어."

　"그래도 내가 여기 사람들보다는 머리는 좋지."

　"여기 있는 사람들 중에서는 내 인생이 제일 행복할거야."

　비록 소설 속 이야기지만 남을 절대로 인정하지 않고 오로지 자기만 내세울 생각에 빠져있는 이런 마을이 제대로 돌아갈리 없습니다.

　그런데 심리학자들의 연구에 따르면 이 소설의 내용은 일정부분 사실이라고 합니다. 그 증거로 우리 주변에서도 "나는 정상인데 저 사람이 잘못한 거야.", "나 정도면 평균 이상은 되지.", "우리 애는 머리는 좋은데 노력을 안 해." 등등의 이야기를 쉽게 들을 수 있습니다. 결국 심리학자들은 막연히 내가 남보다 낫다고 생각하는 경향이 많은 사람들에게 있다고 결론을 내렸고, 이런 현상을 소설의 이름을 따서 '워미곤 호수 효과'라고 명명했습니다.

　내가 남보다 낫다고 생각하는 게 세상의 사고방식이고, 남이 나보다 낫다고 생각하는 게 성경의 방식입니다. 세상의 방식은 교만이자 패망이고 성경의 방식은 겸손이자 성공입니다. 오늘도 모든 사람을 나보다 낫게 여기는 겸손의 사람이 되십시오. 반드시 복되고 형통할 것입니다.

🖤 주님, 나보다 남을 낮게 여기고, 사람보다 하나님을 낮게 여기게 하소서.
🀫 사람들 앞에서나 하나님 앞에서나 지나친 자랑은 삼가하십시오.

나의 영적 일지

절대로 해서는 안 되는 일

읽을 말씀 : 창 3:1-8

●창 3:6 여자가 그 나무를 본즉 먹음직도 하고 보암직도 하고 지혜롭게 할 만큼 탐스럽기도 한 나무인지라○ 여자가 그 열매를 따먹고 자기와 함께 있는 남편에게도 주매 그도 먹은지라

인도의 정글에는 만차닐이라는 나무가 있습니다.

정글의 원주민들이 이 나무를 '신이 주신 축복', '완벽한 나무'라고 부릅니다. 나무의 외관은 매우 고풍스럽게 뻗어있으며, 목재는 다루기 쉽게 강도가 좋아 다양하게 사용할 수 있습니다. 향이 좋아 집을 짓기도 좋고 벌레도 꼬이지 않아 어떤 용도로든 사용될 수 있는 훌륭한 재료의 특성을 가지고 있습니다.

다만 만차닐에게는 한 가지 약점이 있는데 그것은 열매를 먹어서는 안 된다는 것입니다. 만차닐의 열매는 사과와 비슷한 모양의 탐스러운 모양이지만 그 안에는 강력한 독이 있어 한입이라도 먹는 날에는 당장 죽고 맙니다. 그래서 원주민들은 절대로 만차닐의 열매를 먹지 않고 오히려 즙을 내어 화살촉에 묻혀 사냥 때 사용을 합니다.

세상을 대하는 그리스도인의 태도는 만차닐을 사용하는 원주민들의 태도와 같아야 합니다. 그리스도인들도 세상 속에서 다양한 일들을 경험하고 기쁨과 즐거움을 누릴 수 있습니다. 많은 재물과 명예를 얻는 것도 잘못된 것이 아닙니다. 다만 그 안에 빠져서 이 모든 것 위에 계시는 하나님을 잊어버리는 것은 절대로 해서는 안 됩니다. 세상의 즐거움과 기쁨에 빠져서 정말 중요한 주님의 십자가 복음과 사명을 잊어버리고 있지는 않은지 때때로 점검하십시오. 반드시 복되고 형통할 것입니다.

♥ 주님, 인생이라는 긴 여정 가운데 한시라도 주님을 잊지 않게 하소서.
📖 지난 일주일 동안 주님이 나와 동행하는 삶을 살았는지 생각해보십시오.

나의 영적 일지

명의의 일곱 가지 비결

읽을 말씀 : 히 13:1-5

5월 4일

● 히 13:2 손님 대접하기를 잊지 말라 이로써 부지중에 천사들을 대접한 이들이 있었느니라

중국 당나라에 송정이라는 의사가 있었습니다.

송정의 병원에는 언제나 사람들이 끊이지 않아 당시의 의사로서는 드물게 많은 돈과 명성을 얻게 되었습니다. 사람들은 송정의 의술이 뛰어나 그를 찾아간다고 말했지만 송정은 자신의 의원에 사람들이 몰리는 이유를 7가지로 다음과 같이 말했습니다.

"사람들이 나를 찾아오는 이유는 나에게 7가지 결함이 없기 때문이다. 그것은 진단에 대한 의심, 마음을 불안하게 만드는 일, 약값을 속이는 일, 환자의 행색을 보고 멀리하는 일, 바쁘다고 대충 치료를 하는 일, 이 원칙을 사람에 따라 다르게 적용하는 일의 7가지이다."

그리고 이 비결을 적은 자신의 책의 말미에 다음과 같은 말을 덧붙였습니다.

"이 비결이 나의 약의 비결이다. 그러나 어떤 약재로도 절대 지을 수는 없는 명약이다."

명의 송정의 비결은 의술에 있었던 것이 아니라 사람을 대하는 자세에 있었습니다.

사람을 차별 없이 대할 줄 알고, 또한 어떤 상황에서도 최선을 다하며 복음을 전하는 성도들이 많아진다면 지금의 교회가 위기를 건너 다시 부흥의 시대가 찾아오게 될 것입니다. 매일 만나는 모든 사람들을 가장 중요한 손님처럼 여기고 또 대접하십시오. 반드시 복되고 형통할 것입니다.

💙 주님, 모든 사람을 차별 없이 대할 수 있는 주님의 마음을 주소서.
🎴 송정의 비결처럼 나만의 사람을 대하는 매뉴얼을 만들어 보십시오.

나의 영적 일지

자녀를 망치는 5가지 행동

읽을 말씀 : 엡 6:1-4

●엡 6:4 또 아비들아 너희 자녀를 노엽게 하지 말고 오직 주의 교훈과 훈계로 양육하라

엄마들을 위한 잡지 '마이데일리모멘트'(mydailymoment.com)에서는 '아이를 망치는 엄마들의 행동 5가지'와 그 해결책을 다음과 같이 꼽았습니다.

1. 아이들이 달라는 데로 다 주는 행동.

   아이를 위해 사용할 돈을 정해놓고 분명하게 공지를 하십시오.

2. 버릇없는 행동도 이해하는 모습.

   버릇없는 행동을 할 때는 분명히 야단을 치고, 감정을 섞지는 마십시오.

4. 자녀 앞에서 부부싸움을 하거나 거친 말을 쓰는 것.

   부부간에 문제가 생겼을 때는 둘만 있는 장소에서 해결을 하십시오.

5. 잘못된 본을 보여주는 모든 행동.

   거짓말, 험담, 새치기, 쓰레기 무단투기 등, 아이들은 말이 아니라 부모의 행동을 보고 배운다는 것을 잊지 마십시오.

6. 아이 혼자 오랜 시간을 두는 것.

   아이들의 비행 원인 중 하나는 떨어져 있는 부모의 관심을 받기 위해서입니다. 항상 보호자 역할을 할 사람을 아이 곁에 두고 아이와 함께 할 시간을 만들기 위해 최선을 다하십시오.

   자녀는 하나님이 맡겨주신 소중한 선물입니다. 완벽한 부모는 될 수 없지만 그래도 할 수 있는 최선을 다해 믿음의 씨앗과 선한 꿈을 심어주십시오. 반드시 복되고 형통할 것입니다.

💙 주님, 말씀을 기준으로, 말씀의 지혜로 양육하게 하소서.
🎴 하나님이 주신 귀한 영혼을 위해 말씀과 기도를 쉬지 마십시오.

나의 영적 일지

옥수수밭이 주는 고훈

읽을 말씀 : 롬 11:25-36

●롬 11:29 하나님의 은사와 부르심에는 후회하심이 없느니라

북미 인디언의 어떤 부족은 성인식을 옥수수밭에서 한다고 합니다.

마을에서 가장 넓은 옥수수밭으로 아이들을 데려간 뒤 밭을 가로질러 오면서 가장 좋은 옥수수를 하나만 따오게 하는 것이 성인식의 전부입니다. 단 한 번 딴 옥수수는 중간에 바꿔서는 안 된다는 규칙이 있습니다.

그렇게 어렵고 힘든 일이 아닌 그저 가장 좋은 옥수수 하나만 따오면 되는 일입니다. 그러나 막상 밭을 지나온 아이들은 대부분 형편없는 옥수수를 들고 돌아옵니다.

밭이 워낙 크기 때문에 아이들은 좋은 옥수수를 발견해도 언젠가 더 좋은 옥수수가 나올 것이라고 생각합니다. 그러다 거의 도착할 때가 됐다는 사실을 알게 되지만 이미 옥수수를 고를 수 있는 기회는 거의 사라져 그중의 그나마 제일 낫지만 형편없는 옥수수를 따오게 됩니다. 인디언들은 이 의식을 통해 불확실한 미래에 대한 막연한 기대와 더 좋은 것을 찾는 욕심이 얼마나 허망한 것인지를 알려주기 위해서 치릅니다.

성숙한 신앙은 미래의 더 나은 것을 구하기보다는 현재에 주신 것에 감사하는 신앙입니다. 우리 손에는 이미 구원의 복음이라는 가장 귀한 옥수수가 들려 있습니다. 그 사실을 잊지 말고 인생이라는 밭을 다 헤쳐오기까지 절대로 이 보물을 바꾸거나 버리지 마십시오. 반드시 복되고 형통할 것입니다.

♥ 주님, 인생의 가장 귀한 보물을 이미 찾게 해주심에 감사하게 하소서.
▧ 내 인생의 가장 귀한 한 가지를 무엇으로 생각하고 살았는지 적어보십시오.

나의 영적 일지

성경을 읽는 이유

읽을 말씀 : 약 1:19-27

● 약 1:22 너희는 말씀을 행하는 자가 되고 듣기만 하여 자신을 속이는 자가 되지 말라

　요즘 미국에서 나오는 책에는 마지막에 '작가의 글'을 남기지 않는 것이 대부분입니다.

　책의 앞쪽에 위치한 서론과 목차, 추천사 등은 여전히 건재하지만 책의 마지막을 장식하는 '에필로그', '맺음말', '책을 펴낸 뒤에' 등등의 말은 대부분 사라졌습니다. 물론 작가마다 다른 이유가 있을 수 있고 단지 유행일 수도 있겠지만 미래학자이자 수많은 베스트셀러 저자인 다니엘 핑크는 마지막 글을 남기지 않는 이유를 다음과 같이 설명했습니다.

　"요즘은 작가가 첫 번째 말은 얼마든지 길게 써도 되지만 마지막 말은 쓰지 않습니다. 아니, 저는 절대 써서는 안 된다고 생각을 합니다. 책의 뒤에 실리는 마지막 말은 독자인 여러분이 해야 하는 부분이기 때문입니다. 책을 다 읽었으면 주위 사람들, 온라인 커뮤니티 등등에서 내용을 함께 알리고 공유하시기 바랍니다. 그런 대화들을 통해서 사람이 움직이고 세상이 움직이게 될 것입니다."

　66권으로 완성된 성경이지만 그 성경을 읽는 우리는 삶으로 기록된 성경을 보여줘야 합니다. 이미 완성된 하나님의 약속의 말씀이 지금 나에게 성취되고 있으므로 삶의 성경에 기록하십시오. 반드시 복되고 형통할 것입니다.

🖤 주님, 성령의 능력으로 인해 말씀을 순종하며 살게 하소서.
🖼 매일 묵상하는 말씀이 항상 행동으로 이어지도록 노력하십시오.

나의 영적 일지

부모님의 마음

읽을 말씀 : 출 20:3-17

● 출 20:12 네 부모를 공경하라 그리하면 네 하나님 여호와가
네게 준 땅에서 네 생명이 길리라

러시아 작가 파스테르나크의 유일한 장편소설 '닥터 지바고'는 사회주의에 부정적인 내용이라는 이유로 러시아에서는 출판이 금지되었으나 노벨상을 수상했고 전 세계적으로 큰 인기를 끌어 할리우드에서 영화화까지 되었습니다.

이 영화 '닥터 지바고'에는 지바고의 딸인 타냐가 나오는데, 타냐는 자신의 아버지가 지바고인 것도 모르고 오히려 버림을 받았다고 생각하고 있었습니다. 그러나 타냐의 아버지가 누구인지 아는 장군은 타냐를 찾아와 아버지와 헤어지게 된 이유를 물었습니다.

"저도 어린 시절이라 잘 기억은 안나요. 하지만 사람들 틈에 치일때 아버지가 제 손을 놓았던 것 같아요."

그러나 사실 타냐가 잡았던 것은 지바고가 아니라 낯선 사람의 손이었습니다. 장군은 타냐의 말을 듣고 그 사람은 분명 너의 아버지가 아니었을 것이라고 말해주었습니다. 타냐가 이유를 묻자 장군이 대답했습니다.

"부모는 어떤 상황에서도 자녀의 손을 놓지 않는 법이지. 그리고 너의 아버지는 닥터 지바고라는 사람이란다."

부모님의 사랑은 세상에서 가장 귀한 사랑이며 하나님의 사랑을 가늠할 수 있는 유일한 사랑입니다. 지금까지 보살펴주신 은혜만 해도 부모님의 은혜를 잊지 말고 평생 갚아 나가십시오. 반드시 복되고 형통할 것입니다.

♥ 주님, 부모님의 귀한 사랑을 머리로 계산하지 않게 하소서!
🖼 부모님과 함께 식사를 하며 작은 선물을 준비하십시오.

나의 영적 일지

걸음의 차이, 믿음의 차이

읽을 말씀 : 롬 12:1-13

● 롬 12:3 내게 주신 은혜로 말미암아 너희 각 사람에게 말하노니 마땅히 생각할 그 이상의 생각을 품지 말고 오직 하나님께서 각 사람에게 나누어 주신 믿음의 분량대로 지혜롭게 생각하라

황희 정승이 산 너머 마을을 가기 위해서 길을 걷고 있었습니다.

오랜 친구와의 약속을 지키기 위해서 가볍게 짐을 싸고 출발을 했는데, 초행길이라 혹시 늦지 않을까 염려스러워 밭에서 일을 하는 농부에게 말을 건넸습니다.

"어르신, 안녕하십니까? 저 산 너머에 있는 마을을 가려고 하는데 해지기 전에 도착을 할 수 있겠습니까?"

그러나 농부는 아무 대답이 없이 묵묵히 밭일을 했습니다. 황희는 '매우 바쁘거나 귀가 안들리는 사람인가보다'라고 여기고 다시 발걸음을 옮겼습니다. 그런데 한참 뒤에서 농부의 목소리가 들렸습니다.

"해지기 전에는 가실 수 있을 것 같습니다."

황희는 아까는 아무 말도 없다가 왜 이제야 답을 하냐고 물었습니다.

"허허, 그것 참, 어르신의 걸음 속도를 봐야 알 수 있는 일 아니겠습니까?"

걸음 속도에 따라서 도착하는 시간이 달라지듯이 하나님을 향한 믿음에 따라 기도의 응답과 신앙을 통해 누리는 기쁨도 차이가 납니다. 하나님께 복을 구하며 기도하기 전에 축복의 약속인 말씀을 지키는 삶을 살고 있나 돌아보십시오. 반드시 복되고 형통할 것입니다.

💗 주님, 의무는 져버리고 혜택만을 바라는 신앙인이 되지 않게 하소서.
🏵 하나님의 응답을 기다리기 전에 나의 믿음부터 점검하십시오.

나의 영적 일지

품위 있는 중년의 법칙

읽을 말씀 : 사 46:1-13

● 사 46:4 너희가 노년에 이르기까지 내가 그리하겠고 백발이 되기까지 내가 너희를 품을 것이라 내가 지었은즉 업을 것이요 네가 품고 구하여 내리라

중년들의 모임인 인터넷 커뮤니티 미즈넷에 올라온 '품위 있는 중년의 7가지 법칙'입니다.

1. 몸과 말, 생활을 청결하게 유지하라.
2. 나이를 내세워 주장을 고집하지 말고 일단 들어라.
3. 가능한 말을 아끼고 먼저 들어라
4. 사람들을 만날 때는 깔끔한 옷을 입고 당당한 자세를 유지하라.
5. 상황과 여건에 관계없이 되도록 사람들을 열심히 만나라.
6. 인간관계에서 마음을 열 줄 알고, 때로는 지갑도 열 줄 알아라.
7. 이미 놓친 것들에 대해서 너무 미련을 갖지 말고, 집착을 하지도 말아라.

한국사회에서의 중년은 인생의 격변기입니다. 중년의 때는 자살률과 우울증 발생률이 가장 치솟기도 하며, 멋진 은퇴시기를 보내기 위한 준비를 하는 시기이기도 합니다.

그러나 믿는 성도들에게는 하나님이 천국으로 부르시기 전까지의 모든 순간이 인생의 전성기입니다. 어떤 나이가 되던 그 나이 때를 허락하신 하나님께 감사함으로 최선을 다해 사십시오. 반드시 복되고 형통할 것입니다.

💗 주님, 지금의 나를 허락하신 주님께 참된 감사와 찬송을 올리게 하소서.
🎴 나이 때문에 의기소침하지 말고 하나님이 주신 사명에만 집중하십시오.

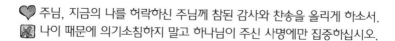

나의 영적 일지

친절이 만든 기적

5월 11일

읽을 말씀 : 엡 4:25-32

● 엡 4:32 서로 친절하게 하며 불쌍히 여기며 서로 용서하기를
하나님이 그리스도 안에서 너희를 용서하심과 같이 하라

미국 네바다 주의 사막을 낡은 트럭을 타고 지나가던 청년이 한 노인이 우두커니 서있는 것을 보고 차를 세워 가는 곳이 어디인지를 물었습니다.

"라스베이거스라네, 젊은이, 혹시 거기까지 태워다 줄 수 있겠나?"

청년은 자신의 목적지와는 조금 달랐지만 흔쾌히 노인을 목적지에 모셔드렸습니다. 그리고 차에서 내리는 노인에게 동전까지 탈탈 털어 식사를 하라고 건네주었습니다. 노인은 미소를 지으며 청년의 명함을 함께 받아갔습니다. 그로부터 수년이 지난 뒤에 청년은 자신이 거액의 유산을 상속받게 되었다는 연락을 받았습니다.

"멜빈 다마 씨? 저는 하워드 휴즈 씨의 변호사입니다. 휴즈 씨가 자신의 재산의 약 2%를 상속해주신다는 유언을 남기셨습니다."

청년이 태워준 남자는 억만 장자로 사막에서 전용 헬기를 기다리는 중이었는데, 친절을 베푼 한 남자에게 호기심을 느껴 동행을 한 것이었습니다. 청년은 '내 인생에서 만난 가장 친절한 청년'으로 유언장에 기록되었으며 상속받은 유산은 약 2천억 원이었습니다.

이와 같은 기적은 아니더라도 내가 오늘 베푼 친절은 어떤 식으로든 다시 하나님께서 나에게 축복으로 돌아오게 하십니다. 반드시 갚아주신다는 하나님의 약속을 믿으며 될 수 있는 모든 친절을 모든 사람에게 베푸십시오. 반드시 복되고 형통할 것입니다.

♥ 주님, 무엇을 바라지 않는 순수한 친절을 베푸는 성품을 주소서.
🎴 지금 당장 베풀 수 있는 사람에게 베풀 수 있는 친절을 베푸십시오.

나의 영적 일지

언제 한번

읽을 말씀 : 출 20:3-17

● 출 20:16 네 이웃에 대하여 거짓 증거하지 말라

다음은 한국 사람들이 가장 많이 하는 약속이라고 합니다.
'언제 한 번 저녁이나 함께 합시다.
언제 한 번 차나 한잔 합시다.
언제 한 번 만납시다.
언제 한 번 찾아뵙겠습니다.
언제 한 번 연락드리겠습니다.'
그리고 다음은 한국 사람들이 가장 많이 어기는 약속이라고 합니다.
'언제 한 번 저녁이나 함께 합시다.
언제 한 번 차나 한잔 합시다.
언제 한 번 만납시다.
언제 한 번 찾아뵙겠습니다.
언제 한 번 연락드리겠습니다.'
혹시, 위에 나오는 약속들을 사람 뿐 아니라 하나님께도 너무 자주 "언제 한번~"이라고 하고 있지는 않습니까? 작은 약속도 분명한 약속입니다. 약속은 지킬 때만 가치가 있습니다. '언제 한 번'이 아니라 분명히 지킬 수 있는 약속을 사람에게도, 하나님에게도 정하십시오. 반드시 복되고 형통할 것입니다.

🖤 주님, 주님과의 약속을 절대로 가벼이 여기지 않게 하소서.
🖼 지킬 수 있는 약속이 아니라면 아주 작은 약속도 하지 마십시오.

나의 영적 일지

소중하지 않은 영혼은 없다

읽을 말씀 : 마 15:21-28

●마 15:24 예수께서 대답하여 이르시되 나는 이스라엘 집의 잃어버린 양 외에는 다른 데로 보내심을 받지 아니하였노라 하시니

　　고려대 환경생태공학부의 강병화 교수는 17년간 전국을 돌아다니며 야생들풀을 채집했습니다.

　　그 결과 4,500여개의 씨앗을 모을 수 있었고 혼자의 노력으로 종자은 행을 세우는 큰일을 하셨습니다. 이 일로 많은 언론에서 취재를 왔는데, 그때마다 강병화 교수는 다음과 같은 잡초에 대한 이야기를 했습니다.

　　"17년간 전국을 돌아다니며 제가 경험한 바에 따르면 '잡초'는 존재하지 않습니다. 밀밭에 벼가 나면 그게 바로 잡초고, 보리밭에 밀이 나면 그 역시 잡초가 됩니다. 산삼이라 해도 엉뚱한데 나면 잡초가 됩니다. 들에서 자라는 모든 풀들은 다 이름이 있고 생명이 있습니다. 잡초란 단지 뿌리를 내린 곳이 다를 뿐입니다."

　　예수님은 새와 들풀도 살피시는 하나님을 바라보고 우리가 얼마나 귀한 존재인지를 깨달으라고 말씀하셨습니다. 하나님이 창조하신 어떤 영혼도 쓸모없거나 귀하지 않은 것이 없습니다. 이 귀한 사실을 깨달았으면 누구라도 존중 하십시오. 또 아직 이 사실을 알지 못하는 사람들에게 달려가 전하십시오. 반드시 복되고 형통할 것입니다.

💙 주님, 사람들을 외모로 보고 차별하지 않게 하소서.
🖼 위로와 격려가 필요한 사람들에게 하나님의 사랑과 복음을 전하십시오.

나의 영적 일지

인생의 목적이 무엇인가

읽을 말씀 : 딤전 1:3-11

● 딤전 1:5 이 교훈의 목적은 청결한 마음과 선한 양심과 거짓이 없는 믿음에서 나오는 사랑이거늘

라파엘은 인생의 목적에 대해서 이렇게 말했습니다.

"그림을 그리는 것이야말로 나의 인생이다."

미켈란젤로는 "나는 건축을 하기 위해서 태어난 사람이다"라고 말했습니다.

시저와 알렉산더는 "나는 세계를 정복하고 지배할 것이다"라는 말을 입버릇처럼 달고 살았습니다.

아리스토텔레스는 "인생의 궁극적인 목표는 최고의 선을 이루는 것이다"라고 말을 했으며 그에 맞는 철학체계를 구축했습니다.

이들은 모두 자신의 말에 합당한 삶을 살았습니다. 그것이 좋은 것이든 나쁜 것이든 이루어졌기에 인생의 목적은 그래서 중요합니다.

그리고 예수님은 "우리에게 생명을 주고 더 풍성하게 살게 하기위해 오셨다"(요10:10)고 말씀 하셨고, 지금은 "누구든지 내 음성을 듣고 문을 열면 내가 그에게로 들어가 그와 더불어 먹고, 그는 나와 더불어 먹으리라"(계3:20)고 말씀하고 계십니다.

예수님은 우리를 구원하기 위한 목적을 이루기 위해 십자가의 고통을 당하셨고, 지금도 계속해서 우리 마음의 문을 두드리고 계십니다. 마음의 문을 열고 예수님을 믿으면 '하나님의 자녀'가 됩니다(요1:12). 예수님과 같은 마음으로 영혼의 구원을 인생의 목적으로 설정하십시오. 반드시 복되고 형통할 것입니다.

🖤 주님, 하는 모든 일이 복음전파와 연결되게 인도 하소서.
🔲 예수님을 따르는 제자로써 합당한 인생의 목적을 세우십시오.

나의 영적 일지

위대한 스승의 가르침

읽을 말씀 : 요 13:1-20

●요 13:14 내가 주와 또는 선생이 되어 너희 발을 씻었으니 너희도 서로 발을 씻어 주는 것이 옳으니라

아펜젤러는 신학교를 졸업하자마자 갓 결혼한 아내와 함께 한국으로 선교를 와서 많은 공헌을 했습니다.

단순히 복음을 전할 뿐 아니라 선교회를 설립해 체계적인 복음 전파를 할 수 있는 기반을 만들었고, 신약전서를 번역해 배포했습니다. 또 한국의 미래를 이끌 일꾼을 키우기 위해서 배재 학당을 설립했는데 배재 학당은 한국 최초로 주입식이 아닌 이해식 교육방식을 도입한 곳으로 인정받는 곳입니다.

그러나 1902년 목포에서 열리는 성경변역자협의회에 참석하러 배를 탔다가 군산 앞바다에서 침몰사고가 일어나 목숨을 잃었습니다. 당시 생존자들에 따르면 아펜젤러는 충분히 배에서 구조될 수 있는 상황이었지만 이화학당에 다니는 학생 2명을 구하기 위해서 탈출을 포기하고 끝까지 배에 남았다고 합니다. 그 당시 아펜젤러의 나이는 44세로 아직도 수많은 사명을 충분히 감당할 수 있는 나이였습니다.

아펜젤러는 평소 제자들에게 "위대한 사람이 되려면 먼저 섬기는 사람이 되어야 한다"라고 가르쳤고, 생의 마지막 순간에 그 가르침을 몸소 본을 보였습니다. 귀한 가르침을 주신 스승이 있다면 감사를 잊지 말고, 또 그 귀한 가르침을 잘 전달하는 통로가 되십시오. 반드시 복되고 형통할 것입니다.

♥ 주님, 말보다 행동으로 본을 보이는 스승이 되게 하소서!
✖ 기억나는 선생님이 있다면 연락을 통해 안부를 물으십시오.

나의 영적 일지

하나님을 찾는 사람들

읽을 말씀 : 요 1:6-18

● 요 1:18 본래 하나님을 본 사람이 없으되 아버지 품 속에 있는 독생하신 하나님이 나타내셨느니라

프랑스의 교육자이자 철학자인 루소는 종교, 특히 기독교에 대해서 매우 나쁜 인식을 가지고 있었습니다.

그는 "신은 존재하지 않으며 모든 종교는 거짓이다"라는 생각을 가진 철저한 무신론자였습니다. 그러나 영국에 강의를 하러 도버 해협을 건너는 도중에 풍랑을 만나 난파할 위기에 처하자 갑자기 하나님을 찾기 시작했습니다. 평소 그의 모습을 잘 아는 동행한 친구가 그 모습을 보고 물었습니다.

"여보게, 존재하지도 않는다고 말하던 하나님에게 기도를 하다니 무슨 일인가? 그냥 놀라서 기도를 하는 건가? 아니면 갑자기 유신론자로 생각이 바뀐 건가?"

"지금은 정말로 하나님이 있다고 생각하네."

그러나 풍랑이 지나고 무사히 영국에 도착하자 루소는 자신이 한 말을 싹 잊고 다시 친구를 데리고 선술집에 들어가 평소처럼 무신론자가 되었습니다.

사람의 근원은 하나님께로부터 나온 것이기 때문에 모든 인간은 하나님을 찾고 또 그리워할 수밖에 없습니다. 겉으로 보이는 모습에 상관없이 모든 사람들의 중심은 하나님을 만나기를 간구하고 있습니다. 그러므로 전심을 다해 하나님을 찾고, 또 사람들의 겉모습만 보고 포기하지 말고, 하나님께로 인도하십시오. 반드시 복되고 형통할 것입니다.

♥ 주님, 주님을 찾는 사람들은 반드시 주님을 만나게 됨을 알게 하소서!
🎲 전도하기 어려웠던 사람에게 다시 도전해 보십시오.

나의 영적 일지

하나님만이 아신다

읽을 말씀 : 눅 1:11-25

● 눅 1:25 주께서 나를 돌보시는 날에 사람들 앞에서 내 부끄러움을 없게 하시려고 이렇게 행하심이라 하더라

정복자 나폴레옹에게는 나폴레옹 3세라는 유약한 조카가 있었습니다. 나폴레옹 3세는 견제 세력의 공작으로 인해 함 지역에 있는 교도소에 갇혀 있다가 측근들의 도움으로 영국으로 탈출했는데 그 강대했던 나폴레옹도 유배를 갔다 나오지 못한 터였기에 훨씬 유약하고 겨우 탈출한 3세는 숨어 지낼 것이라 많은 사람들은 생각했었습니다. 하지만 예상을 깨고 혁명을 일으켜 다시 프랑스로 정권을 잡으러 떠났습니다. 많은 사람들이 3세를 비웃었지만 그는 그때마다 이런 말을 하며 혁명을 포기하지 않았습니다.

"혹시 내가 내 삼촌처럼 황제가 될 수 있을지 누가 아느냐?"

그리고 그 말대로 1848년 12월 10일에 정말로 프랑스 황제가 되었고 사람들은 더 이상 나폴레옹 3세가 유약하다거나, 2월 혁명이 바보짓이었다는 말을 꺼낼 수 없게 되었습니다.

한 사람을 멋대로 평가하고 판단할 수 없는 것은 모든 미래는 하나님만이 아시기 때문입니다. 다른 사람을 통해, 또 나를 통해 하나님이 어떤 일을 하실 지는 아무도 알 수가 없습니다. 온전히 나의 모든 것을 주님께 맡기며, 또 주님이 하실 일을 기대하십시오. 반드시 복되고 형통할 것입니다.

♥ 주님, 저의 역량과 한계를 보지 않고 주님의 전능함을 보게 하소서.
🗲 "하나님만이 아신다!"는 말을 매순간 삶에 적용하십시오.

나의 영적 일지

빌 게이츠의 필독서

읽을 말씀 : 딤후 3:10-17

●딤후 3:15 또 어려서부터 성경을 알았나니 성경은 능히 너로 하여금 그리스도 예수 안에 있는 믿음으로 말미암아 구원에 이르는 지혜가 있게 하느니라

　존 브룩스가 쓴 '경영의 모험'은 40년 전에 절판이 된 책입니다.

　40여 년간 절판이 된 책이 다시 세상에서 빛을 보기는 쉽지 않으나 최근에 그런 일이 일어났습니다. 바로 빌 게이츠가 '최고의 경영서적'으로 이 책을 꼽으면서 일어난 일입니다.

　빌 게이츠는 평소 친하게 지내는 워런 버핏에게 가장 아끼는 책을 한 권 추천해 달라고 부탁했는데 이 책을 건네받았습니다.

　1990년도에 이 책을 빌린 빌 게이츠는 지금까지 책을 돌려주지 않았고, 사무실에서 취재를 하는 기자들의 사진에도 이 책을 보고 있는 모습이 많이 찍힐 정도로 항상 손에 들고 있었습니다. 너무 많이 봐서 어디 한 군데 헐지 않은 곳이 없을 정도입니다. 사람들은 빌 게이츠가 꼽은 최고의 책이라는 소식을 듣고 관심을 보이기 시작했으며 이 관심은 재판 출판으로까지 이어졌습니다. 이 소식을 들은 빌 게이츠는 "경영의 모험을 시대를 초월해 적용이 가능한 책"이라고 다시 한 번 극찬을 했으며 재판 소식을 듣고는 자신이 직접 투자 및 자문을 맡았을 정도로 매우 큰 관심을 보였습니다.

　가치가 있는 책은 오랜 시간 묻혀 있어도 다시 세상에서 빛을 보게 됩니다. 사람들은 아마 빌 게이츠의 성공비결을 그 책에서 찾고 싶었을 것입니다. 그러나 성경을 통해서는 훨씬 더 귀한 지혜를, 훨씬 더 위대한 예수님을 통해 배울 수 있습니다. 성경을 인생의 가장 귀한 책으로 모셔두지 말고 읽고 활용을 하십시오. 반드시 복되고 형통할 것입니다.

♥ 주님, 성경의 오묘한 진리를 말씀을 통해 제 인생이 바뀌게 하소서.
▨ 일 년 성경 통독 계획을 세워보십시오.

나의 영적 일지

하나님만 계시면

읽을 말씀 : 롬 14:13-23

● 롬 14:17 하나님의 나라는 먹는 것과 마시는 것이 아니요 오직 성령 안에 있는 의와 평강과 희락이라

요한 웨슬레 목사님이 사역을 내려놓고 은퇴를 하실 때에 많은 성도와 예비 사역자들이 몰려와 예배를 드렸습니다.

그렇게 함께 드린 예배가 은혜롭게 끝난 뒤에 한 성도가 찾아와 질문했습니다.

"목사님의 지금까지의 사역 중에 가장 빛났던 순간은 언제입니까?"

아마 그 자리에 있던 많은 사람들도 묻고 싶었던 질문이었을 것입니다. 그러나 목사님은 "제 인생의 가장 빛났던 순간, 그런 것은 존재하지 않습니다. 왜냐하면 우리가 살면서 경험하는 모든 일들 중에서 가장 최고의 순간은 하나님이 나와 함께 하시는 순간이기 때문입니다. 하나님이 나와 함께만 하신다면 그곳이 화려한 무도회장이든 컴컴한 감옥이든 영광스러운 시상식 자리이든 메마른 사막이든 저에게는 아무런 상관이 없습니다." 라고 대답했습니다.

목사님이 이때 이야기한 "The best of all is God is with us.(가장 최선의 것은 하나님께서 나와 함께 하시는 것이다.)"라는 말은 모든 성도들의 명언이 되었습니다. 하나님만 함께 계시면 부족함도 없고 두려움도 없습니다. 그 순간이 인생의 가장 빛나는 순간이 됩니다. 모든 만족이 되시는 주님을 내 입술로 매순간 고백하십시오. 반드시 복되고 형통할 것입니다.

🧡 주님, 매순간 주님이 저와 동행하고 계심을 느끼게 하소서.
🧩 자주 하나님이 함께 하심을 느끼기 위해 하나님의 말씀을 생각하십시오.

나의 영적 일지

지금 시대의 예수님

읽을 말씀 : 마 12:38-45

● 마 12:41 심판 때에 니느웨 사람들이 일어나 이 세대 사람을 정죄하리니 이는 그들이 요나의 전도를 듣고 회개하였음이거니와 요나보다 더 큰 이가 여기 있으며

중세 시대의 성직자 프랜시스의 이야기를 듣고 감동을 받은 신학생 체스터 롭슨은 그의 삶과 비슷한 방식으로 살아보려고 시도했습니다.

그는 빗물에 세수를 했고, 사람들에게 구걸을 하며 끼니를 해결했습니다. 빈민촌을 찾아다니며 사람들의 발을 씻겨주었고, 창녀와 마약중독자를 도와주려 백방으로 노력했습니다. 길가다가 만나는 사람마다 말을 걸며 복음을 전하기도 했습니다.

그런데 이런 삶을 시도한지 이틀 만에 롭슨은 사람들에게 2번의 집단 구타를 당했고, 경찰에 구속되어 정신병원에 수감될 뻔했습니다. 단지 유명한 성직자의 삶을 따라 실천하려고 했던 롭슨은 이때의 경험을 통해 이런 말을 전했습니다.

"지금 시대에는 너무나 잘난 사람들이 많고, 너무나 많은 규제가 있습니다. 프란시스가 아닌 예수님이 오신다 해도 세리와 창녀와 어울린다는 이유로 기독교인들이 앞장서서 정신병원에 수감시킬 것이라는 것을 저는 이틀간의 경험으로 분명하게 알았습니다."

현대인들은 기술의 발전과 퍼져가는 문명의 이기로 가치관이 급속도로 바뀌고 있습니다. 더욱 편하게 드리려는 예배와 생활로 인해서 편견을 가지게 되어 주님의 마음이 실종되고 있습니다. 나의 신앙이 흔들리고 믿음이 약해진다면 현대문명의 이기와 편리함과 기준은 오히려 독이 됩니다. 하나님을 위해서는 좋게 여겨지는 것도 포기할 줄 아는 믿음을 가지십시오. 반드시 복되고 형통할 것입니다.

♥ 주님, 중요한 것이 무엇인지 깨달을 수 있는 지혜를 주소서.
🧩 지금 시대에 예수님이 오신다면 나는 어떻게 대할지 상상해 보십시오.

나의 영적 일지

무릎을 굽혀라

읽을 말씀 : 마 11:25-30

●마 11:29 나는 마음이 온유하고 겸손하니 나의 멍에를 메고 내게 배우라 그리하면 너희 마음이 쉼을 얻으리니

　미국 프로야구 역사상 가장 많이 실책을 기록한 선수는 찰스 힉맨입니다. 그는 한 해 동안 120게임에 출전해 91번의 실책을 했는데, 이는 수준급 선수들이 한 해에 기록하는 5~7개의 실책에 비하면 거의 20배에 가까운 형편없는 기록입니다. 힉맨은 땅볼을 받을 때 무릎을 많이 굽히지 않고 대충 받는 습관이 있었는데, 이로 인해 '피아노 다리를 가진 남자'라는 별명까지 갖게 되었습니다.

　전문가들은 힉맨이 서둘러 무릎을 낮게 숙이는 폼으로 바꾸어야 한다고 하나같이 지적했지만 그는 꿈쩍도 하지 않았고 결국 역사상 가장 많은 실책을 한 선수라는 기록만 남긴 채 사라지고 말았습니다.

　초대교회의 전승을 보면 예수님의 동생인 야고보 사도는 많은 기도로 인해서 무릎이 낙타와 같이 헐었다고 합니다. 무릎이 상할 정도인데도 꿇고 기도를 했다는 것은 주님 앞에 겸손한 마음을 표현하기 위한 마음가짐 때문이었을 것입니다. 하나님 앞에서는 힉맨처럼 뻣뻣한 무릎이 아니라 야고보 사도처럼 최대한 허리와 다리를 굽히는 사람이 성공하는 사람이며 성공한 인생을 사는 방법을 깨달은 사람입니다. 힉맨처럼 뻣뻣한 무릎으로 내 맘대로 살다가 실책을 기록하는 인생을 살지 말고 야고보처럼 겸손히 주님께 기도로 물으며 성공하는 인생을 사십시오. 반드시 복되고 형통할 것입니다.

🖤 주님, 기도로 나아가는 순간에는 조금의 교만도 마음에 남아있지 않게 하소서.
🖼 하나님 앞에 충분히 겸손한 신앙인지 점검하십시오.

나의 영적 일지

하나님의 백지수표

읽을 말씀 : 요 16:1-24

●요 16:24 지금까지는 너희가 내 이름으로 아무 것도 구하지 아니하였으나 구하라 그리하면 받으리니 너희 기쁨이 충만하리라

마음의 중심을 꿰뚫는 통찰의 설교로 유명했던 윌버 채프만 목사님은 처음 개척을 했을 당시 매우 고생을 많이 했습니다.

미국 중부 지역의 한 시골에서 작은 교회를 하며 사례비도 제대로 받지 않고 사역을 시작했는데, 먼 서부에 살던 어머님이 갑자기 위독하시다는 연락이 왔습니다. 당장 가봐야 하는 상황이었지만 비행기 값을 마련할 방법이 없었습니다.

그렇게 전전긍긍하던 목사님에게 교회에서 은행을 다니던 한 성도가 어떻게 그 사정을 알고 찾아와 백지수표를 내밀었습니다. 목사님은 백지수표라는 것을 처음 본 터라 뭐가 잘못된 수표인 줄 알고 멍하니 계셨습니다. 이를 눈치챈 성도가 말했습니다.

"목사님, 비어있는 공란에 필요한 여행 경비를 적으시면 됩니다. 제가 이미 서명을 해놓았기 때문에 얼마를 쓰던 간에 은행에서 돈을 줄 것입니다."

성도의 배려 덕분에 목사님은 무사히 어머님에게 다녀올 수 있었습니다. 그리고 이 경험을 통해 "하나님이 너의 쓸 것을 풍성히 채우신다"는 빌립보서 4장 19절 말씀을 깨닫게 되었다고 훗날 간증하셨습니다.

하나님의 무한한 능력은 나의 모든 기도에 응답하실 수 있습니다. 합당한 믿음으로 주님께 아뢰기만 한다면 넘치도록 채우실 주님이심을 항상 신뢰하십시오. 반드시 복되고 형통할 것입니다.

💜 주님, 전지전능한 하나님의 위대하심을 오늘도 고백하게 하소서.
🙇 의심 없이 모든 필요를 믿음으로 주님께 간구하십시오.

나의 영적 일지

진리의 성경

읽을 말씀 : 요 8:31-36

●요 8:32 진리를 알지니 진리가 너희를 자유롭게 하리라

석가모니가 세상을 떠나고 난 뒤에 그를 따르던 많은 제자들은 큰 슬픔에 빠졌습니다.

제자들은 석가의 가르침을 세상에 온전히 알려야겠다는 생각으로 한데 모여 생전에 들었던 석가의 가르침에 대해서 나누기 시작했습니다.

그런데 어쩐 일인지 같은 자리에서 같은 말을 들었던 제자들끼리도 내용이 조금씩 달랐습니다. 누가 맞는지에 대해서 싸우던 제자들은 결국 차이를 인정하기로 하고 대신 남기는 기록물의 시작은 항상 "나는 이렇게 들었다"라는 뜻의 '여시아문' 네 글자를 붙이기로 했습니다.

다들 석가로부터 진리를 들었다고 생각했지만 실상 서로가 깨닫는 내용은 달랐습니다. 그래서 그 가르침을 따랐던 제자들은 "나는 이렇게 들었다"라고 밖에 고백할 수 없었습니다.

그러나 진리의 성경은 다릅니다. 요한복음은 태초에 말씀이 있으셨고, 온 천하만물이 하나님으로 인해 지은바 되었음을 증거하며, 각기 다른 저자들은 모두다 성경이 자신이 아닌 성령의 감동으로 쓰여진 것이라고 증언하고 있습니다.

1,600여년 이란 오랜 시대에 걸쳐 여러 곳에서 쓰여진 여러 기록들이 이렇듯 하나의 일관성을 가지고 한 분을 나타내기 위해서 엮어졌다는 것은 성경이 진리임을 충분히 알 수 있게 해 줍니다. 세상의 진리는 오직 성경만 임을 믿고 성경의 중심이신 예수 그리스도를 구세주와 주님으로 영접하십시오. 반드시 복되고 형통할 것입니다.

💛 주님, 오직 하나님의 말씀만이 유일한 진리임을 선포하게 하소서.

🖼 구원의 길은 예수님의 십자가 외에는 없음을 고백하십시오.

나의 영적 일지

목수의 인내심

읽을 말씀 : 벧후 3:8-18

● 벧후 3:9 주의 약속은 어떤 이들이 더디다고 생각하는 것 같이 더딘 것이 아니라 오직 주께서는 너희를 대하여 오래 참으사 아무도 멸망하지 아니하고 다 회개하기에 이르기를 원하시느니라

뛰어난 목수가 하루는 제자를 데리고 좋은 재목이 많은 숲으로 들어갔습니다. 제자는 숲에 쓸모없어 보이는 빈약한 나무들이 많은 것을 보고는 어차피 쓸모가 없으니 빨리 잘라내는 것이 다른 나무들의 성장에 좋지 않겠냐고 물었습니다. 그러자 목수는 제자를 숲에서 가장 좋은 재목인 거대한 떡갈나무가 있는 곳으로 데려갔습니다.

"이 떡갈나무가 어떻게 이렇게 거대해졌는지 알겠느냐?"

"좋은 종자여서 그렇지 않을까요? 마디며, 무늬며 할 것 없이 너무나 아름답습니다."

"이 떡갈나무가 이렇게 자라날 수 있었던 것은 쓸모가 없었기 때문이다. 만약 어려서부터 이렇게 아름다운 재목이었다면 2,3년 만에 잘려나갔겠지. 그러나 오히려 그 당시에 볼품이 없었기 때문이 지금 이런 재목이 될 수 있었던 것이다. 이 숲의 수많은 볼품없는 나무들을 내가 그냥 두는 것은 혹시라도 이런 떡갈나무가 그 중에 있을 수도 있기 때문이란다."

예수님이 직접 부르신 열두 제자는 세상적으로 매우 초라하고 연약한 사람들이었지만 결국 이 땅 전 세계에 복음을 전파하는 일들을 훌륭히 감당하는 사도의 역할을 감당했습니다. 사람의 가능성은 오직 하나님만이 아십니다. 아직 꽃피우지 못한 커가는 인생을 무시하지 말고, 하나님을 신뢰함으로 인내하십시오. 그리고 그 사람을 존중 하십시오. 반드시 복되고 형통할 것입니다.

🖤 주님, 주님의 인내에 담긴 큰 뜻을 말씀을 통해 배우게 하소서.
🎴 인내의 성품을 통해 조급해 하지 말고 하나님의 때를 기다리십시오.

나의 영적 일지

물질로부터의 자유

읽을 말씀 : 마 6:19-34

●마 6:24 한 사람이 두 주인을 섬기지 못할 것이니 혹 이를 미워하고 저를 사랑하거나 혹 이를 중히 여기고 저를 경히 여김이라 너희가 하나님과 재물을 겸하여 섬기지 못하느니라

주한 미국대사를 지낸 유능한 행정가이기도 했던 제임스 레이니 목사님은 대사와 목회를 은퇴한 뒤에 에모리 대학에서 교수로 재직하고 계셨습니다.

학교 근처에 집을 얻어 걸어서 출퇴근을 하던 목사님은 근처에 혼자 사는 노인이 있다는 것을 알게 되었고 시간이 날 때마다 노인을 찾아가 대화 상대가 되어주거나 정원의 잔디를 깎아주며 2년 가까이 교제를 나누었습니다. 그러다 한동안 노인의 모습이 보이지 않았는데 어느 날 노인의 자녀라는 사람이 찾아와 아버지의 유언장을 보여주었습니다.

"2년 동안 함께 나의 말벗이 되어주었던 레이니! 정말 고마워요. 그 선물로 나는 당신에게 25억 달러의 유산과 코카콜라 주식의 5%를 남기고 먼저 떠납니다."

레이니가 방문했던 노인은 은퇴한 코카콜라의 회장 아서 캔들러 였습니다. 그러나 복권당첨금보다 훨씬 큰 금액을 갑자기 받았음에도 목사님은 전혀 당황하지 않고 전액을 모교인 에모리 대학에 기부했습니다. 외로운 노인을 돕는 것은 당연히 해야 할 일이기 때문에 그로 인해 받은 돈이라고 해서 부에 도취될 필요는 없다고 생각했기 때문입니다.

물질로부터 자유로운 사람은 하나님의 방법대로 돈을 사용할 줄 알게 되며, 돈의 노예가 되지 않고 돈을 다스릴 수 있는 사람이 됩니다. 사용하고 싶은 마음이 아니라 사용해야 하는 곳에 돈을 사용하십시오. 반드시 복되고 형통할 것입니다.

💜 주님, 물질을 다스리고 지혜롭게 사용할 수 있는 마음을 주소서.
🎴 적재적소에 돈을 사용하는 지혜를 하나님께 간구하십시오.

나의 영적 일지

하나님의 기준

읽을 말씀 : 요 15:1-11

● 요 15:7 너희가 내 안에 거하고 내 말이 너희 안에 거하면 무엇이든지 원하는 대로 구하라 그리하면 이루리라

한 학교에서 학부모 참관수업을 하며 간단한 설문조사를 했습니다.

그 설문에는 "자녀가 장래에 어떤 사람이 되기를 바라십니까?"라는 질문이 있었습니다.

직업을 묻는 것이 아니라 인간상에 대해서 묻는 질문이었지만 많은 학부모들이 자연스럽게 '의사, 박사, 선생님, 공무원, 직장인...' 등등의 직업을 적었습니다.

그런데 한 부모님은 답안지에 다음과 같이 적었습니다.

"잘못을 인정할 줄 아는 사람. 언제든 누구에게나 '죄송합니다, 미안합니다.'라고 말할 수 있는 사람."

국내의 어떤 유명한 교육학자는 지금 한국은 성적이 좋고 능력만 있으면 뭘 해도 용서받는 사회가 되고 있고 부모와 선생님, 사회가 그렇게 만들고 있다고 말했습니다. 그러나 정말로 중요한 것은 능력이나 직업 보다는 성품이며, '얼마나 돈을 많이 버는 일을 하는가?' 보다는 '그 일을 통해 어떤 영향력을 끼치고 있는가?' 입니다.

세상은 언제나 상대적으로, 그리고 수치적으로 사람을 평가하지만 하나님은 그렇지 않으십니다. 세상이 찾는 능력만 좋은 사람이 되지 말고 하나님이 찾으시고, 사용하시는 자신을 낮출 줄 아는 사람이 되십시오. 반드시 복되고 형통할 것입니다.

♡ 주님, 주님이 바라는 사람이 되게 하소서.

🎴 내가 바라는 나의 인간상의 모습은 어떤 기준으로 세워졌는지 확인해 보십시오.

나의 영적 일지

5월 27일

올바른 시각으로 바라보라

읽을 말씀 : 엡 6:10-20

● 엡 6:12 우리의 씨름은 혈과 육을 상대하는 것이 아니요 통치자들과 권세들과 이 어둠의 세상 주관자들과 하늘에 있는 악의 영들을 상대함이라

요한 크리소스톰이란 성직자는 콘스탄티노플의 타락한 황제에게 하나님의 말씀으로 직언하다가 유배 길에 올랐습니다.

그는 그동안 쌓은 모든 것들을 잃을 상황에서 이런 고백을 했습니다.

"내 목숨을 빼앗는다 해도 상관없다. 내 재산을 빼앗는다 해도 상관없다. 나를 먼 지역으로 쫓아내도 상관없다. 매를 때리고 고문을 해도 상관없다. 세상의 모든 것이란 어차피 주님이 주신 것이 아닌가? 예레미야같이, 엘리야같이, 요나같이, 사도 바울과 같이 그 어떤 고난을 가해도, 어떤 것을 뺏어도 나를 두렵게 만들 수는 없다. 나의 모든 고난으로 하나님은 영광 받으실 것이기 때문이다."

가장 넓은 영토를 차지했던 전성기 시절의 시저는 원정에서 승리한 뒤에 로마로 돌아와 시민들의 환호를 받으며 궁으로 들어간 뒤에 월계관을 집어 던지며 화를 냈습니다.

"죽을 고생을 해서 얻은 결과가 고작 이것이란 말이냐? 많은 사람들이 고작 이것을 얻으려고 그렇게 혈안이 되어 있단 말인가?"

하나님을 모르고서는 결코 세상을 바른 시각으로 바라볼 수 없고 제대로 된 목표도 설정할 수 없습니다. 하나님을 알고 말씀을 아는 것이 제대로 인생을 사는 첫걸음임을 기억하십시오. 반드시 복되고 형통할 것입니다.

💙 주님, 세상을 창조하신 말씀의 원리로 세상을 이해하게 하소서.
🎴 말씀이 증거하는 하나님을 체험함으로 제대로 된 믿음생활을 하십시오.

나의 영적 일지

운동을 제대로 하는 7가지 방법

읽을 말씀 : 요삼 1:1-4

● 요삼 1:2 사랑하는 자여 네 영혼이 잘됨같이 네가 범사에 잘
  되고 강건하기를 내가 간구하노라

한 때는 운동을 하는 것이 건강과 자기관리의 상징처럼 여겨졌지만 최
근에는 잘못된 운동의 부정적인 영향에 대해서 많은 책과 연구자료들이
나오고 있습니다. 무작정 운동을 하기보다는 제대로 된 운동의 필요성이
높아진 것입니다.

다음은 건강 다이제스트라는 잡지에서 제안한 좋은 운동법입니다.

1. 내가 재밌게 할 수 있는 운동을 고른다.
2. 성별, 나이에 상관없이 적당한 근력운동을 한다.
3. 일상생활에서 최대한 몸을 많이 움직이는 습관을 들인다.
4. 걷기같이 가벼운 운동이라도 꾸준히 한다.
5. 같은 운동을 하는 취미를 가진 사람들과 모인다.
6. 통증을 유발할 정도로 심한 운동을 하지 않는다.
7. 경쟁적인 분위기가 아닌 즐겁고 협력적인 분위기에서 한다.

하나님이 주신 몸을 제대로 관리하는 방법을 아는 것은 그리스도인들
의 의무입니다. 우리는 영적 생활을 중심으로 육체적 생활, 정신적 생활,
사회적 생활이 균형잡힌 하나님의 청지기가 되어야 합니다. 제대로 관리
한 건강한 몸을 가지고 이 땅에서 오래오래 하나님을 위해 사용하십시
오. 반드시 복되고 형통할 것입니다.

♥ 주님, 하나님의 사명을 감당할 수 있는 건강한 육체로 가꾸게 하소서.
🏃 조건에 맞는 운동을 찾아 꾸준히 이어가십시오.

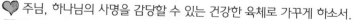

나의 영적 일지

그리스도인의 양손

읽을 말씀 : 마 10:16-23

● 마 10:16 보라 내가 너희를 보냄이 양을 이리 가운데로 보냄과 같도다 그러므로 너희는 뱀 같이 지혜롭고 비둘기 같이 순결하라

　　미국 아이비리그의 명문 프린스턴 대학교에는 도서관과 교회가 나란히 붙어있습니다.

　　지성과 영성의 균형이 얼마나 중요한 것인지 알려주기 위한 상징적인 배치인데, 지성의 고향인 도서관이 영성의 고향인 교회와 균형이 잘 맞아야 한다는 뜻입니다.

　　그리고 도서관이 교회보다 더 낮은 위치에 자리하고 있는데, 본래 구조상 도서관이 더 높은 곳에 지어져야 했으나 더 많은 돈과 시간을 투자해서 교회보다 낮게 지었습니다. 이것 역시 지성과 영성의 균형은 중요하지만 절대로 지성이 영성보다는 높아져서는 안 된다는 것을 나타내는 상징적인 의미입니다.

　　신학자 칼 바르트는 그리스도인의 한 손에는 성경을, 또 한 손에는 신문(정보)을 들어야 한다고 말했습니다. 그리스도인들은 지금 살고 있는 세상과 앞으로 영원이 살게 될 하늘나라 사이에서의 균형을 잘 맞춰야 합니다. 그러나 도서관보다 높게 지어진 예배당처럼 나의 자주 쓰는 손에 신문이 아닌 성경이 들려 있어야 합니다.

　　그리스도인도 똑똑할 수 있고, 성공할 수 있고, 유명해질 수 있습니다. 그러나 절대로 하나님을 믿는 신앙 위에 이런 것들을 놓지는 마십시오. 반드시 복되고 형통할 것입니다.

♥ 주님, 믿음에 더 큰 비중을 두는 인생의 지혜를 주소서.
🖼 신앙과 지식 중 어느 쪽에 쏠려 있는지 생각해 보십시오.

나의 영적 일지

인생의 나침반

읽을 말씀 : 딤후 2:14-26

● 딤후 2:22 또한 너는 청년의 정욕을 피하고 주를 깨끗한 마음으로 부르는 자들과 함께 의와 믿음과 사랑과 화평을 따르라

한 명문대에서 졸업을 앞 둔 학생들에게 어떤 교수가 다음과 같은 내용으로 마지막 강의를 했습니다.

"여러분은 이제 졸업만을 남겨두었습니다. 그동안 열심히 노력했고, 또 수고한 결실을 맺게 된 것입니다. 그러나 학교 밖의 사회란 또 다른 전쟁터입니다. 여러분들은 당장은 기쁘겠지만 이제 훨씬 더 치열한 삶의 전쟁터를 경험하게 될 것입니다. 졸업의 기쁨에서 잠깐 깨어나 이제 거친 풍랑이 몰아치는 바다로 항해하는 여러분의 인생이란 배에 대해서 어떡해야 할지 방법을 생각해 보십시오."

한 신학교에서 졸업을 앞 둔 학생들에게 어떤 교수도 비슷한 이야기를 했습니다. 그러나 그 교수는 이야기를 마친 뒤에 탁자 위에 놓인 성경을 들고 말했습니다.

"그러나 걱정하지 마십시오. 거친 풍랑이 몰아치는 바다 같은 인생일지라도 바로 성경이란 나침반이 우리에게는 있습니다."

지도가 있고, 목표가 있어도 바르게 안내할 나침반이 없이는 수월한 항해가 될 수 없습니다. 세상의 모든 문제의 해답인 성경을 인생의 모든 문제에 적용해보십시오. 반드시 복되고 형통할 것입니다.

♥ 주님, 성경을 실천할 진짜 믿음을 제 삶에 허락해 주소서.
🔲 성경의 말씀을 삶의 문제들에 적용해 보십시오.

나의 영적 일지

좋은 대화의 비결

읽을 말씀 : 딤전 6:11-24

●딤전 6:20 디모데야 망령되고 헛된 말과 거짓된 지식의 반론을 피함으로 네게 부탁한 것을 지키라

대화기법전문가들이 뽑은 '사람들이 자주 사용하는 좋지 않은 네 가지 대화 습관'은 다음과 같습니다.

1. 상대방의 말을 감정적으로 받아치는 것.
2. 상황에 따라 별 생각 없이 말을 내뱉는 것.
3. 상대방도 내 생각과 같을 것이라고 속단하는 것.
4. 무의미한 단어를 반복해서 사용하는 것.

반면 '좋은 대화를 만드는 유용한 네 가지 습관'은 다음과 같습니다.

1. 간결하고 명확한 문장을 사용하는 것.
2. 상대방의 반응을 보고 할 말을 대응하는 것.
3. 불만이나 푸념을 가급적 자제하는 것.
4. 친한 사이라 해도 예의를 잃지 않는 것.

성경도 말과 대화의 중요성에 대해서 반복해서 언급하고 있습니다. 말은 내가 누구인지를 표현할 수 있는 수단이자, 다른 사람의 생각을 알 수도, 돌릴 수도 있는 강력한 무기이기 때문입니다. 하나님이 주신 혀를 사용해 지혜로운 대화를 이끌어내는 사람이 되십시오. 반드시 복되고 형통할 것입니다.

🩷 주님, 대화를 부드럽게 이어갈 수 있는 지혜를 허락하소서.
🔏 대화를 통해 문제를 해결해나가는 현명한 언어습관을 들이십시오.

나의 영적 일지

6
월

"젊은 사자는 궁핍하여 주릴지라도
여호와하나님을 찾는 자는
모든 좋은 것에 부족함이 없으리로다"
-시편 34:10-

6월 1일

걱정의 해결책

읽을 말씀 : 요 14:1-14

● 요 14:1 너희는 마음에 근심하지 말라 하나님을 믿으니 또 나
를 믿으라

미국의 명설교가 비처 목사님은 인간에게는 세 가지 고난이 있다고 말
했습니다.

첫째는, 일을 하기도 전에 실패할까봐 걱정하는 고난입니다.

둘째는, 일하면서 힘들다고 불평하는 고난입니다.

셋째는, 일을 다 한 뒤에 어떤 결과가 나올지 걱정하는 고난입니다.

비처 목사님이 언급한 고난은 결국 인간의 일과 걱정에 관련된 것이었
습니다.

밀림의 성자로 불리는 슈바이처 박사는 한 평생을 오지에서 원주민들
을 고쳐주는 일에 헌신 한 분입니다. 95세 때 세상을 떠난 슈바이처 박사
는 임종 며칠 전에 이런 말을 남겼습니다.

"나는 평생 동안 정말 많은 환자를 만나고 또 고쳐왔습니다. 그런데 이
제 보니 어떤 사람의 병을 고치는데 가장 효과적인 치료방법은 그가 정말
로 하고 싶어 하는 일, 또 할 수 있는 일을 가지는 것입니다. 무기력을 비
롯한 대부분의 병의 절반은 일이 없는데서 찾아오며, 나머지 절반은 일을
잘못 만난데서 찾아옵니다."

그리스도인에게 일이란 단순히 생계를 위한 수단이 아니라 하나님이 주
신 소명이자 복음을 전할 통로입니다. 하나님이 주신 사명으로써 즐겁게
할 수 있는 일을 달라고 기도하십시오. 반드시 복되고 형통할 것입니다.

💜 주님, 주님을 믿지 않는 사람들과 다른 방식으로 일을 대하게 하소서.
🖼 하나님이 주신 사명으로 나의 일을 생각하십시오.

나의 영적 일지

말의 고백, 삶의 고백

읽을 말씀 : 약 1:19-27

● 약 1:22 너희는 말씀을 행하는 자가 되고 듣기만 하여 자신을 속이는 자가 되지 말라

독일에는 유서 깊은 뤼벡교회라는 곳이 있습니다.

그 교회의 뒤편에는 낡아 부서져가는 벽이 있는데 그곳에는 '우리에게 말씀하시는 주님'이라는 글이 적혀 있습니다.

"너희는 나를 주라 부르면서 따르지는 않고,

너희는 나를 빛이라 부르면서 찾지는 않는다.

너희는 나를 길이라 부르면서 따라 걷지 않고,

너희는 나를 지혜라 부르면서 배우려 하지 않는다.

너희는 나를 순결하다 부르면서 사랑하지 않고,

너희는 나를 부하다 부르면서 내게 구하지 않는다.

너희는 나를 어질다 부르면서 회개하러 오지 않고,

너희는 나를 존귀하다 부르면서 섬기려 하지 않는다.

너희는 나를 의롭다 하면서 두려워하지 않으니,

내가 너희를 꾸짖을 때에도 나를 탓하지 못하리라."

우리는 예수그리스도를 구세주와 주님으로 믿는다고 고백하고 있습니다. 주님은 무엇보다도 나의 삶을 나의 고백을 더욱 귀하게 받으십니다. 그 고백에 합당한 생활을 하며 하나님께 나의 삶을 온전히 드리십시오. 반드시 복되고 형통할 것입니다.

💛 주님, 입술의 고백이 삶의 고백으로 이어지는 신앙을 갖게 하소서.
🧩 일주일에 한 절 말씀이라도 실천하십시오.

나의 영적 일지

그리스도인의 시한부 인생

읽을 말씀 : 사 2:12-22

●사 2:22 너희는 인생을 의지하지 말라 그의 호흡은 코에 있나니 셈할 가치가 어디 있느냐

젊은 나이에 결핵에 걸린 화가가 있었습니다.

화가로써 슬슬 실력을 인정받기 시작하고 결혼까지 한 뒤에 몸에 이상이 생겨 병원을 찾았는데 의사는 3개월 정도 시간이 남았다고 진단했습니다. 임신한 아내까지 둔 화가는 큰 실의에 빠졌습니다. 그러나 아내가 담대한 마음으로 남편에게 위로의 말을 건넸습니다.

"여보, 세상에 죽지 않는 사람은 없어요. 우리 남은 3개월을 하나님이 우리에게 주신 선물이라 생각하고 열심히 살아봐요."

화가는 남은 3개월을 가장 가치 있는 삶을 살기 위해 정말로 열심히 그림을 그렸습니다. 처음에는 실의에 빠져 어쩔 수 없이 시작한 일이었으나 시간이 지나면서 점점 기쁨이 샘솟기 시작했고, 주님에 대한 감사로 이어지기 시작했습니다. 결국 그는 의사의 예상보다 훨씬 오랜 시간을 살았고, 이전보다 훨씬 귀한 작품들도 많이 남겼는데 이것은 화가 솔맨의 이야기입니다. 솔맨이 이때의 시절에 그린 예수님의 얼굴은 특히나 그의 대표작이 되었습니다.

하루를 살든, 십년을 살든 그리스도인은 오직 주님만 바라봐야 합니다. 본향인 천국으로 돌아가는 그날까지 오로지 주님만을 섬기며 현재에 충실하십시오. 반드시 복되고 형통할 것입니다.

🖤 주님, 생애의 마지막 하루도 주님을 위해 살아가게 하소서.
📋 3개월 시한부의 삶이라 생각하고 인생의 계획서를 써보십시오.

나의 영적 일지

사람을 끌어당기는 힘

읽을 말씀 : 미 6:6-16

● 미 6:8 사람아 주께서 선한 것이 무엇임을 네게 보이셨나니 여호와께서 네게 구하시는 것은 오직 정의를 행하며 인자를 사랑하며 겸손하게 네 하나님과 함께 행하는 것이 아니냐

사람들이 원하는 인맥을 갖추지 못하는 데에는 크게 4가지 이유가 있습니다.

1. 제한된 사람들과의 만남.

프페페라는 사회학자는 70명을 만날 때마다 5명의 친구가 생긴다는 주장을 했습니다. 따라서 친한 사람을 많이 만들기 위해서는 먼저 많은 사람들을 만나려고 노력해야 합니다.

2. 사람을 대하는 기술의 부족.

가장 직접적인 언어의 사용부터 비언어적 표현까지 사람을 대하는 기술은 만남 이후의 관계를 형성하는 중요한 요소입니다.

3. 극단적인 관계형성.

좋아하거나 싫어하기, 명령하거나 명령받기와 같이 어떤 극단에 서 있는 관계를 추구하는 경우에는 인맥 형성에 대부분 부정적인 영향을 미칩니다.

4. 사람을 대하는 잘못된 사상.

사람을 소중한 존재로 대하지 않고 필요를 위한, 이용을 위한 존재로 바라볼 때 진정한 관계는 절대로 형성되지 못합니다.

대인관계의 어려움은 나의 부족함을 뜻하기도 합니다. 하나님의 선한 영향력을 끼칠 수 있는 사람으로 성장하게 해달라고 주님께 간구하십시오. 반드시 복되고 형통할 것입니다.

♥ 주님, 사람을 복음으로 인도하는 믿음의 가이드가 되게 하소서.
▩ 원하는 인맥을 위해 부족함 점이 무엇인지 분석해 보십시오.

나의 영적 일지

천국이 있는 곳

읽을 말씀 : 눅 17:20-26

● 눅 17:20-21 하나님의 나라는 볼 수 있게 임하는 것이 아니요 또 여기 있다 저기 있다고도 못하리니 하나님의 나라는 너희 안에 있느니라

맨발의 전도자로 불리는 선다 싱은 인도 전역을 돌아다니며 복음을 전했습니다.

힌두교도가 대부분인 인도에서 복음을 전하는 것이 쉬운 일은 아니었지만 그는 발길이 닿는 곳마다, 만나는 사람들에게 복음을 전했으며, 수많은 회심자들과 기적과 같은 일화를 남기면서도 어디서 어떻게 죽었는지 아무도 모를 정도로 전도를 위해서만 살았습니다.

그 선다 싱이 한 번은 네팔로 넘어가 복음을 전하다가 감옥에 갇힌 적이 있었습니다. 간수들은 "네가 그렇게 좋아하는 천국으로 가라"며 선다 싱을 흉악범들과 같은 방에다 넣었습니다.

그러나 거기서도 선다 싱은 열심히 복음을 전했고 그 결과 대다수의 범죄자들이 예수님을 믿게 되었습니다. 약 한 달이 지나자 감방의 거의 모든 죄수들이 하나님을 찬양하고 예배하기 시작했습니다. 죄수들이 하나님을 예배하는 소리에 놀라 달려온 간수들에게 선다 싱은 말했습니다.

"간수님, 보이십니까? 이곳이 바로 제가 말한 천국입니다."

예수님과 함께하는 사람들이 모인 곳에 성령님이 함께 하시면 그곳이 바로 천국입니다. 나의 가정과 직장, 모임과 공동체, 그리고 교회가 주님을 예배하는 찬송으로 가득한 천국이 되게 하십시오. 반드시 복되고 형통할 것입니다.

♥ 주님, 성령의 감동하심을 따라 담대하게 복음을 전하는 사람이 되게 하소서.
🔃 내가 머문 곳이 하나님의 말씀을 따라 회복되는 곳이 되기를 바라십시오.

나의 영적 일지

하나님께 가까운 사람

읽을 말씀 : 사 58:1-12

●사 58:2 그들이 날마다 나를 찾아 나의 길 알기를 즐거워함이 마치 공의를 행하여 그의 하나님의 규례를 저버리지 아니하는 나라 같아서 의로운 판단을 내게 구하며 하나님과 가까이 하기를 즐거워하는도다

월리엄 로우의 '엄숙한 부르심'이라는 책에는 다음과 같은 내용이 나옵니다.

"하나님께 가까운 사람은 '얼마나 기도를 많이 했는가?', '얼마나 금식을 했는가?', '남을 얼마나 도왔는가?'와 같은 일들로 결정되는 것이 아닙니다. 하나님께 가까운 사람은 그가 '얼마나 범사에 감사하는가?', '어떤 일을 당하더라도 하나님에게 감사할 수 있는가?'에 의해서 결정이 됩니다."

철학자 쇼펜하우어는 일평생 남들을 공격해 적으로 만들고 절대로 사람을 믿지 않았습니다. 그래서 어디를 가든 강아지를 데리고 다니면서 먹을 음식을 먼저 먹여보고 개가 죽지 않으면 안심하고 먹었습니다. 쇼펜하우어에게는 사람을 향한 믿음이 없었기 때문입니다. 반대로 그리스도인들에게는 어떠한 위협과 환란도 감사할 일이 되는 것은 바로 이 믿음이 있기 때문입니다.

예수님을 믿는 사람은 어떤 고난을 당하더라고 감사할 줄 압니다. 내 인생의 모든 생사화복이 하나님의 귀한 뜻을 이루는 데 필요한 일이라고 믿기 때문입니다. 예수님은 식사 준비를 하던 마르다보다 말씀을 듣는 마리아가 더 중요하고 귀한 일을 하고 있다고 말씀하셨습니다. 예수님의 이름으로 선을 행하고, 종교생활을 하기 전에 먼저 나의 중심이 하나님을 향한 감사로 가득차 있는지, 100% 주님을 신뢰하는지를 확인해보십시오. 반드시 복되고 형통할 것입니다.

🖤 주님, 온전한 감사로 저의 마음이 언제나 넘쳐있게 하소서.
🧩 나의 감사는 어떤 영역에 머물러 있는지 점검해보십시오.

나의 영적 일지

지금 다시 시작한다면

읽을 말씀 : 시 42:1-11

●시 42:5 내 영혼아 네가 어찌하여 낙심하며 어찌하여 내 속에서 불안해 하는가 너는 하나님께 소망을 두라 그가 나타나 도우심으로 말미암아 내가 여전히 찬송하리로다

졸업을 앞둔 어떤 대학생이 목사님을 찾아와 상담을 요청했습니다.

졸업이 코앞인데 뭘 해야 할지도 모르겠고 삶에 대한 의욕이 조금도 없어 고민이라는 내용이었습니다. 그 말을 들은 목사님이 말했습니다.

"이렇게 한 번 생각해봅시다. 만약 지금 그대로 인생이 흘러가서 나이가 마흔이 되었다고 칩시다. 지금처럼 무기력한 모습은 그대로 이어져서 마땅한 직업도 없고, 비전도 없이 그저 살아만 가고 있다고 할 때에 갑자기 하나님이 나타나 자네를 20년 전으로 돌려준다고 하면 기분이 어떻겠습니까? 다시 돌아오겠습니까?"

"물론이죠! 당장 돌아와 새로운 인생을 열심히 살기 시작할 겁니다."

"그래요? 그럼 지금이 미래에서 돌아온 그 순간이라고 생각을 해봐요. 조금은 힘이 나지 않습니까?"

청년은 목사님의 가르침을 통해 현재의 소중함을 깨닫게 되었고, 자신이 정말하고 싶은 일을 찾아 열심히 노력하기 시작했습니다.

내가 낭비하고 있는 지금이란 소중한 순간은 미래의 내가 간절히 바라던 시간이 될 수도 있습니다. 지금 새로운 시작을 한다는 생각으로 다시 도전할 힘을 얻으십시오. 반드시 복되고 형통할 것입니다.

♥ 주님, 오늘을 허락하신 주님께 감사하며 최선을 다해 살게 하소서.
▦ 10년 뒤에 지금으로 돌아온다면 무엇을 할지 생각해보십시오.

나의 영적 일지

하나의 연합

읽을 말씀 : 골 2:1-5

● 골 2:2,3 이는 그들로 마음에 위안을 받고 사랑 안에서 연합하여 확실한 이해의 모든 풍성함과 하나님의 비밀인 그리스도를 깨닫게 하려 함이니 그 안에는 지혜와 지식의 모든 보화가 감추어져 있느니라

탈무드에는 샴쌍둥이와 관련된 예화가 하나 나옵니다.

어느 여인이 머리와 팔다리는 각각 붙어있지만 몸이 하나인 샴쌍둥이를 낳았습니다. 비록 몸은 성치 않았지만 부모는 하나님이 주신 축복으로 생각하고 잘 키우려고 했습니다.

하지만 아이의 이름을 지으려고 하니 도대체 한 명의 이름을 지어야 할지, 아니면 두 명의 이름을 따로 지어야 할지가 문제였습니다. 결국 마을의 가장 지혜로운 랍비를 찾아가 물었고, 그는 다음과 같이 대답했습니다.

"아이가 배가 고파 울 때 양쪽의 머리가 함께 우는지, 아니면 한쪽씩 따로 우는지를 잘 살피십시오. 같은 상태에 처해도 반응이 다르다면 양쪽이 다른 것이니 두 명다 이름을 지어주고, 그렇지 않다면 비록 머리는 두 개지만 한 명이나 다름없으니 하나만 이름을 지어주면 됩니다. 하나가 된다는 것은 기쁨이든 아픔이든 함께 공유하는 것이니까요."

하나의 연합은 같은 감정을 공유합니다. 내 안에 예수님이 계시다면 나의 기쁨과 슬픔을 예수님도 함께 느끼시고. 예수님의 안타까운 마음을 나 역시도 느껴야 합니다. 그것이 예수님과 동행하는 삶의 증거입니다. 하나님의 마음을 알아가는 진정한 연합을 이루고 있는 신앙생활을 위해 노력하십시오. 반드시 복되고 형통할 것입니다.

💗 주님, 주님의 마음과 뜻을 알아가는 온전한 연합의 축복을 내려주소서.
🖼 내 마음을 고백하는 것처럼 하나님의 마음을 알기 위해 기도하십시오.

나의 영적 일지

행동의 영향력

읽을 말씀 : 잠 14:1-14

●잠 14:14 마음이 굽은 자는 자기 행위로 보응이 가득하겠고 선한 사람도 자기의 행위로 그러하리라

"60초 만에 당신의 생각을 바꿔드립니다"라는 제목의 한 영상이 최근에 화제가 되었습니다.

먼저 한 어른이 길거리에서 담배를 피다가 아무데나 꽁초를 던지고 걸어가고, 그 뒤를 작은 남자 아이가 똑같이 담배를 피다가 꽁초를 버리고 따라갑니다.

이후에 차 안에서 전화 통화를 하다가 마구 소리를 지르는 한 여자가 나오고, 조수석에 앉아 똑같이 창밖을 향해 소리를 지르며 욕을 하는 한 어린아이가 등장합니다.

길가다 시비가 붙어 이유 없이 주먹질을 하는 아저씨가 등장하고, 뒤따라 똑같이 친구에게 폭력을 휘두르는 한 꼬마가 등장합니다.

몇 가지 비슷한 예시가 더 나온 뒤에 영상은 "아이들의 행동에는 이유가 있습니다"라는 말로 끝납니다.

한 번의 행동은 백 마디의 말보다 파급효과가 큽니다. 잘못된 행동을 아이들이 보고 배우듯이, 성도들의 잘못된 모습을 보고 세상 사람들은 진리를 오해하게 됩니다. 좋은 행동의 영향력을 통해서 성경이 진리임을 세상에 보이는 사람이 되십시오. 반드시 복되고 형통할 것입니다.

♥ 주님, 바른 말만이 아니라 바른 행동과 함께 주님을 전파하게 하소서.
✍ 바른 말을 행동으로 증명하는 하루를 살아가십시오.

나의 영적 일지

구원의 적용

읽을 말씀 : 롬 10:9-13

● **롬 10:9** 네가 만일 네 입으로 예수를 주로 시인하며 또 하나님께서 그를 죽은 자 가운데서 살리신 것을 네 마음에 믿으면 구원을 받으리라

　미국에서 국가보안기밀을 자신의 우편물로 착각해 가져갔다가 체포된 조지 윌슨이라는 사람이 있었습니다.

　나라의 기밀을 훔친 죄가 적용되어 사형이 선고됐는데, 너무나 안타까운 사연이라 당시 대통령이었던 앤드류 잭슨은 특별히 사면장을 내렸습니다.

　그런데 어쩐 일인지 윌슨은 사면장을 거부했고, 그로 인해 판사는 과연 대통령의 사면장을 받들어 사형을 정지시키고 석방을 시켜야 할지, 아니면 윌슨의 거부권을 먼저 받아들여 본래대로 사형을 시켜야 할지 고민하다가 결국 판결을 대법원으로 넘겼습니다. 당시 대법원장이었던 명판사 마샬은 고심 끝에 다음과 같은 판결문을 내렸습니다.

　"조지 윌슨은 본래 판결대로 사형에 처할 것. 대통령의 사면장은 무죄를 만들 효력이 있지만 본인이 거부한다면 강제력을 행사할 수는 없다. 특혜를 인정하지 않는 사람에게 적용을 할 국가의 의무는 없다."

　하나님의 구원이 믿는 사람에게만 효과가 있는 것 역시 같은 이치입니다. 구원은 예수님이 나의 죄를 위해 돌아가셨다는 놀라운 사실을 믿는 사람에게만 주어지는 강력한 사면장입니다. 예수님은 우리의 과거의 죄, 현재의 죄, 미래의 죄를 다 짊어지시고, 우리 대신 십자가에서 돌아가셨고 삼일만에 부활하셨습니다. 이 놀라운 구원의 본질을 언제나 가슴에 품고 사는 그리스도인이 되십시오. 반드시 복되고 형통할 것입니다.

♥ 주님, 놀라운 구원의 큰 복을 거절하는 미련한 사람이 되지 않게 하소서.
▨ 하나님의 구원이라는 특혜를 더 많은 사람들에게 전하십시오.

`나의 영적 일지`

행복의 조건, 예배

읽을 말씀 : 시 43:1-5

● 시 43:4 그런즉 내가 하나님의 제단에 나아가 나의 큰 기쁨의 하나님께 이르리이다 하나님이여 나의 하나님이여 내가 수금으로 주를 찬양하리이다

세계적인 정신학 박사인 데이비드 핑크는 '정서적인 안정과 행복을 위한 4가지 균형'이라는 논문을 통해 정신적인 행복을 위한 4가지 조건을 말했습니다.

1. 일-사람은 주어진 시간의 대부분을 일을 하며 보내기 때문에 일을 하는 환경과 조건이 매우 중요합니다.
2. 놀이-일을 하고 남은 시간인 여가를 활용하는 것은 삶의 긴장을 풀어주고 유용한 즐거움을 제공합니다.
3. 사랑-다른 사람들과의 관계를 통해 충족되는 사랑은 어려움을 이겨낼 버팀목이 되어주고 또 원동력이 되어줍니다.
4. 예배-초월적인 존재를 믿고 예배하는 일은 정서적으로 높은 안정 효과가 있으며 인생의 전반적으로 큰 도움이 됩니다.

핑크 박사는 무신론자였지만 수많은 사람들을 조사한 결과를 발표할 수밖에 없었습니다. 예배가 우리의 삶에 이렇게 중요한 영향을 미치는 것은 우리는 하나님의 존재를 갈망하게 창조되었으며 주님을 찬양하기 위해 지어졌기 때문입니다. 참된 구주이신 하나님을 믿고 진정으로 예배하는 일로 기쁨을 누리십시오. 반드시 복되고 형통할 것입니다.

♥ 주님, 나의 근원이 하나님께로부터 왔음을 항상 잊지 않게 하소서.
📖 마음이 힘들수록 주님을 더 힘써 예배하십시오.

나의 영적 일지

발전하는 신앙의 조건

읽을 말씀 : 마 21:18-22

● 마 21:21 내가 진실로 너희에게 이르노니 만일 너희가 믿음이 있고 의심하지 아니하면 이 무화과나무에게 된 이런 일만 할 뿐 아니라 이 산더러 들려 바다에 던져지라 하여도 될 것이요

소설가 워싱턴 어빙의 '반 윙클의 무덤'에는 절대로 실패를 인정하지 않는 주인공이 나옵니다.

주인공은 매일 술에 취해서 많은 문제를 일으킵니다. 그로 인해 고생을 많이 한 그는 술을 깬 다음날이면 어김없이 술을 끊겠다고 다짐합니다. 그러나 막상 다시 술을 먹어야할 상황이 오면 유혹을 이겨내지 못하고 또 취해서 사고를 칩니다. 그리고 다음 날이 되면 어쩔 수 없다는 말로 스스로를 위로합니다.

'이번엔 어쩔 수 없었어, 오랜만에 만난 친구인데 그냥 지나칠 수 없잖아? 이제 오늘부터 잘하면 돼.'

매일 같은 다짐을 하는 주인공은 결국 한 번도 자신의 말을 지키지 못한 채 공수표 결심만 남긴 채 생을 마감합니다.

"한번은 괜찮아.", "이번엔 어쩔 수가 없잖아?" 이런 말들은 좋은 습관, 발전하는 신앙의 가장 큰 적입니다. 눈에 보이지 않는 작은 틈을 마귀가 호시탐탐 노리고 있음을 잊지 말고 범사에 조심하며 거룩하고 성결한 삶을 살아가십시오. 반드시 복되고 형통할 것입니다.

♥ 주님, 마귀에게 작은 틈도 주지 않는 견고한 신앙으로 세워주소서.
🎲 잘못된 자기합리화의 습관을 버리고 회개와 기도로 주님께 나아가십시오.

나의 영적 일지

세상의 책, 하늘의 책

읽을 말씀 : 계 3:1-6

●계 3:5 이기는 자는 이와 같이 흰 옷을 입을 것이요 내가 그
이름을 생명책에서 결코 지우지 아니하고 그 이름을 내 아버
지 앞과 그의 천사들 앞에서 시인하리라

세계대전이 일어나고 독일이 많은 나라를 침공하던 당시에 독일 국민들
은 나치당원이 되기 위해서 많은 노력을 했습니다.

유럽을 정복하고 있는 독일의 나치당원이 된다는 것은 권력이자, 특권
을 의미하는 것이었습니다. 이런 노력으로 전쟁이 한창 진행되던 때에는
8백만 명이나 되는 국민들이 나치당원에 가입했습니다.

그러나 2번의 전쟁이 전부 패배로 끝나자 나치당원이었던 사람들은 두
려움에 떨기 시작했습니다. 국민을 선동하고 전쟁을 일으켰던 책임을 묻
기 위해서 나치가 아니었던 독일 국민들이 일어섰기 때문입니다.

결국 8백만 명에 달하는 당원의 인적이 적힌 나치 명부가 발견이 되었
고 그중 많은 사람들이 일으킨 일에 대한 책임을 지고 처벌을 받았습니
다. 전쟁당시에는 특권이었던 명부가 전쟁이 끝나고 나서는 살생부가 된
것입니다.

예수님이 제자들에게 말씀하신 이 땅에서의 고난은 모두 하늘의 영광
을 위해서였습니다. 세상의 명예와 권세, 그리고 부를 가진 사람들은 유
한한 시간만큼 인정을 받겠지만 죽은 뒤의 하늘나라에서는 아무런 쓸모
도 없고 도리어 짐이 될 것입니다. 영원한 천국에서의 생명책에 기록되는
인생을 위해 기도하십시오. 반드시 복되고 형통할 것입니다.

♥ 주님, 헛된 세상에서 영욕을 위해 시간을 허비하지 않게 하소서.
🎴 천국의 성공을 위한 삶인지 세상의 성공을 위한 삶인지 돌아보십시오.

나의 영적 일지

죄에서 자유한 기쁨

읽을 말씀 : 요 8:31-44

6월 14일

● 요 8:32 진리를 알지니 진리가 너희를 자유롭게 하리라

　독일 퀼른의 한 농장에 있는 25마리의 소들은 태어나서 한 번도 초원을 본 적이 없습니다.

　태어나자마자 축사에 갇혀서 젖을 짜내는 일에만 사용되던 소들이기 때문입니다. 이 소들은 나이가 먹어 이제 더 이상 우유를 생산해 낼 수 없게 되었고, 농장주인은 사료와 유지비를 감당하기 힘들어 도축을 결정하게 됩니다.

　그런데 한 동물보호단체에서 이 소식을 듣고 후원을 받아 도축을 당하기 전에 소들을 넓은 초원에 풀어줘 자유를 누릴 기회를 주었습니다. 소들은 태어나서 한 번도 초원을 본 적이 없었지만 푸른 풀밭이 보이자마자 망아지처럼 펄쩍 펄쩍뛰며 신을 냈고, 몇몇 소들은 풀밭에 머리를 비비며 행복해 했습니다. 이 장면을 본 농장 주인은 눈시울을 붉히며 소들을 죽이고 싶지 않다고 도움을 구하는 영상을 올렸습니다. 그리고 감동을 받은 많은 후원자들이 생겨서 소들은 계속해서 초원에서 지낼 수 있게 되었습니다.

　소들은 한 번도 본적도 없고 누가 가르쳐준 적도 없지만 초원이 자기들이 지내야 할 곳이라는 걸 본능적으로 알고 있었습니다. 예수님을 믿음으로 죄에서 해방된 우리들도 소들과 같은 기쁨과 감격이 있어야 합니다. 죽음에서 날 구원하신 예수님의 크신 사랑을 다시 한 번 묵상하며 마음에서 샘솟는 기쁨을 누리십시오. 반드시 복되고 형통할 것입니다.

♡ 주님, 구원을 통해 죄에서 해방되었음을 언제나 확신하게 하소서.
▨ 인터넷 검색을 통해 본문의 영상을 감상하십시오.

나의 영적 일지

하나님을 경험하게 하라

읽을 말씀 : 눅 24:30-35

● 눅 24:32 그들이 서로 말하되 길에서 우리에게 말씀하시고 우리에게 성경을 풀어 주실 때에 우리 속에서 마음이 뜨겁지 아니하더냐 하고

　박물학은 동물, 식물, 광물, 지질학을 총망라해 연구를 하는 매우 복잡하고 어려운 학문입니다.

　존 무어는 이 박물학을 하는 사람 중에 세계적으로 가장 유명한 인물입니다. 무어가 박물학자의 꿈을 갖게 된 것은 어린 시절 아버지와 함께 한 경험 때문인데, 무어가 학교에 가기 전에 아버지는 온 가족을 데리고 1년 동안 미국을 횡단하는 여행을 떠났습니다.

　아버지는 무어를 데리고 광활한 사막을, 알래스카의 빙하를 건너기도 했습니다. 떠오르는 일출과 지는 일몰을 함께 바라보며 자연에 대한 많은 이야기를 나눴습니다. 이때의 경험을 통해서 무어는 자연을 사랑하게 됐고, 또 연구하는 일을 꿈으로 갖게 되었습니다. 1년간의 횡단이 끝나고 무어는 학교에 들어갔지만 그의 부모님은 한 번도 공부나 박물학자의 길을 강요하지 않았습니다. 무어는 자신이 경험한 것을 토대로 박물학자의 길을 걷기로 택했고, 스스로 다양한 학문을 공부하며 마침내 세계적인 박물학자로 성장하게 되었습니다.

　하나님을 경험하게 되면 신앙생활을 위한 어떤 이론이나 지침도 필요 없게 됩니다. 하나님을 경험하며 느낀 그 사랑으로 인해 자연스럽게 변화되기 때문입니다. 먼저 하나님의 사랑을 경험하고, 자녀와 형제들을 변화시키기 위해서는 말과 논리보다는 먼저 하나님의 사랑을 경험할 기회의 접점을 찾으십시오. 반드시 복되고 형통할 것입니다.

🖤 주님, 인생을 통해 하나님을 더욱 알아가게 하소서.
📰 하나님을 아는 지식에 더해 하나님을 체험하는 경험을 하십시오.

나의 영적 일지

시간을 드려라

읽을 말씀 : 롬 12:1-13

● 롬 12:1 그러므로 형제들아 내가 하나님의 모든 자비하심으로 너희를 권하노니 너희 몸을 하나님이 기뻐하시는 거룩한 산 제물로 드리라 이는 너희가 드릴 영적 예배니라

'아직도 가야하는 길' 이라는 책에는 기계를 못 다루는 한 남성에 대한 이야기가 나옵니다.

그 남성은 마흔이 될 때까지 아주 간단한 기계조작도 못하는 기계치로 살아왔습니다. 하루는 옆집 이웃이 잔디 깎는 기계를 스스로 고치는 것을 보고는 감탄하며 말했습니다.

"정말 대단하시네요. 저는 기계에는 영 소질이 없어서 무조건 서비스를 받아야 합니다."

"당신이 못하는 건 해보지도 않고 포기했기 때문이죠. 조금만 시간을 내면 누구나 할 수 있는 간단한 일입니다."

불친절한 답변이었지만 남자는 자신이 정말 기계를 다루려고 조금도 노력하지 않았다는 것을 깨닫게 되었습니다. 그래서 나중에 사용하던 기계가 고장이 났을 때 설명서를 보며 천천히 분해를 해 고쳐 보았더니 예상외로 쉽게 고칠 수가 있었습니다. 이때의 경험을 계기로 남자는 기계를 다루는 일에 재미를 붙였고, 몇 년이 지나자 전문가 수준의 실력을 갖추게 되었습니다.

기도가 어렵고 신앙이 힘든 것은 주님께 충분한 시간을 드리지 않고 있기 때문입니다. 정말로 시간을 내어 기도를 하고 말씀을 묵상한다면 모든 성도들이 하나님이 찾으시는 바람직한 신앙인의 모습을 갖추게 될 것입니다. 시간을 들여 주님을 찾으십시오. 반드시 복되고 형통할 것입니다.

💚 주님, 주님을 더 간절히 사모하는 마음을 주소서.
🎴 신앙을 위해 충분한 시간을 사용하는지 돌이켜보십시오.

나의 영적 일지

안드레 이야기

읽을 말씀 : 요 6:1-15

●요 6:8,9 안드레가 예수께 여짜오되 여기 한 아이가 있어 보리떡 다섯 개와 물고기 두 마리를 가지고 있나이다 그러나 그것이 이 많은 사람에게 얼마나 되겠사옵나이까

안드레는 예수님의 열두 제자 가운데 가장 평범한 인물입니다.

안드레의 형제였던 베드로는 예수님에게 '반석'이라는 이름을 받았고, 수제자 역할을 했지만 안드레는 '사람'이라는 뜻의 평범한 이름을 예수님을 만나고 나서도 그대로 사용했으며 성경에도 13번 정도밖에 언급이 되지 않습니다.

그러나 안드레는 열등감에 빠지지 않고 자신이 할 수 있는 일을 최선을 다해 하는 성실한 사람이었습니다. 그래서 안드레는 베드로를 예수님께로 인도했고, 또 어린아이를 주님께로 인도해 오병이어의 기적의 초석이 되었습니다. 또한 사람들에게 가장 효과적으로 친절하게 복음을 전하는 사람이었습니다. 그래서 요한복음 12장에서 예수님을 만나러 온 그리스 사람들을 제자들은 안드레에게 먼저 데려갔습니다. 어떤 문서에는 이 무리 중에 누가복음을 기록한 누가도 포함되어 있었다는 기록도 있습니다.

안드레는 겉으로 보기에는 평범할 뿐 아니라 초라하기까지 한 예수님의 제자였습니다. 그러나 안드레의 성실로 인해 오순절의 회심이 일어날 수 있었고, 오병이어의 기적이 일어날 수 있었습니다. 그리고 어쩌면 안드레가 없었다면 누가복음이 존재하지 않았을 수도 있습니다.

하나님은 모든 사람에게 필요한 능력과 은혜의 분량을 주셨습니다. 주신 은혜에 온전히 순종하며 하나님의 일을 감당하십시오. 반드시 복되고 형통할 것입니다.

♥ 주님, 주신 은혜에 더욱 집중하며 성실히 이행하는 사람이 되게 하소서.
🎴 나에게 주신 믿음의 분량은 무엇인지 생각해 보십시오.

나의 영적 일지

인생의 중심을 바쳐라

읽을 말씀 : 롬 6:1-14

● **롬 6:13** 또한 너희 지체를 불의의 무기로 죄에게 내주지 말고 오직 너희 자신을 죽은 자 가운데서 다시 살아난 자 같이 하나님께 드리며 너희 지체를 의의 무기로 하나님께 드리라

국내의 한 유명한 목사님에게 어떤 사업가가 찾아와 말했습니다.

"목사님, 저도 이제 올해 은퇴를 하면 하나님을 위해 살고 싶습니다. 그동안 바빴던 일들이 다 정리되고 나니 이제 시간이 날 것 같습니다."

"하나님을 위해 사는 것은 정말로 좋은 일입니다. 그런데 할 일도 없고 시간이 나서 하나님을 위해 산다는 것이 조금 이상하게 들립니다. 그럼 지금까지는 누구를 위해 살았단 말입니까?"

구약을 보면 하나님을 위한 일을 하는 레위인들은 인생의 가장 중요한 때인 30세에서 50세의 기간 동안만 회막에서 일을 할 수 있었습니다. 30세 이전은 영적으로 미숙한 상태이고, 50세 이후는 신체의 노화로 감당하기 어려운 일들이 있기 때문입니다. 성경의 이런 모습을 통해서 우리는 하나님께 드리는 것은 물건 뿐 아니라 인생마저도 최고의 것을 드려야 한다는 것을 알 수 있습니다.

하나님을 향한 헌신의 때는 청년이라고 더 귀하거나, 노년이라고 귀하지 않은 것은 아닙니다. 다만 헌신을 하고자 하는 나의 자세가 문제입니다. 할 일이 많고 바쁠 때에 오히려 하나님을 위한 삶을 살고자 노력하십시오. 반드시 복되고 형통할 것입니다.

💙 주님, 모든 인생의 때에 언제나 주님을 최우선으로 섬기며 살게 하소서.
🕯 더 늦기 전에 지금의 소중한 순간을 주님을 위해 사용하십시오.

나의 영적 일지

조금 더 멀리 보라

읽을 말씀 : 시 37:34-40

● 시 37:37 온전한 사람을 살피고 정직한 자를 볼지어다 모든
화평한 자의 미래는 평안이로다

미국의 가전제품 회사인 후버는 연초마다 떨어지는 매출을 올리기 위
한 방안을 강구하고 있었습니다.

그러던 중 한 사원이 2월까지 일정금액 이상의 물건을 구입하는 고객에
게 미국 내 왕복 항공권을 제공하자는 아이디어를 냈습니다. 실제 이벤트
를 진행할 때 몰릴 고객과 손익분기점에 대한 조사가 필요했지만 당장 떨
어진 매출을 올리기 위해서 이벤트는 다급하게 시작되었습니다. 대상은
30만 원 이상 물건을 구입하는 고객이었고, 후버의 경영자들은 항공권
때문에 30만 원만 딱 맞춰서 구매할 고객들은 거의 없을 것이고 항공권
때문에 30만 원이나 구매하는 고객도 없을 것이라고 단정 지었습니다.

그러나 이벤트가 시작하는 날부터 매장에는 30만 원을 맞춰 항공권을
타려는 고객들이 끊이지가 않았습니다. 밤낮없이 몰려드는 손님들을 도
저히 감당할 수 없었고 심지어 물량이 모자라 판매가 중지될 정도였습니
다. 결국 이벤트는 약속된 기한까지 진행되지 못했고 후버는 오히려 매장
을 찾은 고객에게 피해보상을 해주느라 엄청난 손실을 입게 되었습니다.

당장 어렵다고 급한 불끄기 사고방식은 더 큰 손해를 끼칠 수 있습니다.
지금 아무리 어렵다 해도 삶의 원칙을 벗어나선 안 됩니다. 눈앞의 일들
을 조금 더 멀리 바라보고 처리하는 믿음의 안목을 키우십시오. 반드시
복되고 형통할 것입니다.

♥ 주님, 눈앞의 위기에 당황하지 않고 믿음의 눈으로 바라보게 하소서.

🧩 급한 일일수록 조금 더 여유를 가지고 신중하게 생각하십시오.

나의 영적 일지

거짓 사랑을 가려내는 방법

읽을 말씀 : 잠 17:1-12

●잠 17:4 악을 행하는 자는 사악한 입술이 하는 말을 잘 듣고 거짓말을 하는 자는 악한 혀가 하는 말에 귀를 기울이느니라

리차드 포스터는 "거짓 사랑은 섬기고자 하는 기분이 들 때만 섬기는 것이다. 그것은 하나님께나 사람에게나 마찬가지다"라는 말을 했습니다.

C. S. 루이스는 "하나님을 사랑하는 것처럼 보임으로 자기 자신을 드러내고 싶어 하는 성도들이 너무나 많이 있다"라고 말했습니다.

본 회퍼는 "위선적인 사랑의 궁극적인 목표는 자기 자신이다. 자신이 우상이며 숭배의 대상이다. 참된 사랑은 예수 그리스도로부터만 오며 그분만을 섬김으로 완성된다"고 사랑의 방향이 어딜 향해 있는지를 조심하라고 했습니다.

"하나님을 정말로 사랑하십니까?"라는 질문에 "아니요"라고 대답하는 성도들은 단 한 명도 없을 것입니다. 그렇다면 하나님을 향한 나의 사랑이 정말인지 위에 나온 영적인 거장들의 명언을 통해서 점검해 보십시오. 하나님을 향한 나의 사랑은 '진짜'입니까?

하나님은 참된 사랑으로 우리를 구원하기 위해 예수님을 보내주셨습니다. 이런 하나님의 사랑을 우리는 어떻게 생각하며, 어떻게 보답하고 있습니까? 오직 주님만을 예배하고, 하나님만을 섬기는 삶을 간구하십시오. 반드시 복되고 형통할 것입니다.

🖤 주님, 정말 진실된 마음으로 주님을 사랑하게 하소서.
🖼 나의 하나님을 향한 사랑은 어떤 것인지 생각해보십시오.

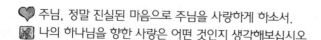

나의 영적 일지

영성의 일기

읽을 말씀 : 고전 14:12-22

● 고전 14:12 그러므로 너희도 영적인 것을 사모하는 자인즉 교회의 덕을 세우기 위하여 그것이 풍성하기를 구하라

하루를 제대로 관리하기 위해서 전문가들이 가장 권하는 방법은 '할 일 리스트'입니다.

저녁에 그날 목표로 했던 일들을 했는지 체크하고, 다음날 해야 할 일을 정리하는 일인데, 약 10분의 시간을 투자함으로 몇 배로 효율적인 하루를 보낼 수 있다고 합니다.

이처럼 무언가를 관리하기 위해서는 매일 점검하고 기록하는 일이 매우 중요합니다. 돈을 잘 관리하기 위해서는 가계부를 써야 하고, 자동차를 관리하기 위해서는 차계부를 적습니다. 하루의 추억을 기록하기 위해서 일기를 쓰기도 합니다.

이런 맥락을 통해 작가 앤 브로일즈는 '영성일지' 또한 매일 기록해야 한다고 주장합니다. 주변 환경의 변화를 기록하는 것과는 달리 영성일지는 매일 자신의 내면에 나타나는 변화와 어떤 경건생활을 하고, 어떤 거룩한 결심을 했는지를 적는 것입니다. 앤은 '일상에서 만난 하나님', '성경을 읽은 뒤의 감동', '묵상을 통한 깨달음', '꿈에서의 느낌', '책과 신문같은 정보를 통해 느낀 점', '만난 사람들과의 대화를 통해 느낀 점'과 같은 영역으로 영성일지를 적으라고 권했습니다.

혼잡한 세상에서 길을 잃지 않기 위해서는 조금 더 영성에 투자할 필요가 있습니다. 말씀에 비추어 오늘 나의 삶이 주님께로부터 멀어지지 않았는지 매일 점검하십시오. 반드시 복되고 형통할 것입니다.

🩵 주님, 하루가 지날수록 더욱 주님을 향한 영성이 깊어지게 인도하소서.

🖼 몇 가지 영역을 정해 매일 영성일지를 기록하는 습관을 들이십시오.

나의 영적 일지

성경을 제대로 아는 사람

6월 22일

읽을 말씀 : 딤후 2:14-26

● 딤후 2:15 너는 진리의 말씀을 옳게 분별하며 부끄러울 것이 없는 일꾼으로 인정된 자로 자신을 하나님 앞에 드리기를 힘쓰라

영국의 지성으로 불리는 버트난드 러셀은 어려서부터 교회를 열심히 다녔습니다. 어렸을 때부터 성경을 많이 읽고 연구했던 러셀은 나중에 기독교가 진리가 아니라는 확신을 가지고 자신이 아는 성경 지식을 통해 기독교의 허구성을 증명하는 일에 매진했습니다. 성경 지식이 많았지만, 구원의 확신이 없었기에 사탄의 미혹에 빠진 것입니다. 똑똑하고 성경을 자세히 알았던 러셀은 아무데서나 공개토론을 하며 믿는 사람들을 망신을 주었고, '나는 왜 기독교인이 아닌가?'라는 책까지 써내며 공개적으로 기독교를 공격했습니다. 러셀은 끝까지 회심하지 않고 성경은 허구라는 자신의 입장을 고수한 채 눈을 감았습니다.

기독교의 변증가로 불리는 C. S. 루이스는 대학 교수가 될 때까지 철저한 무신론자로 살았습니다. 그러나 성경이 진짜인지 알아보려는 수년간의 노력 끝에 결국 완전히 백기투항을 하고 하나님께로 나왔습니다. 루이스는 자신이 회심하던 순간을 정말로 인정하고 싶지 않았지만 사실이기 때문에 어쩔 수 없이 하는 투항이라고까지 표현했습니다.

러셀은 자신의 잘못된 답을 증명하기 위한 수단으로 성경을 사용했고, 루이스는 진리가 진짜인지 알아보기 위한 목적으로 성경을 사용했습니다. 성경을 제대로 알기 위해서는 바른 목적을 가지고 읽어야 합니다. 성경을 종이에 적힌 문자 그대로가 아니라 내 삶을 향해 전해오는 하나님의 말씀으로 받아들이십시오. 반드시 복되고 형통할 것입니다.

💟 주님, 성경을 바로 알고 깨닫는 놀라운 지혜를 주소서.
🎴 성경을 내 나름의 기준으로 정한 책이 아닌 진리로 인정하고 받아들이십시오.

나의 영적 일지

능력 있는 그리스도인

읽을 말씀 : 고전 1:18-31

● 고전 1:24 오직 부르심을 받은 자들에게는 유대인이나 헬라인이나 그리스도는 하나님의 능력이요 하나님의 지혜니라

미국의 초대 대통령 조지 워싱턴이 영국군을 상대로 펜실베이니아 주에서 중요한 전투를 하고 있었습니다.

패배하면 독립을 보장할 수 없는 중요한 상황이었지만 전황이 너무 안 좋았습니다. 병사들의 수도 훨씬 적었고, 날도 추워 사기도 매우 떨어졌습니다. 부상병들이 속출하고 전염병까지 돌고 있어 패색이 점점 짙어졌습니다. 그렇게 최후의 결전을 앞두고 워싱턴은 모든 병사들을 불러 연설을 했습니다.

"제군들! 날이 좋을 때만 충성하고, 시원한 그늘 밑에서만 지내기를 원하는 병사들은 나라를 위해 아무 일도 할 수 없다! 강추위와 굶주림을 이겨내면서까지 승리를 쟁취하기 원하는 병사들이야말로 나라를 위해 큰일을 할 수 있는 애국자가 될 수 있다, 다들 내 말에 동의하는가?"

워싱턴의 말을 들은 병사들은 사기가 충천했고, 필사의 의지로 전투에 임했습니다. 그 결과 열세였던 이 전투에서 대승을 거뒀고 마침내 미국은 독립을 할 수 있었습니다.

믿음은 순탄할 때가 아니라 역경 가운데서 증명됩니다. 정말 힘든 순간에도 하나님을 찬양하며 믿음을 고백할 수 있는 능력의 성도가 되십시오. 반드시 복되고 형통할 것입니다.

💛 주님, 하나님의 살아계심을 증거하는 간증이 가득한 삶으로 이끌어 주소서.
🪷 어려운 순간일수록 주님을 더욱 의지하는 믿음을 지키십시오.

나의 영적 일지

살아있는 양심

6월 24일

읽을 말씀 : 롬 2:12-16

●롬 2:15 이런 이들은 그 양심이 증거가 되어 그 생각들이 서로 혹은 고발하며 혹은 변명하여 그 마음에 새긴 율법의 행위를 나타내느니라

1980년대 전쟁이 막 끝난 베트남에서는 공산화가 진행되었습니다.

많은 사람들이 공산화를 피하려고 무작정 바다로 나가 보트를 타고 탈출했는데 무국적자인 이들을 구해주는 사람들이 없어 대부분 바다에서 목숨을 잃었습니다.

1985년도 11월에 남중국해에도 약 100명이 타고 있는 보트가 한 대 있었습니다. 표류하는 보트를 발견한 선박은 25척이나 되었지만 거들떠보는 사람은 단 한 명도 없었습니다.

그런데 마침 근처를 지나가던 한국 선박이 있었습니다. 선장이었던 전재용 씨는 난민을 발견했다는 보고를 본국회사에 전송했지만 괜히 문제 만들지 말고 돌아오라는 답신이 왔습니다. 그러나 한국 선박은 100여명의 난민들을 모두 태웠습니다. 선장인 전재용 씨가 자기가 모든 책임을 지기로 하고 양심을 따라 난민을 구한 것입니다. 결국 전재용 씨는 한국에 돌아오자마자 바로 해고를 당했고, 어부가 되어 지금까지도 힘들게 생계를 잇고 있습니다. 그러나 단 한 번도 양심을 따라 사람을 구한 일을 후회한 적이 없다고 말했습니다.

양심은 우리를 사람답게 만들어 주는데 꼭 필요한 보물이자 거울과 같은 존재입니다. 하나님이 주신 바른 양심을 지키며 살아가는 신앙인이 되십시오. 반드시 복되고 형통할 것입니다.

💜 주님, 하나님이 주신 양심을 귀하게 지키며 살아가게 하소서.
🖼 양심에 조금의 거리낌이라도 있는 일은 되도록 하지 마십시오.

나의 영적 일지

세상이 알 수 없는 믿음

읽을 말씀 : 단 6:19-23

●단 6:23 왕이 심히 기뻐서 명하여 다니엘을 굴에서 올리라 하매 그들이 다니엘을 굴에서 올린즉 그의 몸이 조금도 상하지 아니하였으니 이는 그가 자기의 하나님을 믿음이었더라

미국 워싱턴에 살던 레티 그랜드라는 여성은 행복한 가정을 꾸리고 있었습니다.

그러나 남편의 외도로 이혼을 하고 혼자서 두 딸을 키우며 살았는데, 성인은 잘 걸리지 않는 소아마비에 걸려 전신을 움직일 수 없게 되었습니다. 그녀가 할 수 있는 것은 한쪽 발가락을 움직이는 것과 말하고 듣는 것뿐이었습니다.

레티는 자신의 처지를 비관해 자살을 하려고 했지만 그때마다 어린 두 딸이 떠올랐고 신앙인으로의 양심이 걸려 실행을 못했습니다.

결국 자기가 할 수 있는 일을 찾아보기로 한 그녀는 한쪽 발가락을 움직여 전화를 연결해주는 전화교환원이 되었습니다. 16년 동안이나 훌륭하게 전화교환원 일을 해낸 그녀는 두 딸을 대학까지 보내고 은퇴를 했는데, 레티의 헌신적인 사랑이 워싱턴 전역에 퍼져 많은 기자들이 찾아와 소감을 물었습니다. 레티는 자신의 인생에 찾아온 역경과 도중에 발견한 희망에 대한 긴 소감을 말한 뒤에 "그분은 참으로 나의 하나님이십니다. 정말로 좋으신 하나님입니다"라는 고백으로 마무리를 지었습니다.

성도들이 역경 속에서 희망을 찾아낼 수 있는 것은 볼 수 없는 것을 보고, 들을 수 없는 것을 들을 믿음이 있기 때문입니다. 고난을 하나님의 약속을 통해 보며 어느 순간에도 하나님을 바라보는 믿음을 가지십시오. 반드시 복되고 형통할 것입니다.

♥ 주님, 칠흑 같은 암흑 속에서도 주님이 주시는 빛을 발견하게 하소서.
🖐 나를 사랑하시는 하나님을 한 순간도 잊지 마십시오.

나의 영적 일지

다시 부흥의 불길을!

읽을 말씀 : 행 19:8-20

●행 19:20 이와 같이 주의 말씀이 힘이 있어 흥왕하여 세력을 얻으니라

　신학자 윌버 스미스 박사는 구약을 연구하며 성경에서 부흥이 일어났던 시기의 7가지 특징을 다음과 같이 정리했습니다.
　1. 부흥이 일어나기 전에는 언제나 심각한 영적쇠퇴와 절망이 있었다.
　2. 부흥은 하나님의 종인 한 사람을 통해 시작되었는데 대부분 사람들의 무감각한 양심을 일깨우는 도구로 사용되었다.
　3. 부흥은 하나님의 말씀을 새롭고도 강력하게 선포함으로 시작되었다.
　4. 부흥은 하나님에 대한 참된 예배의 회복으로 이해될 수 있다.
　5. 부흥을 향한 사람들의 회개와 집념이 있었고 그래서 모든 우상들을 과감하게 파괴했다.
　6. 회개한 사람들은 무한한 기쁨과 즐거움을 새롭게 경험했다.
　7. 부흥의 불길은 금방 사그라지지 않고 꽤 오랜 시간 유지되었다.
　죄에 대한 회개와 말씀에 대한 순종을 하는 사람들이 하나 둘 씩 늘어날 때 구약의 부흥은 오늘날의 우리들에게도 동일하게 찾아옵니다. 마음에 복음의 불길을 확산시키려는 뜨거운 열정을 품으십시오. 반드시 복되고 형통할 것입니다.

💛 주님, 성령의 불길로 다시 한 번 우리나라가 뒤덮히게 하소서.
🌀 말씀이 흥왕하는 시대를 간구하며 매일 기도하십시오.

나의 영적 일지

회색분자의 최후

읽을 말씀 : 단 1:8-16

● 단 1:8 다니엘은 뜻을 정하여 왕의 음식과 그가 마시는 포도
주로 자기를 더럽히지 아니하리라 하고 자기를 더럽히지 아니
하도록 환관장에게 구하니

중세유럽을 통합시켰던 프랑크 왕국은 왕족과 귀족들의 분열로 여러 갈
래로 나뉘어 서로 수많은 전쟁을 치렀습니다.

이때 서프랑크 왕국의 한 장군은 중프랑크 왕국과의 일전을 치르기 전
에 두려움에 잠겨 이런 생각을 했습니다.

'분명히 우리가 열세에 처해있다. 그대로 싸우면 질 게 분명하니 미리
투항을 하는 것이 좋겠다. 하지만 만약에 우리가 이긴다면 그때는 또 어
떻게 될 것인가?'

수 없이 고민을 하던 장군은 몰래 2개의 군복을 준비했습니다. 상대방
의 군복까지 겹쳐 입은 상태에서 전투를 피해 있다가 승리를 거두는 나라
의 군복으로 갈아입어 목숨을 유지하려는 꾀였습니다.

그러나 전투가 시작된 지 얼마 지나지 않아 장군은 목숨을 잃고 말았습
니다. 치열한 전쟁 통에 빠져나가는 도중 상의의 군복이 벗겨졌는데, 아
군은 상의를 보고 공격을 했고, 적군은 하의를 보고 공격을 해 2배의 화
살로 공격당했기 때문입니다.

세상의 편에 설지, 하나님의 편에 설지 확실히 정하지 않으면 두 배의
곤경에 처하게 됩니다. 세상의 지식과 하나님의 말씀을 비교해보고 후회
하지 않을 선택을 하십시오. 반드시 복되고 형통할 것입니다.

💚 주님, 하나님을 믿고 따르는 것이 가장 확실한 길임을 믿게 하소서.
🖼 세상과 하나님과의 갈등 사이에서 확실한 선택을 하십시오.

나의 영적 일지

사람들을 위한 홍차

읽을 말씀 : 행 20:28-35

●행 20:35 범사에 여러분에게 모본을 보여준 바와 같이 수고하여 약한 사람들을 돕고 또 주 예수께서 친히 말씀하신 바 주는 것이 받는 것보다 복이 있다 하심을 기억하여야 할지니라

영국의 한 빈민가에서 막내로 태어난 남자아이가 있었습니다.

빈민지역에서도 가장 가난한 축에 속했던 집안이었기에 아이의 형제들은 다섯 명이나 영양실조로 세상을 떠났습니다. 그런 힘겨운 가운데서도 꿋꿋하게 버티며 자라난 아이는 일자리를 구하기 위해서 15살이 되자마자 미국으로 건너갔습니다. 미국에 도착해서도 푼돈을 받으며 식료품 상점에서 일을 하는 것이 고작이었지만 그 과정 중에 하나님을 만나 믿음을 갖고 꿈을 키웠습니다. 워낙에 밝은 미소와 성실한 자세를 가졌던 소년은 금세 돈을 모아 자신의 상점을 꾸릴 수 있게 되었는데 이 과정에서 기도 중에 사람들을 즐겁게 하는 일을 하라는 하나님의 감동을 느꼈습니다.

립톤이라는 이름의 소년은 자신의 이름을 딴 홍차를 팔기 시작했고, 사람들이 좋아하는 맛을 연구하며 광고도 유쾌하게 만들기 시작했습니다. 그 결과 전 세계적으로 가장 유명한 홍차 브랜드로 성공했으며 사람들은 립톤을 홍차의 왕이라고 부르기 시작했습니다.

립톤이 가난한 생활을 극복하며 배웠던 것은 사람들에게 즐거움을 주는 자신의 사명이었습니다. 내가 하는 일이 무엇이든 그 일에 하나님의 사명이 들어가면 그것으로 다른 사람들을 이롭게 할 수 있고, 많은 도움을 줄 수 있습니다. 오늘 내가 하는 일을 통해 어떤 사람들에게 도움을 줄 수 있을지 생각해보고 또 실천하십시오. 반드시 복되고 형통할 것입니다.

♥ 주님, 어려운 가운데서도 사명의 길을 잃지 않게 하소서.
▨ 나의 일에 대해서 주님은 어떻게 말씀하시는지 귀 기울여 보십시오.

나의 영적 일지

솔직한 믿음

읽을 말씀 : 요일 5:1-12

●요일 5:10 하나님의 아들을 믿는 자는 자기 안에 증거가 있고 하나님을 믿지 아니하는 자는 하나님을 거짓말하는 자로 만드나니 이는 하나님께서 그 아들에 대하여 증언하신 증거를 믿지 아니하였음이라

'현대선교의 아버지'로 불리는 스탠리 존스는 어떤 사람에게 "하나님의 음성을 들은 적이 있는가?"라는 질문을 받고는 이렇게 대답했습니다.

"저는 단 한 번도 하나님의 음성을 사람의 음성처럼 귀로 들은 적이 없습니다. 저는 기적과 같이 하나님의 음성을 들은 적은 없지만 성경을 통해 매일 하나님의 사랑을 깨닫고 느끼고 있습니다."

현재 세계에서 가장 영향력 있는 기독교계의 리더인 존 파이퍼 목사님도 어떤 신앙프로그램에서 "방언을 받았는가?"라는 기자의 질문에 이런 대답을 했습니다.

"전 방언을 못합니다. 하나님께 그것을 경험하게 해달라고 수도 없이 기도를 했지만 내 은사가 아닌지 아직까지 주시지 않으셨습니다. 때로는 특정 단어를 거꾸로 발음도 해보고 비슷한 소리도 흉내를 냈지만 그때마다 하나님은 하지 말라는 감동을 주셨습니다. 저는 방언이 아닌 가르침, 말씀, 양육과 같은 은사로 사역을 하고 있습니다. 저는 여전히 방언을 사모하지만 하나님이 그것을 주시지 않아도 별 상관은 없습니다."

성령의 은사와 믿음의 크기는 경쟁의 대상이 아닙니다. 사람에게 자랑하기 위한 것이 아니라 사람을 섬기기 위해서 하나님이 주신 도구로 사용하십시오. 반드시 복되고 형통할 것입니다.

♡ 주님, 있는 모습 그대로 주님께도 사람들에게 나아가게 하소서.

🧩 남에게 자랑하고자 하는 마음이 있는 껍데기 신앙을 버리십시오.

나의 영적 일지

사랑의 반응

읽을 말씀 : 삼상 18:1-5

● 삼상 18:1 다윗이 사울에게 말하기를 마치매 요나단의 마음
이 다윗의 마음과 하나가 되어 요나단이 그를 자기 생명같이
사랑하니라

　사랑을 연구하는 심리학자 바바라 프레드릭슨은 '사랑이란 마음을 열
어 서로 주고받는 것'이라고 정의를 합니다.

　사랑을 할 때는 크게 다음과 같은 변화가 일어납니다.

　1. 감정의 교류가 일어나며 상대방의 행동을 따라함.

　2. 뇌파가 서로 비슷해짐.

　3. 엄마와 갓난아기가 교감할 때 나오는 옥시토신이라는 신경안정 호
　　르몬이 나옴.

　프레드릭슨은 사랑을 하는 사람들의 행동은 마치 몸은 두 개이지만 한
사람인 것 같은 반응이 일어난다고 말했습니다. 그리고 이런 사랑은 연인
과의 관계에서만 일어나는 것이 아니라 이웃과의 사소한 대화나 작은 배
려를 베푸는 낯선 사람을 통해서도 충분히 일어날 수 있으며 또 우리에게
도 매일 일어나고 있다고 말했습니다.

　한 밤 중에 닫혀 있는 연꽃은 햇살을 받을 때만 꽃잎을 활짝 엽니다. 닫
혀 있던 우리의 마음에도 예수님이란 빛이 찾아와야만 우리의 마음도 활
짝 열리고 아름다운 사랑을 나눌 수 있습니다. 예수님을 사랑함으로 더
욱 닮기를 사모하십시오. 반드시 복되고 형통할 것입니다.

♡ 주님, 몸도 마음도 날마다 주님을 더욱 사모하게 하소서.
▨ 예수님을 닮아감으로 예수님의 사랑을 전하는 사람이 되십시오.

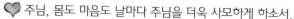

나의 영적 일지

7

월

"수고하고 무거운 짐 진 자들아 다 내게로 오라
내가 너희를 쉬게 하리라
나는 마음이 온유하고 겸손하니 나의 멍에를 메고 내게 배우라
그리하면 너희 마음이 쉼을 얻으리니"
-마태복음 11:28,29-

하나님이 함께 하신다면

읽을 말씀 : 롬 8:31-39

● 롬 8:31 그런즉 이 일에 대하여 우리가 무슨 말 하리요 만일 하나님이 우리를 위하시면 누가 우리를 대적하리요

마더 테레사가 인도의 빈민가인 캘커타에 고아원을 건설하겠다고 계획을 밝혔을 때 어떤 사람이 돈은 얼마나 모였냐고 물었습니다.

마더 테레사는 주머니에서 3달러를 꺼내며 지금은 이것이 전부라고 말했습니다. 질문을 한 사람이 도대체 3달러로 무슨 고아원을 짓느냐고 묻자 마더 테레사가 다시 대답했습니다.

"3달러 가지고는 아무 일도 할 수 없습니다. 그러나 하나님이 함께 한다면 3달러로도 충분합니다."

마틴 루터 킹 목사님이 사역하시던 시카고의 교회에 화재가 나서 잿더미가 되었을 때에도 사람들이 찾아와 도대체 하나님의 귀한 교회에 왜 이런 일이 일어나느냐고 물었습니다. 그때 목사님은 그 어느 때보다 더 담대한 목소리로 말했습니다.

"건물은 사라졌지만 성도는 남았습니다. 그리고 우리 손에는 성경이 들려 있습니다. 이 자리에 더 큰 예배당이 설 것이고 더 많은 사람들이 하나님을 알게 될 것입니다. 우리에게 하나님만 있다면 불가능은 없습니다."

하나님이 함께 하신다면 불가능은 없습니다. 지금 연약한 나의 모습과 어려운 환경을 바라보지 말고 우리 안에 계시며 늘 함께 하시는 하나님을 바라보십시오. 반드시 복되고 형통할 것입니다.

💙 주님, 그 무엇보다도 성령의 임재를 간절히 구하게 하소서.
🧩 나의 환경과 능력의 부족으로 하나님의 능력을 제한하지 마십시오.

나의 영적 일지

믿을 수 있는 증거

읽을 말씀 : 행 17:16-31

● 행 17:31 이는 정하신 사람으로 하여금 천하를 공의로 심판할 날을 작정하시고 이에 그를 죽은 자 가운데서 다시 살리신 것으로 모든 사람에게 믿을 만한 증거를 주셨음이니라 하니라

아브라함 시대에 하나님을 믿지 않는 사람들은 이런 핑계를 댔습니다.

"도대체 하나님을 어떻게 믿으란 말입니까? 아브라함을 통해 메시아를 보내주신다는 이야기는 들었지만 아브라함의 말이 진짜인지 어떻게 알 수 있습니까? 만약 내가 살아있는 동안에 메시아가 오신다면 나는 하나님을 믿을 것입니다."

예수님이 오신 시대에 믿지 않던 사람들은 이런 핑계를 댔습니다.

"지금 저 예수가 메시아라는 것을 어떻게 알 수 있습니까? 많은 이적을 행하지만 사기일 수도 있잖아요? 만약에 하나님이 직접 나에게 저분이 메시아라는 걸 말해주신다면 저도 믿을 수 있을 것입니다."

오늘 날의 믿지 않는 사람들은 이런 핑계를 대고 있습니다.

"제가 만약 구약이나 신약 시대에 살면서 많은 이적과 예수님을 직접 만났다면 성경이 참이라는 걸 믿을 수 있을 텐데요. 그러나 사실을 확인할 수 없는 지금 도대체 무엇을 보고 믿을 수 있단 말입니까?"

모든 시대에 걸쳐 하나님은 믿을 수 있는 충분한 증거를 보여주고 계십니다. 그러나 많은 사람들은 믿지 않을 이유만 찾고 있습니다. 시선을 조금만 돌려 세상에 충만한 창조주 하나님의 증거를 바라보십시오. 반드시 복되고 형통할 것입니다.

🖤 주님, 지금 시대에 주시는 하나님의 놀라운 증거를 볼 수 있는 눈을 주소서.
🕮 하나님을 확실히 믿고 있는 증거를 찾았는지 생각해 보십시오.

나의 영적 일지

고독 속에 임하시는 주님

7월 3일

읽을 말씀 : 시 118:1-9

●시 118:5 내가 고통 중에 여호와께 부르짖었더니 여호와께서 응답하시고 나를 넓은 곳에 세우셨도다

미국항공우주국 NASA에서는 유인우주선 개발을 위해서 당시 신경과학의 최고 권위자인 에른스트 푀펠 박사에게 사람이 혼자 밀폐된 공간에서 며칠정도 최상의 상태를 유지할 수 있는지를 물었습니다.

푀펠 박사는 선별된 우주인을 데리고 안데스 산맥으로 떠났습니다. 박사는 산맥 지하에 우주선에서의 삶과 비슷한 환경의 벙커를 만들고 사람들은 약 2주간 격리시켜 생활하게 만들며 심리상태를 관찰했습니다. 박사의 연구에 따르면 잘해야 2주 정도를 겨우 버텨야 했으나 사람들은 3주가 지나도 어떤 어려움도 호소하지 않았습니다.

실험이 잘못됐나 싶어 나중에는 박사가 직접 벙커에 들어가 생활을 했으나 처음 이틀만 조금 불안했을 뿐 삼일 째부터는 심신이 안정되고 창의적인 생각들이 마구 떠오르기 시작했습니다. 결국 같힌 공간에 혼자 있는 것은 정서적으로는 큰 문제가 없다는 결론을 내리고 박사는 다음과 같은 명언을 남겼습니다.

"사람들에게 부족한 것은 다른 사람들과의 소통이 아니라 자기 자신과의 만남이다."

넘치는 정보와 손 안에 언제나 스마트폰이 들려 있는 이 시대에도 하나님은 고요한 가운데 우리에게 임하십니다. 세상과 연결된 모든 줄을 끊고 고독한 가운데 하나님께 나오는 시간을 가지십시오. 반드시 복되고 형통할 것입니다.

♥ 주님, 세상과의 단절을 두려워 말고 주님께로 나아오게 하소서.
🔲 하루에 5분이라도 고요한 가운데 주님을 묵상하십시오.

나의 영적 일지

진짜 중요한 이익

읽을 말씀 : 롬 1:18-32

● 롬 1:22,23 스스로 지혜 있다 하나 어리석게 되어 썩어지지 아니하는 하나님의 영광을 썩어질 사람과 새와 짐승과 기어 다니는 동물 모양의 우상으로 바꾸었느니라

　미국에서 아이들을 위한 교육위원회가 처음 만들어진 건 1837년도입니다. 당시 초대의장을 맡게 된 사람은 호레이스만 이었는데 그는 보스턴에서 가장 잘나가는 변호사로 주의회 의원과 상원의장을 역임하고 있었습니다. 가만히만 있어도 많은 돈과 명예가 보장된 자리인데 이제 막 생긴 미래가 불투명한 일을 시작하는 것에 많은 사람들이 의문을 품자, 호레이스만은 그 이유를 이렇게 말했습니다.

　"제가 변호사 일을 잘해봤자 이익을 보는 것은 제 의뢰인뿐입니다. 그러나 교육은 다음 세대에 관련된 일입니다. 이것은 제가 얻는 어떤 보상보다도 훨씬 중요하고 귀한 일입니다."

　그런 마음으로 초라했던 미국 교육을 개혁하기 시작한 그는 범죄를 일으킨 학생들을 교화시키기 위한 센터를 짓는 당시로써는 매우 파격적인 정책까지 추진했습니다. 범죄자들을 위해 막대한 돈을 투자해 건물을 짓는 것이 낭비가 아니냐는 말에는 늘 이렇게 대답했습니다.

　"단 한 명이라도 변화되는 학생이 있다면 결코 낭비가 아니며, 아깝지 않습니다. 그 한 사람이 당신의 제자, 혹은 당신의 자녀라고 생각해보십시오. 여전히 아깝다고 생각하십니까?"

　우리는 이보다 더 사람을 귀하게 여기는 마음을 가지고 살아야 합니다. 호레이스만이 교육을 가지고 학생들에게 가졌던 마음을, 우리는 복음을 가지고 세상 사람들에게 적용해봅시다. 반드시 복되고 형통할 것입니다.

♥ 주님, 세상을 살아가며 정말로 중요한 일이 무엇인지 깨닫게 하소서.
🎑 세상에서 가장 귀한 일인 영혼구원을 위한 일에 더 많은 신경을 쓰십시오.

나의 영적 일지

속도 보다 정확성

읽을 말씀 : 갈 1:1-5

● 갈 1:4,5 그리스도께서 하나님 곧 우리 아버지의 뜻을 따라 이 악한 세대에서 우리를 건지시려고 우리 죄를 대속하기 위하여 자기 몸을 주셨으니 영광이 그에게 세세토록 있을지어다 아멘

미래학자 엘빈 토플러는 '제 3의 물결'을 통해 21세기는 정보화 시대가 찾아올 것이라고 예견했습니다.

실제로 1990년대가 되면서 세계적으로 컴퓨터와 인터넷 보급률이 기하급수적으로 증가하며 정보화 시대가 왔고, 지금에는 스마트시대라는 새로운 물결이 찾아왔습니다.

스마트시대의 사람들은 속도가 최고라고 생각을 합니다. 걸어 다니면서도 스마트폰으로 업무를 처리할 수 있고 밥 먹는 시간을 아끼려 냉동식품과 패스트푸드를 먹습니다. 신중한 사람은 무능력자 취급을 받기도 합니다.

그러나 토론토대 경영대학원의 샌포드 드보 교수의 연구에 따르면 속도에 쫓기는 사람들은 오히려 시간과 효율을 낭비하는 경우가 있다고 합니다. 야구에서 타율이 높은 타자들은 방망이를 최대한 늦게 휘두릅니다. 기다리는 만큼 공이 어디로 오는지 정확하게 판단해서 칠 수 있기 때문입니다.

즉, 속도와 효율이 최고로 중요해지는 시대가 찾아왔지만, 그로 인해 오래 기다릴 줄 알고 정말 중요한 것을 놓치지 않는 사람들이 더욱 필요해집니다. 정말로 중요한 것은 "빨리, 많이 하느냐?"가 아니라, "어떤 일을, 어떻게 하느냐?"이기 때문입니다. 일도 신앙도 많은 일을 하는 것보다 중요한 일을 하는 것이 더 중요합니다. 인생의 모든 목표를 조급해하지 말고 진중하게 세우십시오. 반드시 복되고 형통할 것입니다.

💙 주님, 세상의 바람에 휩쓸리지 않고 묵묵히 진리를 따라가게 하소서.
🎭 남과 비교하지 말고 자신의 진짜 목표를 먼저 찾으십시오.

나의 영적 일지

싸움은 하루를 넘기지 말아라

읽을 말씀 : 엡 4:25-32

● 엡 4:26 분을 내어도 죄를 짓지 말며 해가 지도록 분을 품지 말고

애로우 스미스 씨와 플로렌스 여사는 기네스북에 등재된 세계 최장수 부부입니다.

교회에서 교사로 섬기다가 만나게 된 부부는 1925년 자신들이 다니던 교회에서 결혼을 한 뒤에 80여 년이 지난 지금까지 행복하게 살고 있습니다.

최근 이 부부가 기네스북에 등재되고 나서 많은 사람들이 이 부부를 찾아와 오랜 부부생활을 유지할 수 있는 비결을 알려달라고 물었습니다. 남편 애로우 씨는 "전 항상 아내에게 사랑한다고 말합니다"라고 대답을 했고 아내 플로렌스 여사는 "전 항상 남편에게 미안하다고 말합니다"라고 대답했습니다.

"다른 비결은 없습니까?"라는 물음에는 에베소서 4장 26절이라고 대답했습니다.

"분을 내어도 죄를 짓지 말며 해가 지도록 분을 품지 말고..."

부부가 오랜 세월을 함께 살면서도 서로의 사랑이 변치 않고 장수 할 수 있었던 것은 사랑한다고 먼저 고백하고, 미안하다고 먼저 사과하고, 그날의 다툼은 그날에 화해하는 서로를 향한 배려 덕분이었습니다.

순간의 실수로 화를 낼 수는 있지만 날을 넘기도록 분을 품는 것은 성도의 덕목이 아닙니다. 상대방을 생각하는 아름다운 배려의 마음으로 하루를 마무리하십시오. 반드시 복되고 형통할 것입니다.

♡ 주님, 유순한 마음과 지혜로운 혀로 다툼을 이겨내게 하소서.
🎴 주님 말씀대로 모든 사람과의 다툼은 하루를 넘기지 마십시오.

나의 영적 일지

세상이 감당할 수 없는 사람

읽을 말씀 : 고전 10:1-13

● 고전 10:13 오직 하나님은 미쁘사 너희가 감당하지 못할 시험 당함을 허락하지 아니하시고 시험 당할 즈음에 또한 피할 길을 내사 너희로 능히 감당하게 하시느니라

영국에서 종교의 자유를 찾아 신대륙으로 떠나던 메이플라워호는 간신히 파선을 면한 상태로 아메리카 대륙에 도착했습니다.

그럼에도 그들은 상륙을 하자마자 하나님께 다음의 7가지 감사를 드렸습니다.

1. 대양을 건너기엔 너무 작은 배였지만 이 배라도 주심에 감사한다.
2. 걷는 속도보다도 느린 속도의 항해였으나 65일간 전진할 수 있었음에 감사한다.
3. 항해 중 두 사람이 죽었으나 한 아이가 태어났음에 감사한다.
4. 폭풍으로 배의 큰 돛이 부러졌으나 파선되지 않았음을 감사한다.
5. 여자들 몇이 파도 속에 휩쓸려갔으나 모두 구출되었음에 감사한다.
6. 인디언들의 방해로 상륙지를 찾지 못해 바다에서 표류했지만 호의적인 원주민의 도움으로 결국 상륙하게 된 것을 감사한다.
7. 고통스러운 항해였음에도 단 한명도 돌아가자는 사람이 없었음에 감사한다.

구원받은 하나님의 자녀들은 어떤 순간에도 믿음을 져버리지 않고 감사를 잃어버리지 않습니다. 어떤 고난에도 세상이 감당할 수 없는 감사의 믿음을 가진 성도가 되십시오. 반드시 복되고 형통할 것입니다.

♥ 주님, 어떤 상황에서도 주님께 감사할 수 있는 반석의 믿음을 주소서.
🖼 오늘 하루 일어나는 모든 일들에 대해 감사해보십시오.

나의 영적 일지

불가능을 정복하는 십계명

읽을 말씀 : 고후 9:1-15

● 고후 9:8 하나님이 능히 모든 은혜를 너희에게 넘치게 하시나니 이는 너희로 모든 일에 항상 모든 것이 넉넉하여 모든 착한 일을 넘치게 하게 하려 하심이라

한 익명의 성도가 인터넷에 올린 '성경에서 발견한 불가능을 정복하는 사람들의 십계명' 입니다.

01. 불가능해 보이는 아이디어도 배척하지 않는다.

02. 환경이 불가능해 보인다 해도 일단 시작한다.

03. 경험이 없다는 이유로 포기하지 않는다.

04. 실패확률이 크다고 도전을 포기하지 않는다.

05. 누구도 성공하지 못한 계획이라고 주저하지 않는다.

06. 시간, 돈, 실력, 에너지, 재능, 기술이 부족하다는 핑계를 대지 않는다.

07. 뜻대로 진행되지 않는다고 중도에 포기하지 않는다.

08. 달콤한 유혹에 굴복하지 않는다.

09. 압박감을 과정의 하나로 여긴다.

10. 하나님을 체험하는 좋은 습관을 들인다.

사람에게 불가능해 보여도 하나님께 불가능한 일은 없습니다. 내 삶에 임하는 성령님의 음성에 귀를 기울이고 성경에 나오는 믿음의 인물들과 같이 담대히 세상을 정복하십시오. 성경을 읽으면서 하나님께서 나에게 하시는 사랑의 말씀으로 받아들이십시오. 반드시 복되고 형통할 것입니다.

🖤 주님, 사명이라면 어떤 어려움에도 포기하지 않게 하소서.
🎴 어렵고 힘든 일을 만날 때마다 성경을 통해 힘을 얻으십시오.

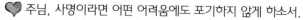

나의 영적 일지

약속의 중요성

읽을 말씀 : 시 76:1-12

● 시 76:11 너희는 여호와 너희 하나님께 서원하고 갚으라 사방에 있는 모든 사람도 마땅히 경외할 이에게 예물을 드릴지로다

중국의 역사가 나필은 유명한 학자였으나 후원자를 만나지 못해 연구를 계속 할 수 없는 상황에 처해있었습니다.

그런 그에게 어떤 귀족이 지원을 해주겠다고 만나러 오라는 연락을 보냈지만 나필은 오늘은 절대로 갈 수 없다며 거절을 했습니다. 귀족은 자신의 호의를 거절했다며 하려던 후원을 모두 취소해버렸습니다. 이 소식을 들은 친구가 안타까운 마음에 찾아와 물었습니다.

"이보게, 그토록 바라던 후원가가 생겼는데 도대체 왜 거절을 했는가? 이보다 더 중요한 일이 자네에게 있단 말인가?"

"사실은 그날 전에 한 소녀와 시장에서 부딪혀 항아리를 깨트리고 말았네. 그런데 가지고 있는 돈이 없어서 물어주지를 못했고 대신 다음날 그 자리에서 만나 물어주겠다고 약속을 했거든. 소녀와의 작은 약속도 지키지 못하는 사람이 수천 년을 이어져온 역사를 제대로 평가하고 공부할 수 있겠나?"

나필은 후원을 제대로 받지 못하면서도 당대의 왕과 귀족들의 잘못을 낱낱이 파헤치고 책에 기록을 했으며 그 결과 지금까지도 전해져 내려오는 유명한 역사가가 되었습니다.

약속에는 크고 작음이 없습니다. 하나님과의 약속도, 사람과의 약속도 한 번 했다면 그 무엇보다 중요하게 여기십시오. 반드시 복되고 형통할 것입니다.

♥ 주님, 작은 약속에서 신뢰와 믿음이 생겨남을 깨닫게 하소서.
🎽 무심코 했다가 지키지 못한 약속이 있지는 않은지 찾아보십시오.

나의 영적 일지

인생을 걸만한 한 번의 승부

읽을 말씀 : 고전 15:20-28

● 고전 15:22 아담 안에서 모든 사람이 죽은 것 같이 그리스도 안에서 모든 사람이 삶을 얻으리라

미시건주의 한 고아원에 타미라는 아이가 있었습니다. 타미는 고아원에서 선생님에게 복음에 대해서 들었으나 하나님을 믿지 않았습니다. 그러다 중학교에 들어갈 때에 양부모에게 입양이 되었는데, 불우한 자신의 처지를 탓하며 매일 사고를 치는 문제아가 되었습니다. 결국 양부모도 그를 포기했고, 학교에서도 퇴학을 당했는데, 모든 걸 잃고 교문을 나서는 그 순간 예전에 선생님이 했던 말이 떠올랐습니다.

"하나님은 너를 버리지 않으신단다. 네가 하나님을 믿으면 분명 놀라운 기회가 생길거야."

타미는 이제 시작하는 모든 일에는 정말로 최선을 다해서 노력하기로 결심을 했습니다. 그리고 하나님을 열심히 믿기로 결심하며 예수님을 구세주와 주님으로 믿기로 했습니다.

새로운 결심 직후 피자가게에 취직한 타미는 '도미노 피자'라는 이름으로 창업을 했는데, 현재 도미노 피자는 세계에서 두 번째로 큰 피자 체인점이 되었습니다. 타미는 세계의 청소년들을 찾아다니며 자신의 성공 비결에 대해서 다음과 같이 이야기하고 있습니다.

"인생을 승리하고 싶다면 하나님을 믿고, 하나님께 맡겨라! 그러면 분명한 기회가 온다!"

인생의 가장 확실한 승부는 하나님께 내 인생을 맡기는 것입니다. 나의 모든 것을 하나님께 맡기십시오. 반드시 복되고 형통할 것입니다.

♥ 주님, 주님이 인도하시는 곳으로만 따라가는 삶이 되게 하소서.
🔲 내 욕심과 미련대로 인생을 끌고 가지 말고 하나님께 맡기십시오.

나의 영적 일지

성경이 만든 기적

읽을 말씀 : 슥 4:1-14

●슥 4:6 만군의 여호와께서 말씀하시되 이는 힘으로 되지 아니하며 능력으로 되지 아니하고 오직 나의 영으로 되느니라

프랑스의 대문호 빅토르 위고는 항상 두 개의 책을 들고 다녔는데 하나는 셰익스피어의 책이었고 다른 하나는 성경이었습니다.

영국을 해가지지 않는 나라로 만든 빅토리아 여왕은 나라를 통치하기 위해서 늘 성경을 읽고 해답을 구했습니다.

마틴 루터는 종교개혁을 위해서 가장 필요한 것이 대중에게 성경을 보급하는 일이라고 생각했습니다. 그리고 정말로 성경이 대중에게 보급되면서 종교 개혁은 가속화되었습니다.

토마스 제퍼슨은 자기가 미국의 대통령이 될 수 있던 비결이 어려서부터 늘 성경을 읽었고 묵상했기 때문이라고 말했습니다.

전 세계에 성경을 배포하는 국제기드온협회의 헨더슨 총무는 이런 말을 했습니다.

"10년 안에 결실을 보려거든 나무를 심고, 50년 안에 결실을 보려거든 사람을 키우십시오. 그러나 영원의 결실을 맺고 싶다면 성경을 보십시오. 성경에는 구원의 길, 의의 길, 악의 유혹을 이기는 길, 사랑과 봉사의 길 등 삶의 모든 것이 담겨 있기 때문입니다."

성경에는 세상의 모든 지혜와 복음이 담겨 있습니다. 그래서 성경을 통해 사람이 변화되고 성경을 통해 기적이 일어납니다. 주님의 말씀인 성경을 항상 읽고 묵상하십시오. 반드시 복되고 형통할 것입니다.

♥ 주님, 성경 말씀을 통해 내 삶에도 기적이 일어나게 하소서.
🎴 성경을 늘 가까이에 두고 시시때때로 묵상하십시오.

나의 영적 일지

사명자의 마지막

읽을 말씀 : 행 7:54-60

●행 7:59,60 그들이 돌로 스데반을 치니 스데반이 부르짖어 이르되 주 예수여 내 영혼을 받으시옵소서 하고 무릎을 꿇고 크게 불러 이르되 주여 이 죄를 그들에게 돌리지 마옵소서 이 말을 하고 자니라

영국의 위대한 성자 조지 휫필드는 목회자의 길을 걷고 나서부터 1주일에 평균 20번 이상의 설교를 했습니다.

휫필드는 사람들이 조금이라도 모여 있는 곳이라면 언제든지 양해를 구하고 짧게나마 복음을 전했습니다. 휫필드는 집 앞에 모인 사람들에게 말씀을 전하고 쉬러 들어갔다가 곧 숨을 거두고 하나님 나라로 떠났는데, 그의 마지막 설교를 들은 사람은 휫필드의 모습이 너무나 열정적이고 박력 있어서 곧 그가 죽게 될 줄은 꿈에도 몰랐다고 증언했습니다.

종교개혁자 존 낙스는 노년에 몸이 심하게 약해져 제대로 걷지를 못할 정도였습니다. 하지만 그럼에도 강단에 서서 사람들에게 말씀을 전하는 일을 항상 사모했습니다. 친구들은 항상 약해진 그의 몸 상태를 걱정했지만 강단에서 막상 말씀을 전하는 존 낙스의 힘찬 모습을 보고는 오히려 강단이 부서지지 않을까 걱정하곤 했습니다. 존 낙스는 자신의 남은 모든 힘을 말씀을 전하는 강단 위에서 쏟았기 때문입니다.

마지막까지 최선을 다해 사명을 감당하는 것이 진정한 사명자의 자세입니다. 편안한 자리와 상태를 찾아다니지 말고 하나님이 주시는 만큼 최선을 다해 맡은 자리에서 사역하십시오. 반드시 복되고 형통할 것입니다.

💗 주님, 주님이 주신 사명을 한 순간도 소홀히 하지 않게 하소서.
🧎 하나님이 주신 사명이 무엇이며, 잘 감당하고 있는지 생각해보십시오.

`나의 영적 일지`

언제나 최선을 다하라

읽을 말씀 : 렘 32:36-42

● 렘 32:41 내가 기쁨으로 그들에게 복을 주되 분명히 나의 마음과 정성을 다하여 그들을 이 땅에 심으리라

이탈리아의 세계적인 테너 카루소는 교회 합창단에서 처음 성악을 시작했습니다.

나중에 세계적인 성악가가 된 뒤에도 자선 공연을 많이 할 정도로 신앙심이 좋았던 카루소였는데 한 번은 자선 음악회 공연을 앞두고 컨디션이 좋지 않아 병원에 입원을 한 적이 있었습니다. 자선음악회의 담당자는 혹시라도 공연이 취소될까봐 병원을 찾아와 카루소에게 안부를 물었습니다.

"선생님, 몸은 괜찮으십니까? 건강도 좋지 않으신데 이번 음악회는 너무 진지하게 생각하지 않으셔도 됩니다. 특별히 힘을 쏟지 말고 그냥 편하게 무대에 서주시되 다만 참석은 꼭해주시면 감사하겠습니다."

이 말을 들은 카루소는 매우 화가 난 얼굴로 말했습니다.

"나, 카루소는 단 한 번도 무대에 진지하게 서지 않은 적이 없소. 자선 음악회라고, 돈을 받지 않는다고, 몸이 조금 아프다고 조금이라도 최선을 다하지 않는다면 그건 나를 보러 온 관객을 향한 모독입니다."

지금까지 지내 온 신앙생활을 돌이켜 보십시오. 그리고 지난주에 드렸던 예배를 생각해보십시오. 주님께 드릴 수 있는 최선을 드렸던 예배였습니까? 언제나 나의 최선을 다한 예배와 생활로 하나님을 기쁘시게 하고, 이웃을 유익하게 하는 성도가 되십시오. 반드시 복되고 형통할 것입니다.

💜 주님, 하나님과의 만남을 소홀히 여기는 미련한 자가 되지 않게 하소서.
🔁 이번 주에 드리는 모든 예배를 나의 최선을 다해 드리십시오.

나의 영적 일지

최고의 무기 친절

7월 14일

읽을 말씀 : 엡 4:25-32

● 엡 4:32 서로 친절하게 하며 불쌍히 여기며 서로 용서하기를 하나님이 그리스도 안에서 너희를 용서하심과 같이 하라

　이창수 씨는 나이 오십에 한쪽 다리에 장애가 생기고, 당뇨와 빚에 떠밀려 어쩔 수 없이 택시 기사를 하게 되었습니다.

　게다가 매일 사납금을 내야 하는 택시여서 빚을 갚고 가정을 꾸려나가기 위해 교대도 하지 않고 하루에 18시간씩 혼자서 일을 했습니다. 밥 먹는 시간도 아까워 일을 시작하기 전, 끝나고 나서 2끼만 먹었고, 하루에 200km이상은 반드시 택시를 몰았습니다. 그렇게 7,8년 가까이 택시를 몰면서 손님들이 친절한 기사를 매우 좋아한다는 사실을 알게 되었습니다.

　손님의 요구대로 좁은 골목길도 서슴없이 들어가고, 밝은 미소로 응대해주다보니 이용하는 손님들도 점점 늘었고, 부수적으로 받는 팁도 늘기 시작했습니다. 처음에는 돈을 벌기 위해 친절했던 이창수 씨는 어느새 손님을 친절하게 대하고 안전하게 모시는 일에 대한 기쁨을 깨달았습니다. 그렇게 10년이 지나자 사납금을 내고도 받는 월급은 한 달에 300만원에 이르렀고, 대한민국에서 가장 월급을 많이 받는 택시기사라는 소문이 나며 친절노하우를 배우기 위한 각종 기업체에서 강의 요청이 들어오며 책도 내게 되었습니다.

　같은 일에도 친절과 사랑을 더하면 축복과 기쁨이 되어 몇 배로 돌아옵니다. 모든 일에 친절을 더하고 사랑을 더하십시오. 반드시 복되고 형통할 것입니다.

♡ 주님, 주님이 주신 사랑으로 친절과 선행으로 세상에 베풀게 하소서.
▨ 내가 할 수 있는 일에 더할 수 있는 친절과 사랑이 무엇인지 생각해보십시오.

나의 영적 일지

세 가지 환대

읽을 말씀 : 잠 11:23-31

●잠 11:25 구제를 좋아하는 자는 풍족하여질 것이요 남을 윤택하게 하는 자는 자기도 윤택하여지리라

레미제라블에는 도둑질을 하러 교회에 들어온 장발장에게 오히려 환대를 베푸는 목회자 뮈리엘의 모습이 나옵니다.

도둑질을 하러 들어온 장발장에게 뮈리엘은 세 가지 환대를 베풀었습니다.

–첫 번째 환대는 생존적 충족이었습니다.

뮈리엘은 장발장을 식탁에 앉히고 먹고 마실 음식을 주며 편히 머물러 쉬게 했습니다.

–두 번째 환대는 정서적 충족이었습니다.

자신을 '특별한 손님'으로 불러주는 뮈리엘을 통해 도둑 장발장은 큰 정신적인 충격을 받았습니다.

–세 번째 환대는 자존감 충족이었습니다.

자신에게 왜 이런 환대를 베풀어주냐고 묻는 장발장에게 뮈리엘은 "당신은 대접받을 권리가 있기 때문입니다."라고 대답했습니다.

뮈리엘이 도둑질을 하러 온 장발장에게 이런 환대를 베푼 것은 주님 안에서 한 형제라는 생각을 가지고 있었기 때문입니다. 천지만물을 창조하신 분이 하나님이라는 사실을 믿는다면 우리 모두가 한 형제이자 자매라는 사실 역시 믿어야 합니다. 가족, 직장과 교회, 그리고 지역의 모든 사람까지 환대의 영역을 넓혀 가십시오. 반드시 복되고 형통할 것입니다.

♡ 주님, 어떤 신분의 사람이라도 존중하게 하소서.
🎴 하나님의 창조물이라는 사실만으로도 존중받을 권리가 있음을 기억하십시오.

나의 영적 일지

거듭남의 비밀

읽을 말씀 : 요 3:1-15

● 요 3:3 예수께서 대답하여 이르시되 진실로 진실로 네게 이르노니 사람이 거듭나지 아니하면 하나님의 나라를 볼 수 없느니라

　미국에서 벌어지던 남북전투 중에 총상을 입고 쓰러진 장교 한명이 있었습니다.

　중상을 입은 데다 오랜 시간 방치된 장교를 발견한 의무병들은 생존 가망이 없다 생각하고 시체가 되면 처리하려고 한 쪽에 버려놓았습니다. 그러나 남자는 기적적으로 회복하기 시작했고, 치료를 받으면서 다시 예전의 건강한 상태로 완쾌 되었습니다.

　새로운 삶을 살게 된 남자는 자신에게 기적이 일어난 원인이 무엇인지 곰곰이 생각해봤는데 아무리 생각해봐도 자신을 위해 기도해주던 가족의 기도 외에는 설명이 되지 않았습니다. 젊은 시절 극심하게 기독교를 싫어했던 남자는 마음을 돌려 예수님을 믿으며 정말로 새로운 삶을 살았습니다.

　러셀 콘웰이라는 이 남자는 새로운 사업을 하며 크게 성공해 템플 대학교와 세 개의 종합병원을 세웠고, 필라델피아 침례교회라는 큰 교회당을 세웠습니다. 또한 자신의 경험을 토대로 많은 신앙서적을 저술해 사람들에게 복음을 전하기 위해 다방면으로 헌신을 하는 삶을 살았습니다.

　거듭난 삶의 비밀은 하나님의 사랑을 깨닫고 감사함으로 이전과는 다른 삶을 살아가는 것에 있습니다. 예수님을 믿기 전과 후의 삶이 분명히 변화되었는지 돌아보십시오. 반드시 복되고 형통할 것입니다.

🖤 주님, 분명한 변화가 있는 확실한 삶을 살게 하소서.
🖼 주님 안에서 거듭남으로 나의 삶에 어떤 변화가 일어났는지 떠올려 보십시오.

나의 영적 일지

종교개혁을 일으킨 호의

읽을 말씀 : 히 13:1-5

●히 13:2 손님 대접하기를 잊지 말라 이로써 부지중에 천사들을 대접한 이들이 있었느니라

　마틴 루터는 신학생 시절에 마을을 돌아다니며 찬양하며 구걸을 했습니다.

　생계가 어려워 끼니를 때우기 위해서 구걸을 했던 루터는 좋은 목소리 때문에 항상 많은 빵을 얻을 수 있었고, 얻은 빵을 다른 학생들에게 나누어 주기도 했습니다.

　그러다 루터의 좋은 목소리를 듣고 위로를 받은 곤란드 고다라는 남자가 있었는데 그는 루터가 구걸을 할 때마다 집으로 초청해 맛있는 음식을 차려주고 많은 빵을 싸주었습니다. 덕분에 루터는 신학생 시절을 배를 굶지 않고 공부에 전념할 수 있었습니다.

　아마 그 남자는 루터를 도와주면서 "이 아이가 장차 자라서 종교 개혁을 일으켰으면...", "세계 기독교사의 큰 인물이 되었으면..."이라는 생각은 하지 않았을 것입니다. 다만 루터의 목소리에 감동을 받았고, 당시 할 수 있는 것으로 도움을 주었을 뿐이었습니다. 그러나 그 작은 호의로 인해서 루터는 학교를 무사히 졸업했고, 훗날 종교개혁을 일으키는 기독교사의 가장 중요한 인물이 되었습니다.

　오늘 내가 베푼 친절을 통해서 어떤 결실이 맺힐지는 주님만이 아십니다. 성령님의 음성을 그냥 지나치지 말고 언제나 순종함으로 호의를 베푸십시오. 반드시 복되고 형통할 것입니다.

♡ 주님, 베풀 수 있는 호의라면 아무리 작은 기회라도 지나치지 않게 하소서.
🎞 작은 호의라도 축복을 비는 마음으로 기도와 함께 베푸십시오.

나의 영적 일지

가장 긴 사랑의 고백

읽을 말씀 : 사 43:1-7

● 사 43:4 네가 내 눈에 보배롭고 존귀하며 내가 너를 사랑하였은즉 내가 네 대신 사람들을 내어 주며 백성들이 네 생명을 대신하리니

프랑스의 화가 마르쉘은 연인 마들렌에게 편지를 쓰려고 대필인을 고용했습니다.

창밖을 바라보며 사랑하는 연인에게 할 말을 생각하던 마르쉘은 "나는 당신을 사랑합니다"라는 말만을 계속해서 반복했습니다.

반복할 때마다 어조와 감정과 리듬이 달랐지만 언제나 내용은 "나는 당신을 사랑합니다"였습니다. 마르쉘은 하루 종일 같은 말을 반복한 뒤에 다음 날도, 그 다음 날도 대필인을 불러 같은 내용의 편지를 적게 했습니다.

그렇게 며칠이 지나고 마르쉘은 자신의 편지를 마들렌에게 보냈습니다. 마들렌이 받은 편지에는 "나는 당신을 사랑합니다"라는 문장이 10만 번이나 적혀 있었습니다.

마르쉘은 아무리 마들렌을 향한 자신의 감정을 떠올려 봐도 이 간결한 사랑 고백 말고는 다른 어떤 말도 할 수 없었기 때문이라고 훗날 고백했습니다.

하나님이 성경을 통해 우리에게 고백하는 내용도 우리를 향한 사랑뿐입니다. 다양한 방법과 사람들을 통해 전해지는 그 간절한 사랑의 고백을 기쁘게 받고 동일한 고백을 드리십시오. 반드시 복되고 형통할 것입니다.

♥ 주님, 말씀에 담겨있는 놀라운 사랑을 매일 깨닫는 행복을 주소서.
🎨 주님을 향한 사랑을 찬양과 기도로 매일 고백하십시오.

나의 영적 일지

연단의 유익

읽을 말씀 : 롬 5:1-11

● 롬 5:4 인내는 연단을, 연단은 소망을 이루는 줄 앎이로다

'인간 기관차' 에밀 자토팩은 체코가 낳은 세계적인 육상스타입니다.

자토팩이 선수로 활동하던 1900년대 초반만 해도 훈련보다는 타고난 재능이 더욱 중요하다는 것이 일반적인 생각이었습니다. 그래서 재능이 있는 선수들이나 없는 선수들이나 연습을 별로 중요하게 생각하지 않았지만 자토팩은 재능이 있더라도 연습을 통해서만 개발할 수 있다고 생각했습니다.

자토팩은 자신의 생각이 맞는다는 걸 증명하기 위해서 자신의 몸을 가지고 효과적인 훈련방법을 연구했습니다. 군대에 있을 때도 군화에 모래주머니까지 차고 눈밭이나 모래밭을 찾아다니며 연습을 했고, 짧은 거리를 전속력으로 반복하는 인터벌 훈련법도 자토팩이 개발한 방법입니다.

자토팩은 이런 연습방법으로 올림픽에서 신기록을 세우며 금메달을 딸 수 있었고, 2번째 참가한 올림픽에서는 5천 미터, 1만 미터, 마라톤 3종목에서 금메달을 딴 역사상 유일한 육상선수가 되었습니다.

재능도 훈련을 통해 꽃이 피게 되듯이 구원을 받았다 해도 경건의 훈련을 통해 믿음이 성장하게 됩니다. 큰 믿음의 위인들을 그저 바라만 보지 말고, 지금 상황에서 내가 할 수 있는 최선을 다해 경건생활을 하십시오. 반드시 복되고 형통할 것입니다.

♥ 주님, 신앙의 훈련을 통해 믿음이 성장하는 기쁨을 누리게 하소서.
▨ 신앙의 연단을 위해 꾸준히 경건생활을 하십시오.

나의 영적 일지

의미 없는 희생

읽을 말씀 : 잠 25:21-28

● 잠 25:27 꿀을 많이 먹는 것이 좋지 못하고 자기의 영예를 구하는 것이 헛되니라

펠레폰네소스 전쟁 중에 페르시아군에게 포로로 잡힌 그리스 병사가 있었습니다.

페르시아군이 자신들을 처형할 것이라는 소식을 듣게 된 그리스 병사들은 전날 밤에 간수를 죽이고 탈출을 했는데, 이를 발견한 페르시아 군인들이 추격을 해오고 있었습니다.

한참을 도망을 가던 도중 그리스 병사들의 눈앞에는 낭떠러지가 펼쳐졌고, 반대편 협곡까지는 도저히 뛸 수 없는 거리였습니다. 그러나 그렇다고 가만히 있다가는 어차피 잡혀 죽을 것이 뻔했습니다.

한 병사가 먼저 있는 힘을 다해서 낭떠러지를 가로질러 뛰었지만 5미터도 가지 못하고 떨어져 죽었습니다. 나머지 한 병사도 페르시아 병사가 가까운 것을 알고는 용기를 내어 힘껏 뛰었습니다. 이번엔 전의 병사보다 훨씬 멀리 뛰어 10미터나 갔지만 역시 떨어져 죽었습니다. 애초에 낭떠러지와 협곡의 사이가 100미터도 넘었기 때문에 사람이 제 아무리 잘 뛰어봤자 결코 넘을 수 없는 거리였기 때문이었습니다.

예수님만이 길이요, 진리요, 생명인 이유! 십자가의 진리가 아니고서는 결코 구원 받을 수 없는 이야기가 이와 같습니다. 죄에서 스스로 벗어날 힘이 없는 인간은 아무리 노력을 해도 완전해질 수 없고 천국에 들어갈 자격을 얻을 수 없습니다. 의미 없는 노력을 그만두고 하나님의 은혜에 참예하는 기쁨을 누리십시오. 반드시 복되고 형통할 것입니다.

♥ 주님, 내 힘으로 구원에 이르려는 허황된 노력들을 하지 않게 하소서.
🙏 오직 주님의 은혜로만 구원받을 수 있음을 기억하며 감사하십시오.

나의 영적 일지

예수님의 손이 되어

읽을 말씀 : 고전 12:12-31

● 고전 12:18 그러나 이제 하나님이 그 원하시는 대로 지체를 각각 몸에 두셨으니

　프랑스의 스트라스부르에는 많은 성도들이 모이는 교회가 있습니다.

　이 교회의 마당에 있는 예수님의 상은 이 지역의 명물이기도 했는데, 2차 세계대전 때는 독일군의 폭격으로 교회와 예수님 상이 동시에 무너지는 일이 일어났습니다.

　다행이 교회는 약간의 보수로 복구할 수 있었지만 교회 앞의 예수님 상은 양팔이 떨어져 보기 흉한 모습이 되어 있었습니다. 교회를 복구한 성도들은 모여서 지역의 명물이자 교회의 자랑이던 예수님 상을 어떻게 할 것인지 의견을 모았습니다. 새로 제작하자는 의견부터 팔만 수리를 하자, 아예 없애자는 의견까지 다양한 의견이 모아졌지만 가장 성경적이라는 이유 아래 예수님 상은 그냥 두고 다만 앞에 다음의 팻말을 세우기로 결정이 됐습니다.

　"이 예수님의 동상에는 양손이 없습니다. 그러나 우리들이 예수님의 손이 되겠습니다."

　성도들이 말씀을 따라 실천하며 살아갈 때 세상 사람들은 그 모습 속에서 예수님의 형상을 보게 됩니다. 오늘 내가 하는 말과 행동, 선행과 발걸음을 통해 사람들에게 예수님을 전파하게 해달라고 기도하십시오. 반드시 복되고 형통할 것입니다.

♥ 주님, 사랑과 섬김으로 예수님의 말씀을 실천하게 하소서.
🥀 예수님의 제자다운 삶을 사는 하루를 보내십시오.

나의 영적 일지

내가 할 수 있는 일

읽을 말씀 : 고전 4:1-5

7월 22일

● 고전 4:1 사람이 마땅히 우리를 그리스도의 일꾼이요 하나님의 비밀을 맡은 자로 여길지어다

스탠리 스테인이라는 남자는 한센 병에 걸려 시력을 잃었습니다.

살이 썩는 병에 걸린 것만 해도 괴로운데 한 순간에 장님까지 되자 남자는 삶의 의욕을 잃고 자살을 시도했으나 번번이 실패했습니다. 결국 열심히 하는 것이 하나님의 뜻이라는 것을 깨달은 남자는 이제 자신이 무엇을 할 수 있는지를 찾기 시작했습니다.

그러던 중 어느 날 글을 쓰는 일에 흥미를 갖게 되어 '작가가 되는 법'이라는 책을 한 권 사서 가족들이 읽어주는 내용을 들으며 글쓰기를 시작했습니다. 보지도 못하는 사람이 무슨 책을 쓰냐는 주위 사람들의 말에는 "나에게도 아직 남아있는 것이 있습니다. 나는 그 일을 할 뿐입니다"라고 대답하며 의욕을 잃지 않았습니다. 주위 사람들의 도움으로 책을 읽고, 또 쓰고자 하는 내용을 녹음해 필사를 부탁했습니다.

그런 노력 끝에 5년 만에 '이제는 외롭지 않습니다.'라는 수필집을 내게 되었는데 이 책은 일약 베스트셀러가 되었고, 이 한 권의 책으로 스테인은 유명한 작가가 되어 한센 병에 걸리기 전보다 훨씬 유명하고 명예로운 삶을 살았습니다.

내가 할 수 있는 일이 무엇인지 다른 사람은 알지 못합니다. 하나님이 내 안에 주신 마음이 무엇인지를 발견했다면 두려움 없이 그 일을 향해 전진하십시오. 반드시 복되고 형통할 것입니다.

💛 주님, 마음에 주시는 성령님의 감동을 통해 용기를 얻게 하소서.
🎴 남의 눈치를 보지 말고 하나님이 주신 비전을 따라 살아가십시오.

나의 영적 일지

불행을 극복하는 꾸준함

읽을 말씀 : 갈 6:1-10

● 갈 6:9 우리가 선을 행하되 낙심하지 말지니 포기하지 아니하면 때가 이르매 거두리라

　　미국의 국방부 장관이었던 콜린 파월은 이력만 놓고 보면 절대로 장관이 될 수 없는 사람입니다.

　　그는 자메이카에서 이민 온 부모님 밑에서 태어났으며 뉴욕에서 가장 가난한 할렘에서 자랐습니다. 학교 성적도 평범해 우등생 대열에 들지도 못했습니다. 그러나 특유의 밝은 성격으로 역경을 헤쳐내고 장관의 자리에 오를 수 있었는데, 다음은 콜린 파월이 직접 밝힌 '인생 규칙'의 일부입니다.

　1. 아무리 나쁜 상황이라도 점점 나아질 가능성이 있다.

　2. 선택은 신중하게 하되, 일단 시작하라.

　3. 다른 사람이 나의 선택을 대신 하게 하지 말라

　4. 사소한 일을 중요하게 생각하라.

　5. 침착하라, 친절하라!

　6. 공을 절대로 혼자서 차지하지 말라.

　7. 긍정적인 행동과 시각은 지속적으로 이루어져야 한다.

아무리 좋은 내용과 습관도 지속되지 않으면 의미가 없습니다. 영육이 풍성해지는 좋은 습관들을 지속적으로 이어가십시오. 반드시 복되고 형통할 것입니다.

💗 주님, 포기하지 않는 끈기와 지혜를 위한 좋은 습관을 허락하소서.
🎴 나만의 인생규칙을 만들어 보십시오.

나의 영적 일지

감동이 없는 신앙생활

읽을 말씀 : 요 4:13-27

● 요 4:23 아버지께 참되게 예배하는 자들은 영과 진리로 예배할 때가 오나니 곧 이 때라 아버지께서는 자기에게 이렇게 예배하는 자들을 찾으시느니라

평생을 인도의 빈민가에서 봉사했던 마더 테레사의 이야기는 많은 사람들이 알고 있지만 그녀가 빈민가에서 봉사를 하게 된 계기를 알고 있는 사람은 많지 않습니다.

어려서부터 신앙생활을 했던 마더 테레사는 40살이 될 때까지 형식적인 신앙인으로 살았습니다. 구원의 확신이 있다고 생각했지만 매주 드리는 예배뿐 아니라 일상생활 가운데에서도 그 어떤 감동이나 열정, 변화가 일어나지 않았습니다.

40년 가까운 신앙생활에 큰 회의감을 느낀 그녀는 수도원에 들어갔지만 거기서도 마찬가지였습니다. 그러다 우연히 들른 인도의 빈민가에서 그녀는 하나님의 사랑을 깨닫고, 그 사랑을 전하는 일을 해야겠다는 중대한 인생의 반환점을 경험하게 됩니다.

이런 극적인 변화는 그녀가 죽을 때까지 계속해서 이어졌는데, 그토록 힘든 일을 평생 동안 할 수 있었던 이유에 대해서 그녀는 이렇게 말했습니다.

"저는 가난한 사람들의 얼굴 속에서 예수님의 얼굴을 보게 되기 때문입니다."

신앙생활에 감동이 없고 사랑과 용서보다 미움과 시기가 우리 마음에 가득한 이유는 예수님의 얼굴을 바라보지 않기 때문입니다. 나를 사랑하신 예수님, 날 구원하신 예수님, 날 위해 희생하신 예수님을 말씀과 기도를 통해 매일 마주보십시오. 반드시 복되고 형통할 것입니다.

💜 주님, 주님의 얼굴을 구하는 간절한 마음을 갖게 하소서.
🔲 진실된 마음으로 조금 더 깊게 기도와 묵상을 하며 주님을 느끼십시오.

나의 영적 일지

세계를 얻어도 채울 수 없는 것

읽을 말씀 : 요 4:1-14

● 요 4:14 내가 주는 물을 마시는 자는 영원히 목마르지 아니하리니 내가 주는 물은 그 속에서 영생하도록 솟아나는 샘물이 되리라

　　마케도니아의 알렉산더는 16살에 장군이 되었습니다.

　　18살까지 수십 차례의 전쟁에 나섰으나 한 번도 패하지 않았고, 그 결과 약관의 나이에 왕이 되었습니다. 알렉산더는 30살이 될 때까지 계속해서 땅을 정복했는데, 당시 알렉산더가 정복했던 영토는 마케도니아 사람들이 일반적으로 알고 있는 세계의 거의 전부였습니다.

　　그러나 알렉산더는 오히려 많은 땅을 정복했음에도 공허함을 채울 수 없었기에 죽었습니다. 마지막 전쟁을 승리로 거두고 바빌론으로 돌아온 알렉산더는 마음의 허무함을 채우기 위해서 연회를 열어 술을 마셨는데, 무려 20일 간이나 계속되었고 나중에는 '헤라클레스의 잔'이라는 집채만한 잔에 술을 담았습니다. 결국 무리한 술을 이겨내지 못하고 알렉산더는 연회 도중에 쓰러졌고, 열병을 앓다가 세상을 허무하게 떠났습니다. 세계를 정복했음에도 기쁨이 없었기에 결국 술에 빠져 세상을 떠나게 된 것입니다.

　　세상의 모든 땅을 정복해도, 세상의 모든 돈을 가져도 하나님의 부재로 인한 마음의 공허함은 절대로 채울 수가 없습니다. 헛된 것을 바라고 꿈꾸는 삶이 아니라 귀한 진리의 복음을 쫓는 삶을 사십시오. 반드시 복되고 형통할 것입니다.

💟 주님, 가진 것에 만족할 줄 아는 풍요의 마음을 허락하소서.
🖼 내가 바라는 것은 무엇인지, 만족을 얻을 수 있을지 생각해보십시오.

나의 영적 일지

믿음과 양심의 가책

읽을 말씀 : 눅 19:1-10

● 눅 19:8 삭개오가 서서 주께 여짜오되 주여 보시옵소서 내 소유의 절반을 가난한 자들에게 주겠사오며 만일 누구의 것을 속여 빼앗은 일이 있으면 네 갑절이나 갚겠나이다

미국 재무부에는 '양심을 위한 기금'이라는 것이 있습니다.

다른 사람을 속여 양심에 가책을 느끼지만 그것을 갚을 방법이 없어진 사람들이 보내는 기금인데, 1800년대에 이 기금이 생긴 뒤 200년이 넘게 꾸준히 모인 돈은 3백만 달러가 넘는다고 합니다.

보통 이 기금을 내는 사람들은 간단한 사연이 적힌 쪽지를 함께 보내는데, 처음으로 기금을 낸 사람은 "이제야 편히 잠을 잘 수 있겠습니다."라는 내용과 10달러의 돈을 보냈습니다. 또 어떤 사람은 2만 달러에 가까운 금액을 낸 적도 있습니다.

또 한 번은 많은 기독교인들이 단체로 세금을 지금까지 속였었다며 남은 금액을 보낸 적이 있었는데, 이들은 빌리 그래함 목사님의 말씀을 같은 자리에서 들었던 성도들로 "나는 기독교인이었지만 양심을 잊고 살았습니다. 그러나 그것은 여전히 존재하고 있었습니다."라는 쪽지와 함께 돈을 보냈습니다.

정말로 하나님을 만난 사람들은 양심을 지키는 삶을 살아야 합니다. 삭개오는 예수님을 만나고 나서 불의하게 축적한 재물을 다시 돌려주었습니다. 믿음과 양심의 사이에서 갈등하지 말고 언제나 성경에서 해답을 찾으십시오. 반드시 복되고 형통할 것입니다.

♥ 주님, 양심을 속임으로 주님을 기만하는 성도가 되지 않게 하소서.
🔲 오늘 해결할 수 있는 양심의 거리끼는 일들은 오늘 해결하십시오.

나의 영적 일지

장애물이 높을수록

읽을 말씀 : 마 8:23-27

●마 8:26,27 예수께서 이르시되 어찌하여 무서워하느냐 믿음이 작은 자들아 하시고 곧 일어나사 바람과 바다를 꾸짖으시니 아주 잔잔하게 되거늘 그 사람들이 놀랍게 여겨 이르되 이이가 어떠한 사람이기에 바람과 바다도 순종하는가 하더라

연어는 알을 낳기 위해 다시 자신이 태어났던 곳으로 되돌아가는 회기 본능이 있습니다.

평생을 하류로 내려오며 성장했던 연어가 다시 태어난 곳으로 돌아가기 위해서는 거친 물살을 헤쳐야 하고, 높은 경사도 이겨내야 합니다. 그러나 이 연어의 여정에서 사람들이 아직 잘 모르는 것이 한 가지 있습니다.

연어는 하루에 약 15킬로미터 정도를 올라가는데 일반적으로 3달 이상의 시간이 걸려야 자신이 태어난 곳을 갈 수 있습니다.

때로는 올라가는 길에 폭포가 있기도 합니다. 그러나 연어는 물살을 타고 힘차게 연속으로 뛰어 오르며 폭포를 올라갑니다. 폭포가 높을수록 연어의 점프력도 더 높아지는데 통상적으로 3미터 정도를 뛰어오르는 연어는 폭포의 높이에 따라서 15미터까지 뛰어오릅니다. 그래서 아무리 높은 폭포라도 연어는 이겨내고 자신이 태어난 곳으로 돌아갈 수가 있습니다.

연어의 과정을 통해서 우리는 구원의 원리를 배울 수가 있습니다. 세상에서 아무리 잘못된 삶을 살았다고 하더라도 회개로 주님께로 다시 돌아올 수 있다는 것과 우리 앞을 가로막는 장애물이 높을수록 뛰어넘을 능력도 주시는 분이 주님이시라는 점입니다. 장애물이 높을수록 내가 아닌 주님을 의지하십시오. 반드시 복되고 형통할 것입니다.

♥ 주님, 주님 안에 있을 때만 행복 할 수 있음을 기억하게 하소서.
🎴 지금까지 인도하신 하나님을 기억하며 역경을 이겨낼 힘을 얻으십시오.

나의 영적 일지

작은 습관이 더 중요하다

읽을 말씀 : 잠 20:22-30

● 잠 20:23 한결같지 않은 저울 추는 여호와께서 미워하시는 것이요 속이는 저울은 좋지 못한 것이니라

　　국내에서 열리는 환경기술세미나에 참석한 한 외국의 교수가 남긴 소감입니다.

　　"지구의 미래를 위해서 환경을 보존하고자 열리는 환경기술세미나에 참여할 때마다 나는 약간의 의구심이 든다. 세미나의 대부분은 고급 호텔에서 열리고 냉방은 너무 강해 추위를 느낄 정도다. 참석자 중 많은 사람들은 연비가 안 좋은 고급 세단을 타고오고 기사까지 대동을 한다. 만찬장에는 쉴 새 없이 풍성한 음식들이 나오고 대부분 절반 이상은 남겨진 채로 버려진다. 그러는 동안에도 사람들은 어떻게 해야 환경을 보존할 수 있을지, 미래에 어떤 기술을 통해서 공해를 막을 수 있을지를 쉴 새 없이 토론하고 발표한다. 이처럼 환경을 생각하고 사랑하는 사람들 사이에서 이런 모순이 일어난다. 그러나 더욱 말하기 부끄러운 것은 나 역시도 때때로 이런 모순 덩어리인 사람이라는 사실이다."

　　간디는 세상을 바꾸고 싶다면 자신의 습관부터 바꿔야 한다고 입버릇처럼 말을 하고 다녔습니다. 또 그 말처럼 스스로 물레를 돌리고 옷감을 짜 입었기 때문에 비폭력무저항 운동과 함께 계몽운동인 카디, 스와데시 운동도 일어나게 되었습니다.

　　일상에서의 작은 습관 하나가 세상을 바꾸기도 합니다. 커다란 줄기의 문제의 해결책을 찾는 것도 중요한 일이지만 지금 내가 할 수 있는 작은 습관부터 하나씩 고쳐나가는 것이 훨씬 중요한 일임을 깨달으십시오. 반드시 복되고 형통할 것입니다.

💚 주님, 언행이 일치하는 삶을 살도록 변화시켜 주소서.
🖼 나의 작은 습관들을 통해 이웃사랑과 하나님사랑을 나타내십시오.

나의 영적 일지

지금 전도가 필요한 이유

읽을 말씀 : 행 8:26-40

● 행 8:35,36 빌립이 입을 열어 이 글에서 시작하여 예수를 가르쳐 복음을 전하니 길 가다가 물 있는 곳에 이르러 그 내시가 말하되 보라 물이 있으니 내가 세례를 받음에 무슨 거리낌이 있느냐

드 한 박사는 무신론자였다가 기독교를 믿는 사람들의 숫자를 조사해 다음과 같은 통계를 냈습니다.

- 35세 이후에 개종을 할 확률: 5만 명 중에 1명
- 45세 이후에 개종을 할 확률: 30만 명 중에 1명
- 75세 이후에 개종을 할 확률: 70만 명 중에 1명

호라티우스 보나르 박사는 아예 자신이 알고 있는 사람들 중에서 무신론자였다가 개종을 한 사람, 혹은 교회를 그냥 다니기만 하다가 진짜 믿음을 갖게 된 사람에 대해서 조사를 했습니다.

그 결과 총 253명 중에서 20세 이전에 이런 변화가 일어난 사람은 138명, 20세부터 30세 사이에 일어난 사람은 85명, 30세부터 40세 사이에 일어난 사람은 3명, 40세부터 70세 사이에 일어난 사람은 3명이었습니다.

똑같은 진리와 복음을 전해도 받아들이는 연령대에 따라서 성공할 확률은 많은 차이가 납니다. 복음을 전할 가장 확실한 기회는 언제나 바로 오늘임을 잊지 마십시오. 그리고, 교회를 다닌다고 하더라도 예수그리스도를 구세주와 주님으로 마음에 믿은 적이 없다면 기독교인은 될 수 있어도 기독인(크리스천)은 될 수 없습니다. 예수그리스도를 종교로서가 아니라, 생명으로 믿으십시오. 반드시 복되고 형통할 것입니다.

♥ 주님, 가장 중요한 전도를 내일로, 또 나중으로 미루지 않게 하소서.
🦋 언제나 복음을 전할 수 있는 방법을 준비하십시오.

나의 영적 일지

더 중요한 것을 지켜라

읽을 말씀 : 고후 6:14-7:1

● 고후 7:1 그런즉 사랑하는 자들아 이 약속을 가진 우리는 하나님을 두려워하는 가운데서 거룩함을 온전히 이루어 육과 영의 온갖 더러운 것에서 자신을 깨끗하게 하자

오스트리아에는 가파른 절벽 밑에 위치한 한 마을이 있습니다.

여름에는 산사태, 겨울에는 눈사태의 위험이 매우 큰 지역이지만 절벽 위에 울창하게 자란 나무들이 있어 마을이 생긴 이래 단 한 번도 위험한 일이 일어나지 않았습니다. 이런 사실을 알기에 마을 사람들은 나무를 보호하며 가꿨고, 또 별 다른 이유 없이 나무를 베는 사람들은 엄벌에 처하는 법까지 만들었습니다.

그런데 세계전쟁이 일어나 러시아 군대가 이 마을을 점령했던 적이 있었습니다. 러시아 군대는 독일로 건너갈 가교를 만들고 겨울용 땔감을 쓰기 위해서 마을을 지켜주는 숲의 나무를 사용하려 했습니다. 이 소식을 들은 마을 사람들은 러시아 군인들을 찾아가 제발 나무를 베지 말고 나무가 필요하면 자신들의 집을 부숴서 사용해달라고 간청 했습니다. 집은 당장 없어도 나중에 천천히 지으면 되지만 산사태를 막아주는 나무가 없어지면 가장 중요한 생명을 잃게 되기 때문이라는 주민들의 설명을 듣고 러시아 군대는 벌목을 하지 않았습니다.

초대 크리스천들은 목숨보다 믿음을 더 중요하게 생각했습니다. 이 세상의 생명은 유한하지만 믿음으로 얻는 영생은 무한하기 때문이었습니다. 지금 내 인생에서 가장 중요한 것이 무엇인지, 그것을 위해 다른 모든 것을 포기할 수 있는지 생각해보십시오. 반드시 복되고 형통할 것입니다.

♥ 주님, 날 구원하신 주님의 사랑을 가장 귀하게 여기게 하소서.
🎴 내 인생에서 가장 소중하게 여기는 가치가 무엇인지 생각해보십시오.

나의 영적 일지

멋대로 세운 잘못된 기준

읽을 말씀 : 요 7:10-24

● 요 7:24 외모로 판단하지 말고 공의롭게 판단하라 하시니라

  프랑스의 작가 모파상의 문하생이 고기를 사러 단골정육점에 들렀는데 모파상의 팬인 정육점 주인이 안부를 물었습니다.

  "그래, 선생님은 여전히 건강하신가? 요즘은 선생님의 소설을 읽는 재미로 살고 있네."

  "실은 지금 독감에 걸려 병원에 계십니다. 그래서 당분간 소설을 연재하지 못할 것 같습니다."

  이 말을 들은 정육점 주인은 갑자기 눈물을 흘리며 슬퍼했습니다. 이 모습을 전해들은 모파상은 "프랑스의 독자들은 작가들만큼 수준이 매우 높은 게 분명하다네."라고 말을 하며 매우 흡족해 했습니다.

  미국의 작가 키플링을 팬이라며 찾아온 소녀가 있었습니다. 소녀는 키플링을 보자마자 눈물을 글썽거렸는데 키플링은 혹시 감격에 겨워 그런가 싶어 왜 눈물을 흘리냐고 물었습니다.

  "실은... 선생님이 조금 더 키가 크고 잘생긴 분일 것이라고 생각을 해서 실망을 했거든요..."

  편향된 시각을 가지고 잘못된 기준으로 사람을 평가하는 것만큼 나쁜 일은 없습니다. 잘못된 기준으로 사람을 판단하지 말고 어떤 사람을 제대로 평가하는 것은 오직 하나님만이 가능한 일이라는 것을 기억하십시오. 반드시 복되고 형통할 것입니다.

♥ 주님, 과장되거나 편향되지 않은 시선으로 사람들을 바라보게 하소서.
🖼 사람들의 잘못된 평가에 너무 민감하게 반응하지 마십시오.

나의 영적 일지

8
월

"내가 여호와하나님께 간구하매 내게 응답하시고
내 모든 두려움에서 나를 건지셨도다 "
-시편 34:4-

8월 1일

성도의 눈물

읽을 말씀 : 계 21:1-8

●계 21:4 모든 눈물을 그 눈에서 닦아 주시니 다시는 사망이 없고 애통하는 것이나 곡하는 것이나 아픈 것이 다시 있지 아니하리니 처음 것들이 다 지나갔음이러라

중세 시대의 성직자 요한 크리스소스톰은 성도들이 흘리는 눈물의 중요성에 대해서 다음과 같이 말했습니다.

"죄의 불꽃이 아무리 강렬하게 타오른다 하더라도 참회의 눈물을 이길 수는 없습니다. 회개를 통해 흘리는 눈물은 허무의 용광로를 끄며 죄의 상처도 아물게 하는 능력이 있습니다."

스펄전은 참회의 눈물이 없는 마른눈을 가지고는 천국에 갈 수 없다고 말했습니다.

루터는 기도를 이론으로 많이 배운 사람은 기도를 듣기 좋게 할 뿐이며, 기도를 많이 하는 사람은 반드시 많이 울게 된다고 말했습니다.

토마스 켐피스는 성도들은 모든 예배 때 반드시 울어야 한다고까지 말했습니다.

"하나님의 말씀을 듣는 성도들은 반드시 울어야 합니다. 이것은 겉으로 보이는 눈물을 말하는 것이 아니라 마음에서 흘리는 애통하는 회개의 눈물을 뜻합니다. 말씀을 들음으로 회개하며 애통하는 마음이 생기지 않는다면 그것은 죽은 신앙입니다."

성도들의 눈물은 회개와 기쁨과 참회를 뜻합니다. 하나님 앞에 겸손하게 무릎 꿇음으로 마음을 돌이키고 눈물을 흘릴 줄 아는 성도가 되십시오. 반드시 복되고 형통할 것입니다.

♥ 주님, 메마른 심령에 촉촉한 성령의 단비를 내려주소서.
🗺 나의 눈가와 마음이 촉촉해지는 진정을 담은 예배를 드리십시오.

나의 영적 일지

위인들이 돈을 대하는 자세

읽을 말씀 : 신 8:11-20

● 신 8:18 네 하나님 여호와를 기억하라 그가 네게 재물 얻을 능력을 주셨음이라 이같이 하심은 네 조상들에게 맹세하신 언약을 오늘과 같이 이루려 하심이니라

감리교의 창시자 요한 웨슬레 목사님은 성도들에게 좋은 방법으로 최대한 많은 돈을 벌고, 모은 것을 최대한 아껴 쓰고, 최대한 다른 사람들에게 나누라고 말했습니다. 그리고 본인도 실제로 책을 통해 번 거액의 인세를 대부분 헌금했습니다.

미국의 대통령인 아이젠하워는 가장 크게 성공한 사람 중 한 사람이었지만 돈에 대해서는 별로 관심이 없었습니다. 그는 많은 돈이 있는 것은 필요한 일에 사용하지 않았기 때문이라고 생각했습니다. 대통령이 되기 전의 아이젠하워는 장군이었지만 모아놓은 돈이 전혀 없었고 심지어 자가용도 없었습니다.

아인슈타인은 200만원이 든 돈과 함께 책을 잃어버렸는데, 자신의 필기가 적힌 책을 잃어버린 것을 훨씬 안타까워했습니다.

강철왕 카네기는 개인적인 일에는 절대 돈을 낭비하지 않는 구두쇠였지만 교회를 위한 일에 사용하는 돈은 조금도 아까워하지 않았습니다.

독일의 기업가 보시와 미국의 부호 워런 버핏은 부자가 되어서도 길가에 떨어진 십 원짜리 하나도 그냥 지나치지 않고 주워 저축을 했습니다.

성도들이 돈을 대하는 자세는 세상 사람들과는 조금 달라야 합니다. 하나님은 우리가 물질에 지배당하지 않으며 지혜롭게 사용하길 바라십니다. 하나님의 일을 위한 목적으로 세상의 물질을 사용하는 사람이 되십시오. 반드시 복되고 형통할 것입니다.

💚 주님, 세상의 물질에 연연하지 않는 자유를 마음에 허락하소서.
📿 지혜롭게 돈을 벌고, 지혜롭게 돈을 사용하는 자세를 위해 기도하십시오.

나의 영적 일지

탈북자를 섬기는 지혜

읽을 말씀 : 고후 8:1-15

● 고후 8:3,4 내가 증언하노니 그들이 힘대로 할 뿐 아니라 힘에 지나도록 자원하여 이 은혜와 성도 섬기는 일에 참여함에 대하여 우리에게 간절히 구하니

북한에서 넘어온 탈북자 선교는 특수 선교로 분류됩니다.

같은 외모와 말을 사용하는 민족이면서도 너무나도 다른 환경적 차이로 인해 생각과 관습을 비롯한 거의 모든 것이 다르기 때문입니다. 그러나 이러한 차이를 인지하지 못하고 그냥 남한 사람처럼 대하며 선교를 하려다가 오히려 상처를 주는 경우가 많습니다.

20년 넘게 탈북자를 위한 선교와 지원을 하고 있는 조요셉 목사님(물댄동산교회 담임)은 탈북자를 섬기는 지혜로운 6가지 방법을 다음과 같이 말했습니다.

1. 평일에도 수시로 전화로 심방을 할 것.
2. 일회성이 아닌 지속적인 관심을 다양한 방법으로 표현할 것.
3. 결핍된 부분의 필요를 채워줄 것.
4. 자녀 문제에 특별히 관심을 가져 줄 것.
5. 되도록 자주 방문할 것.
6. 수련회를 전도의 좋은 기회로 삼을 것.

탈북자를 위한 선교가 중요한 것은 통일이 머지않아 다가올 우리의 미래이기 때문입니다. 어려운 지역에 있는 동포들을 잊지 말고 그들의 구원을 위해 지금부터 준비하고 기도하십시오. 반드시 복되고 형통할 것입니다.

♥ 주님, 북한에 있는 동포들을 위한 간곡한 마음을 주소서.
▩ 주변에 탈북자가 있다면 위의 지침을 참조해 지혜롭게 섬기십시오.

나의 영적 일지

신앙의 비결

읽을 말씀 : 계 3:14-22

● 계 3:19 무릇 내가 사랑하는 자를 책망하여 징계하노니 그러
므로 네가 열심을 내라 회개하라

멜러이 장군은 미국 군대의 살아있는 전설입니다.

말단 장교로 시작해서 매우 빠른 시간에 장군의 자리에 오른 멜러이는
한국의 오산 미공군부대에서도 근무한 적이 있습니다. 가끔 그에게 후배
군인들이 빠른 성공의 비결에 대해서 묻곤 했는데 그때마다 "열심히 일
하고, 더 열심히 일하십시오."라는 말로 대답했습니다.

자수성가한 백만장자의 대명사 브라이언 트레이시는 자신의 세미나를
다닐 때마다 청중들을 향해 반복해서 외칩니다.

"사무실에 가만히 앉아 있지 말고 일을 하세요. 일을 하자! 일을 하자!
계속 되뇌어야 합니다. 어제 당신의 하루 일과를 찍어서 영상으로 보여준
다면 얼마나 일을 조금하는지 아마 놀랄 것입니다. 더 많은 돈을 벌고 싶
으세요? 승진하고 싶으세요? 자리에 가만히 있지 말고 계속해서 일을 하
십시오."

베드로의 고백을 들은 예수님도 내 양을 치라고 세 번이나 반복해서 말
씀하셨습니다. 성공에는 왕도가 없듯이 신앙에도 왕도가 없습니다. 하나
님을 예배하고 주님의 사랑을 깨닫고 그 사랑을 다른 사람에게 반복해서
전하십시오. 반드시 복되고 형통할 것입니다.

♥ 주님, 한 걸음씩 그러나 지치지 않고 주님께로 나아가게 하소서.
▨ 요즘 일을 하는데 힘든 부분이 있다면 그 원인을 찾아보십시오.

나의 영적 일지

어둠에서 찾은 빛

읽을 말씀 : 마 6:19-34

●마 6:23 눈이 나쁘면 온 몸이 어두울 것이니 그러므로 네게 있는 빛이 어두우면 그 어둠이 얼마나 더하겠느냐

일본에 희귀병을 앓아 시력을 점점 잃어가는 한 소년이 있었습니다.

부유한 집에 태어났던 터라 유명하다는 병원은 다 돌아다니며 검사를 받았지만 어떤 의사도 병의 원인이나 치료방법을 알아내지 못했습니다. 만나는 의사들마다 기적이 일어나지 않는 한 치료방법이 없다는 말뿐이었습니다.

소년을 너무나 아꼈던 부모님은 절을 다니며 삼천배를 하고 비싼 불상과 부적을 사들였습니다. 나중에는 굿을 하고 점쟁이를 찾아다녔지만 결국 소년은 시력을 잃게 되었습니다.

모든 걸 체념한 소년은 시각장애인으로써의 삶을 받아들이기로 작정하고 맹아학교에 입학을 했습니다. 기독교 학교였던 그곳에서 소년은 요한복음을 읽다가 예수님을 영접했고 시각장애인이어도 하나님께 영광을 돌릴 수 있다는 사실을 깨닫게 되었습니다. 오히려 시력을 잃고 나서 더욱 맹렬히 공부한 이와하시 다케오라는 소년은 훗날 대학의 교수가 되었고, 같은 시각장애인들을 위한 복지사업에 힘써 사람들에게 큰 희망과 복음을 전했습니다.

세상에서 주님을 만난 사람들은 모두 어둠 속에서 빛을 찾은 사람입니다. 한 줄기 빛이 모든 어둠을 물리치듯이 믿는 나의 삶도 세상 속에서 복음을 전하는 환한 빛이 되도록 사랑을 실천하십시오. 반드시 복되고 형통할 것입니다.

♡ 주님, 약할 때 임하시는 주님의 능력을 체험하게 하소서.

☒ 아무리 어려운 상황이라도 주님이라는 빛이 계심을 잊지 마십시오.

나의 영적 일지

즐거운 기부문화

8월 6일

읽을 말씀 : 대상 29:1-9

● 대상 29:9 백성들은 자원하여 드렸으므로 기뻐하였으니 곧 그들이 성심으로 여호와께 자원하여 드렸으므로 다윗 왕도 심히 기뻐하니라

'퍼네이션(Funation)'은 'Fun'과 'Donation'의 조합어로 즐거운 기부문화를 뜻하는 신조어입니다.

퍼네이션의 대표적인 방법으로는 '비카인드', '아이스 버킷' 등이 있습니다. 비카인드는 자신의 생일을 맞아 선물 대신 기부를 하는 방식으로 일반인뿐 아니라 많은 연예인들이 이미 참여를 하고 있습니다. 빅뱅의 지드래곤은 자신의 생일에서 따온 8180만원을 매년 기부하고 있고 지드래곤의 팬클럽도 성금을 모아 매년 818만원을 기부하고 있습니다. 개그맨 정종철 씨는 자신의 생일 때마다 기부금 모금 이벤트를 열고 있습니다.

아이스 버킷은 미국에서 루게릭병에 걸린 사람들을 돕기 위한 방법으로 시작되었습니다. 한 사람이 온라인에 얼음물세례를 받는 장면을 올리고 자신의 친구 3명을 지목합니다. 지목받은 3명은 100달러를 기부하던지 똑같이 얼음물세례를 하는 인증샷을 올리고 다시 3명을 지목하고 10달러만 기부하는 방식입니다. 국내에는 가수 팀과 션을 통해서 이 문화가 전파되고 있는데, 이들은 얼음물세례 인증을 하며 세간의 화제가 되며 일반인들 사이에서도 아이스 버킷에 도전하는 사람들이 급속도로 늘고 있습니다.

남을 돕는 기부도 얼마든지 즐겁게 할 수 있습니다. 기부로 인해 기쁨과 즐거움을 함께 즐길 수 있는 새로운 문화를 주위 사람들과 함께 시작해보십시오. 반드시 복되고 형통할 것입니다.

♡ 주님, 남을 돕고 섬기는 일을 진심으로 즐거운 마음으로 하게 하소서.
🎴 내가 속한 모임과 함께 할 수 있는 퍼네이션 문화를 만들어 보십시오.

나의 영적 일지

믿는 나라의 분열

읽을 말씀 : 유 1:17-23

●유 1:18,19 그들이 너희에게 말하기를 마지막 때에 자기의 경건하지 않은 정욕대로 행하며 조롱하는 자들이 있으리라 하였나니 이 사람들은 분열을 일으키는 자며 육에 속한 자며 성령이 없는 자니라

동아프리카 지역에서 선교를 하던 선교사님의 모임이 있었습니다.

서로의 고충을 나누고 잘 연합을 하던 모임이었는데 하루는 사소한 문제를 가지고 다툼이 생겼습니다. 점점 갈등의 골이 깊어지면서 급기야 모임이 꽤 오랜 시간동안 열리지 않는 상황까지 치달았습니다. 원주민들이 이 사실을 알고는 선교사님을 찾아와 말했습니다.

"우리는 더 이상 당신의 말을 듣지 않겠습니다. 당신의 나라로 돌아가십시오."

놀란 선교사님에게 원주민들은 그 이유를 말했습니다.

"당신들은 늘 예수님을 믿어야 한다고 말했습니다. 그분은 사랑이며 모든 죄를 용서해주신다고요. 그런데 그 말을 하는 당신들은 사랑도 아닌 것 같고, 또한 용서도 없는 것 같습니다. 우리는 최소한 그런 거짓말은 하지 않으니 당신들이 더 이상 필요 없습니다."

이 말을 들은 선교사님은 큰 실수를 했다는 것을 깨닫고는 곧 무릎을 꿇어 사과를 했습니다. 그리고 곧 다른 선교사님들을 찾아가 이 일을 얘기하고 서로 회개하며 용서한 뒤에 다시 선교활동을 시작했습니다.

진리를 믿고 주님의 사랑을 깨달은 사람들끼리 연합을 하지 못한다면 세상 사람들의 비웃음꺼리 밖에 되지 않습니다. 조금 더 양보하고 내려놓음으로 굳건히 연합하는 이 땅의 성도들이 되도록 기도하십시오. 반드시 복되고 형통할 것입니다.

♡ 주님, 하나된 마음으로 더욱 연합하는 공동체가 되게 하소서.
🎴 내가 속한 공동체의 굳건한 연합을 위해 함께 기도하십시오.

나의 영적 일지

언제나 두려워 말라

읽을 말씀 : 살후 2:1-12

● 살후 2:2 영으로나 또는 말로나 또는 우리에게서 받았다 하는 편지로나 주의 날이 이르렀다고 해서 쉽게 마음이 흔들리거나 두려워하거나 하지 말아야 한다는 것이라

리차드 범브란트 목사님은 루마니아가 공산정권이던 시절에 복음을 전하다 감옥에 갇혔습니다.

14년 동안이나 감옥생활을 했고, 그 중 3년은 빛이 조금도 들어오지 않는 컴컴한 독방에 갇혀 있었지만 목사님은 결코 예수님을 부인하지 않았고, 복음을 전한 일도 후회하지 않았습니다.

목사님은 감옥에서도 틈틈이 성경을 묵상하며 연구했는데, 그러다가 우연히 성경에 나오는 "두려워 말라"는 문장이 365개라는 것을 발견하게 되었습니다. 목사님은 이 사실을 통해 365일 두려워할 필요가 없다는 사실을 말씀으로 인해 깨닫게 되었고 오랜 수감 생활 중에도 실족하지 않고 즐거움으로 감당할 수 있었습니다.

결국 인접한 노르웨이 정부의 노력으로 석방된 목사님은 이후 미국에 건너가 공산정권의 실체에 대해서 알리며 제 3세계로의 선교에 대해서 큰 역할을 감당하는 일을 하다가 하늘나라로 가셨습니다.

365개의 "두려워 말라"는 성경 구절은 리처드 목사님이 가장 두려웠던 순간에 발견하게 된 진리였습니다. 말씀을 통해 우리에게 임하는 하나님의 약속을 믿음으로 두려움에서 벗어나십시오. 반드시 복되고 형통할 것입니다.

💛 주님, 매일 함께 하시는 주님으로 인해 용기와 담대함을 갖게 하소서.
🧩 두려움이 생길 때마다 이사야 42장 말씀을 묵상하십시오.

나의 영적 일지

고통의 이유

읽을 말씀 : 사 53:1-12

●사 53:5 그가 찔림은 우리의 허물 때문이요 그가 상함은 우리의 죄악 때문이라 그가 징계를 받으므로 우리는 평화를 누리고 그가 채찍에 맞으므로 우리는 나음을 받았도다

중국 선교사 루벤 토레이 2세는 시골에 복음을 전하러 트럭을 타고 가는 중에 큰 사고를 당했습니다.

교통사고였지만 워낙 중상이어서 오른팔을 절단해야 했는데, 이 소식을 들은 선교사님은 오히려 감사의 기도를 드렸습니다.

"하나님, 두 팔을 주셔서 지금까지 잘 사용하게 하심을 감사드립니다. 그리고 이제 한 팔을 주님을 위해 드리게 하시니 감사합니다."

그렇게 중국 사역을 마치고 잠시 안식년을 가진 뒤에 한국에 선교를 온 선교사님은 한국 전쟁 때문에 많은 사람들이 한쪽 팔다리가 없이 살고 있다는 것을 알게 되었습니다. 선교사님은 동일한 아픔을 가진 사람들에게 쉽게 복음을 전하고 위로를 할 수 있었고, 또 그들의 불편함을 해소하기 위해서 의수와 의족을 제작하는 기술을 배워 재활 센터를 세워 한국의 장애인들에게 큰 도움을 주었습니다.

인생의 모든 사건은 하나님의 뜻에 따라 일어납니다. 하나님께 모든 걸 맡기는 인생은 결국 고난과 고통도 하나님의 영광을 위해 사용됩니다. 예수님의 고난을 묵상하며 예수님이 하신 것처럼 하나님께 모든 것을 맡기는 삶을 위해 기도하십시오. 반드시 복되고 형통할 것입니다.

♡ 주님, 나로 인해 고통 받으신 주님을 자주 묵상하게 하소서.

▨ '왜?'라는 질문보다는 먼저 감사로 고난에 대한 처방을 내리십시오.

나의 영적 일지

사람이 따르는 리더

읽을 말씀 : 살후 3:6-15

● 살후 3:9 우리에게 권리가 없는 것이 아니요 오직 스스로 너희에게 본을 보여 우리를 본받게 하려 함이니라

도산 안창호 선생이 미국에서 공부를 하던 시절에 학비를 벌기 위해서 큰 저택의 청소를 한 적이 있었습니다.

안창호 선생은 자신이 맡은 구역을 넘어서까지 청소를 했으며 손이 닿지 않는 곳을 청소하기 위해서 도구를 만들 정도로 최선을 다해 노력했습니다. 이 모습을 우연히 보게 된 집 주인이 안창호 선생을 불러 말했습니다.

"당신은 청소부가 아니라 신사입니다. 당신 같은 사람에게는 돈이 아깝지 않소. 약속한 시급의 2배를 주겠소."

안창호 선생의 이런 성실한 태도는 어떤 상황에서도 정직해야 한다는 평소의 신념에서 나왔습니다. 안창호 선생은 정직에 대해서 이런 말을 했습니다.

"목숨이 걸려 있더라도 거짓을 말해선 안 됩니다. 성실을 잃었다면 참회하십시오. 거짓과 협잡에서 모든 불신과 불행이 생깁니다. 우리나라를 망친 것도 바로 거짓과 협잡입니다."

자신이 하는 말을 지키기 위해 스스로 최선을 다하며 실천하는 삶을 살았기 때문에 많은 사람들이 안창호 선생을 따랐습니다. 성실을 말하기보다 성실을 실천하십시오. 반드시 복되고 형통할 것입니다.

♥ 주님, 말보다 행동으로 인정받는 사람이 되게 하소서.
🖼 내가 할 수 있는 일, 내가 맡은 일은 언제나 솔선수범 하십시오.

나의 영적 일지

8월 11일

한 사람의 생명

읽을 말씀 : 눅 15:1-7

● 눅 15:7 내가 너희에게 이르노니 이와 같이 죄인 한 사람이 회개하면 하늘에서는 회개할 것 없는 의인 아흔아홉으로 말미암아 기뻐하는 것보다 더하리라

멕시코 만의 해안에는 파도에 휩쓸려온 수많은 불가사리들이 있습니다.

한 어부가 해질녘의 해안을 쭉 거닐며 백사장의 불가사리들을 다시 바다로 던져 넣고 있었는데 이 모습을 본 한 남자가 물었습니다.

"그렇게 불가사리를 살려줘도 무슨 소용이 있습니까? 어차피 당신 혼자서는 여기 있는 불가사리를 전부 살려줄 수 없습니다."

어부는 남자의 눈앞에서 불가사리 하나를 다시 집어 바다에 던지면서 되물었습니다.

"아무 소용이 없다고요? 내가 방금 바다로 던진 불가사리한테도 그런 말을 할 수 있습니까? 내가 여기 있는 불가사리 전부를 살려줄 수는 없지만 방금 내가 던진 불가사리는 나로 인해 생명을 구했습니다."

어부의 말을 들은 남자는 한 마디도 반박을 할 수 없었습니다.

나로 인해 구원 받은 사람이 단 한명이라도 있다면 그것이 진정한 인생의 축복입니다. 지금 눈앞의 한 사람을 위해 기도하고 섬기는 사람이 되십시오. 반드시 복되고 형통할 것입니다.

♥ 주님, 눈앞에 있는 한 영혼의 소중함을 알고 간절함을 품게 하소서.

🧎 먼저 한 사람을 목표로 정해 전도를 시작하십시오.

나의 영적 일지

세 가지 절망

8월 12일

읽을 말씀 : 시 62:1-12

● 시 62:5 나의 영혼아 잠잠히 하나님만 바라라 무릇 나의 소망이 그로부터 나오는도다

　　임상심리학자 브랜트 박사는 사람에게는 세 가지 절망이 있다고 말했습니다.

　　첫 번째는 자기만을 중시하는 사람들에게 찾아오는 절망입니다.

　　항상 특별대우를 받고 싶어 하는 이런 사람들은 스스로를 과대평가하며 이기주의적인 성향을 띕니다. 자신의 기대와 사람들의 대우가 다를 때 크게 낙심하며 절망감을 느낍니다.

　　두 번째는 습관적인 절망입니다.

　　주로 청소년기부터 많은 거부나 환경적인 어려움을 당해서 생기는 이 절망은 자기가 충분히 할 수 있는 일도 할 수 없다고 느끼게 만듭니다. 생활 속에 절망이 자리 잡은 경우로 이겨내기 위해서는 많은 노력과 시간이 필요합니다.

　　세 번째는 다른 사람들을 따르다 찾아오는 절망입니다.

　　다른 사람들의 눈치를 보며 원하는 것을 들어주는 것이 이런 사람들의 특징입니다. 자신이 헌신하는 만큼 다른 사람들도 자신을 향해 관심이나 헌신해주지 않기 때문에 빠지는 절망입니다.

　　사람의 절망은 모두 관계에서 옵니다. 그러나 하나님과의 관계가 제대로 정립되어 있다면 땅의 관계에 상관없이 언제나 희망을 품고 기쁨을 누릴 수 있습니다. 세상의 관계가 힘들수록 하나님과의 관계에 더욱 신경을 쓰십시오. 반드시 복되고 형통할 것입니다.

♥ 주님, 사람을 의지하지 않고 오직 하나님만 의지하며 나아가게 하소서.
🎴 본문의 절망감이 나에게 있지는 않은지 확인해 보십시오.

나의 영적 일지

인성이 스펙이다

읽을 말씀 : 갈 5:16-26

●갈 5:22,23 오직 성령의 열매는 사랑과 희락과 화평과 오래
참음과 자비와 양선과 충성과 온유와 절제니 이같은 것을 금
지할 법이 없느니라

　세계 최고 명문인 하버드 케네디스쿨에 지원한 두 명의 외국인 학생이
있었습니다.

　홍콩 최고의 대학을 우수한 성적으로 졸업하고 외모와 갖가지 스펙이
뛰어난 한 학생과 네팔의 일반 대학교를 그저 그런 성적으로 졸업한 학생
이었는데, 하버드 대학은 성적이 별 볼일 없는 네팔의 학생을 뽑았습니다.

　사전면접을 진행한 면접관은 우수한 성적을 지닌 학생은 '교만'했기 때
문에 탈락을 시켰고, 평범한 성적의 학생은 '겸손'하고 졸업 후에 낙후된
자국 학생들을 위해 헌신하겠다는 '비전'이 있었기에 합격 시켰다고 이
유를 밝혔습니다.

　인성을 실력보다 중요하게 여기는 이런 모습은 하버드뿐 아니라 미국의
모든 명문대, 그리고 요즘은 국내의 대기업에까지 이어지고 있습니다. 전
문성을 가진 사람보다 인성이 좋은 사람이 일도 더 잘하고 좋은 성과를
낸다는 것을 그동안 기업과 학교들이 경험했기 때문입니다.

　교회에서도 공부를 위해서라면 신앙을 잠깐 쉬어도 된다고 생각하는
사람들이 많습니다. 하지만 정말로 중요한 것은 스펙보다 인성이며, 인성
보다 영성이라는 것을 절대로 잊지 마십시오. 반드시 복되고 형통할 것입
니다.

♥ 주님, 잘못된 성적지상주의에 빠져있지 않게 하소서.
🎨 신앙생활과 일반 생활 사이의 균형을 잡되, 우선순위를 분명하게 세우십시오.

나의 영적 일지

인정의 미덕

읽을 말씀 : 잠 15:26-33

● 잠 15:32 훈계 받기를 싫어하는 자는 자기의 영혼을 경히 여 김이라 견책을 달게 받는 자는 지식을 얻느니라

인터넷 검색사이트인 '구글(Google)'의 원래 이름은 '구골(Googol)' 이었습니다.

10의 100제곱을 뜻하는 단어로 그만큼 많은 자료를 가지고 있다는 의 미였는데 이 회사에 투자를 하기로 했던 어떤 사람이 실수로 수표에 회사 이름을 '구글'이라고 적었습니다. 꽤 불쾌할 수도 있는 상황이었지만 창 업자인 래리와 세르게이는 구글이 구골보다 훨씬 좋은 발음이라고 생각 해 그 자리에서 회사 이름을 구글로 바꾸었습니다.

세계적인 명차를 만드는 독일의 폭스바겐이 신뢰를 얻게 된 것은 공장 에서 나오는 불량품을 체크하는 광고 때문이었습니다.

광고에는 공장에서 생산된 차량 중에 불량으로 밝혀진 차들이 나오고 엔지니어들이 그 차가 왜 고장이 났으며 어떻게 수리할지를 상세히 말해 줍니다. 또한 당시 생산하던 비틀이 넓은 좌석이나 빠른 차는 아니지만 세련된 디자인에 좋은 연비를 가진 차라고 소개를 했습니다. 이 광고로 폭스바겐은 '단점을 숨기지 않고 솔직히 말하는 기업'이라는 이미지를 갖게 되었고 단숨에 독일의 국민차를 만드는 회사로 입지를 다질 수가 있 었습니다.

마음의 여유가 있고, 실력에 자신이 있으면 인정을 할 줄 아는 미덕이 생깁니다. 나의 실수와 상대방의 실수에 대해서 어느 정도 여유를 가지고 인정할 것은 인정할 줄 아는 사람이 되십시오. 반드시 복되고 형통할 것 입니다.

🖤 주님, 고집과 불통의 마음을 버리고 인정과 소통의 마음을 주소서.
🧑‍🦰 실수와 잘못에 대해서는 미루거나 변명하지 말고 인정하십시오.

나의 영적 일지

크리스천이 되어라!

읽을 말씀 : 행 11:19-30

● 행 11:26 제자들이 안디옥에서 비로소 그리스도인이라 일컬음을 받게 되었더라

    미국 MIT대학 농학과의 학장이었던 클라크 교수는 일본의 초청을 받아 북해도 개발 사업을 진행하러 간 적이 있습니다.

    2명의 조교와 11명의 직원을 데리고 일본을 찾은 교수는 가장 먼저 삿포로농업학교를 설립해 미국의 농업기술을 전수해주고자 했습니다. 당시 학교설립에 큰 도움을 주었던 일본 정부의 한 공무원이 찾아와 일본 학교에 적용되는 엄격한 교칙을 교수에게 건네주었는데 빽빽한 교칙을 확인한 교수는 이곳 학교에는 이런 교칙이 필요 없다고 말했습니다.

    "아무리 교칙이 많고 엄해봤자 진짜 인간을 만들기에는 부족합니다. 학생들에게 '신사가 되라!(Be gentleman!)'-이 한 가지 생각만 이해시킨다면 그런 교칙이 없어도 충분합니다. 학생들 스스로 적합한 방법을 찾아 우리 학교에 맞는 학생이 될 것입니다."

    실제로 교수의 권한으로 이 학교에는 아무런 교칙을 만들지 못했지만 학생들은 문제를 일으키지 않고 열심히 공부하며 졸업을 한 뒤에는 북해도 발전의 주역이 되었습니다.

    성경의 많은 율법이 있지만 가장 중요한 것은 사랑입니다. 크리스천의 삶에 합당한 모습, 사랑을 전하고자 하는 노력이 내 삶에 항상 있어야 합니다. 바른 진리를 따르는 크리스천이 되십시오. 반드시 복되고 형통할 것입니다.

💛 주님, 그리스도인으로써 합당한 삶으로 변화되게 하소서.
🎴 내가 생각하는 크리스천의 삶이 무엇인지 정의해 보십시오.

나의 영적 일지

갈라놓을 수 없는 사랑

읽을 말씀 : 롬 8:31-39

●롬 8:39 높음이나 깊음이나 다른 어떤 피조물이라도 우리를 우리 주 그리스도 예수 안에 있는 하나님의 사랑에서 끊을 수 없으리라

중세 폴란드의 에릭 왕은 정적인 바사 공작에게 누명을 씌워 감옥에 가뒀습니다.

바사 공작은 당시 국민들 사이에서 가장 신망이 두터운 인물이었고 반역을 할 생각은 조금도 없었지만 에릭 왕은 자신보다 인기가 많았던 공작을 질투해 반역이라는 누명을 씌워 종신형을 내렸습니다.

바사 공작이 감옥에 들어가는 날 아내인 카타리나가 찾아와 왕에게 자신도 남편과 함께 복역을 하게 해달라고 간청을 했습니다. 에릭 왕은 아무리 정적이었지만 아내까지 감옥에 보내는 것은 아닌 것 같아 그럴 수 없다며 거절했습니다. 그러자 카타리나가 자신의 반지를 왕에게 보여주었는데 그 반지에는 "죽음이 우리를 갈라놓을 때까지..."라고 적혀 있었습니다.

반지를 본 왕은 바사 공작과 아내가 함께 복역할 수 있게 조치를 취했습니다.

결국 바사 공작 부부는 에릭 왕이 죽기 전인 17년 동안 감옥에 갇혀 있었습니다. 그러나 감옥 안에서도 둘의 사랑은 변치 않았고 감옥에 나오고 나서도 마찬가지였습니다.

진정한 사랑은 기쁨도 함께 하고 아픔도 함께 나눕니다. 그러나 나를 사랑하시는 주님의 사랑은 죽음도 갈라놓을 수 없는 더 크고 놀라운 사랑입니다. 말씀을 통해 그 사랑을 다시 한 번 묵상하십시오. 반드시 복되고 형통할 것입니다.

♥ 주님, 세상의 그 무엇도 막을 수 없는 놀라운 주님의 사랑을 느끼게 하소서.
🖼 내가 느끼는 하나님의 사랑을 기도로 진솔하게 고백하십시오.

나의 영적 일지

말씀에 비추인 나의 모습

읽을 말씀 : 약 1:19-27

● 약 1:23,24 누구든지 말씀을 듣고 행하지 아니하면 그는 거울로 자기의 생긴 얼굴을 보는 사람과 같아서 제 자신을 보고 가서 그 모습이 어떠했는지를 곧 잊어버리거니와

소설가 강호연 씨의 '거울'이라는 단편에 다음과 같은 내용이 나옵니다.

밤중에 몰래 집을 털러 잠입한 도둑이 있었습니다. 조심스럽게 방안에 들어가 귀중품을 뒤지고 있는데 순간 옆에서 누군가 있는 것 같은 느낌이 들어 화들짝 놀라 무기를 꺼냈는데 상대방도 무기를 꺼낸 상태로 자신을 노려보고 있었습니다.

'이 집에는 뭐 이리 흉악한 주인이 사나?' 하는 생각을 하며 도망을 칠지 위협을 할지 머리를 굴리던 도둑은 순간 깜짝 놀라고 말았습니다. 눈앞에 놓여 있던 것은 커다란 전신 거울이었고, 자신을 놀라게 한 사람은 자기 자신이었습니다. 자기 눈앞에 비친 흉악범이 자신의 모습이라는 사실을 깨달은 도둑은 아무 말 없이 도둑질을 멈추고 집 밖으로 나갔습니다.

아무 거리낌 없이 죄를 짓던 도둑이 거울을 보고는 자신의 모습을 깨달았습니다. 아무 죄도 없이 착하게 사는 것 같은 우리도 말씀을 통해서 죄를 깨닫게 됩니다. 말씀의 거울에 비추어 내가 얼마나 죄인인지를 잊지 않는 겸손한 사람이 되십시오. 반드시 복되고 형통할 것입니다.

♥ 주님, 말씀에 나오는 죄인과 탕자가 바로 나라는 사실을 깨닫게 하소서.
▨ 어제 하루를 돌아보며 내가 어떤 사람인지 생각해 보십시오.

나의 영적 일지

원숭이만도 못한 사람

8월 18일

읽을 말씀 : 행 9:26-31

● 행 9:31 그리하여 온 유대와 갈릴리와 사마리아 교회가 평안
하여 든든히 서 가고 주를 경외함과 성령의 위로로 진행하여
수가 더 많아지니라

아프리카에 있는 쿤타리카산은 300여 종의 원숭이들이 살고 있는 주
요 서식지인데 이곳에 왔던 영국 리즈버리 탐험대는 원숭이들의 몇 가지
특징을 발견했습니다.

1. 슬픔을 공유하는 모습이었습니다.

산 속의 원숭이들은 무리의 지도자격인 원숭이들이 세상을 떠났을 때
크게 울며 슬픔을 표현했습니다.

2. 협동심이었습니다.

큰 뱀이 나타나자 원숭이들은 하나가 되어 돌을 던져 뱀을 내쫓았습니다.

3. 위로하는 모습이었습니다.

일행은 산 중턱에서 죽은 새끼를 안고 있는 원숭이 부부를 봤는데, 그
들은 서로의 얼굴을 어루만지며 위로하고 있었습니다.

쿤타리카 등정을 통해 원숭이의 놀라운 모습을 보게 된 탐험대는 영국
으로 돌아와 이기적인 사람들을 보면 원숭이만도 못한 사람, 혹은 쿤타리
카로 보내야 될 사람이라고 말했습니다.

남을 도와주고 위로하고 기뻐하는 것은 사랑의 기본 속성입니다. 이웃
의 필요와 어려움을 외면하지 말고 함께 나눌 줄 아는 사람이 되십시오.
반드시 복되고 형통할 것입니다.

♥ 주님, 기쁨은 축하하고 슬픔은 나눌 줄 아는 성도가 되게 하소서.
🎴 남을 돕고 위로하는 일은 사심 없이 지체하지 말고 하십시오.

나의 영적 일지

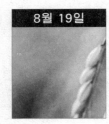

끝이 아닌 시작

읽을 말씀 : 시 145:1-13

● 시 145:13 주의 나라는 영원한 나라이니 주의 통치는 대대에 이르리이다

　　독일을 나치가 장악하고 있을 때 독일교회는 아무런 저항을 하지 않았습니다. 심지어 어떤 교회들은 히틀러와 나치의 만행에 종교적인 해석을 가져다 붙이며 적극 찬성 했습니다. 독일의 신학자 칼 바르트는 당시의 교회가 그리스도가 아닌 히틀러를 따르고 있다고까지 말할 정도였습니다.

　　그러나 본 회퍼는 나치의 외압에 굴하지 않고 신문과 라디오 방송을 통해 기회가 닿는 대로 히틀러와 나치의 잘못에 대해서 비난했으며 독일의 교회들과 성도들도 정신을 차려야 한다고 말했습니다.

　　나치의 미움을 받기 시작한 본 회퍼는 결국 비밀경찰에 체포되었고 사형을 선고받았습니다. 사형이 선고되던 날 같은 방에 있던 죄수들은 안타까운 마음에 인사를 건넸습니다.

　　"목사님, 안타깝지만 이것이 마지막인 것 같습니다. 안녕히 가십시오."

　　그러나 본 회퍼는 담담한 미소로 다음의 말을 남기고 사형장으로 걸어갔습니다.

　　"이것이 끝이 아닙니다. 오히려 새로운 시작입니다."

　　그리스도인들에게는 언제나 새로운 영생이 보장되어 있습니다. 그렇기 때문에 세상의 불의와 타협하지 않고 언제나 담대히 진리를 따르는 삶을 살 수 있습니다. 지금의 인생을 새로운 영생을 준비하는 삶으로 살아가십시오. 반드시 복되고 형통할 것입니다.

♡ 주님, 세상의 가치들과 타협하지 않고 오직 주님을 따라살게 하소서.
▒ 지금 세상에서 일어날 일들로 인해서 두려워하지 마십시오.

나의 영적 일지

평안한 그리스도인

읽을 말씀 : 시 4:1-8

●시 4:8 내가 평안히 눕고 자기도 하리니 나를 안전히 살게 하시는 이는 오직 여호와이시니이다

OECD 34개국을 대상으로 행복도에 대한 설문조사를 실시한 결과 한국은 32위를 기록했습니다.

조사에 응한 한국 사람들은 자신들이 대부분 행복하지 않다고 느꼈고, 더 나은 행복을 위해서는 더 많은 월급과 휴가, 충분한 인간관계가 필요하다고 말했습니다.

그러나 학자들이 연구한 행복의 조건은 전혀 달랐습니다. '건강과 사회활동'이라는 미국의 학술잡지에 기고된 휴이트 박사의 행복에 대한 연구 결과를 보면 나이, 교육수준, 성별, 지역과 같은 모든 요소들은 행복에 절대적인 기준이 될 수 없었습니다.

다만 남을 돕는 '봉사'를 많이 하는 사람들은 그 어떤 조건에도 상관없이 시간이 지날수록 자신의 인생이 더욱 행복하다고 느꼈습니다.

심리학자 브릴은 이런 말을 했습니다.

"진정한 기독교인들은 신경질환에 걸리지 않는다."

최신의 심리학들이 밝혀내고 있는 사람들의 행복과 기쁨에 대한 연구에서 나온 지침들을 이미 성경에서 가르치고 있기 때문입니다.

말씀은 만고불변의 진리입니다. 내가 성경의 말씀을 따른다면 성경이 말하는 모든 축복과 평안은 한 치의 오차도 없이 나에게 임합니다. 의심 없이 말씀을 믿고 따르고, 그 복을 누리는 믿음을 위해 기도하십시오. 반드시 복되고 형통할 것입니다.

💜 주님, 소자에게도 주님의 이름으로 친절하게 하소서.
🏵 성경 말씀을 실천하는 것이 세상의 가장 큰 축복임을 깨달으십시오.

나의 영적 일지

불평의 뿌리를 뽑아라

읽을 말씀 : 시 37:1-10

● 시 37:8 분을 그치고 노를 버리며 불평하지 말라 오히려 악을 만들 뿐이라

미국 미주리 주에서 목회를 하던 윌 보웬 목사님은 성경을 묵상하다가 다음과 같은 깨달음을 얻었습니다.

'인간이 감사하지 못하는 것은 불평 때문이다. 우리가 겪는 모든 불행의 뿌리는 불평 때문이다. 감사를 위해선 먼저 불평을 멈춰야 한다.'

목사님은 먼저 자신이 불평하는 습관을 멈추려고 노력을 했는데 곧 감사와 평안이 충만한 놀라운 변화가 일어났습니다. 목사님은 '불평 없는 세상 만들기'라는 프로그램을 만들어 교회 성도들과 함께 불평을 없애는 운동을 했습니다.

시골의 작은 교회에서 보웬 목사님에 의해 시작된 이 운동은 현재 80개국의 600만 명이 넘는 사람들이 참여하고 있습니다. 그리고 삶에서 불평을 없애는 과정 속에서 놀라운 변화와 치유의 간증들이 매일 같이 쏟아지고 있습니다.

세상을 사랑하며 하나님을 사랑할 수 없듯이 불평을 하면서 하나님께 감사할 수는 없습니다. 먼저 내 안에 습관처럼 붙어있는 불평과 비난의 뿌리를 뽑으십시오. 반드시 복되고 형통할 것입니다.

♥ 주님, 먼저 분노와 불평을 제 맘속에서 제하여 주소서.

🎴 습관적인 불평이 내 삶에 있는지 확인해 보고 먼저 불평을 멈추십시오.

나의 영적 일지

간단한 구원의 원리

읽을 말씀 : 행 16:25-31

● 행 16:31 이르되 주 예수를 믿으라 그리하면 너와 네 집이 구원을 받으리라 하고

서치종교연구소(Search Religion Inst.)에서 기독교인들을 상대로 '성숙한 신앙인의 모습'에 대해서 설문조사를 했습니다.

조사 결과 다음의 여덟 가지 조건이 상위에 올랐습니다.

1. 구원의 은혜를 믿는 사람.

2. 예수님과 함께 한다는 사실로 평안이 있는 사람.

3. 교회 안과 밖의 삶이 일치하는 사람.

4. 기도회와 성경공부에 참여하며 노력하는 사람.

5. 다른 사람의 양육을 위해 헌신하는 사람.

6. 인종, 외모, 성별 등의 차별을 하지 않는 사람.

7. 정의롭고 사명감을 갖고 있는 사람.

8. 진정한 사랑으로 남을 섬기는 사람.

연구소는 이 결과를 토대로 다음과 같은 결론을 내렸습니다.

"사람들이 생각하는 성숙한 신앙인의 조건, 그것의 절반은 실제 신앙생활에 관련된 것이다. 그러나 나머지 절반은 그저 사랑의 실천에 관련된 것이다."

성숙한 신앙인은 신앙의 성장과 함께 사랑의 실천도 중요하게 여깁니다. 올바른 신앙으로 곧 실천하는 지혜로운 사람이 되십시오. 반드시 복되고 형통할 것입니다.

💜 주님, 말씀을 통해 얻은 깨달음이 곧 실천으로 이어지게 하소서.
🎴 나의 신앙의 모습은 몇 가지나 해당되는지 체크해 보십시오.

나의 영적 일지

믿음을 지키는 방법

읽을 말씀 : 잠 3:1-10

● 잠 3:1 내 아들아 나의 법을 잊어버리지 말고 네 마음으로 나의 명령을 지키라

　신학교를 갔다가 하나님의 부르심이 아니라는 사실을 깨달은 한 남자가 있었습니다.

　남자는 목사가 되어서 하나님의 일을 하는 대신 사업가가 되어 세계선교를 위한 일에 헌신하겠다는 다짐을 했습니다. 그렇게 성공을 위해서 열심히 달려가며 시작한 프랜차이즈 음식 브랜드가 하나씩 자리를 잡기 시작했습니다. 추가로 런칭 예정 중인 '육회, 노가리, 빈대떡' 프랜차이즈도 사람들의 반응이 좋았습니다. 그러나 런칭을 하기 직전에 이런 생각이 들었습니다.

　'이 세 가지 메뉴는 모두 술안주가 아닌가? 세계선교를 하겠다는 내가 이런 장사를 해서 돈을 벌면 과연 하나님이 기뻐하실까?'

　결국 남자는 하나님께 회개하고 런칭 준비 중인 세 가지 브랜드를 모두 취소 시켰습니다. 이미 해외계약까지 마쳤고 수백 명의 바이어들에게 설명회도 했지만 처음 하나님과 한 약속을 지키는 것이 더 중요하다고 생각했기 때문입니다.

　'죽 이야기'의 대표인 임영서 집사님의 이야기입니다. 집사님은 "기독실업인은 그 무엇보다도 믿음을 가장 중요하게 여겨야 한다"고 말했습니다. 마찬가지로 모든 그리스도인들은 어디에 있든지 간에 먼저 믿음을 나타내는 사람들이 되어야 합니다. 삶의 현장에서 주님을 당당히 증거 할 수 있는 믿음의 결단을 하십시오. 반드시 복되고 형통할 것입니다.

💙 주님, 하나님을 향한 사랑을 믿음의 결단을 통해 나타내게 하소서.
🎴 믿음에 있어서는 결코 타협하지 않는 성도가 되십시오.

나의 영적 일지

양을 잃은 목자의 마음

읽을 말씀 : 눅 19:1-10

● 눅 19:10 인자가 온 것은 잃어버린 자를 찾아 구원하려 함이니라

분노를 조절하지 못해 고생하는 한 남학생이 있었습니다.

고등학교 입학을 하며 증세가 더 심해진 학생은 교실창문을 부수며 난동을 피웠고 툭하면 친구들과 싸웠습니다. 본인도 상태가 심각하다는 것을 알고는 자퇴를 시켜달라고 요청했지만 담임선생님은 잘 다독이며 학교로 이끌어주었습니다. 무단결석을 할 때면 어김없이 집으로 찾아갔고, 다른 선생님에게도 사정을 말하며 학생을 잘 부탁했습니다.

2학년이 되어서도 상태는 별로 나아지지 않았지만 이때의 담임선생님도 학생을 포기하지 않았으며, 조금만 더 참자고 설득하며 학교생활을 적응할 수 있게 도왔습니다.

그렇게 조금도 달라지지 않을 것 같던 이 학생은 고3이 되면서 완전히 달라졌습니다. 학교도 착실히 나오고 충동적인 분노의 표출도 완전히 사라졌습니다. 방과 후에는 아르바이트를 하며 꾸준히 저축을 했고, 담임선생님은 이 학생의 적성에 맞는 진로를 조사한 뒤에 상담을 하며 밀어주었습니다. 결국 고1때 학교를 자퇴할 뻔했던 이 학생은 20살에 국내 대기업 외식업체에 합격을 했고 이 스토리는 고졸취업 감동수기 공모전에 당선까지 되어 많은 학생과 선생님들에게 귀감이 되었습니다.

3년 동안 단 한 명의 선생님이라도 이 학생을 포기했더라면 이야기는 완전히 달라졌을 것입니다. 이보다 더 간절한 마음으로 나를 포기하지 않고 기다리시는 하나님의 마음을 깨달으십시오. 반드시 복되고 형통할 것입니다.

💜 주님, 끝까지 포기하지 않으시는 그 사랑을 깨닫고, 또 배우게 하소서.
🎨 누가복음 15장의 잃어버린 양이 나라고 생각하며 묵상하십시오.

나의 영적 일지

페스탈로치의 일생

읽을 말씀 : 요 8:12-20

● 요 8:12 예수께서 또 말씀하여 이르시되 나는 세상의 빛이니 나를 따르는 자는 어둠에 다니지 아니하고 생명의 빛을 얻으리라

18세기 스위스에 아이들의 교육에 관심이 많은 한 젊은 청년 교육자가 있었습니다. 청년은 교육은 평등해야 하며 육체와 인성의 발달에도 높은 비중을 두어야 한다고 생각했습니다. 청년은 자신의 이상을 실현하기 위해서 전 재산을 털어 넓은 토지를 구입한 후 소외계층이던 농민들을 교육하는 '노이호우'라는 곳을 만들었습니다. 덕분에 가난한 농민들이 수준 높은 교육을 받았지만 이익이 나지 않아 3년 만에 문을 닫고 말았습니다.

청년은 이번엔 도시의 빈민가에 가서 돈이 없어 교육을 받지 못하는 아이들을 모아 가르칠 수 있는 학교를 세웠습니다. 그러나 재정난으로 다시 한 번 실패를 맛보았습니다.

청년은 고향으로 돌아갔습니다. 그곳에는 전쟁으로 생긴 많은 고아들이 있었는데 그는 고아원을 시작해 100명이 넘는 아이들을 모아 생활터전을 만들어주며 교육도 시켰습니다. 하지만 역시 재정적인 어려움으로 반년도 되지 않아 다시 문을 닫게 되었습니다.

한 평생 이상적인 교육을 꿈꾸며 실패했던 이 청년의 이름은 페스탈로치입니다. 페스탈로치는 80년 동안 실패를 계속했지만 아무도 그를 실패자로 부르지 않고 오히려 교육의 선구자로 존경합니다.

일평생 넘어지고 죄를 짓더라도 하나님께 다가가려는 몸부림이 있다면 성공한 인생입니다. 넘어지더라도 주님을 향해 나아가는 신앙을 멈추지 마십시오. 반드시 복되고 형통할 것입니다.

♥ 주님, 실패에 낙심하지 말고 바른 목표를 추구하게 하소서.
▨ 선한 일을 하다 겪는 실패로 낙심하지 마십시오.

나의 영적 일지

지금 원하시는 것

읽을 말씀 : 시 27:1-14

● 시 27:4 내가 여호와께 바라는 한 가지 일 그것을 구하리니 곧 내가 내 평생에 여호와의 집에 살면서 여호와의 아름다움을 바라보며 그의 성전에서 사모하는 그것이라

이탈리아의 엘리나 여사는 어려서부터 선교사가 되고자 하는 꿈이 있었습니다,

여사는 성인이 되자마자 바라던 대로 중국으로 선교를 떠났지만 1년도 되지 않아 심각한 폐병에 걸려서 다시 고국으로 돌아와야 했습니다.

평생을 꿈꿨던 비전이 허무하게 무너지는 순간이었지만 여사는 하나님을 원망하지 않았고, 시골로 돌아가 농사를 지으며 번 돈으로 중국 선교를 후원했습니다. 그런데 탈곡을 하다가 손가락이 말려들어가는 사고가 나서 더 이상 농사를 지을 수 없게 되었습니다.

여사는 이번에도 절망하지 않고, 농장을 개조해 양로원으로 만들었습니다. 세계 최대 규모의 양로원이 된 이곳은 이탈리아 전역의 갈 곳 없는 노인들에게 안식처를 제공했습니다.

어느새 여사를 사람들은 '노인들의 어머니'라고 불렀고, 여사의 선행은 세계적으로도 널리 알려져 1990년도에는 노벨평화상 후보로까지 올랐습니다.

여사는 오래토록 준비한 비전이 실패로 마치던 순간마다 다시 일어설 수 있었던 비결에 대해 "저는 한 번도 하나님께 '왜?'라고 묻지 않았습니다. 다만 '지금의 저에게 무엇을 원하십니까?'라고 물었습니다."라는 말로 대답했습니다.

지금 내가 원하는 것이 아니라 하나님이 지금 나에게 원하시는 것이 무엇인지 물으며 살아가십시오. 반드시 복되고 형통할 것입니다.

♡ 주님, 어려운 상황일수록 하나님의 음성에 귀를 기울이게 하소서.
🎴 하나님이 주시는 복은 진정한 순종을 통해 온다는 것을 기억하십시오.

나의 영적 일지

본성을 바꾸기 전에는

읽을 말씀 : 막 7:8-23

●막 7:21,22 속에서 곧 사람의 마음에서 나오는 것은 악한 생각 곧 음란과 도둑질과 살인과 간음과 탐욕과 악독과 속임과 음탕과 질투와 비방과 교만과 우매함이니

옛날 어떤 나라에 돼지를 매우 좋아하던 임금이 있었습니다.

그러나 천성이 더럽고 게을러 애완용으로는 적절치 않아서 뛰어난 동물조련사를 불러 많은 돈을 주며 명령을 내렸습니다.

"여기 있는 돼지를 청결하고 기품을 가지도록 훈련시켜 주게나."

조련사는 다음날부터 돼지를 끌고 집으로 가서 운동도 시키고 목욕도 시키고 자기가 아는 모든 훈련방법을 동원해 가르쳤습니다. 돼지는 어느덧 체구도 날씬해지고 머리도 좋아져 주인의 말을 알아듣고 몇 가지 묘기도 부릴 수 있게 되었습니다. 그러나 구정물만 보면 구르고 게걸스럽게 음식을 먹는 것만큼은 결코 고칠 수가 없었습니다. 조련사는 다시 임금을 찾아가 돼지와 받은 돈을 내어놓으며 말했습니다.

"저는 왕이 말씀하신 대로 돼지를 바꿀 수가 없습니다. 아무리 훈련을 시킨다 하더라도 돼지는 여전히 돼지입니다."

돼지가 아무리 노력을 해서 날씬해지고 똑똑해져도 천성을 바꿀 수는 없습니다. 사람 역시 아무리 재물을 벌고 학식을 쌓고 인품이 높아져도 결코 죄의 본성을 바꿀 수는 없습니다. 예수 그리스도만이 답이고 길이십니다. 나의 한계와 죄성을 주님께 고백함으로 새로운 피조물이 되십시오. 반드시 복되고 형통할 것입니다.

💜 주님, 죄악된 본성을 깨달음으로 교만하지 않고 주님께 순복하게 하소서.
🔖 주님이 주신 새언약을 믿고 새계명을 따르십시오.

나의 영적 일지

순고자의 마지막 기도

읽을 말씀 : 시 66:1-20

●시 66:20 하나님을 찬송하리로다 그가 내 기도를 물리치지
아니하시고 그의 인자하심을 내게서 거두지도 아니하셨도다

16세기 영국의 윌리엄 틴데일은 성경을 번역해 보급하려고 했다는 죄목으로 순교를 당했습니다.

당시 왕이었던 헨리 8세는 종교계급을 어지럽힌다는 죄목으로 윌리엄을 화형 시키라는 명령을 내렸습니다. 당시의 귀족들은 성경은 성직자들만 읽을 수 있는 것인데 일개 성도들에게 그것을 보급하려는 것은 잘못이라는 생각을 했습니다. 윌리엄은 화형대 앞에 서서 올라가기 전에 유언으로 "주님, 왕의 눈을 열어주소서"라는 말을 남겼습니다.

당시 이 말을 들은 자리에 있던 사람들은 본인 눈이나 뜨라며 윌리엄을 비웃었습니다. 당장 죽을 처지에 무슨 왕을 걱정하냐는 조롱도 들려왔습니다. 그러나 정말로 머지않아 윌리엄의 유언이 이루어졌습니다.

성경을 보급했다는 죄목으로 윌리엄을 죽였던 헨리 8세의 명령으로 영국 전역에는 번역된 성경이 보급되는 일이 일어난 것입니다. 이런 결정에는 정치적인 이유도 많이 포함되어 있었지만 그래도 이때 성경이 보급됨으로 모든 성도들이 하나님의 말씀을 받게 되는 역사가 일어나게 되었습니다.

위대한 결실은 최선의 성실을 통해서 맺게 됩니다. 하나님께선 최선의 때에 최선의 결실을 맺도록 나의 삶을 분명히 인도하십니다. 노력과 인내로 두려움 없이 하나님의 때를 기다리십시오. 반드시 복되고 형통할 것입니다.

♥ 주님, 저의 삶을 통해 이 땅에 작은 복음의 흔적이라도 남겨주소서.
🧩 성경을 쉽게 체계적으로 읽을 수 있는 방법을 찾아 실행하십시오.

나의 영적 일지

슬픔을 치유하는 방법

읽을 말씀 : 고후 7:2-16

● 고후 7:7 오직 그가 너희에게서 받은 그 위로로 위로하고 너희의 사모함과 애통함과 나를 위하여 열심 있는 것을 우리에게 보고함으로 나를 더욱 기쁘게 하였느니라

스코틀랜드의 유명한 가수 해리 로더는 공연을 하던 중에 세계 1차 대전에 참전 중이었던 아들이 목숨을 잃었다는 소식을 들었습니다.

그러나 평소와 같이 웃는 얼굴로 공연을 순조롭게 마쳤습니다. 공연이 끝나자마자 해리는 서둘러 차를 타고 아들의 시신이 있는 병원으로 달려갔습니다. 아들의 시신을 보는 순간 눈시울이 붉어졌지만 동시에 병실 안에 같은 아픔으로 슬퍼하고 있는 병사와 유족들의 모습이 보였습니다.

해리는 곧 그 자리에 있는 병사들과 유족들을 위해 노래를 부르기 시작했습니다. 그리고 당시 스코틀랜드에서 최고의 가수였던 해리의 노래를 통해 슬픔에 잠겨 있던 많은 사람들이 마음의 위안을 얻었습니다.

해리는 당시 자신이 그런 행동을 했던 것에 대해서 다음과 같이 말했습니다.

"고난을 대하는 사람의 자세는 한 가지만 있는 것이 아닙니다. 저는 하나님께 저의 슬픔을 맡겼고, 하나님은 놀라운 힘과 위로를 공급해 주셨습니다. 그리고 그 힘으로 저는 다른 사람의 눈물을 위로하길 원했습니다."

하나님은 나의 모든 괴로움과 슬픔을 이해하시고 함께 하시는 분이십니다. 고통 중에도 역사하시는 주님의 손을 꼭 붙잡으십시오. 반드시 복되고 형통할 것입니다.

♥ 주님, 나의 모든 것을 아시는 주님이심을 슬픔 중에도 깨닫게 하소서.
🖼 슬픔이나 고통 중에 있는 사람을 위로할 방법을 찾아보십시오.

나의 영적 일지

인생을 낭비하고 있습니다

읽을 말씀 : 딤전 5:8-16

● 딤전 5:13 또 그들은 게으름을 익혀 집집으로 돌아 다니고 게으를 뿐 아니라 쓸데없는 말을 하며 일을 만들며 마땅히 아니할 말을 하나니

영국의 앨런 레드패스는 영국의 가장 큰 석유회사에 다녔으며 프로 럭비팀에서 스카웃 제의를 받을 정도로 몸도 건강했고, 인간관계도 좋았습니다.

하지만 구원을 받지는 못했습니다. 교회는 어려서부터 나갔지만 단지 습관일 뿐이었고 어떤 종교든지 구원을 받을 수 있다고 생각했습니다. 이런 앨런에게는 신실한 믿음이 있는 친한 친구가 한 명 있었는데 한번은 그가 앨런에게 이런 말을 했습니다.

"자네는 인생을 낭비하고 있네. 예수님 믿어 구원 받아야하네."

인생을 낭비한다는 친구의 말을 들은 뒤에 앨런은 무슨 일을 해도 마음이 편치 않았습니다. 그 생각을 떨치기 위해서 좋아하는 음식을 먹고 하루 종일 럭비도 했지만 아무 소용이 없었습니다. 결국 앨런은 믿음이 문제라는 것을 깨닫고 주님께 무릎을 꿇었습니다.

"주님, 제 삶의 전부를 가지십시오. 이제는 말씀대로 믿고, 말씀대로 살겠습니다."

이후에 그는 유명한 기독교 저술가이자 칼럼니스트로 나머지 삶을 주님을 위해 사용하며 살다가 천국에 갔습니다.

열매 맺지 못하는 나무가 의미 없는 것처럼 하나님을 나타내지 못하는 성도의 인생은 아무런 의미가 없습니다. 구원 받은 소중한 인생을 낭비하지 말고 하나님을 위해 사용하십시오. 반드시 복되고 형통할 것입니다.

♡ 주님, 구원받은 소중한 인생을 낭비하지 않도록 성령님을 통해 인도하소서.
🖼 하나님이 주신 인생을 하나님을 위해 사용하십시오.

나의 영적 일지

세상의 눈치를 보지 말자

읽을 말씀 : 요 16:25-33

●요 16:33 이것을 너희에게 이르는 것은 너희로 내 안에서 평안을 누리게 하려 함이라 세상에서는 너희가 환난을 당하나 담대하라 내가 세상을 이기었노라

존 웨슬리 목사님이 살았던 18세기 영국은 종교적으로 매우 혼란한 시기였습니다.

당시 기독교의 교파들은 서로 첨예하게 대립하고 분열했으며 복음의 진리는 경시되었습니다. 기독교가 사회에서 제 역할을 못하자 사회도 어두워졌습니다. 알코올 중독자들이 급속도로 늘었으며, 자살하는 사람들도 늘었습니다. 진정한 기독교 신앙과 구원은 미신처럼 취급 받았고 성직자들은 세상의 잇속에만 관심이 있었습니다.

존 웨슬리 목사님은 이처럼 믿음과 신앙이 우습게 여겨지던 당시 상황 속에서 말씀대로 살아가는 사람들이라는 의미로 '메쏘디스트 운동'을 시작했습니다. 처음에는 아주 작은 운동으로 시작되었지만 이 운동을 하는 사람들은 자신의 것을 나누고 사회를 위해 필요한 일들을 시작했습니다. 그러자 이와 같은 실천을 하는 사람들이 급속도로 늘어났고, 이 운동을 통해 지금의 감리교가 생겨나게 되었습니다.

시대상과 전혀 어울리지 않는 운동이었고, 사람들은 완전히 다른 방식으로 살고 있었습니다. 그러나 말씀 안에서의 삶이 진정한 삶이라는 것을 깨달았기 때문에 그토록 많은 사람들이 하나님 안으로 돌아올 수 있었습니다. 지금의 혼란한 시대상에서도 세상의 눈치를 보지 말고 하나님의 음성을 따라 담대히 성경이 해답이라는 것을 사람들에게 알리십시오. 반드시 복되고 형통할 것입니다.

♥ 주님, 시대를 막론하고 진리의 복음은 지켜져야 함을 기억하게 하소서.
🎴 모든 문제의 해답은 바로 성경에 있음을 인정하십시오.

나의 영적 일지

9
월

"너는 마음을 다하여 여호와하나님을 신뢰하고
네 명철을 의지하지 말라
너는 범사에 그를 인정하라 그리하면 네 길을 지도하시리라"
-잠언 3:5,6-

9월 1일

즐거움으로 맺는 관계

읽을 말씀 : 고전 1:1-9

● 고전 1:9 너희를 불러 그의 아들 예수 그리스도 우리 주와 더불어 교제하게 하시는 하나님은 미쁘시도다

사람들이 좋은 인관관계를 맺을 수 있도록 연구하는 휴먼 네트워크연구소의 양광모 소장이 말하는 함께 있으면 즐거움을 느끼는 사람이 되는 5계명입니다.

1. 헤어질 때 다시 만나고 싶은 사람이 되라.

   좋은 성품을 가진 사람이 다시 만나고 싶은 여운을 남깁니다.

2. 하루에 3번 참고, 3번 웃고, 3번 칭찬하라.

   3번이 작은 숫자처럼 보일지라도 인생을 변화시킬 큰 변화를 만듭니다.

3. 내 일처럼 기뻐하고, 내 일처럼 슬퍼하라.

   "네 이웃을 네 몸과 같이 사랑하라"는 성경말씀과 같은 맥락입니다.

4. Give & Give & Forget 하라.

   조건 없이 주는 것은 손해처럼 보일지라도 결국엔 이득으로 돌아옵니다.

5. 한 번 인맥은 영원한 인맥으로 만나라.

   무언가를 얻기 위해 만나는 인맥은 아무것도 얻을 수가 없습니다.

좋은 사람이 되기 위해서는 먼저 좋은 사람이 되고자 해야 합니다. 주님의 도우심으로 인간관계를 즐겁게 하기 위해 상대방을 존중하고 배려하십시오. 반드시 복되고 형통할 것입니다.

♥ 주님, 스트레스가 아닌 즐거움을 통한 인간관계를 맺게 하소서.
🧎 사랑으로 소통하는 좋은 인간관계를 맺으려고 노력하십시오.

나의 영적 일지

대기만성의 기다림

읽을 말씀 : 히 10:32-39

● 히 10:36 너희에게 인내가 필요함은 너희가 하나님의 뜻을
행한 후에 약속하신 것을 받기 위함이라

중국의 동부 지역에는 '모소'라는 대나무가 있습니다.

이 대나무는 아무리 좋은 토양에 심어도 짧게는 4년, 길게는 5년 동안
조금도 자라지 않습니다. 심지어 작은 순이나 싹 하나도 띄우지 않습니다.

그러나 몇 년이 지난 뒤에 갑자기 크기 시작해 약 6주 만에 15m까지도
성장합니다. 5년 동안 땅 위로 보이는 크기는 그대로지만 밑에 뿌리는 계
속 내리고 있기 때문인데, 4년간 땅 속에 넓게 내린 뿌리가 자양분을 풍
부하게 빨아들여서 뿌리와 대를 같이 성장시키는 다른 대나무들보다도
월등히 높고 굵게 자라게 만듭니다.

모소가 자라지 않는다고 다른 대나무를 심는다면 당분간은 훨씬 이득
인 것처럼 보이겠지만 결국 시간이 흐르면 더욱 알찬 결실을 맺는 것은
모소를 심고 지긋이 기다리는 농부입니다. 그래서 이 사실을 아는 중국
의 농부들은 대나무를 심을 때 모두 모소를 심습니다.

하나님을 온전히 신뢰하는 사람일수록 인내하는 사람입니다. 요셉과
같이 온전히 주님의 때를 기다리는 인내의 사람이 되십시오. 반드시 복되
고 형통할 것입니다.

♡ 주님, 알맞은 때에 귀하게 저를 사용하실 주님을 믿고 따르게 하소서.
🎴 계획대로 일이 풀리지 않더라도 조급해하지 말고 기도로 간구하십시오.

나의 영적 일지

순종의 가치

읽을 말씀 : 롬 5:12-21

● 롬 5:19 한 사람이 순종하지 아니함으로 많은 사람이 죄인 된 것 같이 한 사람이 순종하심으로 많은 사람이 의인이 되리라

히말라야 고산지대에 사는 부족들에게 가장 귀한 동물은 양입니다.

방목이 쉬우면서도 털과 젖, 고기까지 제공을 해주기 때문에 히말라야 지역에서는 양을 매우 귀하게 다룹니다. 그런데 이 지역에서는 양을 사고 팔 때 나이와 크기, 건강상태 뿐 아니라 성격을 함께 보는 특이한 관습이 있습니다.

가파른 비탈에 양을 두고 경사를 올라가면서 풀을 뜯는지, 아니면 내려가면서 뜯는지 살펴보는 것인데, 비탈을 올라가면서 풀을 뜯는 양은 추운 겨울에도 풀이 나는 산허리의 목초지까지 쉽게 데리고 갈 수 있기 때문에 값이 더 비쌉니다.

하지만 내려가면서 풀을 뜯는 양은 힘든 일을 싫어하고 목자가 명령을 한다 해도 위로 잘 올라가려고 하지 않기 때문에 올라가며 풀을 뜯는 양에 비해서 더 적은 가격을 받습니다.

힘든 상황에서도 말씀대로 사는 것이 순종입니다. 어려움 가운데에도 순종을 해야 하는 이유는 그것이 하나님이 인도하시는 생명의 길이고 복된 길이기 때문입니다. 더욱 더 순종함으로 하나님이 주시는 귀한 복을 누리십시오. 반드시 복되고 형통할 것입니다.

♡ 주님, 인도하시는 주님을 100% 신뢰하는 마음을 주소서.
▨ 더 쉬운 쪽보단 더 옳은 쪽을 선택하십시오.

나의 영적 일지

옛사람과 새사람

읽을 말씀 : 고후 5:11-21

● 고후 5:17 그런즉 누구든지 그리스도 안에 있으면 새로운 피조물이라 이전 것은 지나갔으니 보라 새 것이 되었도다

영국의 줄리안 모리스는 어린 시절 부모님을 잃어버려 구걸을 하며 살던 거지였습니다.

너무 어린 시절에 부모님을 잃어버린 탓에 그는 자신이 고아인 줄 알며 살았는데 어느 날 자신을 찾아온 사람들을 통해서 부모님을 찾게 되었습니다. 이미 돌아가신 부모님은 유언으로 아들을 반드시 찾아달라는 말과 함께 거액의 유산을 친아들 앞으로 상속시켜놨습니다.

하루아침에 좋은 저택과 많은 돈을 갖게 된 모리스는 처음에는 매일 최고급 레스토랑에 가서 음식을 먹고 여행도 다니며 호화로운 삶을 살았습니다. 하지만 몇 달이 지나자 차츰 예전의 거지와 같은 삶을 살기 시작했습니다.

거지에서 부자가 된 모리스의 사연을 알던 한 사람이 거리를 방황하는 그를 발견하고는 돈도 있고 집도 있는데 왜 다시 예전의 생활로 돌아왔냐고 묻자 그가 대답했습니다.

"좋은 음식도 일주일만 먹으면 질리고, 좋은 옷은 불편할 뿐입니다. 좋은 집이 있다고 잠이 잘 오는 것도 아니고 여행을 떠난다고 새로운 세상이 나타는 것도 아니더군요. 저에게는 이 생활이 가장 편한 것 같습니다."

속사람이 바뀌지 않으면 진정으로 새로운 사람은 될 수 없습니다. 예수님을 믿고 거듭나서 새생명이 있어야 새성품을 갖게 되고 새생활을 하게 됩니다. 겉사람이 아닌 속사람이 거듭난 진정한 그리스도인이 되십시오. 반드시 복되고 형통할 것입니다.

🖤 주님, 죄악에 속해 있던 옛사람의 생활로 돌아가지 않게 지켜 주소서.
🧎 거듭난 삶을 주신 주님의 은혜에 감사하십시오.

나의 영적 일지

합리적인 믿음

읽을 말씀 : 엡 3:1-13

● 엡 3:12 우리가 그 안에서 그를 믿음으로 말미암아 담대함과 확신을 가지고 하나님께 나아감을 얻느니라

최근 거세지고 있는 무신론자들의 기독교에 대한 비판은 "종교는 과거에 만들어진 신화이며 과학에 비해서 비합리적이다"가 주된 주장입니다. 그러나 17세기에 가장 뛰어난 천재였던 파스칼은 '피렌체의 비유'를 통해 예수님을 믿는 것이 정말로 오히려 이성적이고 합리적이라고 주장했습니다.

최근에는 빌 게이츠가 롤링 스톤스와의 인터뷰에서 "하나님이 믿는 것이 합리적이라고 생각한다"라는 말을 해 화제가 되었는데 빌 게이츠는 신앙은 매우 도덕적인 시스템을 가지고 있어 교육에 좋고 과학이 채울 수 없는 영역을 설명할 수 있으며 놀라운 신비와 아름다움을 가지고 있는 이 세계가 우연으로 생겼다는 것이 오히려 몰상식한 관점이라고 비판했습니다. '가장 악명 높은 무신론자'로 불린 철학자 앤서니 플루는 기독교는 끝까지 믿지 않았지만 신은 존재할 것이라고 말년에 자신의 생각을 바꿨고, 대표적인 무신론자인 리처드 도킨스와 신학자 존 레녹스, 다니엘 크레이그의 토론을 본 미국 전역의 수 많은 청중들 역시 믿음과 신앙이 무신론보다 합리적이라고 판단했습니다.

하나님의 존재를 믿는 것과 성경의 말씀을 믿는 것은 망상에 사로잡힌 인간의 도피처가 아니라 유일한 해결책입니다. 말씀대로 믿고 말씀대로 실천하는 것을 부끄러워하지 마십시오. 또한 주위 사람들에게 담대히 자신 있게 전하십시오. 반드시 복되고 형통할 것입니다.

♡ 주님, 주님을 예배함으로 믿음의 뿌리가 더 깊이 내리게 하소서.
▦ 주변의 무신론자들에게 믿음에 필요한 자료를 찾아 보내십시오.

나의 영적 일지

한 가지 선택

읽을 말씀 : 호 10:1-8

9월 6일

● 호 10:2 그들이 두 마음을 품었으니 이제 벌을 받을 것이라 하나님이 그 제단을 쳐서 깨뜨리시며 그 주상을 허시리라

세계 최고의 성악가 루치아노 파바로티는 대학교 시절 교육학을 전공 했습니다.

그는 성악에 소질이 있다는 평가를 들었고 레슨도 받고 있었으나 하고 싶은 일과 안정성 사이에서 결정을 내리지 못 했습니다. 전공을 살려 선생님이 되면 크게 실패하지 않고 안정적인 생활을 꾸릴 수 있지만 성악가가 되는 경우에는 성공하지 못한다면 완전히 망할 수도 있었습니다. 결국 아버지를 찾아가 자신의 상황을 설명하고 "교육과 성악 중에서 어떤 것을 선택하는 것이 좋은 결정인지 모르겠습니다."라며 어느 전공을 택할지 조언을 구하자 아버지는 말했습니다.

"그건 너의 인생이기 때문에 네가 정할 문제다. 그렇게 중요한 결정을 내가 대신 내려줄 수는 없단다. 그러나 이거 한 가지는 꼭 말해주고 싶구나. 사람이 앉을 수 있는 건 단 하나의 의자뿐이란다. 떨어져 있는 두 의자에 동시에 앉으려고 하다가는 땅바닥에 떨어지고 말 걸."

인생에서의 선택과 책임은 오직 나의 몫입니다. 그러나 모든 선택의 결과가 다 똑같지는 않습니다. 어떤 선택은 나의 행복을 좌우하지만 어떤 선택은 삶과 죽음을 좌우합니다. 성경을 통해 선과 악, 진리와 거짓을 구분하고 가장 중요한 질문에서 옳은 선택을 내리십시오. 반드시 복되고 형통할 것입니다.

♡ 주님, 눈앞의 정욕에 눈이 멀어 어리석은 선택을 하지 않게 하소서.
🐾 하나님과 세상 중에 분명한 선택을 하십시오.

나의 영적 일지

함께하는 시간의 중요성

읽을 말씀 : 엡 6:1-4

● 엡 6:4 또 아비들아 너희 자녀를 노엽게 하지 말고 오직 주의
교훈과 훈계로 양육하라

노벨 경제학상을 받은 미르달 교수의 딸은 자서전에서 아버지와의 기억을 이렇게 적었습니다.

"내가 필요로 할 때 부모님은 언제나 나의 곁에 없었다. 한 마디로 나는 엄청나게 불행한 어린 시절을 보냈다."

명배우 폴 뉴먼은 자신의 아들도 배우가 되게 하려고 압력을 넣었습니다. 아들은 자신의 꿈을 포기하고 결국 할리우드에 진출을 했지만 연예계 생활을 적응하지 못하고 마약 중독자가 되어 죽고 말았습니다.

베스트셀러 작가 토마스 만의 아들은 아버지가 평범한 자신을 인정해 주지 않는다고 생각해 중학교 1학년 때 일기에다가 "무슨 짓을 해서라도 유명해지고 말 것이다. 그래서 아버지에게 인정을 받고 말 것이다"라고 적었습니다.

경제잡지 포브스에서는 유명인의 자녀들이 어떤 훌륭한 교육을 받는지 조사를 하다가 결국 '고통 받는 유명인의 자녀들'이라는 제목으로 책을 출간했습니다.

부족한 것 없고 똑똑하기까지 한 유명인들의 자녀들이 불행했던 것은 함께하는 시간이 부족했기 때문입니다. 미래의 부와 명예를 핑계로 하나님과의 만남을 미루지 마십시오. 오히려 주님이 항상 우리를 기다리고 계시니 더 많은 시간을 주님과 지내는 성도가 되십시오. 반드시 복되고 형통할 것입니다.

🧡 주님, 주님과 함께하는 일의 중요성을 알게 하소서.
🖼 하나님과 가족과 함께 하는 시간을 더 많이 신경 쓰십시오.

나의 영적 일지

새로운 희망이 찾아온다

읽을 말씀 : 잠 14:29-35

● 잠 14:32 악인은 그의 환난에 엎드러져도 의인은 그의 죽음
에도 소망이 있느니라

　'절벽산책'의 저자 돈 슈나이더는 미국에 있는 한 대학의 교수였습니다. 교수가 될 때까지 언제나 성공만을 했던 돈에게 하루는 해고라는 실패가 찾아왔습니다. 돈은 갑자기 영문도 모른 채 해고를 당했습니다. 큰 실수를 한 것도 아니었고 학생들의 평가나 연구 실적이 부족한 것도 아니었습니다.

　그러나 돈은 실력에는 자신이 있었기에 따로 일을 하지 않고 다른 대학들에 임용을 문의하기 시작했습니다. 그가 연락을 한 대학은 2년간 100개가 넘었습니다. 하지만 어떤 대학에서도 연락이 오지 않았고 이년간 경제활동을 하지 않은 그의 가정은 피폐해졌습니다. 아내는 생활고에 지쳐 있었고, 곧 태어날 아기도 있었습니다.

　결국 그는 생활전선에 뛰어들어 골프장에서 캐디로 일을 했고 막노동도 했습니다. 그렇게 다양한 일을 경험하던 그는 목수가 적성에 맞고 재능도 있다는 것을 알게 되었고 교수의 꿈을 버리고 목수라는 직업을 택했습니다. 물론 교수를 할 때보다 사회적 지위는 낮았으나 돈은 훨씬 더 많은 수입을 벌었고 또 일을 통해 행복을 느꼈습니다.

　포기만 하지 않으면 길은 반드시 있습니다. 넘어지지 않으려고 안간힘을 쓰지 말고 주님과 다시 일어서는 방법을 배우십시오. 반드시 복되고 형통할 것입니다.

💜 주님, 주님의 계획 안에 실패란 없음을 깨닫게 하소서.
🧩 실패를 두려워 말고 말씀을 통해 다시 도전할 힘을 얻으십시오.

나의 영적 일지

증인이 된 무신론자

읽을 말씀 : 행 9:20-22

●행 9:20,21 사울이 다메섹에 있는 제자들과 함께 며칠 있을
새 즉시로 각 회당에서 예수가 하나님의 아들이심을 전파하
니 듣는 사람이 다 놀라 말하되 이 사람이 예루살렘에서 이
이름을 부르는 사람을 멸하려던 자가 아니냐

영국의 재무장관인 리틀톤과 법조인 길버트는 막역한 친구였습니다.

두 사람은 하나님을 부정하는 무신론자라는 공통점도 있었는데 하루
는 함께 저녁 식사를 하다가 성경이 거짓이란 걸 밝혀내자는 약속을 했습
니다.

"길버트, 나는 예수의 부활이 가장 말이 안 되는 성경의 내용이라고 생각
하네. 당장 내일부터 왜 예수의 부활이 거짓인지를 조사해보도록 하겠네."

"나 역시 바울의 회심과 그의 행적이 거짓이라고 생각하네. 이 두 가지
가 기독교인들이 자랑하는 큰 축이니 우리가 이 사실만 밝혀낸다면 더 이
상 기독교를 믿는 사람은 없을 걸세."

둘은 서로의 조사가 완료되면 함께 책을 내기로 한 뒤에 헤어졌다가 반
년 후에 다시 만났습니다. 먼저 길버트가 말했습니다.

"뭐라 말을 해야 될지 모르겠네. 사실은 그동안의 연구를 통해 나는 바
울의 회심과 행적이 100% 사실이라는 것을 알게 되었네."

"뭐라고? 나도 자네에게 같은 말을 하려고 했었네. 예수의 부활에 대해
서 부정할 수가 없더군. 나도 자네와 같은 결론에 도달했다네."

진리를 사심 없이 묵상하는 사람은 무신론자라 하더라도 반드시 믿게
되어 있습니다. 진리이기 때문입니다. 성경을 깊이 묵상하면서 하나님의
말씀을 받으십시오. 반드시 복되고 형통할 것입니다.

♥ 주님, 진리의 말씀으로 어두운 마음속을 환하게 비춰주소서.
🀫 공관복음을 통해 예수님의 생애를 깊이 묵상해 보십시오.

나의 영적 일지

존 번연의 진짜 고난

읽을 말씀 : 마 13:10-23

● 마 13:20,21 돌밭에 뿌려졌다는 것은 말씀을 듣고 즉시 기쁨으로 받되 그 속에 뿌리가 없어 잠시 견디다가 말씀으로 말미암아 환난이나 박해가 일어날 때에는 곧 넘어지는 자요

존 번연이 길에서 복음을 전한다는 죄명으로 감옥에서 고생을 하며 천로역정을 썼다는 것은 많은 성도들이 알고 있는 사실입니다.

그러나 당시 존 번연이 처한 상황을 들여다보면 오히려 감옥에 갇혀 있는 것은 그에게 가벼운 고통이었음을 알게 됩니다.

시각장애인인 존의 아내는 남편 대신 돈을 벌려고 구걸을 하다가 건강이 악화되어 세상을 떠났습니다. 게다가 그에게는 어린 자녀들이 있었습니다. 아빠는 감옥에 갇혀 있고, 엄마는 돌아가신 상황에서 세 자녀는 비참한 생활을 할 수밖에 없는 운명이었습니다.

이런 상황에 비하면 오히려 존이 감옥에 있는 상황은 매우 양호한 것이었습니다. 그러나 이런 끔찍한 고통 속에서도 존은 고백했습니다.

"하나님, 너무나 고통스럽지만 그럼에도 주님을 찬양합니다. 이 고통뿐인 감옥 속에서 저에게 하나님을 섬길 수 있는 길이 무엇인지 보여주십시오."

존이 남긴 천로역정은 이런 상황 속에서 하나님이 허락하신 한 줄기 빛이자 소망이었습니다. 그리고 그 책을 통해 많은 성도들이 빛 되신 주님을 지금도 만나고 있습니다.

근심과 환란 중에도 주님은 나의 신음을 듣고 계시며 또한 나아갈 길을 가르쳐 주십니다. 뼈를 깎는 아픔 속에서도 주님의 이름을 찬양하고 주님께로 나아가는 믿음을 간구하십시오. 반드시 복되고 형통할 것입니다.

♡ 주님, 어려운 순간에도 더욱 주님을 의지할 수 있게 하소서.
▨ 지난 고난 속에서 나의 신앙은 어떠했는지 돌아보십시오.

나의 영적 일지

바뀌어야 할 사람

읽을 말씀 : 마 7:1-6

●마 7:5 외식하는 자여 먼저 네 눈 속에서 들보를 빼어라 그 후에야 밝히 보고 형제의 눈 속에서 티를 빼리라

미국의 저널리스트이자 방송인인 바바라 월터는 한 유명 프로그래머와 결혼했습니다.

많은 관심과 축복 속에서 치러진 두 사람의 결혼은 오래 가지 못했고 곧 성격차이로 이혼을 하게 되었습니다.

바바라의 남편은 결혼생활이 실패한 이유가 자신에게 적합한 상대를 객관적으로 만나지 못해서라고 판단을 한 뒤에 이상형을 찾아주는 프로그램을 만들었습니다.

그는 먼저 자신이 알고 있는 여성들에 대한 데이터를 프로그램에 입력을 한 뒤에 자신이 바라는 이상형의 조건에 맞는 여성을 검색했습니다. 전 아내보다 더 나은 사람이 뽑혀야 했기에 대조군으로 바바라 월터의 정보도 넣었습니다.

하지만 나온 결과를 보고 남편은 매우 놀랐습니다. 프로그램이 선정한 자신의 이상형은 얼마 전에 이혼한 바바라 월터였습니다.

상대방이 맘에 들지 않는다면 바뀌어야 할 사람은 나일지도 모릅니다. 상대방의 허점을 찾기보다는 더 나은 성품의 나를 위해 노력하십시오. 반드시 복되고 형통할 것입니다.

💙 주님, 남의 티눈 같은 잘못보다 제 눈에 있는 들보를 먼저 깨닫게 하소서.
🔲 문제와 어려움이 생길 때마다 나의 모습을 먼저 성찰하고 반성하십시오.

나의 영적 일지

중국의 헬렌켈러

읽을 말씀 : 시 5:1-12

● 시 5:7 오직 나는 주의 풍성한 사랑을 힘입어 주의 집에 들어가 주를 경외함으로 성전을 향하여 예배하리이다

　근수축병에 걸려서 시한부 인생을 사는 장원청이라는 청년은 중국의 헬렌켈러로 불립니다. 병 때문에 몸을 거의 움직이지 못하는 청년이 하루에 쓸 수 있는 글은 겨우 70자 정도지만 작가의 꿈을 안고 매일같이 글을 썼습니다. 그런 그가 25살 때 의사로부터 앞으로 3년 정도의 시간이 남았다는 검진결과를 받고서 6년 동안 써왔던 17만자에 달하는 자필 원고를 세상에 공개했습니다.

　그 내용 중에는 헬렌켈러는 '사흘만 볼 수 있다면'이라는 내용과 비슷한 '사흘만 걸을 수 있다면'이라는 내용이 나옵니다.

　"내가 사흘만 걸을 수 있다면 매일 무거운 물동이를 짊어지고 다니는 어머니를 대신하고 싶다. 그리고 시장에 가서 어머님이 가장 좋아하시는 음식인 바나나를 사가지고 돌아올 것이다. 그동안 날 위해 수고하신 어머니를 위해 사흘 동안 이 일을 계속할 것이다. 나는 사형수와 같은 삶을 살고 있다. 나에게 남은 시간이 얼마 남지 않았다고 의사도, 그리고 사람들도 말한다. 그러나 남겨진 시간이 적다고 인생을 대충 살 수 있겠는가? 사람이라면 마땅히 주어진 삶을 어떤 상황에서도 최선을 다해 살아야 한다."

　지금 내가 처한 상황에 관계없이 항상 감사하며 항상 최선을 다하는 것이 참된 그리스도인의 삶입니다. 오늘이 마지막이라는 생각으로 최선을 다해 하나님을 섬기고 사람들을 섬기십시오. 반드시 복되고 형통할 것입니다.

♥ 주님, 하루를 살아도 주님을 위해 살아가게 하소서.
최선을 다한다고 말할 수 있는 삶을 살고 있는지 질문해보십시오.

나의 영적 일지

9월 13일

건강한 부모와 자녀의 관계

읽을 말씀 : 엡 5:1-14

● 엡 5:1,2 그러므로 사랑을 받는 자녀 같이 너희는 하나님을 본받는 자가 되고 그리스도께서 너희를 사랑하신 것 같이 너희도 사랑 가운데서 행하라 그는 우리를 위하여 자신을 버리사 향기로운 제물과 희생제물로 하나님께 드리셨느니라

뉴욕타임즈의 기자 제이 맥그러가 말하는 건강한 자녀와 부모관계를 만드는 십계명입니다.

01. 부모와 자녀의 역할에 분명한 경계를 세우라.

02. 자녀가 관심을 갖는 분야에 알려고 노력하라.

03. 자녀를 책임감 있는 사람으로 키우라.

04. 자녀들의 이야기에 일단 경청하라.

05. 부모가 내린 결정을 자녀에게 이해시켜라.

06. 부모는 항상 자녀의 편이라는 것을 알려주라.

07. 자녀 세대의 문화를 이해하려고 하라.

08. 자녀와의 공동 관심사를 개발하라.

09. 원칙과 관용 사이의 유연성을 가져라.

10. 서로가 원하는 자녀의 모습에 대해서 깊게 나누라.

부모와 자녀 사이의 관계는 일방적인 문제가 아니라 쌍방의 문제입니다. 원활한 소통으로 하나님이 주신 큰 복을 누리고 귀한 재목으로 성장하는 자녀가 되도록 가정을 만드십시오. 반드시 복되고 형통할 것입니다.

💜 주님, 하나님의 원리를 따르는 부모와 자녀관계가 되게 하소서.

🖼 위 리스트에서 내가 하고 있는 것과 부족한 것을 체크해보십시오.

나의 영적 일지

지나보면 알게 되는 것

읽을 말씀 : 시 46:1-11

● 시 46:1 하나님은 우리의 피난처시요 힘이시니 환난 중에 만날 큰 도움이시라

1900년도에 중국에서는 의화단 운동이 일어났습니다.

무술을 연마하며 미신을 섬기는 의화권이라는 비밀결사 단체가 서양 열강 등을 몰아낸다는 명목으로 기독교를 공격하려고 일으킨 사건이었습니다.

이 때문에 베이징에서 복음을 전하던 많은 선교사들이 죽고 또 추방당했습니다. 당시 베이징에 머무는 선교사님들 중에 중심역할을 했던 글로버라는 선교사는 핍박을 피해 숲으로 도망을 가며 하나님을 원망하는 기도를 했습니다.

"하나님, 정말 살아계십니까? 그렇다면 어째서 가만히 계십니까? 이제 중국에 복음을 전하기는 다 틀렸습니다."

그러나 함께 숲으로 도망을 가던 게이트라는 선교사는 오히려 하나님을 찬양했습니다.

"우리의 생각을 넘어 놀라운 역사를 행하시는 주님이실 줄을 믿습니다. 그러므로 이 순간 하나님을 찬양합니다."

의화단 운동은 1년도 지나지 않아 저절로 사라졌고, 이에 대한 반대급부로 오히려 복음이 더욱 왕성하게 전해졌습니다.

세월이 지나고 난 뒤에 우리가 알게 되는 분명한 사실은 하나님은 실수하지 않으신다는 것입니다. 나의 생각을 뛰어 넘어 역사하시는 주님을 찬양하며 모든 문제를 주님께 맡기십시오. 반드시 복되고 형통할 것입니다.

💟 주님, 가장 좋을 때 역사하시는 주님의 손길을 신뢰하며 인내하게 하소서.
🖼 기도응답일지를 만들어 때때로 돌아보십시오.

나의 영적 일지

거룩한 삶을 위한 질문

읽을 말씀 : 고전 1:18-31

● 고전 1:30 너희는 하나님으로부터 나서 그리스도 예수 안에 있고 예수는 하나님으로부터 나와서 우리에게 지혜와 의로움과 거룩함과 구원함이 되셨으니

　스펄전은 경건생활을 제대로 하고 있는지 체크하기 위해서 7가지 항목을 만들어 매일 점검을 했습니다.

　1. 기도했는가?

　2. 하나님 앞에 즐거워하는 모습을 보였는가?

　3. 감사가 있었는가?

　4. 욕심을 내지 않았는가?

　5. 두려워하지 않았는가?

　6. 내 중심에 하나님의 사랑이 있음을 느꼈는가?

　7. 오늘 나의 삶을 하나님이 기쁘게 받으셨다고 자신있게 대답할 수 있는가?

　스펄전은 유명해진 이후에도 매일 위 항목을 체크하고 부족한 부분을 다음 날 채우기 위해서 노력을 했다고 합니다.

　거룩한 삶으로 나를 인도하는 경건생활에는 완성이 없습니다. 기쁜 마음으로 주님을 향한 순례를 감당하는 경건생활을 내 삶에 튼튼한 기둥으로 세우십시오. 반드시 복되고 형통할 것입니다.

♥ 주님, 부족한 저의 삶이지만 기도로 주님께 나아가게 하소서.
🧑 위 질문을 토대로 나만의 질문을 열 개 이내로 만들어 보십시오.

나의 영적 일지

파리 같은 인생

읽을 말씀 : 롬 12:1-13

● 롬 12:2 너희는 이 세대를 본받지 말고 오직 마음을 새롭게
함으로 변화를 받아 하나님의 선하시고 기뻐하시고 온전하신
뜻이 무엇인지 분별하도록 하라

프린키피아로 고전역학을 완성시킨 뉴턴이 밤늦게 연구를 하고 있었습니다.

어두운 방안에 뉴턴의 책상에만 촛불이 켜져 있어 그런지 파리 한 마리가 계속 뉴턴의 주위를 맴돌았습니다. 평소 생명을 죽이는 일을 즐기지 않았던 뉴턴은 그냥 참아 넘기려 했지만 윙윙거리는 소리가 너무 거슬려 연구에 집중을 할 수 없었습니다.

결국 뉴턴은 자리에서 일어나 파리를 잡았습니다. 그러나 죽이지 않고 손 안에 가두었다가 창문을 열고 날려 보냈습니다. 그리고 파리를 향해 말했습니다.

"자, 세계는 이렇게 넓단다. 좁은 방 안에서 나를 괴롭히는 쓸데없는 일을 하지 말고 이제 마음껏 자유를 누려봐."

하나님이 아담을 창조하고 생육하고, 번성하고, 땅에 충만하라고 말씀하셨습니다. 아담의 후손인 우리에게도 해당되는 말씀입니다. 근시안적인 사고로 작은 욕심만을 채우려고 아등바등하는 삶이 아니라 세계를 바라보며 더 많은 사람과 더 나은 세상을 위해 쓰임 받는 위대한 인생의 포부를 품으십시오. 반드시 복되고 형통할 것입니다.

♥ 주님, 좁은 세상에 갇히지 말고 미래와 세상을 바라보게 하소서.
▨ 더 나은 가치와 미래를 위해서라면 눈앞의 이익들은 포기하십시오.

나의 영적 일지

성장을 위한 습관

읽을 말씀 : 고전 14:20-25

● 고전 14:20 형제들아 지혜에는 아이가 되지 말고 악에는 어
린 아이가 되라 지혜에는 장성한 사람이 되라

한국인 최초로 메이저리그에 진출한 박찬호 선수에게는 이상한 습관이
하나 있었습니다.

밤에 잠을 깨면 팔굽혀펴기를 하는 습관이었는데 당시 이 모습을 본 동
료들은 제대로 몸도 풀지 않고 자다가 깬 상태로 운동을 하는 것은 비효
율적이며 비과학적이라고 생각했습니다. 그러나 이 사연을 들은 트레이
너들은 박찬호 선수가 분명히 성공할 것이라고 생각했다고 합니다.

한 밤 중에도 긴장을 놓지 않고 자기를 관리하는 선수라면 낮에 하는
훈련에서는 더욱 열심히 하기 때문에 높은 성과를 볼 것이라는 판단 때문
이었습니다.

일본인 신학자인 가가와에게는 한 밤 중에 잠이 깨면 반드시 기도를 하
고 자는 습관과 아침에 일어나면 무조건 성경과 신앙서적을 읽는 습관이
있었습니다. 컨디션에 따라 그 시간은 5분일 때도 있었고 1시간일 때도
있었지만 언제나 이 습관은 반드시 지켰습니다. 훗날 유명한 신학자가 된
뒤에 그는 한 밤 중에 기도하는 시간과 아침에 말씀을 묵상하는 시간이
없었더라면 지금의 자신은 존재하지 않았을 것이라고 말했습니다.

성장을 위한 습관에는 꾸준함과 결의가 있어야 합니다. 누구나 하고 있
는 일을 하는 것이 열심히 하는 것이 아닙니다. 어제보다 나은 믿음을 위
해서 시간과 노력을 투자해 새로운 습관을 만드십시오. 반드시 복되고 형
통할 것입니다.

♡ 주님, 항상 먼저 하나님의 나라를 생각하고 기준으로 삼게 하소서.
🎴 나에게 부족한 부분을 채울 수 있는 신앙의 습관을 하나만 만들어보십시오.

나의 영적 일지

명문의 비결

읽을 말씀 : 요 10:1-6

● 요 10:3,4 문지기는 그를 위하여 문을 열고 양은 그의 음성을 듣나니 그가 자기 양의 이름을 각각 불러 인도하여 내느니라 자기 양을 다 내놓은 후에 앞서 가면 양들이 그의 음성을 아는 고로 따라오되

　미국 북동부에 있는 홀리요크콜리지는 미국 최초로 세워진 여자대학교로 여대의 아이비리그로 불리는 이 학교는 미국에서 최고의 교육을 제공하는 학교로 2번이나 선정되었을 정도로 실력이 있는 곳입니다.

　19세기 미국 교육의 개척자 메리 라이언은 이 학교를 설립하면서 "남들이 가기 싫어하는 곳에 가고, 남들이 하기 싫어하는 일을 하라"라는 교훈을 남겼는데 그 정신이 지금까지 이어져 내려오고 있고 많은 전문가들이 이 정신을 학교의 성공 비법으로 꼽는다고 합니다.

　유명 대학의 학장 자리를 마다하고 시골인 거창고등학교의 교장으로 부임한 전영창 선생님은 유명대학보다 시골의 고등학교가 자신을 더 필요로 한다고 생각했기 때문입니다. 전영창 선생님으로 인해 거창고등학교는 지덕체를 모두 가꾸는 전인학교가 되었는데 그러면서도 대학진학률은 아주 높았습니다. 전영창 선생님은 학생들이 직업을 고를 때 고려해야할 십계명을 만들기도 했는데, 그 중에서 제일 먼저 나오는 두 가지가 '월급이 적은 쪽을 택하라, 내가 원하는 곳이 아닌 나를 필요로 하는 곳을 찾아라,'였는데, 지금 사회 곳곳에서 그 학교 출신들이 큰일을 하고 있습니다.

　명문의 비결은 성공하는 사람을 키우는 것이 아니라 사회에 필요한 바른 사람을 키우는 것입니다. 세상의 얕은 조언에 귀를 기울이지 말고 내 가슴에 임하시는 성령님의 조언에 귀를 기울이십시오. 반드시 복되고 형통할 것입니다.

💙 주님, 주님의 말씀과 성령님을 통해 전진하는 인생이 되게 하소서.
🧩 내 인생의 목표와 가치는 누구와 무엇을 향해 있는지 생각해보십시오.

나의 영적 일지

9월 19일

두 가지 죄

읽을 말씀 : 살전 5:12-22

●살전 5:22 악은 어떤 모양이라도 버리라

꿀단지를 찾아 날아온 파리가 한 마리 있었습니다.

원체 배가 고팠던 파리는 꿀을 먹느라 정신이 팔려서 날개가 젖어가는 것도 모르고 있었습니다. 꿀로 배를 실컷 채운 파리는 다시 날아가려고 했지만 날개가 꿀에 젖어 꼼짝없이 갇히고 말았습니다.

꿀단지 위를 유유히 날아가던 나비는 이 모습을 보고 비웃으며 말했습니다.

"음식을 그렇게 게걸스럽게 먹으니까 험한 꼴을 당하는 거야. 나처럼 꽃에 묻은 꿀만 조금씩 먹으면 위험할 일이 없잖아?"

파리는 화가 났지만 나비에게 따질 말이 없었습니다. 어느덧 밤이 되었고 꿀단지가 놓인 탁자에는 촛불이 켜졌습니다. 파리를 골려주려 온 나비는 촛불의 영롱함을 보고 가까이 다가가다가 그만 타죽고 말았습니다. 나비가 죽는 모습을 본 파리가 혀를 차며 말했습니다.

"나도 곧 있으면 죽겠지만 그렇게 조심하라고 해놓고 한 번에 불에 타죽는 저 녀석은 더 멍청하구만..."

양심을 좀 먹게 하는 작은 죄들도 위험하지만 영혼을 죽음에 이르게 하는 큰 죄 역시 위험합니다. 어떤 죄든지 결과는 좋지 않다는 것을 기억하고 늘 깨어있으십시오. 반드시 복되고 형통할 것입니다.

💙 주님, 욕심 없이 겸손하게 살게 하소서.

🎴 작은 죄라고 해서 타협하지 말고, 선으로 악을 이기십시오.

나의 영적 일지

믿는 사람과 안 믿는 사람의 차이

9월 20일

읽을 말씀 : 눅 12:22-34

● 눅 12:29,30 너희는 무엇을 먹을까 무엇을 마실까 하여 구하지 말며 근심하지도 말라 이 모든 것은 세상 백성들이 구하는 것이라 너희 아버지께서는 이런 것이 너희에게 있어야 할 것을 아시느니라

"교회를 다니는 사람과 다니지 않는 사람은 어떤 차이가 있을까?"라는 궁금증을 가진 미국의 한 재벌이 갤럽에 조사를 의뢰했는데 크게 네 가지 부분에서 차이가 났습니다.

1. 행복감입니다.

하나님을 위해 살고 있다고 생각한 사람들은 삶의 행복도가 월등히 높았습니다.

2. 가정생활입니다.

교회를 다니는 사람들의 가정은 일반적으로 이혼율이 낮았고, 다니지 않는 사람들보다 구성원들 간의 신뢰도가 높았습니다.

3. 관용도와 이해도입니다.

자기와 생각이 다르고 문화가 다른 사람들에 대해 이해하려는 태도가 있었습니다.

4. 봉사입니다.

교회를 다니는 사람들은 지역사회나 특정 단체를 위해서 돈과 시간을 사용하는 비율이 약 45%나 높았습니다.

위의 조사 결과는 우리들의 지금 환경과 어느 정도 차이가 있을 수는 있습니다. 그러나 믿는 사람과 믿지 않는 사람의 차이는 긍정적이고 바람직한 것이어야 합니다. 진리를 따르는 기쁨이 나타나는 삶과 가정, 직장생활이 되도록 노력하십시오. 반드시 복되고 형통할 것입니다.

♥ 주님, 말씀의 생명수가 내 삶 가운데에서도 흘러나게 하소서.
▦ 믿는 사람의 특징이 나에게도 얼마나 있는지 확인하십시오.

나의 영적 일지

두 가지 사명

읽을 말씀 : 고전 9:16-27

● 고전 9:17 내가 내 자의로 이것을 행하면 상을 얻으려니와 내가 자의로 아니한다 할지라도 나는 사명을 받았노라

덴마크에 세계적인 안과의사로 유명한 윌리라는 사람이 있었습니다.

평소 신앙심이 깊었던 그녀는 구세군의 창시자 윌리엄 부스의 아내였던 캐서린 부스 여사의 일대기를 읽고는 남은 인생을 의료선교를 위해 하나님께 바치기로 결심을 했습니다.

그녀는 세계 최고의 의사라는 명예를 내던지고 영국으로 건너가 신학을 공부하며 선교사 훈련을 받았습니다.

학교를 졸업하면서 그를 파송하는 단체에서 선교지를 어디로 정했는지 묻자 그녀는 자신이 가장 필요한 곳으로 보내달라고 했고, 그 결과 인도네시아 자바섬으로 파송되었습니다.

자바섬의 원주민들은 약 20%가 눈병을 앓고 있었는데 그녀는 곧 간이병원을 세워 현지인들을 고치며 복음을 전하기 시작했습니다. 30년간 안식년도 없이 봉사를 했던 그녀는 고령이 되어 은퇴를 하며 다음과 같은 소감을 남겼습니다.

"하나님이 저를 이곳에 보내신 사명은 두 가지였습니다. 하나는 저들의 눈을 고쳐주는 것이었고, 다른 하나는 마음의 눈을 밝혀주는 것이었습니다."

봉사와 구제는 그리스도인들에게 매우 필요한 일이고 좋은 일이지만 이 모든 사역은 반드시 복음의 전파로 이어져야 합니다. 이웃을 향한 사랑과 봉사에 항상 복음을 전하고자 하는 마음과 기도를 더하십시오. 반드시 복되고 형통할 것입니다.

💗 주님, 세상을 위한 일도 주님을 위한 일도 지혜롭게 감당하게 하소서.
🧩 주님이 주신 두 가지 사명을 모두 감당하는 성도가 되십시오.

나의 영적 일지

사과의 기술

9월 22일

읽을 말씀 : 잠 15:1-11

● 잠 15:1 유순한 대답은 분노를 쉬게 하여도 과격한 말은 노를 격동하느니라

호주 공영방송의 한 다큐에서 밝힌 '사과의 기술 10가지'입니다.

01. 얼굴을 마주 보면서 하라.
02. 내 기분이 아닌 상대방의 기분에 맞춰라.
03. 상대방의 말을 듣고 난 뒤에 사과하라.
04. 사과에 적절한 타이밍인지 생각하라.
05. 자신의 잘못이 무엇인지를 먼저 파악하라.
06. 만나기 힘들다면 편지나 메일로 하라.
07. 큰 잘못이라고 해서 여러 번 사과 하지는 말라.
08. 부모라면 먼저 자녀에게 사과하라.
09. 자녀라면 먼저 부모에게 사과하라.
10. 사과는 수치가 아니니, 지는 것이 이기는 것임을 알라.

사람이 살면서 실수를 안 할 수는 없기에 지혜롭게 잘못을 인정하고 사과를 하는 일은 중요합니다. 잘못을 저지르고 아직 사과하지 못한 사람이 있다면 속히 사과하십시오. 그러나 그 태도가 중요합니다. 정중하면 진지하게 하십시오. 그리고 사과 받은 사람은 그 사과를 받은 즉시, 상대방을 깨끗이 용서하십시오. 반드시 복되고 형통할 것입니다.

💜 주님, 남의 마음에 상처를 주지 않는 삶을 살게 하소서.
🧩 내 실수가 분명할 때에는 주저하지 말고 먼저 사과하십시오.

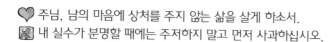
나의 영적 일지

100점짜리 인생의 비밀

읽을 말씀 : 신 6:1-9

●신 6:5 너는 마음을 다하고 뜻을 다하고 힘을 다하여 네 하나님 여호와를 사랑하라

영어 알파벳을 A는 1점, B는 2점, 이런 식으로 Z까지 점수를 매겨 특정 단어로 인생의 성공비법을 찾아내는 성공방정식이라는 것이 있습니다.

예를 들어 사랑인 'LOVE'는 12점의 L, 15점의 O, 22점의 V, 5점의 E, 이렇게 합쳐서 54점이 됩니다. 즉 사랑하는 사람의 인생성공점수는 54점입니다.

돈의 'MONEY'를 이런 식으로 계산하면 72점이 나옵니다.

열심히 일하는 'HARD WORK'을 이 식에 대입하면 98점이 나옵니다.

지식인 'KNOWLEDGE'는 88점이 나오고, 행운인 'LUCK'은 47점, 인생의 큰 행운을 뜻하는 단어 'FORTUNE'은 99점입니다.

성공에 가장 중요하다고 생각되는 단어들은 저마다의 점수를 가지고 있지만 백점은 쉽게 나오지가 않습니다. 그러나 이 성공방정식에 대입을 했을 때 유일하게 100점이 나오는 뜻 깊은 단어가 하나 있는데, 그것은 바로 태도를 나타내는 'ATTITUDE'입니다.

실제로 사회학자들의 연구에도 성공에 가장 큰 영향을 미치는 것은 삶에 대한 태도라고 나온 조사들이 많습니다. 하나님이 주신 귀한 인생이기에 아무도 함부로 대할 수가 없고, 하루도 함부로 살 수가 없습니다. 하나님에 대한 바른 태도로 100점짜리 인생을 사십시오. 반드시 복되고 형통할 것입니다.

🖤 주님, 주님을 잘 배워 좋은 태도로 살아가게 하소서.
🎴 하나님을 먼저 바로 섬기고, 동일하게 사람도 섬기십시오.

나의 영적 일지

소중한 나의 가치

읽을 말씀 : 사 33:1-6

●사 33:6 네 시대에 평안함이 있으며 구원과 지혜와 지식이 풍성할 것이니 여호와를 경외함이 네 보배니라

　미국에 고대 미술품 수집가인 윌리엄 허스트는 진귀한 매물을 위해서라면 세계 어디든지 찾아다니는 수집광이었습니다.

　유력 주간지의 편집인으로 꽤나 많은 돈을 벌었지만 빚까지 내서 미술품을 구입할 정도로 그는 미술품 수집에 미쳐 있었습니다. 그런 그에게 한 번은 프랑스 왕실에서 특별 제작한 중국 도자기가 존재한다는 소식이 들렸습니다.

　특히나 도자기를 좋아했던 허스트는 회사에 장기휴가를 낸 뒤 물건의 행방을 알아보기 시작했습니다. 조사 결과 물건은 이미 프랑스를 떠나 독일로 넘어갔다는 것을 알게 된 그는 독일에서 헝가리로, 헝가리에서 다시 미국으로 계속해서 도자기의 발자취를 쫓았습니다.

　그러나 본국인 미국에 와서 도자기를 찾던 중에 허스트는 매우 중요한 사실을 알게 됩니다. 그토록 찾던 도자기는 이미 자신의 수중에 들어와 있었습니다. 왕실의 귀한 도자기라는 사실만으로 제대로 확인도 하지 않고 무턱대고 떠났던 허스트는 이미 자기가 가진 도자기를 찾기 위해서 많은 돈과 시간을 낭비하고 말았습니다.

　모든 사람은 하나님의 창조물이라는 사실 한 가지만으로 이미 충분히 귀하고 훌륭합니다. 주변의 쓸데없는 인정을 통해 만족을 얻으려는 어리석은 짓을 멈추고 하나님이 허락하신 귀한 나란 존재를 잘 살펴보고 또 귀하게 여기십시오. 반드시 복되고 형통할 것입니다.

💜 주님, 잘못된 열등감과 분노에 빠지지 않게 도와주소서.
🖼 나는 하나님이 창조하신 귀한 존재라는 사실을 가슴에 새기십시오.

나의 영적 일지

그리스도인의 이미지

읽을 말씀 : 마 5:13-16

●마 5:13 너희는 세상의 소금이니 소금이 만일 그 맛을 잃으면 무엇으로 짜게 하리요 후에는 아무 쓸 데 없어 다만 밖에 버려져 사람에게 밟힐 뿐이니라

미래에 개발될 전도유망한 의약품 중에는 '먹는 냄새약'이라는 것이 있습니다.

먹은 음식에 따라 체취가 변하는 것에 착안해 복용시 좋은 향이 날 수 있는 성분들을 모아 만든 것으로 현재 임상실험 단계에 있고 꽤나 효과가 좋다고 합니다.

옥스퍼드 대학교 연구진에 따르면 사물에 붙은 이름에 따라 느끼는 향도 달라진다고 합니다. 동일한 치즈를 하나는 '썩은 치즈', 하나는 '체다 치즈'라고 이름을 알려준 뒤에 소비자들에게 향이 어떤지 평가를 해보라고 하면 '썩은 치즈'의 냄새를 맡은 사람들은 대부분 역겹다는 반응이었고, '체다 치즈'의 냄새를 맡은 사람들은 향이 풍부하고 고소하다는 반응을 보였습니다.

이처럼 사람들은 어떤 냄새를 맡을 때 먹는 음식, 붙은 이름, 눈으로 보고 평가하는 기준에 따라 천차만별로 달라집니다. 실제 나는 냄새보다 그 냄새에 대한 나의 생각이 더 큰 영향을 미치는 것입니다.

음식에 대한 생각과 이름으로 향에 대한 평가가 달라지듯이 '그리스도인', '기독교'란 단어의 이미지 역시 세상 사람들에게 끊임없이 평가 받습니다. 세상 사람들의 평가를 뛰어넘어 주님이 말씀하신 대로 빛과 소금처럼 살아가는 성도가 되도록 노력하십시오. 반드시 복되고 형통할 것입니다.

💛 주님, 복음의 빛을 다시 회복시키는 성도가 되게 하소서.
🖼 사회로부터 존경받고 인정받는 그리스도인이 되도록 노력하십시오.

나의 영적 일지

진짜 행복이 있는 곳

읽을 말씀 : 시 65:1-13

● 시 65:4 주께서 택하시고 가까이 오게 하사 주의 뜰에 살게 하신 사람은 복이 있나이다 우리가 주의 집 곧 주의 성전의 아름다움으로 만족하리이다

'어울리지 않는 곳에서 찾는 행복'의 작가 도날드 매컬로우는 세상 사람들이 느끼는 행복은 대부분 잘못된 가치관에서 느끼는 가짜 행복이라고 주장합니다. 도날드는 사람들이 착각하는 대표적인 '잘못된 행복'을 다음과 같이 정리했습니다.

1. 자기 자신에게 만족스러운 느낌이 들 때
2. 뭔가 성취했다는 느낌이 들 때
3. 자신만만한 생각이 들 때
4. 고통의 초연한 듯한 상태일 때
5. 내 마음대로 해도 되는 자유를 얻었다는 생각이 들 때
6. 스트레스와 갈등이 존재하지 않는 느낌이 들 때
7. 세상의 인정을 받고 있다는 느낌이 들 때

도날드는 위의 느낌은 현실을 착각하고 죄를 짓기 직전의 잘못된 상태일 뿐이며 진짜 행복을 느끼는 상태가 아니라고 말했습니다. 진짜 행복은 자신이 죄인임을 깨닫고 예수님의 십자가로 구원을 받았다는 은혜의 기쁨을 깨달을 때만 느낄 수 있기 때문입니다.

나의 행복이 있는 곳은 어디입니까? 내 마음 안에 계신 예수님으로 인해 행복을 누리는 사람이 되십시오. 반드시 복되고 형통할 것입니다.

♥ 주님, 주님이 주신 은혜로 인해 참된 행복을 누리게 하소서.
▧ 나의 행복이 있는 곳은 어디인지, 그것이 바른 행복인지 생각해보십시오.

나의 영적 일지

승리를 만든 격려

읽을 말씀 : 살전 5:12-24

●살전 5:14 또 형제들아 너희를 권면하노니 게으른 자들을 권
계하며 마음이 약한 자들을 격려하고 힘이 없는 자들을 붙들
어 주며 모든 사람에게 오래 참으라

　일본의 오토다케 히로타다는 팔다리가 없이 태어난 선천적 장애인입니
다. 출산을 돕던 의사는 아이의 장애를 발견하고는 화들짝 놀랐지만 부모
님은 조금도 놀라지 않고 오히려 미소를 지으며 "귀여운 아가, 드디어 너
를 만났구나."라며 축복을 해주었습니다.

　그런데 아이의 건강상태가 워낙 좋지 않았습니다. 팔다리가 짧게 태어
났음에도 뼈에 문제가 있어서 더 잘라내야 하는 수술을 받아야 했는데
이 과정에서 등에 V자 모양으로 큰 흉터가 남게 되었습니다. 그러나 부모
님은 어린 오토다케에게 틈만 나면 용기를 불어넣어주었습니다.

　"네 등 뒤에 있는 흉터가 무슨 뜻인지 아니? 승리란 뜻의 VICTORY에
서 따온 V란다. 넌 반드시 승리한 인생을 살게 될 거야."

　이런 부모님의 격려를 통해 오토다케는 장애를 전혀 장애물로 여기지
않는 낙천적인 아이로 성장했습니다. 그런 성격 탓에 친구들로부터 왕따
를 당하지도 않았고, 일본 최고의 명문 와세다 대학에 들어가 '오체불만
족'이라는 베스트셀러를 쓰고 강연을 다니며 행복한 삶을 살고 있습니다.

　최악의 상황에서 최고의 인재를 키워낼 수 있는 것이 격려입니다. 최악
의 상황에서도 최선을 향한 희망을 놓지 말고 스스로에게, 주위 사람들에
게 긍정의 힘을 주십시오. 반드시 복되고 형통할 것입니다.

♥ 주님, 언제나 등 뒤에 계시는 주님으로 인해 소망을 잃지 않게 하소서.
🎴 부정적인 생각과 습관을 걷어버리고 희망을 통해 격려하는 사람이 되십시오.

나의 영적 일지

중요한 일을 따라가는 사람

9월 28일

읽을 말씀 : 요 12:20-26

● 요 12:26 사람이 나를 섬기려면 나를 따르라 나 있는 곳에 나를 섬기는 자도 거기 있으리니 사람이 나를 섬기면 내 아버지께서 그를 귀히 여기시리라

이스라엘의 총리였던 벤구리온이 갑자기 사퇴를 선언한 적이 있었습니다. 사퇴를 선언하는 기자회견 자리에서 그는 이유를 다음과 같이 밝혔습니다.

"고향인 키부츠에서 일할 일꾼이 부족합니다. 땅콩농사를 짓기 위해 총리직을 사임합니다."

한 기자가 이 말을 듣고 다시 질문 했습니다.

"농부보다는 수상이 더 가치 있는 일을 하는 자리 아닙니까?"

"그렇지 않습니다. 수상은 하고 싶어 하는 사람이 매우 많은 자리이고, 또 누구나 할 수 있는 자리입니다. 그러나 땅콩농사는 하고 싶어 하는 사람도 많지 않고 또 아무나 할 수 없는 일입니다. 그래서 저에게는 훨씬 중요한 일입니다."

이스라엘은 처음으로 나라를 인정받았던 해에 초대 총리로 아인슈타인을 선임하려던 계획을 가졌습니다. 그러나 이 소식을 들은 아인슈타인은 조금의 관심도 보이지 않았습니다.

"총리를 저보다 잘할 사람은 많지만, 물리를 저보다 잘 가르칠 사람은 많지 않습니다."

더 높은 자리와 명예를 추구하는 것보다 내가 해야 하는 일, 내가 할 수 있는 일을 하는 것이 중요합니다. 세상의 명예와 부귀를 좇지 말고 십자가의 도를 좇으며 진짜 중요한 일을 하십시오. 반드시 복되고 형통할 것입니다.

💛 주님, 주님이 주신 귀한 비전을 발견하는 귀한 삶이 되게 하소서.
🎴 지금 하는 일을 하는 이유가 무엇인지 생각해 보십시오.

나의 영적 일지

친구가 되어주기

읽을 말씀 : 눅 10:25-37

●눅 10:36,37 네 생각에는 이 세 사람 중에 누가 강도 만난 자의 이웃이 되겠느냐 이르되 자비를 베푼 자니이다 예수께서 이르시되 가서 너도 이와 같이 하라 하시니라

애리조나의 한 고등학교에 다니는 챠이는 학습장애가 있는 소녀였습니다. 학교에 입학할 때부터 왕따를 당했던 챠이를 보다 못한 부모님은 학교로 찾아와 담임선생님에게 사정을 말했지만 선생님은 그저 학교로써는 최선을 다하고 있다는 말뿐이었습니다.

학교의 조치가 못마땅했던 부모님은 결국 직접 나서기로 하고는 학교에서 가장 리더십이 있고 인기있는 미식축구부의 주장인 카슨을 찾아가 챠이를 왕따 시키는 아이들의 명단을 작성해 달라고 부탁 했습니다.

그러나 챠이의 부모님으로부터 부탁을 받은 카슨은 명단을 작성하지 않았습니다. 대신 자신이 다가가 챠이의 친구가 되어주었습니다. 학교에서 가장 영향력 있는 카슨이 챠이의 친구가 되자 다른 미식축구부원들을 비롯해 많은 학생들도 챠이 곁으로 다가왔고 친구가 되어주었습니다. 카슨은 등하교를 늘 챠이와 함께 했고 점심시간에도 함께 식사를 했습니다.

챠이의 친구가 너무 많아져서 이제는 학교에서 아무도 왕따를 시킬 수가 없었습니다. 챠이와 미식축구부원들의 우정도 깊어져 카슨의 팀은 애리조나의 챔피언이 되었을 때도 챠이를 가운데에 불러놓고 트로피를 들게 하는 영광을 누리게 했습니다.

단 한 명이 친구가 되어줌으로 한 생명이 귀하게 다시 살아가는 힘을 얻었습니다. 누군가의 이웃이자 친구가 되어주기를 주저하지 마십시오. 반드시 복되고 형통할 것입니다.

♡ 주님, 주님처럼 연약한 이들에게 먼저 다가가게 하소서.
🏵 친구가 되어주어야 할 사람이 떠오른다면 주저하지 말고 찾아가십시오.

나의 영적 일지

나를 아시는 주님

읽을 말씀 : 눅 12:1-12

● 눅 12:7 너희에게는 심지어 머리털까지도 다 세신 바 되었나
니 두려워하지 말라 너희는 많은 참새보다 더 귀하니라

미국의 세계적인 지휘자 마이클 코스타가 오케스트라 연습을 시키고 있었습니다.

오케스트라는 보통 100명에 가까운 연주자들이 동시에 연주를 하고 있기에 한두 명이 조금 소홀히 연주를 한다고 해서 그렇게 티가 나지는 않습니다. 노련한 지휘자들도 때로는 이런 실수를 잡아내지 못할 때가 많지만 마이클은 달랐습니다.

몇 번의 연주에서 소리가 약간 달라진 것을 감지하던 마이클은 연습을 중단 시킨 뒤에 피콜로를 연주하는 단원을 일으켜 세웠습니다.

"왜 열심히 연주를 하지 않죠?"

"제 바로 뒤에는 큰북이 있고 옆에는 트럼본이 있습니다. 이 작은 피콜로 소리가 들리기나 하겠습니까?"

"하지만 내가 듣지 않았습니까? 당신의 연주로 인해서 우리 오케스트라의 연주가 산다는 자부심을 가지십시오. 내 오케스트라에는 당신의 피콜로가 필요합니다."

나의 머리털까지 세고 계시는 주님은 보이지 않는 곳에서도 최선을 다하는 나의 모습을 기뻐하십니다. 요나처럼 의무를 팽개치고 도망가는 성도가 되지 말고 보이지 않는 곳에서도, 티가 나지 않는 일도 최선을 다하십시오. 반드시 복되고 형통할 것입니다.

♥ 주님, 아무리 작은 일도 주님을 섬기듯이 수행하게 하소서.
📖 주님께서 모든 일을 보고 계심을 잊지 말고 작은 일도 최선을 다하십시오.

나의 영적 일지

10
월

"구하라 그리하면 너희에게 주실 것이요 찾으라 그리하면 찾아낼 것이요
문을 두드리라 그리하면 너희에게 열릴 것이니
구하는 이마다 받을 것이요 찾는 이는 찾아낼 것이요
두드리는 이에게는 열릴 것이니라"
-마태복음 7:7,8-

함께하는 크리스천

읽을 말씀 : 시 133:1-3

●시 133:1 보라 형제가 연합하여 동거함이 어찌 그리 선하고 아름다운고

세계적인 대기업인 미국의 제너럴 일렉트릭에서 전설적인 경영자로 불렸던 잭 웰치는 자서전에서 다음과 같은 말을 했습니다.

"이 책에서 '나'라는 1인칭 표현을 사용하는 것은 정말 싫은 일이었습니다. 지금까지 내가 이룬 모든 일들은 결코 나 혼자만의 능력으로 된 것이 아니라 항상 다른 많은 사람들의 도움으로 된 것이기 때문입니다. 그러나 자서전을 쓸 때는 때때로 분명히 '우리'가 한 일조차 '나'라고 써야 한다는 강요를 받게 됩니다. 그래서 책을 읽기 전에 독자 여러분께 부탁을 드립니다. 이 책에서 '나'라는 단어가 나올 때마다 그것이 뜻하는 것은 지금까지 나와 함께 했던 나의 동료들과 친구들까지 함께 포함하는 것임을 기억해 주십시오."

많은 전문가들이 잭 웰치가 20세기의 가장 위대한 경영자라고 말을 합니다. 그러나 그런 높은 위치에서도 그는 자만하지 않았고 자신의 책을 통해 먼저 동역자들과 협력자들에게 자신의 실적을 공유했습니다.

성도들에게 자랑할 것은 오직 십자가밖에 없습니다. 내 삶을 통해서 이뤄진 모든 것은 하나님이 하신 일이며 하나님께서 붙여주신 귀한 동역자들 때문에 할 수 있었던 일입니다. 내 삶을 통해 오직 주님의 십자가와 주님의 발자취만이 드러나게 해달라고 간구하십시오. 반드시 복되고 형통할 것입니다.

♥ 주님, 나의 자랑과 욕심을 나타내는 삶이 되지 않게 하소서.
🖼 하나님의 역사하심만을 나타내는 인생이 되게 해달라고 기도하십시오.

나의 영적 일지

그리스도인의 성공

읽을 말씀 : 골 3:1-17

● 골 3:5 그러므로 땅에 있는 지체를 죽이라 곧 음란과 부정과 사욕과 악한 정욕과 탐심이니 탐심은 우상 숭배니라

    KBS미디어리서치가 10년 전에 국내의 직장인들을 대상으로 조사한 성공기준에서는 1위가 연봉(43%), 2위가 사랑(24%)이었습니다.

    최근에 다시 진행된 조사에 따르면 성공의 기준은 1위가 일과 삶의 조화(56%), 2위가 연봉(26%)으로 조금 다른 양상을 보였습니다. 시대가 변할수록 또 개인의 생각에 따라서 성공의 조건은 계속해서 바뀌고 있습니다. 그렇다면 그리스도인의 성공의 기준은 무엇이 되어야 할까요? 미국에는 성공의 영어단어인 'SUCCESS'에서 따온 그리스도인의 7가지 성공요건을 나타낸 글이 있습니다.

    S – Salvation, 구원
    U – Understanding, 이해
    C – Commitment, 헌신
    C – Character, 인격
    E – Enthusiasm, 열정
    S – Sacrifice, 희생
    S – Service, 봉사

    그리스도인의 성공의 기준은 분명히 세상과 달라야 합니다. 성령의 열매와 주님의 마음을 닮아가기를 나날이 소망하십시오. 반드시 복되고 형통할 것입니다.

🖤 주님, 주님이 보시기에 성공한 인생을 살아가게 하소서.
🖼 그리스도인으로써 성공한 삶을 살고 있는지 돌아보십시오.

나의 영적 일지

탐스슈즈 스토리

읽을 말씀 : 요일 1:5-10

●요일 1:5 우리가 그에게서 듣고 너희에게 전하는 소식은 이것이니 곧 하나님은 빛이시라 그에게는 어둠이 조금도 없으시다는 것이니라

　신발을 한 켤레 판매할 때마다 한 켤레를 기부하는 것으로 유명한 탐스슈즈의 경영자인 블레이크 마이코스키는 절대로 광고를 하지 않습니다.

　대신 직접 세계를 다니면서 강연을 합니다. 1년에 약 200일 이상을 세계를 돌아다니면서 직접 '광고'를 하는 셈인데 이런 비효율적인 방법을 사용하는 이유에 대해서 그는 이렇게 말합니다.

　"저는 광고가 아닌 강연으로 저희 브랜드를 알립니다. 왜 이 사업을 시작했는지 그리고 우리 신발을 사람들이 살 때마다 어떤 일들이 일어나는지를 진심을 담아 전하죠. 무조건 '우리제품이 최고다'라고 선전하는 단순한 기존의 TV 광고로는 사람들의 마음을 움직일 수 없습니다.

　그러나 제 강연을 듣는 많은 사람들이 마음을 움직이고 가족들에게, 친구들에게 그리고 SNS를 통해 직접 홍보를 합니다. '나'라는 사람을 통해 나온 열정과 에너지가 탐스라는 브랜드를 타고 다른 사람들에게 전달되고 그 에너지와 열정은 다시 다른 사람들에게 전달됩니다.

　우리는 사람들을 우리가 하는 일에 참여시키고 싶습니다. 그렇기 때문에 제가 하는 비효율적인 광고방식은 사실 가장 효율적인 광고방식입니다."

　열정과 진심을 담아 복음을 전할 때 사람들의 마음도 움직입니다. 복음을 향한 뜨거운 열정으로 지금 시대에 필요한 부흥의 운동을 일으키십시오. 반드시 복되고 형통할 것입니다.

♥ 주님, 복음을 향한 뜨거운 열정을 가슴에 품고 살게 하소서.
▨ 아나바다운동 같은 좋은 영향을 미칠 수 있는 캠페인에 동참하십시오.

나의 영적 일지

한계를 먼저 인정하라

읽을 말씀 : 출 6:2-13

● 출 6:7 너희를 내 백성으로 삼고 나는 너희의 하나님이 되리니 나는 애굽 사람의 무거운 짐 밑에서 너희를 빼낸 너희의 하나님 여호와인 줄 너희가 알지라

어린 나이에 여러 친척집을 전전하다 일본으로 건너가 살게 된 한 소녀가 있었습니다.

소녀는 어려서 열병을 앓았는데 제대로 치료를 못 받아 청력을 잃었습니다. 딸을 맡아 키웠던 어머니는 딸의 장애를 인정하지 않아 일반 학교에 보냈고, 장애인 등록도 하지 않았습니다.

말도 못하고 듣지도 못하는 외국인으로 항상 왕따를 당하던 소녀는 이렇게 살다가 미래가 없겠다 싶어 도망치다시피 영국으로 어학연수를 떠났습니다. 그리고 한계를 극복하기 위해서 열심히 공부했고 친구들의 도움을 받아 발음하는 법을 배우기 시작했습니다.

단어 하나 배우고 말하는 것도 절대 쉬운 일이 아니었지만 끊임없는 노력 덕분에 어느덧 일본어에 이어 영어, 프랑스어, 한국어까지 총 4개 국어를 자유롭게 말할 수 있게 되었습니다. 이런 노력과 다양한 분야에서 쌓은 경력들을 인정받아 골드만삭스라는 대형금융회사에 입사하게 되었고 지금은 대형금융사들의 증권업무를 도와주는 일을 하고 있습니다.

그녀는 오늘의 자신이 있을 수 있던 비결이 장애를 인정하고 필요한 도움을 받은 것, 그리고 극복할 수 있는 일들을 찾고 끊임없이 노력했던 것으로 꼽았습니다.

우리가 연약한 인간임을 깨달을 때 놀라운 구원의 은총이 찾아옵니다. 나의 한계를 인정하고 전능하신 주님을 찾으십시오. 반드시 복되고 형통할 것입니다.

🖤 주님, 영육의 약함을 주님께 고백하며 있는 모습 그대로 나아가게 하소서.
🧩 내가 할 수 없는 부분은 주님께 간구함으로 맡기십시오.

나의 영적 일지

부족한 것을 채우시는 분

읽을 말씀 : 시 81:1-15

●시 81:10 나는 너를 애굽 땅에서 인도하여 낸 여호와 네 하나님이니 네 입을 크게 열라 내가 채우리라 하였으나

아동과 장애인들의 인권을 위해 평생을 헌신한 도로시 홀트 여사는 아이들이 가진 가능성에 대한 이런 글을 남겼습니다.

"꾸지람을 받고 자란 아이는 남을 헐뜯는 아이가 되며,

부모의 적개심을 받고 자란 아이는 싸움꾼이 되며,

멍청하다는 소리를 듣고 자란 아이는 자존감이 낮아지며,

관용을 베푸는 부모 밑의 아이는 이해심을 배우며,

용기 있는 부모 밑에서 자란 아이는 정의를 배우며,

공정한 대우를 받고 자란 아이는 평등을 배우며,

인정과 사랑을 받고 자란 아이는

남을 돕고 사랑을 베푸는 아이로 성장하게 됩니다."

부모들이 아이들에게 어떻게 하느냐에 따라 그 아이는 긍정적 아이로 또는 부정적 아이로 성장하고 오직 내가 가진 것만이 남에게 줄 수 있습니다. 물질 뿐 아니라 감정도 마찬가지입니다. 지금 나의 성품의 연약한 모습들을 주님께 맡기고 내가 체험한 주님의 사랑을 아이(남)들에게 전하는 사람이 되십시오. 반드시 복되고 형통할 것입니다.

💗 주님, 제 안에 부족한 사랑과 성품들을 주님의 은혜로 채워주소서.
🐾 내 안에 온전한 주님의 사랑과 성령의 열매가 있는지 생각해 보십시오.

나의 영적 일지

나를 가장 잘 이해하는 사람

읽을 말씀 : 골 2:1-5

10월 6일

●골 2:2 이는 그들로 마음에 위안을 받고 사랑 안에서 연합하여 확실한 이해의 모든 풍성함과 하나님의 비밀인 그리스도를 깨닫게 하려 함이니

와트와 함께 증기기관을 발명했던 볼턴은 지혜로운 어머니 덕에 최고의 발명가가 될 수 있었습니다.

볼턴이 10살 때 학교 성적이 좋지 않아 선생님이 어머니를 학교로 부른 적이 있었습니다. 선생님은 볼턴이 집중력이 좋지 않고 머리가 나쁜 것 같다고 말했습니다. 이 말을 들은 어머니는 내일부터 학교를 그만두겠다고 말했습니다.

"우리 아이의 머리가 나쁜 것이 아니라 교육방식이 낡은 겁니다. 머릿속이 창의적인 생각으로 꽉 차 있기 때문에 책의 낡은 개념을 받아들이지 못하는 것뿐이에요."

그리고 학교를 떠난 볼턴의 어머님은 기계에 관심이 많은 아들을 위해 학교 대신 기계를 판매하는 상점과 공장에 보내 일을 하며 마음껏 공부하게 했습니다. 훗날 발명가로 크게 성공한 볼턴은 당시 일을 회상할 때마다 어머니에 대해 이런 말을 했습니다.

"내가 기계를 만지는데 소질이 있다는 걸 알고 있던 분은 나의 어머니가 유일했습니다. 열 살 때 어머니가 그런 결정을 내리지 않았다면 아마도 지금의 나는 결코 존재하지 못했을 것입니다."

나를 이해해주는 사람이 한 명만 있어도 그 사람의 인생은 성공합니다. 전지전능하신 주님이 누구보다 나를 잘 아시고 또 이해하고 계심을 기억하십시오. 반드시 복되고 형통할 것입니다.

♡ 주님, 목자의 음성을 들을 줄 아는 지혜로운 양이 되게 하소서.
▨ 세상의 조언이 아닌 하나님의 음성을 따라 인생을 살아가십시오.

나의 영적 일지

얌체 크리스천

읽을 말씀 : 사 29:9-14

● 사 29:13 주께서 이르시되 이 백성이 입으로는 나를 가까이 하며 입술로는 나를 공경하나 그들의 마음은 내게서 멀리 떠났나니 그들이 나를 경외함은 사람의 계명으로 가르침을 받았을 뿐이라

미국의 찰스 알렌 박사가 미국 전역의 크리스천들을 표본으로 신앙상태를 조사한 연구 결과가 있습니다.

자신이 크리스천이라고 밝힌 사람들을 대상으로 진행된 조사인데, 응답자 중 20%는 주일성수를 중요하게 생각하지 않고 있고, 30%의 성도들은 기도를 할 줄 모르며 배울 생각이 없다고 응답했습니다.

35%의 교인이 일주일 중 성경을 한 장도 읽지 않으며 40%의 교인은 헌금생활을 제대로 하고 있지 않다고 응답했습니다. 60%의 교인은 신앙서적을 한 권도 구입해본 적이 없고, 75%의 교인은 교회 출석 외에 다른 직분을 맡고 있지 않고 또 맡을 생각도 없다고 말했습니다.

그리고 85%의 교인은 단 한 명도 전도를 하려고 시도해보지 않았습니다. 그러나 100%의 응답자가 모두 천국에 가고 싶다고 말했으며 자신은 천국에 갈 것이라고 믿었습니다.

크리스천의 삶은 하나님의 말씀을 따르며 예수님의 십자가를 지는 것입니다. 주님의 제자가 되지 않고서는 주님이 약속하신 은혜를 받을 수 없습니다. 좋은 것을 바라기만 했던 잘못된 신앙생활을 바꾸십시오. 반드시 복되고 형통할 것입니다.

♥ 주님, 주님의 복만을 바라며 나의 십자가를 외면하지 않게 하소서.
🧩 제자의 의무를 충실히 이행하는 그리스도의 제자가 되십시오.

나의 영적 일지

사랑의 동기

읽을 말씀 : 미 6:6-16

● 미 6:8 사람아 주께서 선한 것이 무엇임을 네게 보이셨나니 여호와께서 네게 구하시는 것은 오직 정의를 행하며 인자를 사랑하며 겸손하게 네 하나님과 함께 행하는 것이 아니냐

월트 디즈니가 하루는 마당에서 즐겁게 노는 딸을 보고 있었습니다.

두 딸은 작은 목마를 타며 매우 즐거워했는데, 다른 놀이기구가 없어 50번이나 넘게 같은 목마를 타면서도 너무나 즐거워했습니다. 디즈니는 두 딸의 행복한 모습을 보는 것이 기뻤지만 한편으로는 안타까웠습니다. 그래서 '우리 딸과 같은 아이들이 정말로 신나고 재밌게 놀 수 있는 장소를 만들 수가 없을까?'라는 고민을 하기 시작했고, 그 고민을 통해 20년 뒤에 디즈니랜드가 세워졌습니다. 디즈니랜드의 개관식에서 월트 디즈니는 "기적과도 같은 여기 이곳은 바로 딸을 향한 나의 사랑이 만든 결과물입니다"라고 소감을 밝혔습니다.

포드가 자동차를 개발하게 된 것은 아픈 어머니를 병원에 빨리 모시고 가고자 하는 사랑의 마음이었고, 라이트 형제는 자전거점으로 큰돈을 벌고 있었지만 존경하던 과학자의 죽음으로 그가 개발하던 글라이더에 관심을 갖고 비행기를 개발했습니다.

사랑은 실천에 관심을 더한 것입니다. 하나님의 시선이 향하는 곳을 사랑과 관심으로 동일하게 바라본다면 그 사람들을 위해 필요한 일과 도울 수 있는 일이 무엇인지 알게 됩니다. 작은 관심과 선행도 사랑의 동기로 시작하십시오. 반드시 복되고 형통할 것입니다.

♥ 주님, 모든 행함의 완성은 사랑을 통해 이루어짐을 깨닫게 하소서.
🖼 내 사랑의 동기가 생기는 곳은 어떤 영역인지 알아보십시오.

나의 영적 일지

갈 수 있는 좁은 문

읽을 말씀 : 눅 13:22-30

● 눅 13:24 좁은 문으로 들어가기를 힘쓰라 내가 너희에게 이르노니 들어가기를 구하여도 못하는 자가 많으리라

탄자니아의 킬리만자로에는 매우 험한 등산루트가 있습니다.

킬리만자로에는 편하게 정상까지 등산할 수 있는 루트가 많이 개발되어 있어 대부분의 사람들은 이 험한 루트를 택하진 않지만 올라가는 중턱에 바로 이곳에서만 볼 수 있는 멋진 풍광이 있기에 이 사실을 아는 등산가들은 위험을 무릎 쓰고라도 이곳으로 산을 오릅니다.

이 사실을 알고 있던 일반인 등산객도 그 풍광을 감상하기 위해서 일부러 편한 코스를 선택하지 않고 이 길로 올랐습니다. 그러나 중간에 가파른 바위 절벽 사이를 뚫고 작은 길이 나있는 곳에 도달하자 겁이 나기 시작했습니다.

바위 절벽 사이의 틈은 너무 좁아보였고 그 틈 앞으로 이어져있는 길은 매우 위험해보였습니다. 그러나 바위 절벽 위에 새겨진 한 글을 보고 그 등산객은 다시 앞으로 나아갔습니다.

"이 길은 좁다! 그리고 다른 길보다 더 위험하다! 그러나 다른 사람들이 이미 수도 없이 통과한 길이기에 그대 역시도 갈 수 있다!"

예수님은 구원의 문이 좁은 문이라고 말씀하셨습니다. 그러나 그 문은 모든 사람이 들어갈 수 있는 문이며, 또한 값없이 주어지는 은혜의 문이기도 합니다. 곧 우리를 편히 쉬게 하실 주님을 믿으며 자기 십자가를 지고 주님을 따르십시오. 반드시 복되고 형통할 것입니다.

💜 주님, 구원의 길을 나에게 허락하신 주님을 기뻐하게 하소서.
🖼 믿음의 인물들의 생애를 담은 서적을 구입해 읽으십시오.

나의 영적 일지

하나님을 만나는 순간

읽을 말씀 : 사 40:18-31

● 사 40:31 오직 여호와를 앙망하는 자는 새 힘을 얻으리니 독수리가 날개치며 올라감 같을 것이요 달음박질하여도 곤비하지 아니하겠고 걸어가도 피곤하지 아니하리로다

　폴 칼슨 선교사님은 아프리카 콩고에서 평생 동안 의료사역을 했습니다. 슈바이처 박사만큼 유명해지거나 엄청난 후원을 해주는 사람도 없었지만 칼슨 선교사님은 조금의 불평도 없이 묵묵히 콩고에서 원주민들을 치료했습니다.

　박사님은 하루에 평균 100명의 환자들을 진료하곤 했는데, 박사님을 도우러 온 사람들이 이 모습을 보고 물었습니다.

　"선교사님, 벌써 며칠 째 하루에 백 명이 넘는 환자들을 돌보고 계시는데 몸은 괜찮으십니까? 그러다 병이라도 나면 다른 환자들에게 더 큰일이 날 것 같습니다."

　"나는 사람들을 치료할 때 하나님과 가까워짐을 느낍니다. 그래서 피로가 아닌 기쁨을 느낀답니다."

　칼슨 선교사님은 항상 웃는 얼굴로 환자들을 대하며 피곤한 하루 업무가 끝난 뒤에도 성경을 공부했습니다. 선교사님은 자신이 고쳐준 콩고 사람들에게 총을 맞고 세상을 떠나셨지만 끝까지 콩고를 사랑하는 마음을 버리지 않으셨습니다.

　하나님이 내게 주신 비전을 찾을 때, 그리고 그 비전으로 다른 사람을 도울 때 우리는 하나님이 나를 세상에 창조하신 목적이 무엇인지 알게 됩니다. 하나님의 뜻을 따라 행하는 거룩한 기쁨을 위해 인생을 사십시오. 반드시 복되고 형통할 것입니다.

💗 주님, 나를 구원하신 하나님의 크신 뜻을 잊지 않게 하소서.
🖼 하나님을 만난 나에게 일어난 변화가 무엇인지 돌아보십시오.

나의 영적 일지

반드시 응답되는 기도

읽을 말씀 : 시 138:1-8

●시 138:3 내가 간구하는 날에 주께서 응답하시고 내 영혼에
힘을 주어 나를 강하게 하셨나이다

달라스신학교의 총장이었던 존 월부드 박사는 한 채플 시간에 흥분된
모습으로 올라와 학생들에게 이런 간증을 했습니다.

"나는 방금 같은 교회 다니는 한 성도님에게 기도가 응답되었다는 전화
를 받았습니다. 그분은 자기 아들의 구원을 위해 하루도 빠짐없이 기도를
하는 분이었습니다. 자그마치 60년 동안이나 말입니다. 응답의 때는 아
무도 알 수가 없습니다. 그러나 다만 기도를 쉬지 마십시오."

노예 상인인 존 뉴턴의 어머니는 매일 빨래를 하며 "우리 아들이 하나
님께 쓰임 받는 사람이 되게 해주세요"라는 기도를 드렸습니다. 존 뉴턴
은 불혹의 나이에 예수님을 구세주와 주님으로 영접했으며 선교사가 되
었습니다. 그리고 자신을 변화시킨 것이 어머니의 기도라는 것을 잊지 않
고 자신 역시 다른 사람들을 위해 매일 같이 기도를 했습니다.

이 노력을 통해서 토마스 스캇이라는 사람이 하나님께 돌아왔고 그는
특히나 많은 무신론자들을 하나님께로 인도했습니다. 스캇은 그중에 특
히나 복음을 거부했던 윌리엄 쿠퍼를 위해서 기도했는데, 결국 쿠퍼 역시
예수님을 영접했고, '보혈로 가득찬 샘'이라는 책을 통해 많은 사람들에
게 복음을 전하는 일로 쓰임 받았습니다.

기도는 다른 사람을 위해 내가 언제든 할 수 있는 가장 귀하고 소중한
일입니다. 내 주위의 하나님을 알지 못하는 영혼들을 위해서 오늘도 기도
하십시오. 반드시 복되고 형통할 것입니다.

💙 주님, 복음을 성실하게 전파하는 사람이 되게 하소서.
🎴 믿지 않는 영혼들을 위해 매일 기도하는 시간을 정하십시오.

나의 영적 일지

받은 은혜를 생각하라

읽을 말씀 : 롬 5:12-21

● 롬 5:21 이는 죄가 사망 안에서 왕 노릇 한 것 같이 은혜도 또한 의로 말미암아 왕 노릇 하여 우리 주 예수 그리스도로 말미암아 영생에 이르게 하려 함이라

제프 바우만은 미국 보스턴에서 일어난 폭탄 테러 사건으로 두 다리를 잃었습니다. 부상 직후 응급실에 실려와 수술을 받은 그는 마취가 다 풀리지도 않은 상태에서 경찰에게 테러 당시의 상황을 전달해서 덕분에 경찰은 테러 용의자를 체포할 수 있었습니다.

그러나 마취가 풀린 바우만은 자신의 인생이 완전히 바뀌었다는 걸 깨달았습니다. 다시는 두 다리로 걸을 수 없었고 의족을 낀 채로는 10분도 서 있기가 힘들었습니다. 눈만 감아도 테러 당시의 폭발 상황이 눈앞에 떠올랐습니다. 삶에 의욕을 잃은 그는 아무도 만나지 않고 방안에 혼자 있을 때가 많았습니다.

그렇게 시간을 보내던 바우만은 자기가 지금 이렇게 숨을 쉬고 있는 것이 많은 사람의 도움덕분이이라는 걸 깨닫게 되었습니다. 폭탄 테러가 일어난 당시 추가 폭발을 두려워 않고 자신을 업고서 병원으로 달려가 준 이름 모를 용감한 시민이 있었고, 침착하게 수술을 마치고 재활까지 도와준 병원의 의료진이 있었습니다. 그 사람들의 희생과 노력이 생각나자 다시 일어날 힘이 생겼습니다. 그는 현재 의족에 적응하며 재활훈련에 매진하고 있고 여자 친구와 약혼을 했습니다. 그리고 자신의 이런 경험을 담은 회고록까지 출간하며 희망을 담은 새로운 생활을 다시 시작하고 있습니다. 하나님이 베푼 은혜와 사랑보다 더 큰 좌절과 슬픔은 있을 수가 없습니다. 삶이 힘들어 넘어질 때마다 받은 은혜를 생각하십시오. 반드시 복되고 형통할 것입니다.

🖤 주님, 비할 데 없는 주님의 사랑을 체험하며 살게 하소서.
🎴 언제나 나를 돌보고 계시는 주님의 사랑을 잊지 마십시오.

`나의 영적 일지`

하나님을 떠난 사람의 결말

읽을 말씀 : 고전 1:18-31

●고전 1:18 십자가의 도가 멸망하는 자들에게는 미련한 것이요 구원을 받는 우리에게는 하나님의 능력이라

목회자가 되기 위해서 신학교를 다니던 한 러시아 청년이 있었습니다. 청년은 교회에서 성가대 활동을 했고 또한 시를 좋아했습니다. 가정에 행복이 있다고 믿었고, 사람들 사이에는 신뢰가 중요하다고 생각했습니다.

그러나 아버지로부터 폭행을 당하면서 청년의 삶은 망가지게 됩니다. 다윈의 종의 기원을 읽은 뒤에는 하나님에 대한 의문을 가지게 됐고, 칼 마르크스의 책을 읽은 뒤에는 혁명사상에 빠지게 되었습니다. 아내의 이른 죽음은 이 청년을 광기에 사로잡히게 만들었습니다. 그는 자신의 목적인 혁명을 달성하기 위해 수단과 방법을 가리지 않았고 빈번하게 은행을 털었습니다. 그리고 은행을 털었던 동료들을 죽여 증거를 없앴습니다.

스탈린이라는 이 청년은 나중에 레닌에 뒤를 이어 러시아의 철권통치를 집행했는데, 역사학자들은 스탈린의 정치는 히틀러보다 무자비하고 폭력적이었다고 대부분 평가할 정도로 그는 비정한 독재자였습니다.

스탈린이 옳다고 생각해 실행한 일들의 결과를 우리는 역사를 통해서 알 수 있습니다. 하나님을 떠난 스탈린의 모든 행보는 믿지 않는 사람들에게도 크나큰 피해였습니다. 하나님을 결코 떠나지 않는 신앙을 위해 기도하고, 또 하나님을 알지 못하는 사람들을 위해 기도하십시오. 반드시 복되고 형통할 것입니다.

♥ 주님, 참된 사랑과 희망은 오직 주님께로부터 오는 것을 알게 하소서.
🧸 작은 의심들에 흔들리지 않는 튼튼한 믿음의 뿌리를 내리십시오.

나의 영적 일지

생명수를 마셔라

읽을 말씀 : 계 21:1-8

● 계 21:6 또 내게 말씀하시되 이루었도다 나는 알파와 오메가
요 처음과 마지막이라 내가 생명수 샘물을 목마른 자에게 값
없이 주리니

물은 인체의 70%를 차지하고 있는 중요한 성분입니다.

사람은 음식을 먹지 않고도 한 달을 넘게 버티지만 물 없이는 일주일도
버티질 못합니다. 그러나 1970년대 전에는 이런 물의 중요성을 사람들이
몰랐습니다. 특히 운동선수들은 훈련이나 경기 중에 물을 섭취하는 것이
큰 방해가 된다고 여겨서 마라톤과 같은 힘든 운동 중에도 물을 전혀 섭
취하지 않았습니다.

이런 이유로 당시 마라톤 선수 중에는 완주하기 전에 혼수상태에 빠지
거나 죽는 경우도 많았고, 미식축구같이 장시간 격렬한 운동을 하는 선
수들은 열사병과 탈수증에 걸렸습니다.

결국 운동 중에 사망하는 선수들을 보호하기 위해서 스포츠의학자들
이 연구를 하기 시작했고, 그 결과 운동 중에도 적절한 수분섭취가 중요
하다는 사실이 밝혀졌습니다. 마라톤의 경우는 경기 2시간 전부터 1시간
마다 물을 한 잔씩 먹게 하고 경기 중에는 20분 거리마다 물을 한잔씩 먹
을 수 있게 식수대를 배치해놓았습니다. 이렇게 10잔도 안 되는 물을 먹
었을 뿐이지만 이 조치 이후로 마라톤을 하다가 죽는 선수들은 거의 사
라지게 되었습니다.

힘든 운동 중에 생수 한 잔이 사람을 살리듯이 마음과 영혼에도 말씀의
생명수가 꾸준히 공급되어야 합니다. 인생의 풍파가 몰아칠 때는 말씀의
생명수를 더욱 더 섭취하십시오. 반드시 복되고 형통할 것입니다.

♡ 주님, 말씀을 소중히 여기게 하시고 묵상함으로 깨닫는 기쁨을 주소서.
▧ 좋아하는 성구를 적어 포켓에 넣고 다니면서 순간순간 읽으십시오.

나의 영적 일지

변화시키는 하나님

읽을 말씀 : 고후 3:12-18

● 고후 3:18 우리가 다 수건을 벗은 얼굴로 거울을 보는 것 같이 주의 영광을 보매 그와 같은 형상으로 변화하여 영광에서 영광에 이르니 곧 주의 영으로 말미암음이니라

영국의 윌리엄 노스모어는 도박을 매우 좋아했습니다.

처음에는 장난삼아 도박을 시작했지만 시간이 지날수록 점점 빠져들게 되었는데 나중에는 자신의 전 재산을 단지 카드 한 장의 무늬가 어떤 것인지 맞추는 내기에 걸 만큼 정신을 차리지 못했습니다.

그렇게 장난 같은 마지막 도박으로 8억이 넘는 전 재산을 다 잃은 노스모어는 거리에서 폐인처럼 살았지만 자신을 보살펴 준 한 목사님을 통해 예수님을 만났고, 새사람이 되기로 결심했습니다.

그는 교회의 다락방에서 머물며 허드렛일을 하기 시작했습니다. 3년 동안 도박장엔 얼씬도 하지 않았고, 열심히 땀 흘려 돈을 모아 나중에는 작은 잡화점을 열었습니다. '불성실'의 대명사였던 노스모어의 이름은 이제 '신뢰와 노력'을 나타내는 이름이 되었습니다.

빈털터리에서 다시 재기하는 모습으로 사람들의 신망을 얻은 노스모어는 지역주민의 인기를 바탕으로 국회의원이 되었고 3번이나 재선하면서 사람들에게 도움이 되는 많은 법안을 제정하며 바른 정치인의 표본이 되었습니다.

하나님을 만나면 반드시 사람은 변하게 됩니다. 이전의 옛사람을 벗어버리고 내 안의 주님이 원하시는 새로운 사람으로 살아가십시오. 반드시 복되고 형통할 것입니다.

🧡 주님, 성령의 능력으로 나날이 변화되는 삶을 살게 하소서.

🖼 새로운 나를 위해 버려야 할 습관은 버리십시오.

나의 영적 일지

본질을 꿰뚫자

읽을 말씀 : 갈 2:11-21

● 갈 2:16 사람이 의롭게 되는 것은 율법의 행위로 말미암음이 아니요 오직 예수 그리스도를 믿음으로 말미암는 줄 알므로 우리도 그리스도 예수를 믿나니…

한 대학의 수의학과 강의 시간에 교수가 학생들에게 문제를 하나 냈습니다.

"한 경주마가 달리던 중에 넘어져 쇄골이 부러지는 상황이 발생했네. 수의사들은 이 말을 어떻게 치료해야할까?"

한 학생이 손을 들고 대답했습니다.

"먼저 움직이지 못하게 통으로 깁스를 한 뒤에 뼈가 붙도록 해야 합니다."

교수는 정답이 아니라고 말했고, 또 다른 학생이 손을 들었습니다.

"먼저 붕대로 압박을 한 뒤에 항생제로 처방을 해야 합니다."

교수는 역시 정답이 아니라고 밝힌 뒤에 말을 이었습니다.

"만약 누가 나에게 와서 자기 말이 쇄골이 부러졌다고 하면 나는 기자들부터 부를 걸세. 왜냐하면 쇄골이 있는 말은 지금까지 한 마리도 없었거든."

교수는 어떤 문제를 접하게 되도 가장 중요한 본질을 놓쳐서 안 된다는 사실을 학생들에게 전하고 싶었습니다.

신앙생활의 갈등과 교리의 작은 차이보다 중요한 것은 우리를 향한 그리스도의 사랑과 희생을 기억하는 것입니다. 믿음과 구원, 신앙생활의 본질을 기억하십시오. 반드시 복되고 형통할 것입니다.

♥ 주님, 가장 중요한 것은 영을 살리는 구원의 문제임을 알게 하소서.
📖 하나님의 말씀인 성경의 기준은 절대로 신뢰하며 사십시오.

나의 영적 일지

듣는 즉시 실천하라

읽을 말씀 : 약 1:19-27

● 약 1:25 자유롭게 하는 온전한 율법을 들여다보고 있는 자는 듣고 잊어버리는 자가 아니요 실천하는 자니 이 사람은 그 행하는 일에 복을 받으리라

제퍼슨대학 의대의 교수인 아르놋 워커 박사는 주일 예배를 참석했다가 다음과 같은 설교를 들었습니다.

"성경은 우리에게 듣는 즉시 실천할 것을 말합니다. 겨울이 오기 전에 부지런하라는 디모데후서 말씀을 기억하십시오."

그 설교를 들은 워커 박사는 곧바로 그동안 마음속으로만 생각해왔던 어머님께 편지를 쓰는 일을 시작했습니다. 그동안 자신을 키워주신 것에 대한 감사와, 함께 했던 추억들로 아름답게 편지지가 채워졌습니다. 그리고 동시에 생각나는 몇몇 친구들과 친척들에게 전화로 안부를 물었습니다.

그로부터 2주일이 지난 후에 갑자기 어머님이 위독해 중환자실에 있다는 연락이 왔습니다. 워커 박사는 곧바로 병실로 달려갔는데, 어머님은 이미 임종 직전의 상태였습니다. 그러나 마지막 힘을 내어 사랑스런 아들을 바라보며 미소를 지어주셨습니다. 그리고 침상의 옆 탁자에는 워커 박사가 2주 전에 보내준 편지와 답장이 놓여 있었습니다. 박사가 어머니의 임종을 마주하는 순간은 가슴 아픈 이별임과 동시에 서로에 대한 추억과 사랑을 확인하는 가장 아름다운 재회가 되었습니다.

말씀을 듣고 실천하는 사람들에게는 분명한 축복이 있습니다. 말씀 가운데 임하시는 성령님의 음성에는 바로 순종하십시오. 반드시 복되고 형통할 것입니다.

♡ 주님, 말씀을 깨닫고, 말씀으로 변화되는 삶이 되게 하소서.
🎴 오늘 임하는 성령님의 감동에 즉각 순종하십시오.

나의 영적 일지

유일한 방법 십자가

읽을 말씀 : 고전 2:1-5

● 고전 2:2 내가 너희 중에서 예수 그리스도와 그가 십자가에 못 박히신 것 외에는 아무 것도 알지 아니하기로 작정하였음 이라

최근 인터넷에는 '오빠의 마음'이라는 제목으로 사람들에게 큰 감동을 주는 영상이 있습니다.

오빠와 동생이 함께 길을 걷는데 깊게 패인 도랑을 연결하는 보도블록 이 끊어진 길이 나왔습니다. 어린 꼬마라도 충분히 건널 수 있는 작은 구 덩이기에 오빠는 얼른 뛰어넘어 동생을 기다리지만 동생은 한 발도 움직 이지를 못합니다.

오빠가 어서 오라고 손짓을 해도 동생은 쉽게 발을 떼지 못하는데, 이 모습을 본 오빠는 스스로 몸을 낮춰 보도블록 사이를 잇는 다리가 되어 줍니다.

동생은 오빠가 몸으로 만들어준 다리를 엉금엉금 조심스럽게 건너고 동생이 건넌 것을 확인한 오빠는 다시 일어나 동생의 손을 꼭 잡고 가던 길을 떠납니다.

끊어진 길을 자기 몸을 사용해 다리를 만들어준 영상의 오빠처럼, 하나 님께로 나아갈 길을 잃어버린 우리를 위해 예수님께서 십자가로 다리를 만들어 주셨습니다. 예수님의 귀한 희생과 사랑을 1초라도 잊지 말고 기 억하십시오. 반드시 복되고 형통할 것입니다.

💜 주님, 날 위해 이 땅에 오신 주님을 기억하며 감격하게 하소서.
🙏 오직 십자가만이 유일한 구원의 방법임을 인정하십시오.

나의 영적 일지

말씀을 위한 수고

읽을 말씀 : 시 19:1-14

●시 19:8 여호와의 교훈은 정직하여 마음을 기쁘게 하고 여호와의 계명은 순결하여 눈을 밝게 하시도다

다니엘 위클리프는 성경을 번역하는 일로 종교개혁의 중요한 역할을 담당했던 사람입니다.

위클리프는 가톨릭으로부터의 살해 위협을 피해 동굴과 지하로 피해 다니며 유럽에서 가장 많이 사용하는 5개 언어의 성경을 번역했고, 순교를 당하기 전까지 그 중 2개를 완성했습니다. 그는 하나님의 말씀을 제대로 전달하기 위해서 번역하는 언어를 사용하는 나라들의 사투리와 문화, 풍습, 기후까지 연구를 했을 정도로 최선을 다해 사명을 감당했습니다.

중국어로 된 최초의 성경을 번역한 로버트 모리슨 선교사는 중국어에 대한 어려움을 다음과 같이 토로했습니다.

"중국어는 강철 같은 몸과 명석한 머리 그리고 스프링과 같이 탄력 있는 손을 가진 사람이 독수리같이 좋은 눈과 천사의 기억력, 므두셀라와 같은 수명을 가지고 여기에 엄청난 용기까지 있을 때나 배울 수 있는 언어입니다."

그러나 결국 모리슨은 이렇게나 어려워하던 중국어로 성경을 번역하는 데 성공했습니다. 그것은 눈앞의 어려움보다 잃어버린 영혼들을 향한 사명이 걸려 있었기 때문입니다.

말씀을 읽고 실천함으로 내 삶이라는 번역으로 세상에 복음을 전하십시오. 반드시 복되고 형통할 것입니다.

💜 주님, 귀한 주님의 말씀을 늘 가까이 하며 즐거이 묵상하게 하소서.
🔳 아무리 피곤하고 바빠도 말씀을 묵상하는 시간은 지키십시오.

나의 영적 일지

보이는 게 전부가 아니다

읽을 말씀 : 사 11:1-9

● 사 11:3 그가 여호와를 경외함으로 즐거움을 삼을 것이며 그의 눈에 보이는 대로 심판하지 아니하며 그의 귀에 들리는 대로 판단하지 아니하며

독일 함부르크의 한 작은 호텔에 새로 채용된 지배인이 있었습니다.

몇 번의 실패 끝에 겨우 취업을 한 지배인은 일에 대한 의욕이 매우 넘쳐 있었습니다. 출근시간보다 한 시간이나 일찍 나온 지배인은 그날의 업무를 파악한 후 곧 도착하는 직원들에게 청소부터 시켰습니다. 청소를 깨끗하게 마친 뒤 드디어 손님들이 오기 시작했습니다.

지배인은 먼저 호텔 내의 로비에 있는 카페를 둘러보았는데 굉장히 낡은 옷을 입은 한 노인을 보게 되었습니다. 노인은 일행도 없이 혼자 카페 한 가운데 앉아 신문을 보며 가장 싼 커피를 마시고 있었습니다. 지배인은 다른 손님들이 이 초라한 노인을 발견하게 되면 호텔의 이미지가 깎일 것이라고 생각해서 카운터에서 '죄송하지만 커피를 다 마시자마자 남의 눈에 띄지 않게 저희 호텔에서 나가주시지 않겠습니까? - 지배인'이라고 쪽지를 적어 노인에게 건네주었습니다. 쪽지를 받은 노인은 커피를 다 마시고 곧 카페를 떠났습니다.

그리고 다음 날 출근하는 지배인의 앞으로 한 쪽지가 배달되었습니다. '내일부터 그만 출근하시오. - 사장'

지배인이 나가달라고 부탁한 초라한 노인은 이 호텔의 사장이었습니다. 눈에 보이는 것이 전부가 아닙니다. 지금 당장 보이는 것으로 인해 나 자신의 가능성과 다른 사람의 가능성을 섣불리 재단하지 마십시오. 반드시 복되고 형통할 것입니다.

♥ 주님, 주님과 함께 하는 것이 진짜 명예와 권력임을 알게 하소서.
🧎 모습이 초라한 사람일지라도 주님이 함께 계심을 기억하십시오.

나의 영적 일지

10월 21일

두 명의 불구자

읽을 말씀 : 엡 3:1-13

● 엡 3:12 우리가 그 안에서 그를 믿음으로 말미암아 담대함과 확신을 가지고 하나님께 나아감을 얻느니라

권투 선수 케네스 라이트는 학생시절에 축구, 레슬링, 야구 등을 모두 잘하는 만능 스포츠맨이었습니다.

다양한 프로구단에서 라이트를 영입하려 했지만 그는 권투를 선택했고, 프로 데뷔전도 성공적으로 치렀습니다. 그렇게 승승장구를 하던 도중 한 시합에서 펀치를 잘못 맞아 목을 다쳐 하반신을 못 쓰는 장애인이 되었습니다.

의사는 재활을 열심히 하면 다시 걸을 수는 있겠지만 걷는 것 이상의 운동은 무리라고 말했습니다. 하루아침에 모든 걸 잃게 된 라이트는 결국 잘못된 선택을 했는데 친구들의 도움을 받아 산에 올라간 뒤 혼자 몰래 떨어져 권총으로 자살을 해 생을 마감하고 말았습니다.

짐 맥고원이라는 청년은 강도에게 찔려 하반신 불구가 되었습니다. 너무 심각한 부상이라 재활도 소용이 없어 그는 평생 휠체어를 타고 다녀야 했습니다. 그러나 휠체어를 탄 상태로 자기가 할 수 있는 다양한 운동을 연구하던 그는 스카이다이빙까지 소화했고 이런 도전 모습을 담은 세 권의 스포츠 사진집까지 출간하며 일약 스타로 발돋움했습니다.

하나님이 주신 삶은 어떤 순간에도 포기해서는 안 됩니다. 인생의 갈림길에서 죽음과 좌절을 선택하기보다 생명과 희망을 선택하는 하나님의 자녀가 되십시오. 반드시 복되고 형통할 것입니다.

♥ 주님, 언제나 희망을 바라보고 선택하는 주님의 자녀가 되게 하소서.
🙇 희망의 길에서 벗어나지 않음으로 주님을 기쁘게 하십시오.

나의 영적 일지

하나님을 높이는 구제

읽을 말씀 : 마 6:1-4

● 마 6:2 그러므로 구제할 때에 외식하는 자가 사람에게서 영광을 받으려고 회당과 거리에서 하는 것 같이 너희 앞에 나팔을 불지 말라 진실로 너희에게 이르노니 그들은 자기 상을 이미 받았느니라

미카엘 골드스타인 교수는 러시아에서 미국으로 망명을 한 세계적인 바이올리니스트입니다.

교수는 미국의 유명 대학에서 강의도 많이 하고 연주회도 하며 많은 돈을 벌었지만 매우 검소한 삶을 살았습니다. 그를 아는 어떤 사람들은 너무 심한 구두쇠라고 비난을 하기도 했지만 그가 죽고 난 뒤에 장례식장을 찾은 사람들, 그리고 부고장을 통해 안내를 받은 사람들은 교수가 그토록 검소했던 이유를 알게 되었습니다. 교수의 죽음을 알리는 부고문에는 다음과 같은 내용이 있었습니다.

'- 조문 오시는 분들에 대한 안내

1. 교수님의 유지에 따라 꽃다발은 일체 사양합니다.
2. 조의를 표하고 싶으시다면 현금으로 부탁드립니다.
3. 장례식장에서 모인 모든 조의금은 하노버복지센터에 기부합니다.

하노버복지센터는 교수님이 생전에 자주 찾아 봉사를 하던 곳이며, 모든 유산도 이곳에 기증하기로 되어 있으니 기쁜 마음으로 동참해주시면 감사하겠습니다.'

왼손이 하는 일을 오른손이 모르게 하는 것이 하나님이 기뻐하시는 겸손한 구제입니다. 사람들의 오해와 상관없이 하나님이 보시는 은밀한 구제를 행하십시오. 반드시 복되고 형통할 것입니다.

♥ 주님, 구제와 선행을 통해 교만해지지 않도록 마음을 잡아 주소서.
🎴 모든 구제와 선행은 기본적으로 은밀하게 실천하십시오.

나의 영적 일지

10월 23일

겸손의 면류관

읽을 말씀 : 시 10:12-18

● 시 10:17 여호와여 주는 겸손한 자의 소원을 들으셨사오니 그들의 마음을 준비하시며 귀를 기울여 들으시고

　포르투갈 항공인 TAM을 이용하던 한 50대 여성이 갑자기 스튜어디스를 불렀습니다.

　스튜어디스가 무슨 일이냐고 묻자 갑자기 자리를 바꿔달라는 황당한 요청을 했습니다.

　"내 좌석을 당장 바꿔줘요. 흑인 옆에는 절대로 앉을 수가 없어요."

　당황한 스튜어디스는 잠시 확인을 해보겠다며 자리로 돌아가 기장과 얘기를 나눈 뒤에 돌아왔습니다.

　"손님, 죄송하지만 지금 이코노미석에는 자리가 없습니다. 다만 일등석에는 남는 자리가 있습니다만..."

　말끝을 흐리던 스튜어디스는 돌연 옆자리에 앉아있는 흑인을 쳐다보며 정중하게 말했습니다.

　"선생님, 죄송하지만 선생님께서 1등석 자리로 옮겨주셔야겠습니다. 좌석 업그레이드 서비스는 저희 항공사에서 자주 제공하지 않는 서비스 이지만 손님 옆에 이렇게 불쾌한 분을 앉게 할 수 없다는 기장님의 명령입니다."

　화를 내는 것이 당연한 상황에서도 참을 수 있고 겸손한 마음을 가지는 사람은 결국 하나님께서 높여주십니다. 무례하지 않는 것이 사랑이며 참는 것이 용기임을 깨달으십시오. 반드시 복되고 형통할 것입니다.

💜 주님, 무례히 행치 아니하며 사랑을 행하게 하소서.
🎴 스스로를 낮출 줄 아는 겸손의 미덕을 실천하십시오.

나의 영적 일지

명백한 진리를 전파하라

읽을 말씀 : 눅 1:1-4

● 눅 1:1,2 우리 중에 이루어진 사실에 대하여 처음부터 목격자와 말씀의 일꾼 된 자들이 전하여 준 그대로 내력을 저술하려고 붓을 든 사람이 많은지라

유명한 스탠딩 코미디언과 친구인 미국의 한 개척교회 목사님이 계셨습니다.

하루는 목사님이 코미디언 친구를 만나서 함께 저녁을 먹게 되었습니다. 서로의 근황을 묻는 도중에 친구가 목사님에게 교회는 잘 되고 있냐고 물었습니다.

"그래, 개척한 교회는 이제 자리를 잡았나? 사는 곳이 너무 멀어서 힘이 되어주지 못해서 미안하네."

"사실 나도 그것 때문에 고민이 많아. 개척을 한 지 5년이 넘어가지만 개척 초기에 비해서 성도들이 많이 늘지 않았거든. 지금 내가 목회를 잘하고 있는 건지 의문이 드네. 자네의 꾸며낸 농담을 들으러 가는 사람은 그렇게 많은데 왜 사람들은 내가 말하는 성경의 진리는 듣지 않는 걸까?"

잠시 생각을 하던 친구가 입을 열었습니다.

"나는 지어낸 이야기라 할지라도 사실처럼 이야기를 하거든. 자네의 진리가 혹시 꾸며진 이야기처럼 들리지는 않는지 점검해보게나."

나의 말과 삶으로 증거되는 하나님의 증거는 어떻습니까? 내가 믿는 복음이, 성경에 나오는 말씀이 진리라는 것을 세상 사람들에게 자신 있게 전할 수 있는 사람이 되십시오. 반드시 복되고 형통할 것입니다.

🖤 주님, 제가 전한 복음과 말씀이 진실로 전해지게 해 주소서!
🎴 복음을 믿게 된 과정을 자신있게 간증 할 수 있는지 생각해보십시오.

나의 영적 일지

모기의 교만

읽을 말씀 : 벧전 5:1-11

● 벧전 5:5 젊은 자들아 이와 같이 장로들에게 순종하고 다 서
로 겸손으로 허리를 동이라 하나님은 교만한 자를 대적하시
되 겸손한 자들에게는 은혜를 주시느니라

이솝우화에는 '사자와 모기, 거미'라는 단편이 나옵니다.

피를 오랫동안 빨지 못해 거의 죽어가는 모기가 숲속을 한참 헤매다가
겨우 사냥감을 하나 발견했는데 하필 백수의 왕 사자였습니다. 모기는 사
자가 너무 두려웠지만 더 이상 피를 빨지 못했다가는 정말로 죽을 것 같
았기에 용기를 내서 사자를 향해 돌진했습니다.

사자는 모기를 잡으려고 안간힘을 썼지만 너무 작아 잡을 수가 없었고
급기야는 자기 발로 얼굴을 치는 바보 같은 모습까지 보였습니다. 사자의
피로 포식을 한 모기는 한껏 들 떠 있었습니다.

'뭐야? 백수의 왕인 사자도 나한테 꼼짝을 못하잖아? 그럼 이제부터
내가 이 숲의 주인이라 해도 틀린 말은 아니겠군.'

그렇게 신이 나서 날아가던 모기는 앞을 잘 살피지 못했고 그만 거미줄
에 걸려 거미의 밥이 되고 말았습니다.

세상이란 거대한 성벽 앞에서 나 자신이 모기처럼 초라하게 느껴질 때
가 있습니다. 그러나 하나님과 함께함으로 담대하게 승리할 수 있습니다.
하지만 그 승리에 도취되어 교만하게 되면 거미줄에 걸리는 모기와 같은
신세가 된다는 것을 잊지 마십시오. 반드시 복되고 형통할 것입니다.

💙 주님, 죄에 대한 승리는 내가 아닌 주님께로부터 온 것임을 알게 하소서.
🪟 하나님을 통해 용기를 얻고, 겸손을 통해 지혜를 구하십시오.

나의 영적 일지

복음이 향해야 할 곳

읽을 말씀 : 막 13:3-13

10월 26일

●막 13:10 또 복음이 먼저 만국에 전파되어야 할 것이니라

다음은 요한 웨슬레 목사님의 '설교의 10가지 원칙' 입니다.

01.스스로 지은 찬송가나 시를 말하지 말 것.

02.설교의 시작 시간과 마치는 시간을 되도록 지킬 것.

03.설교시간에는 복장과 행동을 엄숙하게 할 것.

04.본문은 가급적 찾기 쉽고 유명한 곳으로 정할 것.

05.가급적 원고를 작성할 것, 그리고 가급적 원고를 안 볼 것.

06.설교 본문에서 벗어나는 이야기를 하지 않을 것.

07.모인 회중들의 수준과 상태에 맞춰서 설교를 할 것.

08.말씀을 너무 비유적이나 신비주의적으로 가르치지 말 것.

09.설교에 사용하는 제스처는 자연스럽게 사용할 것,

10.죄에 대해서는 담대하게 지적할 것.

이 10가지는 설교 때만 필요한 것이 아니라, 복음을 전할 때도 참조할 부분입니다.

그리스도인들이 전하는 복음은 하나님께 받은 순전한 것을 사람을 섬김으로 전하는 것입니다. 말씀이 가르치는 순전한 복음을 사람들에게 지혜롭게 전달하는 일상의 메신저가 되십시오. 반드시 복되고 형통할 것입니다.

♡ 주님, 하늘의 복음을 땅에 잘 전할 수 있는 통역관이 되게 하소서.
🔏 사람들에게 효과적으로 복음을 전할 수 있는 방법을 연구해 보십시오.

나의 영적 일지

세상명예의 가치

읽을 말씀 : 삼상 12:19-25

●삼상 12:21 돌아서서 유익하게도 못하며 구원하지도 못하는 헛된 것을 따르지 말라 그들은 헛되니라

　　포르투갈의 국왕 주앙 5세는 '가장 백성들에게 충실한 왕'으로 불리기를 원했습니다.

　　그래서 자신의 모든 재산과 나라의 재산까지 털어서 백성들에게 베풀기 시작했습니다. 당시 브라질을 식민지로 삼고 있어서 막대한 부까지 손에 쥐고 있었지만 이마저도 모두 백성에게 베풀었습니다. 왕의 호의를 백성들이 금세 당연한 것으로 받아들였기 때문에 계속해서 새로운 정책을 시행해야 했기 때문입니다.

　　그렇게 백성들로부터 칭송을 받고 싶어 했던 주앙 5세가 죽자 국고에는 돈이 한 푼도 없어 장례식을 치를 돈도 없었습니다. 그래서 백성들에게 세금을 걷어서 장례식을 치렀고, 지금은 아무도 '가장 백성들에게 충실한 왕', 혹은 주앙 5세를 기억하고 있지 않습니다.

　　이슈메르라는 귀족은 19세기 초 이집트의 총독이라는 칭호를 얻기 위해서 자신의 전 재산을 투자했습니다. 이집트의 모든 사람이 그를 총독이라고 불러야 했지만 그는 아무런 권력도 행사할 수가 없었고 게다가 돈한 푼 없는 거지였습니다.

　　사람들과 세상의 인심을 얻기 위해 지나치게 노력을 하는 것은 자고 나면 깰 꿈을 위해 투자하는 것입니다. 다른 사람의 눈과 평판에 지나치게 신경 쓰지 말고 오직 하나님 앞에 바로 서십시오. 반드시 복되고 형통할 것입니다.

♥ 주님, 하나님 앞에 바로 서기 위해 무릎으로 나아가는 기도가 있게 하소서.
🧎 세상에서의 헛된 노력으로 때를 낭비하지 마십시오.

나의 영적 일지

무디가 경험한 천국

읽을 말씀 : 마 9:35-38

●마 9:35 예수께서 모든 도시와 마을에 두루 다니사 그들의 회당에서 가르치시며 천국 복음을 전파하시며 모든 병과 모든 약한 것을 고치시니라

　영국의 한 시골에 척추 이상으로 40년 동안 누워 지내던 덴데라라는 사람이 있었습니다.

　그녀는 몸을 조금도 움직일 수 없는 비참한 처지였지만 신앙심이 정말 좋아 방에서는 찬송이 끊이질 않았고 늘 미소로 찾아오는 사람들을 맞았습니다.

　전도자 무디가 영국에 부흥회를 하러 왔을 때 어떻게 덴데라 씨의 이야기를 듣고는 큰 감명을 받아 바쁜 일정 중에 시간을 내어 들렀습니다. 그는 먼저 축복 기도를 한 뒤에 안부를 물었습니다.

　"몸은 좀 괜찮으십니까? 심중에 어려움이 많을 줄로 압니다."

　그러나 덴데라는 미소를 지으며 대답했습니다.

　"괜찮습니다. 오늘 죽어도 천국 간다는 확신이 있기에 고통도 감사할 뿐입니다. 병을 앓게 된 40년 동안 온통 감사할 제목뿐입니다."

　무디는 훗날 덴데라와의 만남을 통해 잠시나마 천국을 경험했다고 말했습니다. 믿는 사람들의 모임이 이 땅에서의 작은 천국이 되어야 합니다. 내가 속한 모임이 하나님의 사랑을 경험하는 기쁨의 성소가 되도록 노력하십시오. 반드시 복되고 형통할 것입니다.

♡ 주님, 저로 인해 단 한 명이라도 천국을 경험하는 삶이 되게 하소서.
▨ 내가 속해 있는 공동체를 위해 매일 기도하십시오.

나의 영적 일지

영광의 상처가 새겨진 얼굴

읽을 말씀 : 요 11:1-11

●요 11:4 예수께서 들으시고 이르시되 이 병은 죽을 병이 아니라 하나님의 영광을 위함이요 하나님의 아들이 이로 말미암아 영광을 받게 하려 함이라 하시더라

그리스의 한 장군이 전투 중에 애꾸눈이 되었습니다.

그는 자신의 초상화를 그리는 화가를 불러 절대로 애꾸눈이라는 것이 그림에 나타나서는 안 된다고 말을 했고 지혜로운 화가는 장군의 머리를 늘어트려 한쪽 눈을 가리는 모습으로 초상화를 그렸습니다.

그러나 영국의 정치인이자 장군인 크롬웰은 초상화를 그릴 때 완전히 다른 부탁을 화가에게 했습니다.

"내 얼굴을 있는 그대로 그려주게, 흉터 하나, 주름 하나라도 빼놓는다면 절대로 용서하지 않겠네."

수많은 전쟁터를 경험한 크롬웰의 얼굴에는 깊은 주름과 많은 상처가 패여 있었습니다. 그러나 크롬웰은 그 상처와 주름들이 조국과 민족을 위한 영광의 훈장이라고 생각했기에 조금도 가리지 않았고 부끄러워하지 않았습니다.

성도들이 받는 고난은 하나님께 영광으로 돌려집니다. 초대교회의 성도들은 이 사실을 알았기에 목숨까지도 기쁘게 하나님께 드릴 수가 있었습니다. 주님의 이름으로 받는 고난을 기쁘게 여기며 주님께 감사하십시오. 반드시 복되고 형통할 것입니다.

🩷 주님, 주님을 위해 모든 것을 내어드릴 각오로 신앙생활을 하게 하소서.
🖼 하나님을 위한 어려움이 닥칠 때에는 오히려 기뻐하십시오.

나의 영적 일지

예수님을 흉내 내는 삶

읽을 말씀 : 잠 21:20-31

● 잠 21:21 공의와 인자를 따라 구하는 자는 생명과 공의와 영광을 얻느니라

코미디 연기로 유명한 세기의 명배우 찰리 채플린은 남의 흉내를 잘 냈습니다.

떠돌이 생활을 하던 어린 시절부터 남을 관찰하는 것을 즐겼던 채플린은 남자와 여자, 어른과 아이, 직업을 가리지 않고 거의 모든 종류의 사람들을 흉내 낼 수 있었습니다.

채플린은 또 몇 분의 관찰만으로 거의 완벽하게 한 사람의 행동과 목소리를 따라 해서 종종 많은 사람들이 모인 자리에서 즉석으로 친구나 종업원, 친구들을 따라해 큰 웃음을 선사했습니다.

어느 날 지인들과 함께 저녁식사를 하던 채플린이 사람들의 요청으로 유명인들과 그 자리에 모인 사람들을 따라 하기 시작했습니다. 그리고 마지막엔 멋진 이탈리아 가곡으로 마무리했는데 노래 실력이 너무 출중해서 사람들이 놀라 물었습니다.

"아니, 도대체 그런 노래 실력을 지금까지 왜 숨기고 있었나?"

"천만에 지금도 노래는 전혀 못 불러. 다만 방금은 카루소 흉내를 냈을 뿐이라네."

우리는 예수님과 같이 될 순 없지만 예수님을 소망하는 삶을 살아가야 합니다. 이 땅에 남기신 예수님의 발자취를 따라 감으로 하나님의 성품을 조금이라도 닮아가고 하나님의 생각과 마음을 조금이라도 깨닫는 성도가 되십시오. 반드시 복되고 형통할 것입니다.

🖤 주님, 주님을 따라 살고자 하는 뜨거운 열망을 가슴에 부어주소서!
🏶 하나님을 닮고자 하는 마음이 있는 인생을 사십시오.

나의 영적 일지

루터가 성경을 읽는 방법

읽을 말씀 : 수 1:1-9

● 수 1:8 이 율법책을 네 입에서 떠나지 말게 하며 주야로 그것을 묵상하여 그 안에 기록된 대로 다 지켜 행하라 그리하면 네 길이 평탄하게 될 것이며 네가 형통하리라

종교개혁가 마틴 루터는 비텐베르크 대학에서 성경 강의를 하던 시절이 있었습니다.

당시 루터의 강의에 감명을 받은 한 학생이 찾아와 성경을 묵상하는 법을 알려달라는 질문을 했는데, 루터는 다음과 같이 대답했습니다.

"성경은 탐스런 열매가 맺혀있는 한 그루의 나무와 같다네. 나는 먼저 가장 잘 익은 사과가 떨어지도록 나무기둥을 잡고 흔든다네. 성경의 전체 맥락을 이해하고자 묵상을 하는 것인데 이 과정에서 가장 열매가 많이 떨어진다네. 즉 넘치는 은혜를 받을 수 있지. 그 다음으로는 나무 위로 올라가 굵은 가지와 잎을 잡고 흔든다네. 본문을 구성하는 각 장을 나눠서 묵상을 하는 단계야. 마지막으로 그래도 붙어있는 사과가 없는지 하나씩 살피는 단계인데 성경의 절을 구성하는 단어와 의미, 원어와의 관계까지 세심하게 살피지. 이 과정을 결코 쉽지 않고 많은 연구가 있어야 하지만 그래도 숨겨진 보화와 같은 깨달음을 얻을 수 있는 단계라네."

하나님의 말씀은 꿀처럼 달기도 하고 또 오묘하기도 합니다. 시시때때로 말씀을 묵상함으로 때에 맞춰 임하는 주님의 은혜를 체험하십시오. 반드시 복되고 형통할 것입니다.

♥ 주님, 하나님의 말씀을 통해 하나님을 만나는 기쁨을 누리게 하소서.
🔲 일주일 동안 특정 구간의 말씀을 반복해서 묵상하십시오.

나의 영적 일지

11
월

"눈물을 흘리며 씨를 뿌리는 자는 기쁨으로 거두리로다
울며 씨를 뿌리러 나가는 자는
반드시 기쁨으로 그 곡식 단을 가지고 돌아오리로다"
-시편 126:5,6-

11월 1일 — 하나님의 음성을 듣는 기쁨

읽을 말씀 : 히 3:1-14

● 히 3:7,8 그러므로 성령이 이르신 바와 같이 오늘 너희가 그의 음성을 듣거든 광야에서 시험하던 날에 거역하던 것 같이 너희 마음을 완고하게 하지 말라

태어날 때부터 소리를 듣지 못하는 아기가 있었습니다.

다행히 고막과 신경은 살아있어 보청기만 끼면 소리를 들을 수 있는 상태라는 진단이 나왔습니다. 아이의 부모님은 아이가 어느 정도 자라서 보청기를 끼울 수 있는 상태가 되자 태어나서 처음 소리를 듣는 아이의 상태를 관찰하기 시작했습니다.

처음 보청기를 낀 아이는 익숙하지 않은지 불편한 표정을 지으며 귀찮아했습니다. 그러나 곧 사물이 움직이는 소리가 들리자 깜짝 놀라는 표정을 지었습니다. 이어서 엄마가 자신을 부르는 표정을 짓자 갑자기 경이로움을 느끼는 듯한 표정으로 변합니다. 그러다 엄마의 목소리인 것을 확인하고는 환한 미소가 번집니다. 이어서 아빠의 목소리를 듣고도 아이는 같은 표정을 지었습니다. 부부는 이 과정을 영상으로 찍어 인터넷에 올렸고 많은 사람들이 부모의 목소리를 듣는 것만으로 너무 행복해하는 아이의 표정을 보고 감동을 받았습니다.

하나님의 음성은 듣는 것만으로 경이로운 놀라움이며 비할 데 없는 행복과 기쁨입니다. 매일 우리의 삶을 통해서 또 읽는 말씀을 통해서 늘 주님은 말씀하고 계십니다. 나의 삶과 성경을 통해 임하시는 주님의 음성에 귀를 기울이십시오. 반드시 복되고 형통할 것입니다.

♡ 주님, 목자의 음성을 듣고 기뻐하는 양이 되게 하소서.
🖼 오늘 나에게 임하는 하나님의 음성이 무엇인지 하루 동안 생각해보십시오.

나의 영적 일지

훈련을 게을리 한 결과

읽을 말씀 : 딤전 4:6-16

● 딤전 4:7 망령되고 허탄한 신화를 버리고 경건에 이르도록 네 자신을 연단하라

캐나다의 벤 존슨은 빛의 속도인 '마하'라는 별명을 가진 세계적인 육상스타였습니다.

특히 서울 올림픽에서 라이벌인 칼 루이스를 제치고 100m 달리기에서 우승을 차지했을 때는 전 세계인의 이목을 받으며 최고의 명예를 누렸으나 3일 뒤 도핑 테스트에서 양성 반응이 나와 금메달을 박탈당했습니다.

벤 존슨의 약물복용 사실이 밝혀진 다음날 캐나다의 국영방송에서는 아나운서가 방송의 시작과 함께 "국민 여러분, 오늘은 국민 모두가 국가적인 수치를 당한 날입니다"라는 멘트를 했을 정도로 충격은 컸습니다.

후에 한 다큐멘터리에서 벤 존슨을 찾아가 이미 세계신기록에 가까운 좋은 기록을 달성하고 있었는데 굳이 약물을 복용한 이유가 뭐냐고 물었습니다.

"올림픽을 앞두고서는 훈련을 게을리 했습니다. 칼 루이스를 이기고는 싶었지만 열심히 할 의욕이 생기지 않았습니다. 형편없이 졌다가는 명예를 잃게 된다는 생각에 약물을 손에 대고 말았습니다."

영적인 경건생활을 게을리 하는 사람들은 세상의 편법을 따르고, 잘못된 신앙과 교리에 빠지게 됩니다. 주일의 예배로 끝나는 신앙이 아니라 말씀이 살아있고 성령님과 함께하는 일주일을 보내십시오. 반드시 복되고 형통할 것입니다.

💙 주님, 육체의 연단보다 영의 훈련을 더 구하게 하소서.
🔲 빠른 길보다 바른 길을 선택하십시오.

나의 영적 일지

전고생이 사랑한 교장선생님

읽을 말씀 : 요 5:19-29

● 요 5:20 아버지께서 아들을 사랑하사 자기가 행하시는 것을 다 아들에게 보이시고 또 그보다 더 큰 일을 보이사 너희로 놀랍게 여기게 하시리라

서울 강동구의 한 고등학교에서는 학생과 교사 700여명이 운동장으로 나와 거대한 인간 하트를 만드는 진풍경이 벌어진 적이 있습니다.

발령을 받아 떠나는 교장선생님을 위한 이벤트로 전교생 회의를 거쳐 교직원들과 준비한 이벤트였습니다. 학생들은 교장선생님의 모습이 보이자 한 목소리로 "가지 마세요! 감사해요! 사랑해요!"라고 외쳤고, 그밖에도 집에서 정성껏 만들어온 피켓으로 교장선생님을 향한 사랑을 표현했습니다.

이 학교의 이영희 교장선생님은 학생들 500명의 이름을 모두 외우고 있었고, 각 가정 형편이 어떤지 남자친구는 있는지까지 모두 알정도로 학생들과 친밀한 관계를 가졌습니다. 학교 운영을 위한 아이디어도 선생님과 동등한 위치에서 협의를 해 결정을 했고 한 반에 담임선생님을 두 명씩 두는 파격적인 시스템까지 도입이 되었습니다. 이런 분위기 속에서 선생님들은 아이들을 위한 아이디어를 마음껏 낼 수 있었고 아이들은 학교를 통해 자신의 재능을 발견하고 발전시켜 나가는 터전으로 학교를 만들었습니다. 그리고 그 결과 한 명의 낙오자도 없는 살아있는 교육의 가능성을 한국 교육계에 보여줄 수 있었습니다.

머리털까지 세신 바 되었고 나보다 나를 더 잘 아시는 주님이 오늘도, 지금도 나를 사랑하고 계신다는 것을 잊지 마십시오. 반드시 복되고 형통할 것입니다.

💙 주님, 한 마음 한 뜻으로 주님께 고백하는 한국 성도들이 되게 하소서.
🖼 세상 누구보다 나에게 관심을 갖고 계시는 주님을 잊지 마십시오.

나의 영적 일지

절망할 시간이 없다

읽을 말씀 : 시 43:1-5

●시 43:5 내 영혼아 네가 어찌하여 낙심하며 어찌하여 내 속에서 불안해 하는가 너는 하나님께 소망을 두라 그가 나타나 도우심으로 말미암아 내 하나님을 여전히 찬송하리로다

전미육상대회 600m 여성부에 출전한 미네소타 대학의 도나이덴 선수는 강력한 우승후보로 각광을 받았습니다.

실제 시합에서도 줄곧 1위 자리를 지키며 마지막 한 바퀴만을 남겨두고 있었는데 그만 발을 헛디뎌 바닥에 완전 엎드러질 정도로 크게 넘어지고 말았습니다. 육상은 100m부터 마라톤에 이르는 모든 종목이 마찬가지로 중간에 한 번 넘어지면 사실상 순위권에서는 멀어지는 것이 일반적이라 이 장면을 보던 관객들은 순간 아쉬움의 한숨을 내쉬었습니다.

그러나 도나이덴 선수는 넘어지자마자 재빨리 자리에서 일어나 다시 전속력으로 뛰기 시작했습니다. 넘어지는 순간부터 다시 일어나 달리는 시간까지는 조금의 망설임도 없었습니다. 그렇게 다시 달리던 도나이덴 선수는 전속력으로 오직 달리기에만 집중을 했고, 결국 마지막 한 바퀴를 따라잡아 0.01초도 안 되는 작은 차이로 1위로 결승선을 통과했습니다.

넘어져서 다시 달리는 순간까지 0.1초의 머뭇거림이라도 있었다면 1등으로 결승선을 통과할 수 없었을 것입니다. 절망에 빠져있는 시간은 희망을 바라볼 시간을 낭비하는 것입니다. 하나님을 향해 곧 다시 일어나 선한 경주를 마치십시오. 반드시 복되고 형통할 것입니다.

♡ 주님, 넘어지는 일이 있어도 주님이 힘 주심을 믿고 바로 일어서게 하소서.
▨ 실패를 부끄러워 말고 성공을 위한 계단으로 삼으십시오.

나의 영적 일지

영육이 충전되는 예배

읽을 말씀 : 시 16:1-11

●시 16:11 주께서 생명의 길을 내게 보이시리니 주의 앞에는 충만한 기쁨이 있고 주의 오른쪽에는 영원한 즐거움이 있나이다

　미국의 코넬대학교에서 하루 24시간 중에 사람들이 행복에 대한 이야기를 가장 많이 하는 때가 언제인지 조사를 했습니다.

　기본적으로 대학교와 근처의 직장을 돌아다니며 탐문으로 조사를 하기도 했고 또 빅데이터를 활용해 인터넷 상에서 사람들이 사용하는 단어를 수집해 5만 건이 넘는 표본을 만들었는데 이 모든 자료를 취합한 결과 '아침'으로 나왔습니다.

　일반적으로 사람들은 아침에 행복과 희망에 대한 말을 많이 했고, 또 다른 사람들에게 덕담을 건넸습니다. SNS를 비롯한 온라인 네트워크에도 사랑과 행복에 대한 글들이 가장 많이 올라왔습니다.

　코넬대학교는 이에 대한 결과를 발표하면서 아침에 이런 특성이 나타나는 이유가 잠을 자고 나서 에너지가 충전이 된 상태라 몸과 마음이 가장 활기차기 때문이라고 분석했습니다.

　잠을 통해 몸이 회복되면 행복을 전하고 사랑을 이야기할 에너지가 생깁니다.

　마찬가지로 주일에 주님을 예배함을 통해 일주일간 하나님의 사랑을 전하고 말씀을 실천할 복음의 에너지를 충전해야 합니다. 주님을 예배한 기쁨으로 한 주일을 승리할 에너지를 충전하십시오. 반드시 복되고 형통할 것입니다.

♥ 주님, 하나님을 경험함으로 새 힘을 얻는 예배생활이 되게 하소서.
▩ 하나님께 온전히 헌신하는 모습으로 모든 예배를 드리십시오.

나의 영적 일지

절호의 기회

읽을 말씀 : 요 12:1-8

● 요 12:3 마리아는 지극히 비싼 향유 곧 순전한 나드 한 근을 가져다가 예수의 발에 붓고 자기 머리털로 그의 발을 닦으니 향유 냄새가 집에 가득하더라

르네상스 시대 이탈리아의 피렌체에서 있었던 일입니다.

거부 조콘다의 부인은 자신의 초상화를 그려줄 사람을 찾고 있었습니다. 수소문 끝에 가장 초상화를 잘 그린다는 유명한 화가를 찾은 여인은 자신의 출신을 밝히지 않고 간곡하게 부탁 했습니다.

"돈은 얼마든지 드리겠습니다. 제 초상화를 그려주시겠습니까?"

그러나 여인을 힐끗 쳐다본 화가는 거절 했습니다.

"나 같은 화가가 그리기엔 당신은 너무 평범합니다. 나는 지금도 찾아오는 사람이 많아서 골치가 아플 지경이니 돈은 상관없소. 저기 길 건너편에 일이 없어 한가한 화가가 있으니 그 사람이나 찾아가 보시오."

여인은 어쩔 수 없이 자리를 떠나 한가한 화가를 찾아갔고, 그는 여인의 얼굴을 보자마자 단 번에 초상화를 그리기 시작했습니다.

그리고 레오나르도 다빈치라는 한가한 화가가 그린 이 초상화는 '모나리자'라는 작품으로 세기의 명화가 되었습니다.

오늘 찾아온 단 한 번의 기회가 내 인생의 절호의 기회가 될 수도 있습니다. 오늘 만나는 사람들 역시 하나님이 주신 절호의 기회라고 생각하십시오. 반드시 복되고 형통할 것입니다.

♡ 주님, 하나님이 보내신 천사를 부지중에도 알아보게 하소서.
🎴 오늘 찾아오는 성공의 기회와 전도의 기회를 절대로 놓치지 마십시오.

나의 영적 일지

탈무드의 인간관계론

읽을 말씀 : 시 15:1-5

● 시 15:3 그의 혀로 남을 허물하지 아니하고 그의 이웃에게 악을 행하지 아니하며 그의 이웃을 비방하지 아니하며

탈무드에는 좋은 인간관계를 위한 많은 지침들이 있습니다.
그 중 7개를 소개합니다.

1. 힘이 없는 사람을 우습게보지 말고 백번이라도 도와줘라.
   다만 평판이 좋지 않은 사람은 조심하라.
2. 고마우면 고맙다고, 미안하면 미안하다고 크게 이야기하라.
3. 남의 험담을 하지 마라, 그럴 시간이 있으면 책을 읽어라.
4. 불필요한 논쟁으로 고집을 피우지 마라.
5. 옛 친구들을 챙겨라. 그들은 당신이 가진 최고의 자산이다.
6. 자신을 성찰하라. 일주일에 한 시간이라도 내가 어떤 사람인지, 어떤 사람이 되고 싶은지를 혼자서 생각해보라.
7. 오늘 함께하는 사람과의 시간을 소중히 생각하라.
   오늘이 내 인생 최고의 추억을 만들 순간인지도 모른다.

관계에는 목적이 있어야 합니다. 지혜로운 성도는 원활한 인간관계로 복음과 사랑이 흐르는 훌륭한 통로로 활용됩니다. 나의 삶에 허락해주신 귀한 사람들과 좋은 관계를 맺고자 노력하십시오. 반드시 복되고 형통할 것입니다.

🖤 주님, 관계를 통해서도 복음을 전하고자 하는 목적을 갖게 하소서.
🖼 인간관계에 있어서만큼은 너무 계산적인 사람이 되지 마십시오.

나의 영적 일지

서로에게 사랑을 베풀라

읽을 말씀 : 잠 15:16-26

● 잠 15:17 채소를 먹으며 서로 사랑하는 것이 살진 소를 먹으며 서로 미워하는 것보다 나으니라

'자동차 왕' 헨리 포드의 80세 생일 때 한 사람이 질문을 했습니다.

"사람들은 여전히 당신을 자동차 왕이라고 부릅니다. 만약에 다시 태어날 수 있다면 그래도 자동차를 만들고 회사를 운영하시겠습니까?"

이 질문을 들은 포드는 옆에 있는 아내의 손을 살며시 잡으며 말했습니다.

"내 아내만 다시 만나 결혼을 할 수 있다면 뭐를 하든지 간에 전혀 상관이 없습니다. 내 아내의 격려가 없었다면 어차피 나는 자동차를 만들던 중간에 포기했을 겁니다."

예전 KBS에서 하던 한 프로그램에서 부부를 대상으로 '서로에게 듣고 싶은 말'이 무엇인지 조사를 한 적이 있습니다. 당시 아내는 남편에게 "사랑해"라는 말이 가장 듣고 싶다고 응답했고, 남편들은 아내에게 "당신이 내 전부예요"라는 말을 듣고 싶어 했습니다.

반대로 아내들은 "당신 집안은 왜 그래?"라는 말을 가장 듣기 싫은 말이라고 했고, 남편들은 "옆집 남편은 안 그런다던데"를 최고로 듣기 싫은 말로 꼽았습니다. 그리고 부부 모두 공통적으로 상대방이 듣고 싶은 말보다 듣기 싫은 말을 훨씬 더 많이 한다고 응답했습니다.

사랑을 먼저 주는 방법을 아는 사람이 사랑을 받을 자격도 있습니다. 나에게 부족한 것을 바라기보다는 상대방이 부족한 것을 먼저 주는 사람이 되십시오. 반드시 복되고 형통할 것입니다.

♡ 주님, 말도 선행도 받기보다는 주는 일에 힘쓰는 사람이 되게 하소서.

📖 가까운 사람들에게 먼저 사랑의 말로 다가가십시오.

나의 영적 일지

하나님의 계획

읽을 말씀 : 시 33:9-22

● 시 33:11 여호와의 계획은 영원히 서고 그의 생각은 대대에 이르리로다

역사학자 찰스 베어드는 역사의 흐름을 연구하다 다음의 세 가지 깨달음을 얻었습니다.

1. 힘과 권력을 가진 사람들이 지나친 탐욕을 갖게 되면 반드시 분쟁이 일어나고 또 반드시 망한다.

2. 악인이 승리하는 것 같은 구도가 보일 때도 있지만 결국엔 어떤 식으로든지 반드시 심판을 받게 된다.

3. 이러한 잘못된 행위를 하는 사람들을 통해서도 때로는 의도치 않은 문명의 발전과 역사의 번영이 찾아온다.

그는 "이 깨달음을 통해서 인간의 역사에는 잘못된 의지와 선택으로 수많은 실수들이 일어났지만 그와 동시에 보이지 않는 하나님의 섭리도 실재한다는 확신을 얻었습니다. 그리고 역사를 통해 나타나는 이런 과정이 개인의 삶에도 존재할 것 같습니다"라고 말했습니다.

하나님은 악을 허용하시는 분이지 악을 행하시는 분이 아닙니다. 성경의 요셉과 다니엘과 같이 절대적인 하나님의 계획을 신뢰할 때 악한 마귀의 계략까지도 완전히 파하시는 하나님의 능력을 경험하게 됩니다. 어떤 상황에서도 두려워말고 주님을 따르십시오. 반드시 복되고 형통할 것입니다.

♥ 주님, 제 삶을 주관하시는 주님의 손을 신뢰하게 하소서.
▨ 내 인생에도 하나님의 분명한 손길이 임하고 있음을 기억하십시오.

나의 영적 일지

분명히 존재하는 하나님의 이유

읽을 말씀 : 사 40:18-26

● 사 40:21 너희가 알지 못하였느냐 너희가 듣지 못하였느냐 태초부터 너희에게 전하지 아니하였느냐 땅의 기초가 창조될 때부터 너희가 깨닫지 못하였느냐

수영선수가 꿈인 소년이 있었습니다.

그는 꿈을 이루기 위해서 매일 고된 훈련을 하던 중 바닥에 머리를 부딪쳐 전신마비 환자가 되었습니다. 크게 실의에 빠질 수 있는 상황이었지만 그는 희망을 잃지 않았고 입에 붓을 물고 그림을 그리는 방법을 익혀 화가가 되었습니다. 그리고 자신이 장애를 극복하는 과정을 사람들에게 전달하는 강사가 되어 미국 전역을 돌아다니면서 강연과 간증을 했습니다. 후에 자신의 신앙을 고백하는 자서전을 통해 그는 이런 고백을 했습니다.

"휠체어에서 평생을 보내야 할 나를 화가로, 강사로 서게 해준 것은 가족과 친구들의 도움 덕분이었습니다. 그러나 그 누구보다도 하나님께서 더욱 감사의 대상이 되셔야 합니다. 나에게 일어난 수수께끼 같은 일들의 이유를 말씀을 통해 깨달을 수 있었습니다. 나에게 일어난 끔찍한 사고조차도 하나님의 사랑을 통해 일어난 일입니다. 나는 미로에 빠져 갈 길을 몰라 당황하는 실험용 생쥐가 아니었습니다. 내 고통 뒤에 하나님의 이유가 존재하는 것처럼 여러분이 처해 있는 상황 속에서, 심지어 그것이 고통일지라도 하나님은 이유를 가지고 계신다는 사실을 알아주셨으면 합니다."

내가 처한 환경에 상관없이 하나님의 사랑은 동일하시다는 사실을 깨달을 때 세상을 바라보는 눈이 바뀝니다. 더욱 더 온전히 하나님을 신뢰하십시오. 반드시 복되고 형통할 것입니다.

💛 주님, 세상의 모든 일들 뒤에 숨어있는 하나님의 뜻을 발견하게 하소서.
🔲 하나님은 결코 실수하지 않으신다는 믿음의 고백을 드리십시오.

나의 영적 일지

배려의 거짓말

읽을 말씀 : 롬 12:1-13

● 롬 12:10 형제를 사랑하여 서로 우애하고 존경하기를 서로 먼저 하며

서울 백병원 정신과의 우종원 교수가 칭찬에 대한 강연을 하던 중이었습니다.

교수는 청중 중 한 여성을 지목한 뒤에 이분에 대한 거짓말만 하겠다고 말했습니다.

"여기 앞에 계신 분 정말 귀티가 납니다. 얼굴을 보니 책임감이 강할 것 같고 사람들이 많이 따르는 리더십이 있어 보입니다. 잘은 모르지만 유머 감각도 뛰어난 것 같으니 사람들과 함께 있을 때 좋은 분위기를 만드는 분일 것 같습니다. 아, 물론 전부 거짓말입니다."

거짓말이라는 단어 때문에 자칫 놀림으로 이해할 수 있는 상황이지만 지목된 여성의 얼굴에는 미소가 만연했습니다. 교수가 지금 기분이 어떠냐고 묻자 매우 좋다고 대답했습니다. 교수가 이어서 방금 한 실험의 의미를 설명했습니다.

"저는 분명히 거짓말이라고 얘기했음에도 칭찬을 들은 사람은 기분이 좋아졌습니다. 다시 말하면 거짓말일지라도 칭찬은 효과가 분명히 있다는 이야기입니다. 거짓말이라도 억양과 어투를 조심해서 사랑과 격려로 포장을 하면 뇌의 전두엽이 작동하면서 좋은 호르몬들이 나오고 이를 통해 생각과 행동에 좋은 영향을 미치게 됩니다."

배려는 나를 위한 것이 아니라 상대방을 위한 것입니다. 솔직하다는 함정에 빠져 상대에게 무례히 행하는 실수를 하지 말고 사랑이 담긴 격려를 전하는 사람이 되십시오. 반드시 복되고 형통할 것입니다.

💚 주님, 사람을 살리는 말과 행동이 더 중요함을 깨닫게 하소서.
🎴 오늘 만나는 모든 사람과의 첫 대화는 칭찬으로 시작하십시오.

나의 영적 일지

생각하지 않은 죄

읽을 말씀 : 딤후 2:1-13

● 딤후 2:6,7 수고하는 농부가 곡식을 먼저 받는 것이 마땅하니 라 내가 말하는 것을 생각해 보라 주께서 범사에 네게 총명을 주시리라

독일의 공학자 아돌프 아이히만은 유태인을 대량 학살한 가스 기관차 를 만든 사람입니다.

세계대전이 끝난 뒤 그는 유태인 학살의 주요 용의자로 기소되어 예루 살렘에서 재판을 받았으나 자신의 혐의를 완강히 부인했습니다.

"저는 살인을 하지 않았습니다. 그저 나라에서 시킨 일을 제대로 완수 했을 뿐입니다. 나라한테 월급을 받으면서 일을 하지 않는 게 오히려 이상 한 것 아닙니까?"

8개월 동안 이어진 재판을 보며 아이히만의 정신상태를 분석한 여섯 명의 정신과 의사들은 그가 지극히 정상이며 심지어 준법정신이 매우 투 철한 사람이라고 평가를 했습니다. 어떤 사람들은 오히려 아이히만의 처 지를 이해해 동정론을 펼치기도 했습니다. 하지만 그 재판을 끝까지 지켜 본 작가 한나 아렌트는 그가 명백한 유죄인 이유에 대해 말했습니다.

"그의 투철한 준법정신과 근면은 유죄가 아닙니다. 그가 유죄인 이유는 자신이 하는 일이 초래할 결과를 생각하지 않았기 때문입니다. 다른 사람 의 처지를 생각할 줄 모르는 무능함이 가져온 근면과 성실이 어떤 결과를 가져왔는지 모두 한 번 보십시오."

"난 그저 할 일을 했을 뿐이야"라는 말로 책임을 회피하지 말고 때로는 손해를 보더라도 최선을 위한 방법을 선택하십시오. 반드시 복되고 형통 할 것입니다.

🖤 주님, 의무여도 죄가 되는 행위를 하지 않게 하소서.
🎴 잘못된 일을 거절할 수 있는 용기와 결단력을 위해 기도하십시오.

나의 영적 일지

11월 13일

날 위해 오신 독생자

읽을 말씀 : 요 3:16-21

● 요 3:16 하나님이 세상을 이처럼 사랑하사 독생자를 주셨으니 이는 그를 믿는 자마다 멸망하지 않고 영생을 얻게 하려 하심이라

뉴욕 금융가에서 큰 성공을 거둔 한 크리스천이 있었습니다.

그는 자신의 성공이 하나님이 주신 큰 복이라는 생각을 했기에 평소에 복음을 전하고 싶어 했던 군인들을 대상으로 전도를 하려고 했습니다. 그러나 규정상 공무직에 있는 군인에게 합법적으로 전도를 할 수 있는 방법은 없었습니다. 그러나 사업가는 포기하지 않았고 결국 군인들에게 구호품의 목적으로 생활용품을 나눠주는 것은 된다는 허가를 받았습니다. 그리고 그 물품 안에 성경 말씀을 적는 것 정도는 괜찮다는 약속도 받았습니다.

그는 당장 공장으로 달려가 작은 손거울을 수만 개를 주문했습니다. 그 손거울 전면에는 "세상에서 가장 사랑받는 사람의 얼굴입니다. 그 사랑이 어떤 건지 궁금하면 뒷면을 보세요."라고 적혀 있었고 뒷면에는 요한복음 3장 16절의 말씀이 적혀있었습니다.

남자들에게는 그리 어울리지 않는 거울이라는 작은 선물이었지만 사업가는 기회와 여건이 될 때마다 거울을 만들어 군인들에게 나누어주었고, 그 거울을 통해 예수님을 알게 되는 군인도 점점 늘어갔습니다.

예수님이 이 땅에 오신 이유, 그리고 십자가에 달리신 이유는 세상의 모든 사람을 너무도 사랑하셨기 때문입니다. 예수님이 그토록 사랑하신 분이 바로 당신이라는 사실을 많은 사람에게 알리십시오. 반드시 복되고 형통할 것입니다.

💟 주님, 때를 얻든지 못 얻든지 복음을 열심히 전하게 하소서.
🖼 예수님의 사랑에 감격하는 삶으로 복음을 전하십시오.

나의 영적 일지

나를 위로해줄 분

읽을 말씀 : 시 73:20-28

●시 73:23 내가 항상 주와 함께 하니 주께서 내 오른손을 붙드셨나이다

　가수 윤복희 권사님의 '여러분'이라는 노래는 전 국민에게 많은 희망과 위로를 전해준 국민가요입니다.

　원래 이 노래에는 국제가요제에 출품되는 조건을 갖추기 위해서 영어로 된 2절이 있었습니다. 이후에 국내에서 가요로 불릴 때는 한글로 된 1절만 사용이 되었는데, 최근에 국내의 한 가요경연 프로그램에서 권사님의 요청으로 2절이 불러졌습니다.

　권사님이 직접 해석을 붙인 영어가사는 다음과 같습니다.

　'네가 어둡고 캄캄한 밤을 걷고 있을 때

　그가 너의 지팡이가 되어주신다고 말씀하신다네.

　네가 누군가로부터 사랑을 받기를 원할 때

　그는 내가 바로 너의 사랑이라고 말씀하시네.

　그러니 웃으며 나를 바라보렴. 누구나 다 이 길을 걸어간단다.

　그러니 나를 믿고 어깨를 펴렴. 지금이 시작이니 멈출 수 없어.

　이 길이 유일한 길이니 나와 함께 손을 잡고 걸어가자.'

　힘든 세상에서 지치지 않고 일어서 걸을 수 있는 것은 나와 함께 하시고 나에게 힘을 주시며 나를 위로해 주시는 주님이 계시기 때문입니다. 주님 역시 이 길을 걸으셨습니다. 그 주님과 함께 오늘도 이 길을 힘차게 걸으십시오. 반드시 복되고 형통할 것입니다.

♡ 주님, 다윗과 같이 고난 중에도 주님을 더욱 의지하는 믿음을 주소서.
🧩 나를 떠나지 않고 언제나 함께 하시는 주님이심을 믿으십시오.

나의 영적 일지

목회를 떠나 화가가 된 사람

읽을 말씀 : 롬 15:1-13

● 롬 15:2 우리 각 사람이 이웃을 기쁘게 하되 선을 이루고 덕을 세우도록 할지니라

영국 런던에서 그림을 판매하는 한 남자가 있었습니다.

사회생활을 하다 하나님을 만난 그는 복음을 전하는 귀한 일에 쓰임을 받고 싶어서 일을 그만두고 신학교에 들어갔습니다. 하나님을 향한 열정이 충만했던 그는 가난한 사람들을 찾아다니며 봉사도 하며 말씀도 열심히 공부했습니다.

남자는 신학교를 졸업하고 첫 사역지로 부임을 받았는데 처음이라 많이 부족한 부분이 있었습니다. 성도들은 남자의 설교를 듣고 부족한 부분을 지나치게 비판을 했고, 차라리 다른 직업을 찾아보라고까지 말했습니다.

첫 사역지에서 너무 큰 상처를 받은 남자는 하나님의 영광을 가리지 않기 위해서 사역을 그만두고 그림을 그리는 일을 시작했는데 그가 세계적인 화가인 빈센트 반 고흐이고, 그의 이름은 유명한 화가로 지금까지 전해지고 있습니다. 그러나 고흐의 전기를 연구하던 학자들은 만약 고흐가 사역자로써 조금만 더 기회를 가졌다면 세계적인 전도자가 될 만한 자질 역시 갖추고 있었다고 평가했습니다.

부족함을 조금만 기다려줄 여유가 당시의 성도들에게 있었다면 고흐는 위대한 설교가로 많은 사람을 구원하는 귀한 일에도 쓰임 받았을 수 있었을 것입니다. 하나님이 심으신 씨앗이 자라날 때까지 기다리며 사람을 가꾸십시오. 반드시 복되고 형통할 것입니다.

♥ 주님, 저의 부족함도 기다려주신 주님의 사랑을 잊지 않게 하소서.
🖼 다른 사람의 부족한 모습도 이해하고 기다림으로 격려해 주십시오.

나의 영적 일지

포기도 순종이다

읽을 말씀 : 삼상 15:17-23

● 삼상 15:22 사무엘이 이르되 여호와께서 번제와 다른 제사를 그의 목소리를 청종하는 것을 좋아하심 같이 좋아하시겠나이까 순종이 제사보다 낫고 듣는 것이 숫양의 기름보다 나으니

미국 디즈니사의 '백설공주와 일곱 난쟁이'는 세계 최초의 장편 만화 영화입니다.

이 작품을 완성하는 데에는 만화계의 전설인 워드 킴벨이라는 사람의 공이 매우 컸습니다. 그는 개성 있는 디즈니의 캐릭터를 창조해 많은 사람들의 마음을 사로잡았으며 언제나 최고의 그림을 그렸습니다. 당시 작품에 난장이들이 백설공주를 위해서 음식을 만드는 5분짜리 장면이 있었는데 킴벨은 그 장면을 위해 무려 여덟 달을 투자했습니다.

하지만 디즈니사의 사장은 완성된 영화를 보고는 그 장면을 중요하지 않으니 빼자고 했습니다. 킴벨은 여덟 달을 투자했기에 절대로 뺄 수 없다고 버텼습니다. 그러나 집에 와서 생각할수록 사장의 말이 맞다는 생각이 들었습니다. 이 문제로 밤새 씨름을 하던 킴벨은 결국 다음 날 아침이 되자마자 사장실을 찾아가 자신의 잘못을 인정하고 그 장면을 빼도 된다고 말했습니다. 그리고 디즈니의 백설공주는 상영된 만화 중의 첫 번째 장편이자 뛰어난 완성도를 지닌 수작으로 평가받게 되었습니다.

내 뜻을 포기하지 못한다면 진정한 순종이 아닙니다. 나의 간절한 꿈과 소망까지도 주님을 위해서 포기하는 순종을 배우십시오. 반드시 복되고 형통할 것입니다.

🩷 주님, 성경의 순종의 원리를 따름으로 나의 욕심을 내세우지 않게 하소서.
🧩 더 큰 사역을 위해서 나를 포기할 줄 아는 순종의 사람이 되십시오.

나의 영적 일지

제 발로 감옥에 가는 사람들

읽을 말씀 : 갈 4:8-20

● 갈 4:9 이제는 너희가 하나님을 알 뿐 아니라 더욱이 하나님이 아신 바 되었거늘 어찌하여 다시 약하고 천박한 초등학문으로 돌아가서 다시 그들에게 종 노릇 하려 하느냐

밤늦게까지 거실에서 책을 보고 있던 청년이 있었습니다.

그런데 살포시 현관문이 열리더니 누군가 들어오는 기척이 났습니다. 청년이 깜짝 놀라 소리쳤습니다.

"누..누구세요?"

"누구긴 누구야? 이 시간에 몰래 들어오니 당연히 도둑이지! 시끄럽고 빨리 휴대폰으로 112에 전화를 해서 지금 집에 도둑이 들었다고 해."

겁에 질린 청년은 도둑이 시키는 대로 했습니다. 도착한 경찰은 사정을 듣고는 도둑에게 왜 일부러 잡히려고 범죄를 저질렀냐고 묻자 그가 대답했습니다.

"취직도 안 되고 먹고는 살아야 되고 해서 어쩔 수 없이 도둑질을 하다 잠깐 감옥에 간 적이 있습니다. 그런데 감옥이 제가 바라던 그곳이더라고요. 밥도 주고, 입혀 주고, 친구들도 많고... 그래서 다시 감옥에 가기 위해서 이런 범행을 저질렀습니다."

실제로 경기가 어려운 시대에는 이런 목적을 가지고 범죄를 저지르는 청년들, 노숙자, 소년범의 수가 급격히 높아진다고 합니다. 물질이 모든 가치의 종착지가 되는 2차원적인 인생이 많아질 때 주님이 주신 비전과 열정을 통해 펼치는 사람들이 실종됩니다. 하나님이 주신 달란트를 땅 속에 묻어 책망 받는 종이 되지 마십시오. 반드시 복되고 형통할 것입니다.

♥ 주님, 주어진 자유를 하찮게 여기는 미련한 사람이 되지 않게 하소서.
🧎 주님이 주신 자유 안에서 주님을 위해 마음껏 비전을 펼치십시오.

나의 영적 일지

이상한 가격의 붕어빵

읽을 말씀 : 잠 11:24-31

● 잠 11:25 구제를 좋아하는 자는 풍족하여질 것이요 남을 윤택하게 하는 자는 자기도 윤택하여지리라

경기도의 어떤 동내에는 사시사철 붕어빵을 파는 아저씨가 있습니다. 그런데 붕어빵 가게 앞에는 가격이 이상하게 적힌 메뉴판이 있습니다.

'1개에 2백 원, 4개에 천원'

1개씩 5개를 사먹는 가격이 2백원 저렴한 이상한 계산법이었지만 그 동네 주민들은 아무렇지 않게 4개씩 천원을 내고 사먹었습니다.

이 모습을 이상하게 여긴 한 외지인이 붕어빵을 파는 아저씨에게 가격이 이상한 이유를 물으려고 했는데, 갑자기 남루한 할머니가 와서 붕어빵을 하나 주문하고 200원을 내고 갔습니다.

잠시 뒤에는 헤진 옷을 입은 아이 하나가 와서 붕어빵을 하나 사갔습니다. 붕어빵 아저씨는 하나밖에 사먹을 돈이 없는 가난한 사람들을 위해 조금이라도 가격을 낮춰 받으려고 그런 가격으로 장사를 한 것이고 이 사실을 아는 마을 사람들은 더 비싼 가격으로 붕어빵을 사먹은 것입니다.

바리새인들은 예수님이 세리와 창기들과 함께 먹고 마신다고 이상하게 여겼지만 결국 삭개오는 변화되었고 마리아도 회개를 했습니다. 사랑과 선행을 할 때 남의 시선과 체면을 개의치 마십시오. 반드시 복되고 형통할 것입니다.

♥ 주님, 미련할 정도로 남을 위해 헌신하는 삶을 살게 하소서.
🎴 작은 구제와 작은 도움으로라도 남을 돕는 습관을 들이십시오.

나의 영적 일지

성경을 믿으십니까?

읽을 말씀 : 롬 4:18-25

● 롬 4:18 아브라함이 바랄 수 없는 중에 바라고 믿었으니 이는 네 후손이 이같으리라 하신 말씀대로 많은 민족의 조상이 되게 하려 하심이라

성도들의 경건생활을 위한 인터넷 사이트 'Grace to you'에 하루는 진화론과 창조론에 대한 글이 올라왔습니다.

"진화론과 창조론 사이에서 고민을 하는 사람들에게..."라는 제목으로 시작된 글은 과학의 발달과 함께 진화론의 급격한 전파로 교회에 다니는 사람들마저 진화론을 전적으로 믿거나 창조론을 완전히 부인하는 사람들이 많아진다는 이야기를 하며 다음과 같은 질문을 던졌습니다.

"제가 창조론을 믿지 않는 성도들에게 질문을 한 가지 하겠습니다. 도대체 여러분은 성경을 어디서부터 믿으십니까? 아담이 타락하고 원죄가 생겨난 창세기 3장부터 믿으십니까? 아니면 노아의 홍수가 기록된 6장부터입니까? 그것도 못 믿겠으면 바벨탑 사건이 등장하는 11장부터입니까? 아니면 신약부터라도 믿으시겠습니까? 세상의 지식에 성경을 맞추다 보면 당신이 믿을 수 있는 성경의 기적은 하나도 남지 않을 것입니다. 과학을 통해서 성경의 진리를 설명하고자 한다면 예수님의 부활 역시 증명할 수 없는 사실이 됩니다."

하나님의 말씀인 성경은 한 점, 한 획도 거짓 없는 분명한 진리입니다. 내 안의 죄를 해결할 수 있는 유일한 복음은 바로 성경에 기록돼 있습니다. 이 불변의 진리가 의심 없이 내 영혼 속에 뿌리내리도록 주님을 더욱 사모하며 신뢰하십시오. 반드시 복되고 형통할 것입니다.

♥ 주님, 진화론을 믿는 이들에게 복음을 전할 때 성령의 역사가 있게 하소서.
🎴 성경의 모든 말씀이 분명한 진리임을 입술로 고백하십시오.

나의 영적 일지

인간관계를 살리는 세 가지 방문

읽을 말씀 : 갈 5:2-15

● 갈 5:13 형제들아 너희가 자유를 위하여 부르심을 입었으나 그러나 그 자유로 육체의 기회를 삼지 말고 오직 사랑으로 서로 종 노릇 하라

　세계 최고 수준의 공대와 미대가 있는 카네기멜론대학에서 학교 졸업생을 대상으로 약 십년간 행적을 추적하며 조사를 했습니다.

　대학에서는 졸업생들의 연봉과 일하는 직장, 그리고 다양한 자료들을 활용해서 '성공'을 했다고 판단할 수 있는 학생들을 추린 뒤에 그들 사이의 연간관계를 찾았습니다. 사전가설에서는 성적이 가장 중요한 요소일 것이라고 생각됐지만 실제로 성적과 기술이 성공에 미치는 영향은 확률적으로 약 15% 정도밖에 되지 않았습니다. 그리고 나머지 85%가 성공한 원인은 원만한 인간관계 때문인 것으로 조사되었습니다.

　특히 이들 성공한 사람들은 다른 사람을 잘 챙겼다는 공통점이 있었는데, 성공하지 못한 사람에 비해서 다른 사람을 찾아가고, 연락하고, 편지를 쓰는 비율이 월등하게 높았다고 합니다.

　세계 최고 수준의 대학을 나온 학생들은 이미 일정 수준 이상의 실력을 갖추었기 때문에 약간 더 나은 실력보다는 인간적인 매력과 좋은 성품이 성공에 훨씬 도움이 되었습니다.

　원만한 인간관계에도 노력이 필요합니다. 사소한 연락 한 번, 짧은 편지 한 장이 평생을 함께 할 수 있는 귀한 동역자들을 세우는 일이 될 수 있음을 기억하십시오. 반드시 복되고 형통할 것입니다.

♥ 주님, 더 친절하고 더 부지런한 사람이 되게 하소서.
▨ 일주일에 최소 3명에게 안부를 묻는 연락을 하십시오.

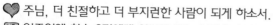

나의 영적 일지

추수감사절 되살리기 운동

읽을 말씀 : 살전 5:12-28

● 살전 5:18 범사에 감사하라 이것이 그리스도 예수 안에서 너희를 향하신 하나님의 뜻이니라

추수감사절은 메이플라워를 타고 미국에 도착한 청교도들로부터 유래가 시작되었습니다.

지금도 추수감사절은 독립기념일과 더불어 미국 사회의 가장 큰 축제로 지켜지지만 미국의 3대 대통령인 토마스 제퍼슨에 의해서 폐지가 된 적이 있었습니다.

이후로 사람들은 더 이상 추수감사절을 지키지 않았고 교회에서도 마찬가지였습니다. 그러다가 추수감사절의 중요성을 깨달은 헤일이라는 여성잡지의 편집장이 '추수감사절 되살리기' 운동을 시작했습니다. 헤일은 추수감사절의 중요성을 사람들에게 설명하며 대통령과 국회의원을 비롯해 힘이 닿을 때마다 자신의 캠페인을 설명했습니다.

사람들은 굳이 몇 십 년 전에 없어진 국경일을 살려서 뭐하느냐는 반응이었지만 그녀는 포기하지 않았고 결국 1863년도에 링컨 대통령은 헤일의 탄원서를 인정해 매년 11월 마지막 주 목요일을 추수감사절로 제정하자는 법안을 냈고 국회에서도 통과되어 지금의 추수감사절이 되었습니다.

하나님께서 베푸신 은혜를 잊을 때 감사가 사라집니다. 그러나 그 은혜를 기억하고 감사하는 한 사람으로 인해 다른 사람들도 하나님의 은혜를 알게 되고 잊고 있던 감사를 기억하게 됩니다. 우리에게 풍성하게 베푸시는 하나님께 마음과 정성을 다해 감사하십시오. 반드시 복되고 형통할 것입니다.

♥ 주님, 감사를 잊는 어리석은 삶이 되지 않게 하소서.
🎴 모든 감사의 초점을 주님께로 맞추십시오.

나의 영적 일지

게으름의 단계

읽을 말씀 : 잠 6:6-11

● 잠 6:9,11 게으른 자여 네가 어느 때까지 누워 있겠느냐 네가 어느 때에 잠이 깨어 일어나겠느냐 … 네 빈궁이 강도 같이 오며 네 곤핍이 군사 같이 이르리라

　신학자 베리 파버는 게으름의 습관은 7가지 단계가 있으며 끊임없이 반복된다고 주장했습니다.

　다음은 각 단계에 처한 사람들이 주로 사용하는 말입니다.

　1단계/희망: "이번만큼은 정말 일찍 시작해야지."

　2단계/긴장: "이제 슬슬 시작해야 해!"

　3단계/죄책감: "아, 벌써 시작했어야 했는데...."

　4단계/잘못된 확신: "아니야, 아직은 시간이 있어."

　5단계/절망과 자책: "도대체 왜 나는 또 이 모양이지?"

　6단계/분노와 고통: "또 망쳤어! 더 이상은 이런 삶을 살 수 없어"

　7단계/체념: "이번엔 별 수 없어 하지만 다음에는 더 일찍 시작하자."

　얼핏 보면 각 단계는 별 문제가 없어 보입니다. 그러나 이 단계가 반복되고 있다는 걸 모를 때 게으름이 인생의 습관으로 자리 잡게 됩니다. 그 게으름은 마음과 생활과 자신을 빈궁하게 만듭니다. 성경은 우리에게 개미의 부지런함을 배우라고 합니다. 게으름의 연결 고리를 오늘 당장 끊어 버리십시오. 반드시 복되고 형통할 것입니다.

♥ 주님, 악한 습관은 모양이라도 버리게 하소서.

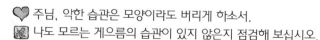 나도 모르는 게으름의 습관이 있지 않은지 점검해 보십시오.

나의 영적 일지

기도의 결심

읽을 말씀 : 막 14:32-42

● 막 14:38 시험에 들지 않게 깨어 있어 기도하라 마음에는 원이로되 육신이 약하도다 하시고

미국 침례교의 정신적 지주인 저드슨 목사님은 기도에 대해 이런 말을 했습니다.

"당신이 가진 모든 것을 다 도둑맞더라도 목숨을 걸고서라도 지켜야 하는 한 가지가 있다. 그것은 바로 하나님을 향한 기도시간이다."

조지 워싱턴은 저녁 6시를 기도하는 시간으로 정해놓고 평생을 지켰습니다. 대통령이 된 뒤에도 이 시간은 지켜졌고, 아무리 업무가 바빠도 절대로 어기질 않았습니다.

스코틀랜드의 종교개혁가 존 낙스는 "당신이 목숨을 귀하게 여기는 것만큼 기도를 중요하게 생각하라! 기도에는 군대보다 더 강력한 힘이 있다."라고 말했습니다.

루터는 아무리 바빠도 하루에 세 시간은 기도하려고 힘썼습니다. 일이 바빠 기도가 힘들 때에는 오히려 더 많이 기도하려고 했습니다.

요한 웨슬레는 자신의 경건 훈련을 위해 매일 새벽 4시에 일어나서 2시간 이상씩 기도를 했습니다.

하나님을 향한 기도에는 놀라운 능력과 은혜가 있습니다. 모세는 기도함으로 전쟁에서 승리했고 다니엘은 기도함으로 하나님의 이적을 체험했습니다. 작은 시간이라도 하나님을 향해 기도하고자 하는 결심을 하십시오. 반드시 복되고 형통할 것입니다.

♥ 주님, 기도를 통해 매일 하나님의 음성을 청종하게 하소서.
🌀 지난 일주일간의 기도 생활을 돌아보고 반성하십시오.

나의 영적 일지

일곱 가지 선고의 원칙

읽을 말씀 : 행 5:33-42

11월 24일

● 행 5:42 그들이 날마다 성전에 있든지 집에 있든지 예수는 그리스도라고 가르치기와 전도하기를 그치지 아니하니라

평생을 인도에서 선교를 하며 수십만 명을 회심시킨 스탠리 존스 선교사님에게는 다음의 일곱 가지 선교원칙이 있었습니다.

1. 백 프로 솔직할 것.
2. 어느 누구의 종교도 공격하지 않을 것임을 현지인에게 확신시킬 것.
3. 다른 종교를 가진 사람과 대화를 마친 뒤에는 상대방이 질문할 수 있도록 시간을 줄 것.
4. 집회가 열리는 도시의 비기독교인 지도자나 정치인을 집회의장으로 세울 것.
5. 기독교는 그리스도로 정의되어야 함을 잊지 말 것.
6. 그리스도는 단순한 논쟁이 아니라 기독교적인 경험에 의해 해석되어져야 한다는 걸 잊지 말 것.
7. 그리스도는 반드시 인도(현지)의 방식으로 현지인이 이해할 수 있는 방법으로 소개되어야 할 것.

상대방을 존중하고, 상대의 문화와 환경의 차이를 이해하는 것, 심지어 종교가 다른 사람까지도 포용하는 관용의 자세가 오히려 믿지 않는 영혼들을 하나님께로 끌어들이는 지혜로운 방법입니다. 상대방을 인정하고 받아들이되 분명한 복음을 전하십시오. 반드시 복되고 형통할 것입니다.

🤍 주님, 나와 다른 사람들도 이해하고 받아들일 수 있는 지혜를 주소서.
📖 다른 종교와 생각을 가진 사람들을 배려하고 존중하십시오.

나의 영적 일지

지금 있는 것을 드리자

읽을 말씀 : 눅 21:1-4

● 눅 21:4 저들은 그 풍족한 중에서 헌금을 넣었거니와 이 과부는 그 가난한 중에서 자기가 가지고 있는 생활비 전부를 넣었느니라 하시니라

폴란드의 유명 피아니스트인 파데레프스키가 식당에서 식사를 하고 있었습니다.

그런데 한 걸인이 들어와 성냥을 팔아달라며 구걸을 하기 시작했습니다. 사람들은 무관심했고, 아무도 성냥을 사지 않았습니다. 심지어 지배인이 와서 곧 걸인을 쫓아냈습니다. 식당에서 쫓겨난 그 걸인은 거리 한 모퉁이에서 열리고 있는 '거리의 예술가들을 돕기 위한 모금 행사'를 발견하고는 모금함에 자신이 팔려던 성냥 몇 개를 넣고 길을 떠났습니다. 파데레프스키는 훗날 이 광경이 자신의 인생에서 가장 귀한 가르침이었다고 고백했습니다.

"그 남자는 저보다도 훨씬 음악을 사랑하는 사람이었습니다. 저는 직업이 음악인이지만 한 번도 거리의 예술가들의 안위에 대해서 생각해 본 적이 없습니다. 그러나 그 사람은 자기의 생계가 달려 있는 성냥을 모금함에 넣었습니다. 그 광경을 보고 저는 음악을 대하는 저의 자세에 대해서 다시 한 번 생각하게 되었습니다."

이때의 일을 교훈삼아 파데레프스키는 노년에 폴란드의 정치가가 되어 예술가들을 지원하는 많은 법안을 발의했습니다.

두 렙돈의 과부의 모습처럼 지금 있는 것을 주님께 온전히 드리는 헌신을 주님은 기뻐하십니다. 지금 있는 것을 필요한 사람에게 베푸는 헌신을 하십시오. 반드시 복되고 형통할 것입니다.

♥ 주님, 봉사와 선행의 기회를 다음으로 미루지 않게 하소서.
🎴 오늘, 이주, 이달에 할 수 있는 선행의 방법을 찾아보십시오.

나의 영적 일지

매일 감사하라

읽을 말씀 : 엡 5:15-20

● 엡 5:20 범사에 우리 주 예수 그리스도의 이름으로 항상 아버지 하나님께 감사하며

캘리포니아 주립대학 심리학과의 로버트 에머슨 교수는 감사가 사람에게 미치는 영향에 대해서 연구를 했습니다.

먼저 12세부터 80세까지 다양한 연령대의 사람들을 대상으로 선정한 교수는 2개의 그룹으로 나누어 절반은 하루에 5가지 정도 감사 제목을 적는 일기를 쓰게 했습니다. 그리고 한 달이 지난 뒤에 삶의 행복도에 대한 설문조사를 했습니다. 그 결과 감사를 매일 한 사람들은 행복도가 대부분 높아졌지만 나머지 한 그룹의 사람들은 아무런 변화가 없었습니다.

다음으로는 건강을 체크했습니다. 매일 감사를 한 사람들은 체중이 줄고 혈압이 안정되었으며, 통증이 완화되는 긍정적인 변화가 일어났으나 반대 그룹은 변화가 없었습니다.

마지막으로 환경을 체크했습니다. 감사일기를 쓴 사람들은 대부분 직장에서 더 좋은 성과를 거두었다고 말했으며 그들 중 몇몇은 승진을 하기도 했습니다.

에머슨 교수는 연구결과를 통해 "매일 감사하는 습관은 더 나은 인생을 만드는 데 가장 투자대비 효율이 높은 행동이다"라고 말했습니다.

감사는 어떤 상황에서도 가장 긍정적인 결과를 가져다줍니다. 하나님께 늘 감사하는 사람은 형통한 인생을 살게 됩니다. 작은 감사라도 매일 꾸준히 실천하십시오. 반드시 복되고 형통할 것입니다.

💙 주님, 감사가 그치지 않는 풍요의 삶을 누리게 하소서.
🎴 한 주간 매일 5가지씩 감사의 제목을 적어보십시오.

나의 영적 일지

날마다 변화되는 삶

읽을 말씀 : 겔 18:25-32

● 겔 18:31 너희는 너희가 범한 모든 죄악을 버리고 마음과 영을 새롭게 할지어다 이스라엘 족속아 너희가 어찌하여 죽고자 하느냐

보리새우는 새우 중 가장 크고 맛이 좋은 품종입니다.

약 20cm까지 자라고 색깔이 아름답기 때문에 고급 요리에 주로 사용되는데 이 새우에는 성장기 때마다 껍질을 벗는 특징이 있습니다.

어렸을 때는 껍질이 부드럽고 연해서 아주 쉽게 벗겨지기 때문에 금방 금방 성장하지만 껍질을 벗는 횟수가 잦아지고 몸이 커질수록 점점 껍질이 딱딱해져서 보리새우는 껍질을 벗겨내는데 큰 어려움을 겪습니다.

그래서 보통 2,3년이 지나면 더 이상 껍질을 벗겨내지 못하는 상황이 찾아오는데 껍질이 완전히 굳는 순간 보리새우는 죽고 맙니다.

50년 전 국내의 100대 기업 중 지금도 살아있는 기업은 7개 밖에 되지 않는다고 합니다. 변화하는 세상에 적응하지 못하면 도태되고 마는 것처럼 매일 나의 신앙이 새로워지지 않으면 죄의 늪에 빠져 헤어 나오지 못하게 됩니다.

하나님의 사랑과 말씀을 세상에 더 잘 전달하는 변화를 일으키는 성도와 우리 교회가 되게 해달라고 기도하십시오. 반드시 복되고 형통할 것입니다.

♥ 주님, 시대 변화에는 민감하되 불변하는 말씀을 붙들고 살게 하소서.
🖼 주님을 예배함으로 매주 변화되는 삶을 위해 노력하십시오.

나의 영적 일지

사명에 집중하라

읽을 말씀 : 딤후 2:1-13

●딤후 2:3 너는 그리스도 예수의 좋은 병사로 나와 함께 고난을 받으라

　　미래가 촉망받는 엘리트였던 윌리엄 윌버포스는 25살에 예수님을 만나고 인생의 큰 전환기를 맞았습니다.

　　그동안 세상의 성공을 목표로 삼고 노력하며 엘리트코스를 밟던 윌버포스는 예수님을 만난 뒤에 인류와 사회에 하나님의 사랑을 전하는 일을 하기로 마음을 바꿔 먹고 당시 가장 불합리한 사회제도였던 노예제도의 폐지를 위해서 자신의 인생을 걸었습니다.

　　윌버포스는 노예제도 폐지에 관련된 운동과 법안을 만들기 위해서 정치가가 되었습니다. 30살이 되던 때에 영국의 하원의원으로 선출된 그는 30년이 넘게 노예제도폐지를 주장하며 할 수 있는 모든 일을 했습니다. 그가 48세가 되던 해 영국의회는 노예들을 아프리카에서 잡아다가 판매하는 노예무역 행위를 법으로 금지시켰고, 62세 때에는 노예제도가 완전히 폐지되었습니다. 그리고 72세가 되던 해에는 전 영국에 노예로 잡혀있던 사람들을 모두 해방시키는 법안이 통과되어 영국의 수많은 흑인들이 자유를 얻었습니다.

　　한 평생 노예제도 폐지를 위해 헌신한 윌버포스는 "늘 재촉하며 힘주시는 주님으로 인해 사명을 감당할 수 있었다"는 고백을 남기고 법안이 통과된 지 2달 뒤에 세상을 떠났습니다.

　　분명히 사명을 깨닫는 사람이 사명을 성취하는 사람입니다. 깨달은 사명을 끝까지 포기하지 마십시오. 반드시 복되고 형통할 것입니다.

♥ 주님, 복된 사명을 깨닫고, 그 사명을 위해 헌신하는 삶이 되게 하소서.
▨ 나의 사명은 무엇인지, 제대로 그 길을 걷고 있는지 확인하십시오.

나의 영적 일지

기다리시는 하나님

읽을 말씀 : 롬 15:1-13

● 롬 15:5 이제 인내와 위로의 하나님이 너희로 그리스도 예수를 본받아 서로 뜻이 같게 하여 주사

'천사의 목소리는 어떻게 들릴까?'라는 궁금증을 가진 신학자가 있었습니다. 그러나 실제로 들을 수는 없었기에 성경에 나오는 천사의 목소리가 나왔던 상황을 연구하기 시작했는데, 그 결과 천사의 목소리는 처음에 자신이 생각했던 아름다운 음성이 아닐 것이라는 결론을 내렸습니다. 대표적인 상황은 다음과 같습니다.

- 룻에게 나타난 천사들은 성이 불탈 거니 빨리 떠나라고 재촉했다.
- 기드온에게 찾아온 천사는 일어나서 힘을 내 싸우라고 명령했다.
- 창세기 요셉의 꿈에 나타난 천사는 빨리 길을 떠나라고 재촉했다.
- 빌립에게 나타난 천사도 일어나서 어서 가라고 말했다.
- 엘리야에게 나타난 천사는 일어나서 음식을 먹으라고 명령했다.
- 감옥에 있는 베드로에게 나타난 천사는 빨리 나가라고 했다.
- 복음서 요셉의 꿈에 나타난 천사도 빨리 헤롯을 피해 떠나라고 재촉했다.

신학자는 천사들은 주로 하나님의 뜻을 빨리 실천하라고 재촉하고 명령하는 역할을 반복적으로 수행했다고 말했습니다. 천사의 목소리가 궁금해 연구를 하던 신학자가 얻은 결론은 하나님의 뜻이 분명할 때는 속히 실행해야 한다는 교훈이었습니다.

"일어나라! 어서 서둘러라!" 주님은 오늘도 성령님을 통해 우리에게 말씀하십니다. 일어나 서둘러 열심히 씨를 뿌리는 성도의 삶을 살아가십시오. 반드시 복되고 형통할 것입니다.

♡ 주님, 삶의 문제에 치여 경건의 모습을 잃어버리지 않게 하소서.
▨ 성령님의 감동하심을 따라 생겨나는 결심들을 속히 실천하십시오.

나의 영적 일지

값을 매길 수 없는 열정

읽을 말씀 : 딤후 1:3-18

11월 30일

● 딤후 1:12 이로 말미암아 내가 또 이 고난을 받되 부끄러워하지 아니함은 내가 믿는 자를 내가 알고 또한 내가 의탁한 것을 그 날까지 그가 능히 지키실 줄을 확신함이라

　프랑스의 화가 밀레는 돈이 없어 그림에 필요한 도구를 제대로 갖출 형편이 안 됐습니다.

　그래서 가장 싸구려 물감 몇 개와 붓 한 자루, 제일 작은 캔버스를 사서 그림을 그렸습니다. 그가 이 재료를 사용해 그린 '안젤루스(만종)'라는 작품은 손님에게 1억이 넘는 큰 가격에 팔렸고 현재는 그 가치를 환산할 수 없을 정도로 귀한 인류의 문화유산이 되었습니다.

　푼돈을 받고 항구에서 하역 일을 하던 정주영 회장은 품삯을 받을 때마다 바다를 바라보며 "반드시 조선소를 지을 것이다. 언젠가 여기 있는 배들을 만드는 사람이 될 것이다."라고 다짐했습니다. 처지에 비해서는 너무나 큰 꿈이었지만 결국 그 꿈은 이루어졌습니다. 푼돈을 받는 하역 일은 정 회장이 그리고자 하는 큰 꿈의 밑바탕이었기 때문입니다.

　아인슈타인은 학교를 졸업한 뒤에 일이 없어 특허청에서 공무원 생활을 했습니다. 연구실이 없어 카페에서 논문을 읽고 연구를 해야 했던 그였지만 그런 환경 속에서 상대성 이론이 탄생했습니다. 장소와 일은 보잘 것 없었지만 그의 생각은 원대한 자연법칙을 밝혀내고 있었기 때문입니다.

　하나님이 주신 귀한 소원이 나의 마음에 분명히 있다면 당장 나의 모습이 초라하더라도 기죽을 필요가 없습니다. 확실한 보증수표이신 하나님의 부르심에 응답하십시오. 반드시 복되고 형통할 것입니다.

🧡 주님, 열등감과 자괴감에 빠지지 않고 오직 주만 바라보게 하소서.
🎴 불가능이 없으신 하나님의 능력을 믿음으로 모든 일을 포기하지 마십시오.

나의 영적 일지

12

"너희는 그 은혜에 의하여 믿음으로 말미암아 구원을 받았으니
이것은 너희에게서 난 것이 아니요 하나님의 선물이라"
-에베소서 2:8-

12월 1일 예배를 기다리는 행복

읽을 말씀 : 요 4:21-26

●요 4:24 하나님은 영이시니 예배하는 자가 영과 진리로 예배
할지니라

군산의 한 빵집에서는 오전 10시에 빵이 나오는데, 2시간 전부터 사람
들이 길게 줄을 섭니다.

군산 시내에는 빵집이 정말로 많은데 사람들은 여기에만 줄을 섭니다.
어느 방송국의 한 프로그램에서 리포터가 줄을 서 있는 사람들에게 왜
이렇게 줄을 서서까지 빵을 사려 하냐고 묻자 사람들은 이렇게 대답했습
니다.

"여기 빵이 정말 맛있어요. 올 때마다 줄 서야 되긴 하는데 충분히 기다
릴 가치가 있어요."

연애 중인 연인들은 상대방이 늦어도 기쁘게 기다립니다. 상대방이 그
만큼 소중하고 사랑스럽기 때문에 기다리는 시간도 즐겁습니다. 그러나
권태기에 빠지고 사랑이 식게 되면 5분만 늦어도 표정이 굳고 목소리가
높아집니다.

생텍쥐페리의 '어린 왕자'에는 이런 명언이 나옵니다.

"네가 오후 4시에 온다면 난 3시부터 행복할 거야."

매주 예배를 기다리는 나의 모습에 이런 행복한 기다림이 있어야 승리
의 생활을 하게 됩니다. 늘 함께 하시는 주님이시지만 주님이 세우신 교
회에서 주님의 말씀을 따라 공적으로 함께 예배하는 귀한 연합의 시간을
고대하며 기다리십시오. 반드시 복되고 형통할 것입니다.

💙 주님, 매일 예배하는 기쁨을 통해 천국의 즐거움을 깨닫게 하소서.
🖼 하나님을 기다리는 행복함이 있는 신앙생활을 꿈꾸십시오.

나의 영적 일지

퍼져가는 나눔

읽을 말씀 : 살후 3:1-5

●살후 3:1 끝으로 형제들아 너희는 우리를 위하여 기도하기를 주의 말씀이 너희 가운데서와 같이 퍼져 나가 영광스럽게 되고

평소 지역아동센터에서 자원봉사를 즐겨 하던 한 영어학원 원장님이 있습니다.

혼자서 꾸준히 봉사활동을 하던 이 원장님의 모습을 보고 인근의 다른 두 영어학원의 원장님도 감명을 받아 함께 봉사를 하게 되었는데 그러던 중 소외계층의 초등학교 아이들에게 영어교육이 정말로 필요하다는 걸 알게 되었습니다.

세 명의 원장님의 봉사는 매주 토요일 영어로 독서를 하는 방법을 가르치는 재능기부로 이어졌습니다. 선생님들이 일하는 인천 지역에서는 영어 원서를 접하고 배우기 힘든 아이들이 많아서 학원은 사람들로 붐비기 시작했고, 이 일에 동참하고자 하는 뜻을 가진 고학년 학생들도 자원봉사 목적으로 참여했습니다.

그리고 이런 원장님들의 봉사의 마음을 알게 된 학생들과 학부모들은 자율 수업료로 성금을 모금해 불우이웃을 돕기로 결정했습니다. 아이들은 100원, 200원 동전을 모아왔고, 부모님들도 적극 참여했습니다. 현재는 이런 모습이 꾸준히 이어져 전국의 학원으로는 최초로 매달 일정 수익을 기부하는 '착한가게 캠페인'에 참여하는 '착한 학원'이 되었습니다.

선한 뜻을 가지고 작은 행동이라도 실천하는 사람에게 오병이어의 기적이 찾아옵니다. 백 원이라도 진심을 담아 남을 돕는 선한 마음을 품으십시오. 반드시 복되고 형통할 것입니다.

💜 주님, 부족한 곳에 필요를 전달하는 사람이 되게 하소서.
🖼 당신의 재능기부가 필요한 곳이 있는지 생각해 보십시오.

나의 영적 일지

언어는 습관이다

읽을 말씀 : 전 5:1-9

●전 5:2 너는 하나님 앞에서 함부로 입을 열지 말며 급한 마음으로 말을 내지 말라 하나님은 하늘에 계시고 너는 땅에 있음이니라 그런즉 마땅히 말을 적게 할 것이라

세계 3대 축구리그인 영국의 프리미어리그에서 선수들의 옷에 소형 녹음기를 부착해 경기를 하면서 얼마나 욕을 하는지 조사해보았습니다.

선수들은 포지션에 가릴 것 없이 거친 욕설을 수시로 내뱉었고, 그 수위가 너무 높아서 다큐멘터리에서 차마 내보낼 수 없을 정도였습니다. 심지어 선수들은 같은 편 선수에게도 스스럼없이 욕을 했는데, 이 때문에 프리미어리그 소속 구단 뉴캐슬에선 경기 중에 경찰이 와야 할 정도로 큰 싸움이 일어난 적도 있었습니다.

미국의 여러 대학이 연합을 해 성인 직장인들의 옷에 녹음기를 부착해 하루 종일 거짓말을 몇 번이나 하는지 연구를 했습니다. 그리고 그 결과 "사람들은 8분에 한 번씩 거짓말을 한다."라는 결론이 나왔습니다. 이 결과가 모든 사람들에게 적용이 된다면 사람들은 누구나 매일 150번이 넘는 거짓말을 한다는 사실이 됩니다.

하루 종일 내가 사용하는 언어는 나의 생각을 나타내며, 내가 어떤 사람인지를 알려주는 도구입니다. 경건한 생활을 위해 먼저 경건한 언어습관을 들이십시오. 반드시 복되고 형통할 것입니다.

💜 주님, 입술을 거룩하게 제어할 능력을 주소서.
🎴 거짓말과 욕을 하지 않는 경건한 언어 습관을 들이십시오.

나의 영적 일지

용서해야할 이유

읽을 말씀 : 막 11:20-25

● 막 11:25 서서 기도할 때에 아무에게나 혐의가 있거든 용서하라 그리하여야 하늘에 계신 너희 아버지께서도 너희 허물을 사하여 주시리라 하시니라

한 교회의 목사님이 주일 예배 때 용서에 대한 주제로 설교를 했습니다.

설교가 끝난 뒤에 한 성도가 침울한 표정으로 목사님께 상담을 요청했습니다.

"오늘 설교를 듣고 양심에 가책이 너무나 듭니다. 하지만 몇 년 전 의절한 제 친구를 결코 용서할 수가 없습니다. 그 친구가 한 짓을 목사님도 아신다면 용서할 수 없으실 겁니다."

목사님이 대답했습니다.

"그럴 수도 있겠군요. 그러나 예수님의 말씀은 절대적입니다. 그래도 친구를 용서하기 위해서 1주일 간 노력을 해보십시오."

다음 주에 그 성도가 다시 목사님을 찾아왔습니다.

"목사님, 도저히 용서할 수 없습니다. 생각할수록 분이 커져만 갑니다."

"저런, 하지만 반드시 용서하셔야 합니다. 생각해 보십시오. 예수님은 저나 성도님의 모든 죄를 용서하셨습니다. 만약에 예수님이 성도님의 친구의 죄를 용서해주지 않으셨다면 성도님은 물론 저의 죄도 용서받지 못할 것입니다."

예수님이 나에게 베푸신 용서가 용서할 수 있는 가장 큰 이유입니다. 모든 인간은 죄인이며 나 역시 마찬가지란 생각으로 용서를 베푸십시오. 반드시 복되고 형통할 것입니다.

♡ 주님, 주님이 저에게 베푸신 크나큰 용서의 은혜를 기억하게 하소서.
🔅 지나간 잘못은 분을 품지 말고 혼자라도 용서하십시오.

나의 영적 일지

잘 지은 성전

읽을 말씀 : 시 31:1-15

●시 31:6 내가 허탄한 거짓을 숭상하는 자들을 미워하고 여호와를 의지하나이다

독일의 소설가이자 시인인 대문호 괴테는 아름다운 건축물을 감상하는 취미가 있었습니다.

괴테는 건축물을 세 가지 기준을 통해 평가했습니다.

1. 필요하고 올바른 장소에 지어졌는가?
2. 무너질 염려 없이 안전하게 지어졌는가?
3. 지속적으로 관리되고 있는가?

예수님께서 말씀을 듣고 따르는 사람은 '반석위에 지은 집'과 같다고 말씀하셨습니다.

다음은 위의 괴테의 질문을 토대로 어떤 익명의 크리스천이 만든 나의 신앙이 제대로 지어진 집인지 확인할 수 있는 세 가지 질문입니다.

1. 나의 몸이 필요하고 올바른 곳에서 머물러 있는가?
2. 의심에 무너질 염려 없이 굳건한 믿음을 지니고 있는가?
3. 주일날 하루, 은혜 받은 잠깐이 아닌 지속적으로 성화되는 삶을 살고 있는가?

우리의 몸은 하나님이 지으신 성전입니다. 나는 지금 어디에 있습니까? 반석위에 세워졌습니까? 그리고 받은 은혜를 통해 하나님이 주신 소중한 시간과 자원을 활용하고 있습니까? 하나님의 지으신 목적을 수행하는 잘 지은 성전이 될 수 있도록 삶을 건축하십시오. 반드시 복되고 형통할 것입니다.

♥ 주님, 있어야 할 곳에서 해야 할 일을 하는 삶을 살게 하소서.
🀫 하나님이 바라시는 나의 삶이 무엇일지 고민해보십시오.

나의 영적 일지

죽음 뒤의 영원

읽을 말씀 : 벧전 1:3-12

● 벧전 1:3 우리 주 예수 그리스도의 아버지 하나님을 찬송하리로다 그의 많으신 긍휼대로 예수 그리스도를 죽은 자 가운데서 부활하게 하심으로 말미암아 우리를 거듭나게 하사 산 소망이 있게 하시며

중세 시대의 어떤 왕이 나라의 모든 학자들을 불러서 세상에서 가장 귀한 지혜의 정수를 뽑아 한 문장으로 만들어 오라는 명령을 내렸습니다. 일주일 뒤에 학자들이 가져온 문장은 "이 또한 지나가리라"였습니다.

너무나도 잘 알려진 이 예화는 지금도 많은 사람들이 공유를 하며 큰 감명을 받았다고 소개하고 있습니다. 그러나 현재의 고통이 지나간다는 것만으로는 충분하지 않습니다. 어떤 인생을 사는 어떤 사람에게나 죽음이란 끝이 반드시 존재하기 때문입니다. 그래서 중세 시대의 지혜로운 그리스도인들은 위의 예화의 지혜를 성경적으로 받아들였는데, 그 문구가 이탈리아에 있는 밀라노 대성당 입구에 적혀 있습니다.

커다란 아치형의 3중 문에는 지혜로운 글귀들이 새겨져 있어 순서대로 입구를 지나가면 다음과 같은 글을 보게 됩니다.

첫 번째 문: "모든 즐거움은 잠깐이다."

두 번째 문: "모든 고통도 잠깐이다."

세 번째 문: "오직 중요한 것은 영원이다."

중요한 것은 영원입니다. 영원이 존재할 때에 현재의 유한한 시간이 가치를 지니게 된다. 죽음 뒤의 심판을, 심판 뒤에 영원을 준비하는 인생이 되십시오. 반드시 복되고 형통할 것입니다.

♥ 주님, 미래를 넘어 영원을 바라보는 깊은 시각을 주소서.
🖼 눈앞의 일들에 일희일비하지 말고 주님의 약속을 바라보십시오.

나의 영적 일지

인생의 처방전

읽을 말씀 : 롬 8:1-17

●롬 8:2 이는 그리스도 예수 안에 있는 생명의 성령의 법이 죄와 사망의 법에서 너를 해방하였음이라

신사참배를 끝까지 거부하고 공산당에 맞서 싸우다 순교하신 김익두 목사님은 원래 평안도의 유명한 깡패였습니다.

'안압골 호랑이'라는 별명으로 불리며 특히 소도둑으로 유명했던 목사님은 예수님을 믿은 뒤에 10개월 동안 사람들을 피하며 집에서 신약을 계속해서 읽었고 그러면서 좋아하던 술과 담배를 끊게 되었습니다. 하루는 이 사실을 모르는 친구 두 명이 찾아와서 술을 마시러 가자 그랬는데, 그간의 이야기를 하기가 어려워 목사님은 급히 둘러대셨습니다.

"저, 실은 내가 요즘 약을 먹고 있는데, 그 약 때문에 술과 담배를 끊게 되었다네."

놀란 친구들이 무슨 약을 먹냐고 물었고 목사님이 다시 대답했습니다.

"구약과 신약이라는 약일세. 이 약은 먹는 게 아니라 눈으로 읽는 것인데, 술과 담배가 끊어질 뿐 아니라 엄청난 복이 굴러 들어온다네."

이 말을 들은 두 친구는 목사님이 미친 줄 알고 그냥 돌아갔습니다. 그러나 나중에는 목사님의 말대로 성경을 통해 예수님을 영접했고 구원을 받았습니다.

삶을 통해 만나는 모든 문제의 처방전은 성경에 있습니다. 인생의 백가지 문제가 찾아온다 해도 모든 해답은 예수 그리스도로 귀결됨을 성경을 통해 배우십시오. 반드시 복되고 형통할 것입니다.

♥ 주님, 지금 저의 삶에 말씀의 능력이 나타나게 이끌어 주소서.
▨ 1년 내내 매일 성경을 손에서 놓지 마십시오.

나의 영적 일지

있는 자리에서의 전도

읽을 말씀 : 딤후 4:1-8

● 딤후 4:2 너는 말씀을 전파하라 때를 얻든지 못 얻든지 항상
힘쓰라 범사에 오래 참음과 가르침으로 경책하며 경계하며
권하라

　국내의 한 청소년 사역을 하시는 목사님이 사역을 하러 급하게 택시를
탔습니다. 택시 기사님은 반갑게 맞아주셨지만 인상이 매우 험상궂었습
니다. 그러나 유리창 위에 걸린 커다란 십자가를 보니 교회를 다니는 분
같았습니다.

　또 잠시 가다보니 택시에서 극동방송이 흘러나온다는 것을 알게 되었
습니다. 그리고 기사님이 먼저 목사님에게 "손님, 혹시 교회 다니십니
까?"라고 물었습니다. 호기심이 생긴 목사님은 자신의 신분을 밝힌 뒤에
한 가지 질문을 했습니다.

　"그런데 기사님, 택시를 타는 손님들이 라디오를 꺼달라거나, 교회 얘
기 하지 말라는 말은 안하던가요? 요즘 같은 불경기에 오히려 영업에 방
해가 되실 것 같은데요?"

　"허허, 맞습니다, 목사님. 그래도 있잖아요, 이렇게 하면 제 차를 타는 손
님들은 좋든 싫든 예수님과 십자가에 대한 이야기를 한 번은 듣게 됩니다."

　스탠리 볼드윈 목사님은 "성경은 참으로 신비한 책이기 때문에 어떤 공
간에 성경이 있다는 것만으로도 사람들의 마음에 영향을 끼친다"고 했습
니다. 그 성경 말씀을 늘 마음에 품음으로 거하는 모든 곳에서 사람들에
게 선한 영향력을 끼치십시오. 반드시 복되고 형통할 것입니다.

💗 주님, 누구에게나 기쁘게 복음을 전할 수 있는 지혜와 용기를 주소서.
🐾 나의 환경에 맞게 복음을 전할 수 있는 지혜로운 방법을 강구하십시오.

나의 영적 일지

유혹을 이겨내는 방법

읽을 말씀 : 히 3:12-19

●히 3:13 오직 오늘이라 일컫는 동안에 매일 피차 권면하여 너희 중에 누구든지 죄의 유혹으로 완고하게 되지 않도록 하라

작가 로저 밥슨은 아이들의 교육이 어려운 이유에 대해서 다음과 같이 말했습니다.

"우리의 어린 시절에 비해서 요즘 아이들의 교육은 훨씬 더 어렵습니다. 그 이유는 25년 전의 우리보다 천배나 많은 유혹을 받고 있기 때문입니다!"

밥슨이 이 말을 한 때는 1900년대입니다. 그리고 지금 2000년대를 살고 있는 우리 아이들은 밥슨이 저 말을 고백했을 때보다 천배는 더 많은 유혹을 받고 있습니다.

교육 전문가 월터 윌슨 박사는 이런 험악한 시대일수록 성경을 통해 자녀를 교육해야 하며 특히 자기주도적인 잠언서 묵상이라는 방법을 제시했습니다.

"잠언서를 구성하는 31장에는 성장기의 자녀를 제대로 이끌어줄 지혜가 있습니다. 하루에 한 장만 읽으면 한 달에 충분히 잠언을 한 번씩 읽을 수 있습니다. 40년 동안 연구해온 전문가로써 자신 있게 견해를 밝힌다면 10대 시절에 겪는 모든 유혹과 문제들은 잠언서를 통해서 모두 해결할 수 있습니다."

세상의 모든 부귀영화를 누려본 솔로몬은 결국 하나님을 경외하는 것이 가장 큰 복이자 지혜라고 고백했습니다. 잠언을 묵상함을 통해 바로 서고, 잠언의 가르침을 통해 자녀와 가까운 사람들을 바로 세우십시오. 반드시 복되고 형통할 것입니다.

♥ 주님, 말씀의 인도를 따라 잘못된 길로 들지 않게 하소서.
🧩 매일 하는 큐티와 묵상 외에도 잠언을 한 장씩 읽으십시오.

나의 영적 일지

목화 한 그루의 결실

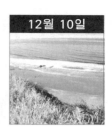

읽을 말씀 : 막 4:30-34

● 막 4:31,32 겨자씨 한 알과 같으니 땅에 심길 때에는 땅 위의 모든 씨보다 작은 것이로되 심긴 후에는 자라서 모든 풀보다 커지며 큰 가지를 내나니 공중의 새들이 그 그늘에 깃들일 만큼 되느니라

문익점은 고려시대 목화를 재배해 유명해진 분입니다.

지금은 몰래 붓통에 목화씨앗을 가져온 것으로 알려져 있지만 사실 당시 목화는 원나라에서 반출을 금지시킨 품목이 아니었습니다. 다만 당시 고려의 공민왕을 따르지 않았다는 이유로 낙향한 문익점이 고향에 숨어서 농사를 짓기 위해 목화를 가져온 것입니다.

문익점은 3년의 고생 끝에 겨우 목화 한 그루를 재배했는데, 이 목화가 전국에 퍼져 백성들이 사계절 내내 솜옷을 입게 되었습니다. 그리고 그 공을 인정받아 우왕 시절에 다시 벼슬을 할 수 있었습니다. 이후 불안한 정치상황의 고려 말기였지만 왕이 바뀌고 신하들이 죽어나가도 문익점은 목화를 재배한 실력을 인정받아 특별대우를 받았습니다.

고려가 망하고 조선이 개국된 때에도 정몽준 편에 섰던 사람들은 거의 모두 참수를 당했지만 문익점은 목화씨를 재배한 공을 인정받아 오히려 공신의 자리에 올랐고, 그 후손들까지도 목화씨 문익점이라는 이름 때문에 관직을 하며 풍요롭게 살 수 있었습니다.

나의 모습이 연약하고 부족하다 하더라도 전도에는 항상 신경을 써야 합니다. 오늘 내가 뿌린 복음의 씨앗은 언젠가 반드시 꽃이 필 것이고 그 중에는 더 많은 사람들을 주님께로 인도하는 거목도 생길 것입니다. 나의 모습에 낙심치 말고 복음을 전하는 일을 게을리 마십시오. 반드시 복되고 형통할 것입니다.

🖤 주님, 한 명의 결실을 위해 세월을 아까워하지 않게 하소서.
🔲 한 영혼을 전도함으로 하나님이 가장 기뻐하시는 일을 하십시오.

나의 영적 일지

의무입니까? 기쁨입니까?

읽을 말씀 : 시 119:41-48

●시 119:47,48 내가 사랑하는 주의 계명들을 스스로 즐거워 하며 또 내가 사랑하는 주의 계명들을 향하여 내 손을 들고 주의 율례들을 작은 소리로 읊조리리이다

최근 세계수학자대회가 한국에서 처음으로 열렸습니다.

영어와 더불어 한국에서 가장 중요하게 취급되는 과목이기 때문에 많은 학생과 학부모들이 이 대회에 관심을 가졌고 더불어 현재 한국 학생들의 수학수준을 궁금해 했습니다.

65개국을 대상으로 조사하는 국제 학업성취도 평가에 따르면 한국 학생들의 수학 평균점수는 세계 1위였습니다. 옥스퍼드 수학과 김민현 교수는 "한국의 수포자(수학을 포기한 자)들이 미국의 우수한 학생들보다 수학 실력이 뛰어나다"고 까지 말했습니다.

그러나 실상을 알고 보면 이야기가 조금 달라집니다. 수학 공부를 하는 내적동기를 보면 조사된 나라의 평균을 0점으로 잡을 때 한국은 -0.2점으로 대부분 억지로 공부를 했습니다. 반대로 스트레스 수치를 나타내는 불안감은 0.31로 매우 높았고, 수학이 미래나 직업 선택에 도움이 될 것이라고 생각하는 도구적 동기도 -0.39로 매우 낮았습니다. 종합해보면 한국 학생들은 수학이 전혀 도움이 안 될 것으로 생각하지만 외부적 압박에 의한 불안감과 스트레스 때문에 억지로 공부를 하고 있었습니다.

의무감으로 억지로 하는 일에는 뭐든지 한계가 있습니다. 진정으로 기뻐하는 일을 할 때 성과는 알아서 따라옵니다. 축복을 바라는 마음이 아닌 순수한 감사의 마음으로 하나님을 예배하십시오. 반드시 복되고 형통할 것입니다.

♡ 주님, 하나님을 향한 순수한 열정의 마음을 갖게 하소서.
🎴 순전한 마음을 드리는 예배를 통해 진정한 기쁨을 맛보십시오.

나의 영적 일지

정체성을 드러내라

읽을 말씀 : 시 119:5-16

● 시 119:9 청년이 무엇으로 그의 행실을 깨끗하게 하리이까 주의 말씀만 지킬 따름이니이다

테러리스트들이 범죄를 저지를 때 복면을 쓰는 이유는 신변을 가리기 위해서입니다.

그러나 학자들은 복면으로 '익명성'이 보장되기 때문에 테러리스트들이 더 잔인해지고 끔찍한 범죄를 저지를 수 있다고 합니다.

인터넷도 익명성이 보장되기 때문에 수많은 사람들이 악성 댓글로 사람들을 공격하며 원색적인 비난을 하고 있습니다.

하지만 악성 댓글을 달아 경찰에 고소가 된 사람들을 실제로 보면 사회에 문제없이 적응해 살고 있는 일반인들이 상당수라고 합니다. 한 마디로 "이런 사람이 어떻게 이런 댓글을 달수가 있나" 싶은 사람들이 대부분이라고 합니다.

세계대전 때 중범죄를 저지른 범인들을 하나씩 조사한 한나 아렌트도 범죄자들의 대부분이 성실하고 평범한 우리와 같은 보통 사람들이라는 사실을 알고는 깜짝 놀랐습니다. 그래서 그는 평범하고 성실한, 심지어 착한 사람들도 적절한 조건이 갖춰지면 누구보다 잔인해질 수 있다는 말과 함께 '악의 평범성'이라는 말을 했습니다.

내가 누구인지 모르는 상황에서 드러나는 것이 나의 본 모습입니다. 익명 속에서 악을 행하며 그럴 듯한 이유로 합리화를 하지 말고 어떤 상황에서나 그리스도인의 정체성을 당당하게 드러내는 하나님의 자녀가 되십시오. 반드시 복되고 형통할 것입니다.

♥ 주님, 하나님 앞에 감출 수 있는 것은 아무것도 없음을 깨닫게 하소서.
🔲 익명이 보장되는 공간에서 더욱 말과 반응을 조심하십시오.

나의 영적 일지

간디의 네 가지 조언

12월 13일

읽을 말씀 : 행 17:16-31

● 행 17:23 내가 두루 다니며 너희가 위하는 것들을 보다가 알지 못하는 신에게라고 새긴 단도 보았으니 그런즉 너희가 알지 못하고 위하는 그것을 내가 너희에게 알게 하리라

인도의 지도자 간디가 인도로 선교를 온 스탠리 존스를 만난 적이 있었습니다. 기독교인은 아니었지만 예수님을 존경하고 교회를 나쁘게 생각하지 않았던 간디는 존스 선교사님에게 인도에서의 효과적인 선교를 위해 다음의 네 가지 조언을 했습니다.

1. 먼저 당신을 비롯한 인도에 머물고 있는 모든 기독교인들이 예수 그리스도처럼 살아가십시오. 내가 아는 예수님처럼 당신들이 우리에게 온다면 인도인들은 복음을 거부하지 못할 것입니다.

2. 세상과 타협하지 말고 당신들이 믿는 성경 말씀의 가르침을 지키십시오.

3. 사랑을 강조하십시오. 나는 사랑이야말로 기독교 정신의 핵심이라고 생각합니다. 이 사랑은 감정적인 것보다는 선행이나 봉사와 같은 어떤 일을 하게 하는 원동력으로의 사랑입니다.

4. 인도의 종교와 문화를 열린 마음을 가지고 공부하십시오. 호소력 있게 당신이 믿는 것을 전달하고 싶다면 상대방의 문화와 종교를 먼저 이해하고 존중하는 자세가 필요하기 때문입니다.

상대 문화와 종교를 존중하며 복음을 전하는 자세로 선교사님을 통해 수 만 명의 인도인들이 돌아왔습니다. 다른 것을 믿고 따르는 사람들일지라도 상대방을 이해하고 존중하고자 노력하십시오. 반드시 복되고 형통할 것입니다.

💛 주님, 배려하고 존중할 줄 아는 지혜와 관용의 사고방식을 갖게 하소서.
🧩 타인에 대한 존중과 배려를 하되 다원주의에 빠지지는 마십시오.

나의 영적 일지

실천으로 깨닫는 복음

읽을 말씀 : 살전 4:1-12

● 살전 4:9 형제 사랑에 관하여는 너희에게 쓸 것이 없음은 너희들 자신이 하나님의 가르치심을 받아 서로 사랑함이라

일본 메이지시대에 이시히 쥬지라는 유명한 크리스천 기업가가 있었습니다.

당시에는 일본에 제대로 된 교회도 없었고 선교사도 많지 않았습니다. 그래서 예수님을 알고자 하는 많은 사람들이 쥬지를 찾아왔는데 하루는 어떤 시각장애인이 찾아왔습니다.

"선생님, 저는 앞은 안 보이지만 사람들이 말하는 예수님이 누구인지 알고 싶습니다. 저 같은 사람도 예수님을 믿을 수 있을까요?"

쥬지는 점자 성경을 구해주면 되겠다 싶었으나 시각장애인은 점자를 모른다고 했습니다. 잠시 생각에 잠겼던 쥬지는 하는 일이 무엇인지 물었고 시각장애인은 안마사라고 답했습니다.

"그러면 일단 이렇게 해보십시오. 일을 마친 후에 잠깐이라도 짬을 내서 당신보다 훨씬 불쌍하다고 생각하는 사람에게 도움을 주고 오십시오. 그렇게 한 달을 실천해보고 오면 내가 전하는 예수님이 누구인지 쉽게 이해가 될 것입니다."

그런데 3주가 지나자 그 시각장애인이 찾아와 말했습니다.

"선생님, 하나님은 분명히 계십니다. 저는 시각장애인이지만 하나님을 분명히 만날 수 있었습니다."

하나님의 사랑을 실천하는 사람은 하나님을 만나는 방법을 아는 사람입니다. 배우고 깨달은 바를 실천함으로 살아계신 하나님을 만나십시오. 반드시 복되고 형통할 것입니다.

💙 주님, 예수님의 모습을 성경을 통해 배우고 마땅히 따라 살게 하소서.
🖼 예배 시간에 깨달은 바가 있다면 한 주간 실천하십시오.

나의 영적 일지

먼저 사랑하는 성도

읽을 말씀 : 요 13:31-35

●요 13:34 새 계명을 너희에게 주노니 서로 사랑하라 내가 너희를 사랑한 것 같이 너희도 서로 사랑하라

    2세기의 역사학자였던 셀서스는 '진실한 담화'라는 책을 통해 기독교를 비판했습니다.

    기독교를 비판한 최초의 공식적인 서적으로도 알려져 있는 이 책에는 다음과 같은 내용이 나옵니다.

    "기독교인들은 논리와 상식을 벗어난 사람들이다. 그들은 이제 막 인사를 나눈 사람들에게도 사랑한다고 고백을 하며 또 실제로 사랑하는 것 같은 행동들을 한다. 그들은 상대방이 누구인지도 모르는데 스스럼없이 그들의 의식을 치르는 모임에 받아들인다."

    얼핏 보면 그냥 당시 성도들의 모습을 서술한 것 같은 이 내용은 기독교인들이 상식을 벗어나는 행동을 한다는 비판입니다. 당연히 상대방의 경제적인 상황이라든가, 사회적 지위를 알고 나서 그에 해당하는 대우를 해야 하는데 당시 성도들은 노예와 주인을 따지지 않고, 또 있는 사람과 없는 사람을 따지지 않고 함께 모여 말씀을 읽고 교제를 나눴습니다. 당시의 문헌을 살펴보면 심지어 믿지 않는 사람들까지도 이런 모임 형식의 예배에 부담 없이 참여할 수 있을 정도로 당시 가정에서 모이던 예배 모임은 사랑이 충만했다고 합니다.

    죄인인 나에게 예수님이 먼저 찾아오신 것처럼, 상대방에 상관없이 먼저 다가가고 먼저 사랑하는 것이 그리스도인인 내가 해야 할 일입니다. 예수님의 사랑을 마음에 품고 먼저 사랑하십시오. 반드시 복되고 형통할 것입니다.

💙 주님, 예수님처럼 편견 없이 사람들에게 다가가게 하소서.
🖼 머릿속에 드는 좋은 생각들을 망설이지 말고 먼저 실천하십시오.

나의 영적 일지

영혼의 안전불감증

읽을 말씀 : 눅 17:1-10

12월 16일

● 눅 17:3 너희는 스스로 조심하라 만일 네 형제가 죄를 범하거든 경고하고 회개하거든 용서하라

미국 펜실베이니아 주에는 오래된 댐이 있었습니다.

워낙 노후가 돼서 해마다 정부의 기술자들이 나와서 점검을 했는데, 댐이 결코 안전하지 못하다는 결과가 나왔습니다. 정부는 댐 근처에 있는 존스타운 주민들에게 결과를 알리고 서둘러 이주를 하라고 했지만 주민들은 거절했습니다.

다음 연도에는 점검 결과가 더 안 좋게 나왔지만 여전히 주민들은 요지부동이었습니다. 정부가 반강제로 이주를 시키려하자 데모까지 해가며 반대했습니다.

"저기 저렇게 멀쩡하게 있는데 갑자기 무너진다는 것이 말이 되느냐?", "생길지 모르는 위험 때문에 지금까지 살던 곳을 버린다는 건 말이 안 된다"가 주민들의 주장이었습니다.

그러나 정부의 최후 경고가 있고 약 2주 뒤인 1889년 5월 31일에 심한 폭우를 견디지 못하고 결국 댐은 무너지고 말았습니다. 이미 대피한 몇십 명의 사람들을 빼고 약 2천여 명의 주민들은 쓸려오는 거대한 물살에 모두 목숨을 잃었는데 이는 미국 역사상 가장 큰 홍수로 인한 피해이자 오랜 경고에도 불구하고 일어난 예고된 사고였습니다.

성경에는 예수님이 다시 오신다고 예언되어 있고, 전문가들의 연구에 의하면 지금 세상의 징조를 봤을 때 예수님의 재림의 시기가 가까워졌다고 합니다. 예수님의 재림을 대비해 믿음을 점검 하십시오. 반드시 복되고 형통할 것입니다.

🖤 주님, 주님의 재림을 대망하게 하소서.
🖼 주님이 재림하시기 전에 전도할 사람을 찾아 전도 하십시오.

나의 영적 일지

생각의 흐름을 제어하라

읽을 말씀 : 신 15:1-11

● 신 15:9 삼가 너는 마음에 악한 생각을 품지 말라 곧 이르기를 일곱째 해 면제년이 가까이 왔다 하고 네 궁핍한 형제를 악한 눈으로 바라보며 아무것도 주지 아니하면 그가 너를 여호와께 호소하리니 그것이 네게 죄가 되리라

'사람이 하루에 하는 생각이 몇 가지나 될까?'라는 의문이 생긴 한 과학자가 있었습니다.

셰드 헴스테더 박사는 이 의문을 풀기 위해서 오랜 시간 동안 많은 사람들을 조사했는데 그 결과 사람은 하루에 5만 가지에서 6만 가지의 생각을 하고 그중 75%는 부정적인 생각이며 25%는 긍정적인 생각이라고 말했습니다. 가만히 두면 자연스럽게 부정적인 생각 쪽으로 하루의 삶이 흘러간다고도 생각할 수 있습니다.

한 컨설팅업체에서 회사원들을 대상으로 '회사에서 가장 듣고 싶은 말'을 조사했는데 상위 3가지는 다음과 같았습니다.

"수고했어."

"자네 때문에 이번 일이 잘 끝났군."

"실수할 수도 있지 뭐"

하루에 한 두 번 하기가 어려운 말이 절대로 아니지만 직장인들은 위의 말을 들을 때 가장 기분이 좋고 안정된다고 말했습니다.

사람들의 생각이 부정적으로 쏠려 있기 때문에 타인을 향한 말도 긍정적인 쪽보다는 부정적인 쪽으로 나옵니다. 잘못된 방향으로 가는 생각을 그대로 두지 말고 의식적으로 긍정적인 생각과 말을 하십시오. 반드시 복되고 형통할 것입니다.

♡ 주님, 악한 영에 생각의 흐름을 뺏기지 않고 항상 주님을 향해 있게 하소서.
▨ 감사와 기쁨으로 생각의 안테나를 수시로 돌리십시오.

나의 영적 일지

얽매임에서 자유하라

읽을 말씀 : 고후 3:12-18

●고후 3:17 주는 영이시니 주의 영이 계신 곳에는 자유가 있느니라

   빌리 그래함 목사님은 120살까지 살았던 모세의 인생을 다음과 같이 정리했습니다.

   - 모세는 40년 동안 자신이 대단한 인물인 줄 알고 살았다.

   - 모세는 다음 40년 동안 자기가 아무것도 아닌 작은 존재라는 걸 깨달았다.

   - 모세는 마지막 40년 동안 자기같이 아무것도 아닌 사람을 하나님이 크게 쓰실 수도 있다는 것을 발견했다.

   신체조건만 놓고 보면 중증장애인인 헬렌 켈러는 많은 사람에게 귀감이 되는 훌륭한 삶을 살았습니다. 장애의 어려움을 극복하고 열심히 공부해 하버드 대학교를 졸업하던 날 그녀는 이런 간증을 했습니다.

   "저는 오늘 세계 최고의 명문인 하버드 대학교를 졸업합니다. 그러나 지금까지의 제 인생에서 가장 귀한 가르침은 바로 하나님의 사랑입니다. 하나님의 사랑을 통해 저는 모든 장애와 허물을 벗어버리고 자유할 수 있었습니다. 인간은 하나님의 사랑을 받아들이기 전까지는 무언가의 노예로 살아갑니다. 그래서 저는 이 자랑스러운 졸업장을 받는 순간에도 하나님을 향한 사랑을 고백합니다."

   나라는 존재에 얽매여 있지 않을 때 하나님이라는 본질로 돌아갈 수 있습니다. 내가 아닌 나를 통해 일하시는 하나님을 의지하십시오. 반드시 복되고 형통할 것입니다.

💙 주님, 저의 몸과 마음이 하나님이 사용하실 수 있는 도구가 되게 하소서.
🎴 모세의 삶의 어느 단계에 나의 삶이 위치하고 있는지 생각해 보십시오.

`나의 영적 일지`

하나님이 기뻐하시는 예배

읽을 말씀 : 시 99:1-9

● 시 99:9 너희는 여호와 우리 하나님을 높이고 그 성산에서 예배할지어다 여호와 우리 하나님은 거룩하심이로다

미국 올란도제일침례교회에서는 오늘날 성도들의 잘못된 예배모습을 꼬집기 위해 찬양을 개사해 부른 적이 있었습니다.

'주의 사랑을 영원히 노래하리라'는 '주의 사랑을 주일에만 노래하리라'로, 찬송가 '내게 있는 모든 것을'은 '내게 있는 적은 것을'으로 바꿔서 불렀고, 또 경건함을 나타내려고 손을 드는 동작을 억지로 하거나, 중간 중간 지나치게 등장하는 찬양 인도자의 멘트도 "나를 위해 나를 높입시다" 등으로 표현했습니다. 그리고 다른 찬양의 가사들도 친목도모를 위해 교회에 오고, 사람들에게 잘 보이려 외모에만 신경을 쓰고, 습관처럼 찬양하는 모습들을 꼬집는 가사들로 바꾸었습니다.

이런 모습은 실제 찬양으로 드려진 것이 아니라 데이비드 목사님이 이날 설교 제목인 '잘못된 예배'의 이해를 돕고자 찬양팀이 미리 준비한 퍼포먼스였습니다. 그러나 현재는 세계 각국의 언어로 자막이 달려 인터넷 사이트를 통해서 빠르게 퍼져나갔고, 사람들은 이 영상을 보며 매우 재밌어 했지만 또한 반성을 했으며, 하나님께 드릴 제대로 된 예배에 대해서 생각을 하게 되었다는 반응을 보였습니다.

하나님이 기뻐 받으시는 예배는 화려하고 웅장한 스케일과 경건해 보이는 모습이 아니라 마음으로 드리는 예배입니다. 내 마음 가장 깊은 곳에 있는 중심으로 하나님께 나아가는 예배를 드리십시오. 반드시 복되고 형통할 것입니다.

💜 주님, 형식적이고 겉으로만 드리는 예배를 탈피하게 하소서.
🎴 주님이 즐겁게 받으시는 예배가 어떤 것일지 성도들과 토론해 보십시오.

나의 영적 일지

일상에 거하시는 하나님

12월 20일

읽을 말씀 : 롬 8:18-26

● **롬 8:26** 이와 같이 성령도 우리의 연약함을 도우시나니 우리는 마땅히 기도할 바를 알지 못하나 오직 성령이 말할 수 없는 탄식으로 우리를 위하여 친히 간구하시느니라

미국 상원 원목이었던 피터 마샬 목사님께 한 성도가 물었습니다.

"목사님, 제 삶이 하나님과 함께 하는 삶이라는 걸 어떻게 알 수 있습니까?"

목사님은 훗날 자신의 저서에 이 문제에 대한 해답을 다음과 같이 적었습니다.

"하나님께서 여러분의 찬송 가운데만 계시고 여러분이 쓰는 글과 하는 말에는 계시지 않는다면 지금 여러분의 신앙은 무언가 잘못된 것입니다.

당신이 주부라면 일하는 부엌에서 하나님이 계셔야 합니다. 당신이 취미로, 또는 재미로 하는 곳에 하나님을 모시고 갈 수 없다면 당신이 즐기는 일들에는 무언가 문제가 있는 것입니다.

지금 나의 모습을 하나님이 바라보실 때 미소를 지으실지 확신이 없다면 지금 당신이 하고 있는 생각에는 분명 문제가 있을 것입니다.

진정 훌륭한 믿음은 천사가 보이고 하나님의 음성이 들리고 기적과도 같은 일을 체험하는 것이 아닙니다. 오늘 날을 사는 우리에게 필요한 것은 바로 매일 나의 삶 속에 거하는 하나님을 믿는 일입니다."

하루의 예배를 성공하는 사람이 인생의 예배를 성공할 수 있습니다. 오늘 나와 함께 하시는 주님을 신령과 진정으로 예배하십시오. 반드시 복되고 형통할 것입니다.

♥ 주님, 24시간 주님과 동행하는 천국의 삶을 살게 하소서.
▨ 어제 나의 일상에서 만난 주님을 묵상해보십시오.

나의 영적 일지

가장 우선에 두는 일

읽을 말씀 : 미 6:19-34

●마 6:33 그런즉 너희는 먼저 그의 나라와 그의 의를 구하라 그리하면 이 모든 것을 너희에게 더하시리라

돈도 없고 학력도 별 볼일 없는 평범한 남자가 있었습니다.

그런데 이 남자가 어느 날 어떤 결심을 한 뒤에 계속해서 성공을 하기 시작했습니다. 이 남자가 새로운 결심을 한 뒤 11년이 지나고 펩소던트 컴퍼니라는 대그룹의 사장 자리에까지 올랐는데, 사장의 취임식에서 그는 자신의 성공 비결인 11년 전의 결심이 무엇인지를 밝혔습니다.

"많은 사람들이 저 같은 사람이 어떻게 이런 성공을 거두었는지 궁금해합니다. 저는 11년 전에 한 가지 결심을 했는데 그것은 일을 중요한 순서대로 처리하는 것이었습니다. 그러나 막상 실천하려니 바쁜 출근시간에 쫓겨 제대로 순서를 정할 수가 없었습니다. 그래서 새벽 5시에 일어나 오늘 가장 중요한 일이 무엇인지, 어떤 순서대로 일을 처리해야 하는지 계획을 세우기 시작했습니다. 그리고 그 결과가 지금 이곳에서 있는 바로 저입니다."

무작정 많은 일을 하는 사람보다는 먼저 필요한 일을 하는 사람이 성공합니다. 내 인생에 가장 중요한 일은 무엇입니까? 그 일을 위해 어떤 일을 하고 있습니까? 그 일들을 위해 시간을 내고 있으며, 또 그 일들 안에 주님을 위한 시간도 포함되어 있습니까? 이른 아침 시간에 먼저 주님을 예배하고 말씀을 묵상하십시오. 반드시 복되고 형통할 것입니다.

♥ 주님, 인생의 가장 귀한 때를 언제나 주님께 드리는 믿음을 주소서.
🎴 하루의 큐티, 일주일의 주일, 인생의 신앙을 먼저 우선에 놓으십시오.

나의 영적 일지

행복을 찾는 비결

읽을 말씀 : 시 7:8-17

●시 7:10 나의 방패는 마음이 정직한 자를 구원하시는 하나님께 있도다

영국 속담 중에는 행복과 관련된 다음과 같은 말이 있습니다.
"하루를 행복하게 지내고 싶은가?
그렇다면 이발을 하면 된다.
일주일을 행복하게 지내고 싶은가?
그렇다면 결혼을 하면 된다.
한 달을 행복하게 지내고 싶다면 차를 새로 사면 되고,
일 년을 행복하게 지내고 싶다면 근사한 새집을 지어라.
그러나 만약 평생을 행복하게 살고 싶다면
그것은 정직하게 사는 방법 밖에는 없다."
정직은 평생을 행복하게 사는 방법입니다. 정직한 길은 언제나 손해를 보고 어리석어 보이지만 마음을 깨끗하게 하고 하나님이 인도하시는 형통한 길로 걸어가는 지름길입니다. 요셉은 정직한 말과 행동으로 노예가 되었고, 감옥에 들어갔지만 마침내 하나님은 요셉을 초강대국인 이집트의 총리로 세우셨습니다. 작은 일에도 정직하게 최선을 다하며 하나님 앞에서도 정결한 마음으로 사십시오. 반드시 복되고 형통할 것입니다.

♥ 주님, 모든 일에 정직할 수 있는 정결한 마음과 용기를 주소서.
▨ 작은 거짓부터 멀리하며 경건한 삶을 이루십시오.

나의 영적 일지

끝까지 성공한 인생

읽을 말씀 : 민 14:39-45

● 민 14:41 모세가 이르되 너희가 어찌하여 이제 여호와의 명령을 범하느냐 이 일이 형통하지 못하리라

망 카리오라는 필리핀의 건축가는 경찰의 요청으로 마을의 유치장을 새로 짓기 시작했습니다.

카리오는 특수 제작된 강철을 사용해 만에 하나 모를 범죄자의 탈옥을 대비했고, 그러면서도 경찰서의 전체 미관을 해치지 않게 디자인적인 측면도 고려하며 심혈을 기울였습니다. 공사는 며칠 만에 끝이 났고, 경찰들은 새 유치장을 매우 마음에 들어 했습니다.

무사히 공사를 끝낸 카리오는 돈을 두둑하게 받았는데, 자랑하고 싶은 마음에 친한 친구들을 모두 불러 유치장을 구경시켜주고 근처 술집에서 밤새 술을 마셨습니다. 그러나 만취를 한 상태에서 집을 가려고 운전대를 잡는 실수를 저질렀고 단속 중이던 경찰에 잡혀 음주음전 죄목으로 유치장에 갇혀 재판을 기다리는 신세가 되었습니다. 훌륭한 건축가인 카리오는 자기가 지은 유치장에 자기가 가장 먼저 갇히는 신세라는 것이 알려져 마을의 놀림감이 되고 명성이 크게 깎였습니다.

하나님을 알지 못하고 최선을 다하는 인생이 이와 같습니다. 아무리 대단한 업적을 이루었다 하더라도 하나님을 알지 못하면 죄의 연장선상에서 살아가는 끝은 사망인 인생이기 때문입니다. 하나님을 먼저 제대로 알고 말씀을 따라 정도를 걸어가십시오. 반드시 복되고 형통할 것입니다.

🖤 주님, 먼저 말씀을 통해 주님의 뜻을 이해하게 하소서.
🎴 매일 묵상하는 말씀들이 내 삶에 이루어지기를 기도하십시오.

나의 영적 일지

하나님이 보실 수 있는 등

12월 24일

읽을 말씀 : 요 20:24-31

● 요 20:31 오직 이것을 기록함은 너희로 예수께서 하나님의 아들 그리스도이심을 믿게 하려 함이요 또 너희로 믿고 그 이름을 힘입어 생명을 얻게 하려 함이니라

덴마크의 코펜하겐에서 한 성탄절날 새벽에 급한 전화가 왔습니다.

다급한 목소리의 여성은 거의 울부짖으며 무작정 살려달라고만 했습니다. 전화를 받은 소방관 에릭은 여인을 진정시켜 집주소나 전화번호를 물었지만 여자는 큰 충격을 받았는지 무조건 모른다고만 하며 창밖으로는 아직 환한 빛이 보인다고 했습니다.

에릭은 새벽까지 불이 켜져 있다면 일단 코펜하겐에서 번화가에 가까운 주택일거라 생각을 해 예상 후보지를 선정한 뒤에 소방차를 보냈습니다. 그리고 소방차들이 돌아가면서 사이렌을 켜 전화기에서 사이렌 소리가 들리는 곳을 찾았습니다. 예상되는 지역의 주택가에 도착한 에릭은 소방차의 확성기를 최대한 크게 올려 다음과 같이 외쳤습니다.

"여러분, 지금 여러분 이웃 중의 한 명이 목숨이 위독한 상황입니다. 다급한 상황이니 제 말이 들리는 분들은 제발 집안의 불을 모두 꺼주십시오."

잠시 뒤 한 집만 빼고는 모든 집의 불이 꺼졌습니다. 유일하게 불이 켜져 있는 집에는 소방서에 전화를 걸었던 위독한 여성이 있었고 곧바로 병원으로 실려가 목숨을 건질 수 있었습니다.

세상 사람들이 성탄의 분위기에 취해 중요한 복음을 잊고 있을 때도 우리는 본질을 기억하고 있어야 합니다. 세상의 분주한 모습들에서 살짝 떠나 주님만 보실 수 있는 마음의 등을 켜십시오. 반드시 복되고 형통할 것입니다.

💛 주님, 혼잡한 세상을 떠나 조용히 경건하게 성탄을 맞게 하소서!
🖼 경건한 마음으로 가족과 함께, 성도들과 함께 성탄을 준비하십시오.

나의 영적 일지

하나님의 사랑의 속삭임

읽을 말씀 : 마 1:18-25

● 마 1:23 보라 처녀가 잉태하여 아들을 낳을 것이요 그의 이름은 임마누엘이라 하리라 하셨으니 이를 번역한즉 하나님이 우리와 함께 계시다 함이라

　호주에 사는 케이트 오그는 임신을 한 지 7개월 만에 쌍둥이를 출산했습니다.

　조숙아인데다가 쌍둥이라 아이들의 상태가 염려가 되었는데, 딸인 에이미는 다행히 건강하게 태어나 성장에 무리가 없었으나 아들인 제이미의 상태가 매우 심각했습니다.

　제대로 숨을 쉬지 못하는 제이미를 의료진은 태어나자마자 20분간이나 응급처치를 시도했지만 숨은 돌아오지 않았습니다. 의사는 의학적으로 사망진단을 내리고 이 안타까운 소식을 케이트 씨와 남편에게 알렸습니다. 케이트 씨는 아들을 떠나보내기 전에 잠시 안아보게 해달라고 했고 의사는 허락해주었습니다.

　제이미를 품에 안은 케이트 씨는 계속해서 귀에다 대고 사랑한다는 말을 속삭여주었고, 입을 맞추고 젖을 물리며 2시간 동안이나 보살폈습니다. 그리고 이별을 고하려는 순간 기적처럼 제이미가 숨을 쉬기 시작했습니다. 아기가 살아났다는 소식을 듣고 달려온 의사들은 있을 수 없는 일이라 놀라워했지만 현재 제이미는 건강히 자라 다른 아이들과 같은 삶을 살아가고 있습니다.

　이 땅에 오신 예수님은 이미 죄로 죽은 나를 위한 하나님의 끊임없는 사랑의 속삭임입니다. 예수님을 믿음으로 그 음성에 귀를 기울일 때 죽은 우리에게 생명의 기쁨이 찾아옵니다. 즐거운 성탄을 통해 그 기쁨을 누리고 또 전하십시오. 반드시 복되고 형통할 것입니다.

♥ 주님, 전심을 다해 기뻐하며 찬양하는 성탄이 되게 하소서.
▨ 예수님을 보내주신 하나님의 사랑에 감사하며 감격하는 성탄을 보내십시오.

나의 영적 일지

내 인생의 가격

읽을 말씀 : 딤후 4:1-8

12월 26일

● 딤후 4:8 이제 후로는 나를 위하여 의의 면류관이 예비되었으므로 주 곧 의로우신 재판장이 그 날에 내게 주실 것이며 내게만 아니라 주의 나타나심을 사모하는 모든 자에게도니라

인천에서 열린 아시안게임에서 우리나라는 역대 최고는 아니지만 우수한 성적으로 2위에 올랐습니다.

인기종목과 비인기종목에 걸쳐 두루두루 두각을 나타낸 이번 대회에서도 어떤 선수들은 감동적인 스토리를 통해 금메달을 목에 걸었지만 아깝게 금메달을 놓쳐 은메달을 딴 선수들도 매우 많았습니다.

그렇다면 최고의 명예를 나타내는 이 메달의 가치는 얼마나 될까요?

한국 조폐공사에 따르면 금메달은 30만원, 은메달은 10만원, 동메달은 4만 원 선의 제작비용이 든다고 합니다.

아시아에서 제일의 선수에게 주기에는 너무나 초라한 보상입니다. 게다가 나라에서 주는 보상을 더해도 그 금액은 결코 크지 않습니다. 그러나 그럼에도 많은 선수들이 금메달을 위해 4년 동안 피와 땀을 흘리는 것은 금메달에는 제작비용으로 따질 수 없는 최고라는 명예가 주어지기 때문입니다.

천국에서 받을 의의 면류관은 세상의 그 어떤 것과도 비교할 수 없는 가장 귀한 성도들의 상급입니다. 세상에서의 재물과 명예, 지위를 얻기 위해 연연하지 말고 오직 천국의 상을 위해 달려가십시오. 반드시 복되고 형통할 것입니다.

🖤 주님, 세상이 아닌 하늘의 상을 바라보며 살아가게 하소서.
🎌 세상에서의 성공이 목표인지, 하늘에서의 성공이 목표인지 삶을 돌아보십시오.

나의 영적 일지

12월 27일

가슴을 이끄는 것

읽을 말씀 : 눅 24:17-32

● 눅 24:32 그들이 서로 말하되 길에서 우리에게 말씀하시고 우리에게 성경을 풀어 주실 때에 우리 속에서 마음이 뜨겁지 아니하더냐 하고

미국 조지아 주의 시골에 사는 로랜드 헤이즈라는 한 학생이 살고 있었습니다. 노래에 소질이 있던 학생은 교회에서 성가대 활동을 열심히 했지만 딱히 성악가나 가수가 되겠다는 생각은 없었습니다. 그런데 이 교회에 처음 나온 음악에 조예가 깊은 한 의사가 로랜드의 노래를 듣고 감명을 받아 식사에 초대했습니다. 로랜드는 의사의 집에서 식사를 하던 중 오디오에서 흘러나오는 세계적인 명테너 카루소의 노래를 듣게 되었습니다. 로랜드는 카루소의 노래를 듣는 순간 큰 감명을 받았고 자신도 저런 성악가가 되어야겠다고 생각했습니다. 훗날 이때 카루소의 노래를 듣던 감정을 로랜드는 이렇게 표현했습니다.

"그날 식사 때 카루소의 노래를 듣는 순간 제 가슴 속에서 요란한 종소리가 들리기 시작했습니다. 그날 이후로 카루소의 노래가 제 마음을 떠나지 않았습니다. 그 소리가 계속해서 들렸기 때문에 저도 그와 같은 삶을 살아가지 않고서는 버틸 수가 없었습니다."

로랜드는 비록 카루소와 같은 세계적인 성악가는 되지 못했고 앨범도 2장 밖에 내지 못했지만 성악을 기반으로 한 흑인영가로 큰 인정을 받아 그가 세상을 떠난 지 거의 50년이 되는 최근에도 베스트 앨범이 새로 나오기도 했습니다.

카루소의 노래를 들은 로랜드의 고백이 예수님을 만난 성도들의, 그리고 나의 고백이 되어야 합니다. 내 안에 계시는 주님의 음성을 청종하십시오. 반드시 복되고 형통할 것입니다.

♥ 주님, 말씀을 통해 가슴이 뜨거워지는 체험을 하게 하소서.
▨ 주님의 모든 말씀을 마음에 품고 기도하십시오.

나의 영적 일지

아는 것과 행하는 것

읽을 말씀 : 신 5:22-33

● 신 5:27 당신은 가까이 나아가서 우리 하나님 여호와께서 하시는 말씀을 다 듣고 우리 하나님 여호와께서 당신에게 이르시는 것을 다 우리에게 전하소서 우리가 듣고 행하겠나이다 하였느니라

　진시황이 아직 전국을 통일하지 못했을 때 진나라에는 여불위라는 상인이 모든 실권을 쥐고 있었습니다. 여불위는 당시 중국 전역에 퍼져있는 각종 고서와 풍습, 지혜로운 사람들의 이야기를 집대성해 '여씨춘추'라는 책을 만들었습니다. 그는 그 책에 세상 모든 진리가 있고, 틀린 것이 없다고 생각해 온 마을에 걸어놓고 틀린 내용을 찾아내는 사람에게 일만 금을 준다고 했습니다. 이 여씨춘추에는 다음과 같은 내용이 나옵니다.

　'아무리 자기를 즐겁게 하는 것일지라도 그것이 자신을 해하게 한다면 피해야 한다. 눈이 즐거워지는 볼거리라도 그걸 통해 눈이 먼다면 절대 봐서는 안 된다. 그러나 물욕은 인간의 감각을 해치지 않고 생명을 해치는 것이니 더더욱 멀리해야 하고 삼가야 한다.'

　그러나 정작 여불위 본인은 상인으로의 지위에 만족하지 못하고 왕이 되기 위해서 온갖 권모술수를 펼치다가 장성한 진시황에게 세력이 꺾이고 숙청당했습니다. 여불위가 만든 여씨춘추에는 물욕을 조심하라는 내용이 수도 없이 나오고 그 역시 그 책이 진리라고 생각했지만 아쉽게도 그의 삶에서는 그 진리를 발견할 수 없었습니다.

　세상의 모든 진리를 알고 있다 하더라도 실천하지 못한다면 아무런 이득이 없고 오히려 해가 되고 맙니다. 오늘 깨달은 하나님의 말씀을 즉각 실천하십시오. 반드시 복되고 형통할 것입니다.

♡ 주님, 주님이 본을 보여주신 삶을 따라 살아가게 하소서.
※ 말씀을 통해 깨달은 것을 적는 일지를 만들어 기록하십시오.

나의 영적 일지

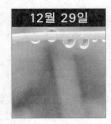

사명을 지키는 성도

읽을 말씀 : 고전 9:4-17

●고전 9:17 내가 내 자의로 이것을 행하면 상을 얻으려니와 내
가 자의로 아니한다 할지라도 나는 사명을 받았노라

　　빌리 그래함 목사님이 자신의 인생에서 가장 이겨내기 힘들었던 세 가
지 유혹에 대해서 말을 한 적이 있습니다.
　　"첫 번째 유혹은 상원의원에 출마하라는 공화당의 제안을 받았을 때
고, 두 번째 유혹은 공화당의 부통령으로 출마하라는 권유를 받았을 때
입니다. 그리고 가장 강력했던 세 번째는 미국의 한 재벌이 자신이 모든
비용을 댈 테니 세계에서 가장 이상적인 환경의 미션스쿨을 세워 달라는
요청을 했을 때입니다. 이 세 가지 유혹 모두 그럴싸한 타협으로 받아들
일 수 있었으나 저는 고심 끝에 모두 거절을 했습니다. 왜냐하면 저는 복
음을 전하는 전도자이지 정치를 하는 정치인이나 사업가, 교육가가 아니
기 때문입니다."
　　한나라에서 가장 높은 벼슬인 태위에 올랐던 양병은 젊어서 아내가 죽
어 홀몸이었으나 황제의 요청에도 결혼을 하지 않고 끝까지 정절을 지켰
습니다. 또한 일에 있어서도 청렴했고 인정이 많아 모든 백성들의 칭송을
받았습니다. 그는 자신의 마음을 지키는 비결에 대해서 '술과 여자, 재물
을 탐하지 않는 것'이라고 이야기했습니다.
　　결승점을 향해 앞만 보고 달려가는 것이 하나님의 사명을 맡은 사람의
자세입니다. 하나님께서 맡겨주신 사명에 방해되는 일에는 한눈팔지 마
십시오. 반드시 복되고 형통할 것입니다.

💗 주님, 유혹에 흔들리지 않고 맡겨주신 사명을 따라 평생 충성하게 하소서.
🖼 주님이 나에게 맡겨주신 사명이 무엇인지 마음을 살펴보십시오.

나의 영적 일지

사람의 생각의 한계

읽을 말씀 : 사 55:1-13

● 사 55:8 이는 내 생각이 너희의 생각과 다르며 내 길은 너희의 길과 다름이니라 여호와의 말씀이니라

"마음을 먹고 한 결심이 3일을 못 간다"는 뜻의 작심삼일은 본래 다른 뜻이었습니다.

작심삼일의 본래 뜻은 "결심을 하기 전에 3일을 고민한다"로 '삼일'의 기간이 '작심' 후에 일어나는 일이 아니라 전에 일어나는 일이었습니다.

그런데 신중한 결심을 나타내는 이 사자성어가 왜 빈약한 의지를 나타내는 뜻으로 바뀌었을까요? 정확한 해석이 나와 있지는 않지만 아마 3일이나 결심을 신중하게 하고 새롭게 일을 시작했지만 결국 그 일도 곧 흐지부지 됐기 때문에 이런 뜻이 되었다는 것이 학자들의 일반적인 해석입니다. "3일이나 신중하게 결정해서 마음을 먹었지만 그렇게 먹은 마음조차도 결국 3일을 가지 못한다"가 작심삼일의 숨은 뜻입니다.

해마다 연초에 새로운 결심을 하지 않는 사람들은 없습니다. "공부를 하겠다.", "자기 계발을 하겠다.", "새로운 언어를 배우겠다.", "술 담배를 끊겠다." 이렇듯 많은 결심을 하지만 막상 연말까지 그 뜻을 이루는 경우는 많지 않습니다. 예나 지금이나 인간은 그만큼 불안정하고 미약한 존재이기 때문입니다.

하지만 하나님의 계획은 다릅니다. 하나님은 나의 연약함과 부족한 모든 모습까지도 알고 계시며 그에 합당한 계획을 이미 세워놓으셨습니다. 올 한해 이루지 못한 일들에 대한 아쉬움은 모두 벗어버리고 완전한 계획을 세우신 하나님의 계획을 새로이 붙잡으십시오. 반드시 복되고 형통할 것입니다.

🖤 주님, 나의 생각을 넘어 일하시는 하나님의 계획을 따르게 하소서!
🧩 일의 결과로 실망하고 낙심하기보다는 다시 주님을 바라보십시오.

`나의 영적 일지`

감사로 마무리하는 한해

읽을 말씀 : 전 12:1-8

● 전 12:7 흙은 여전히 땅으로 돌아가고 영은 그것을 주신 하나님께로 돌아가기 전에 기억하라

  탈무드에는 "혀에게 감사를 가르치기 전에는 다른 어떤 말도 먼저 가르치지 말라"는 말이 있습니다.

  성경에는 "범사에 감사하라"는 말씀이 있는데 성경에 나오는 감사는 원어로 '유가리스티아'라는 단어입니다. 이 단어는 용법에 따라 다른 뜻을 가집니다. 동사로는 '깊이 생각하다'라는 뜻이 되고, 명사로는 '은혜, 행복'이 됩니다. 종합해보면 성경이 말하는 감사는 '내가 받은 은혜와 행복에 대해서 깊이 생각해보는 것'이라고도 말할 수가 있습니다.

  이런 깨달음이 있었기에 빌립 하워드는 "어떤 시련 속에서도 구원을 받은 하나님의 자녀들은 감사할 이유를 발견할 수 있다"고 말했고, 스피로스는 "하나님이 어떤 것을 주시든지 그것에 감사한다면 마귀를 물리칠 수 있다"라고 말했습니다. 그러므로 오늘 하루 나에게 일어난 일이 무엇인지, 올 한해 내가 어떤 삶을 살았는지에 관계없이 한해의 마지막에 우리가 하나님께 드릴 것도 오직 감사입니다.

  성도들에게는 지나온 한 해를 돌아보는 일이 오직 은혜이며, 오직 감사여야 합니다. 지난 한해를 함께 하신, 그리고 다음 한해도 함께 하실 하나님께 감사하십시오. 그리고 올 한해 도움을 준 많은 고마운 사람들과 가까운 사람들에게도 감사를 표현하십시오. 반드시 복되고 형통할 것입니다.

🤍 주님, 오로지 감사함으로 한해를 은혜롭게 마무리하게 하소서.

🖼 하나님, 가족, 친구, 동료에 대한 감사를 잊지 말고 표현하십시오.

나의 영적 일지

맞춤형
무릎 기도문 시리즈

30일 작정 기도서

기도가 답입니다! - 가정에 비상약이 있듯이 /비상 기도서도 함께!

가정❶ 30일용
자녀를 위한
무릎기도문

가정❷ 30일용
가족을 위한
무릎기도문

가정❸ 30일용
남편을 위한
무릎기도문

가정❹ 30일용
아내를 위한
무릎기도문

가정❺ 30일용
태아를 위한
무릎기도문

가정❻ 30일용
아가를 위한
무릎기도문

교회❶ 30일용
태신자를 위한
무릎기도문

교회❷ 30일용
새신자
무릎기도문

교회❸ 30일용
교회학교 교사
무릎기도문

기도❷ 수시로
선포(명령)
기도문

가정❼ 30일용
재난 재해 안전
무릎기도문(부모편)

"주님, 우리 자녀들이 재난 재
해를 당하지 않게 하옵소서!"

가정❽ 30일용
재난 재해 안전
무릎기도문(자녀편)

"주님, 제가 재난 재해를 당하
지 않게 하옵소서!"

망망한 바다 한가운데서 배 한 척이 침몰하게 되었습니다.
모두들 구명보트에 옮겨 탔지만 한 사람이 보이지 않았습니다.
절박한 표정으로 안절부절 못하던 성난 무리 앞에 급히 달려 나온 그 선원이
꼭 쥐고 있던 손바닥을 펴 보이며 말했습니다.
"모두들 나침반을 잊고 나왔기에 … "
분명, 나침반이 없었다면 그들은 끝없이 바다 위를 표류할 수밖에 없을 것입니다.

삶의 바다를 항해하는 모든 이들을 위하여 우리는 그 나침반의 역할을 하고 싶습니다.
우리를 구원하신 위대한 주 예수 그리스도를 널리 전하고 싶습니다.

"하나님은 모든 사람이 구원을 받으며 진리를 아는 데에 이르기를 원하시느니라"
(디모데전서 2장 4절)

네가 복되고 형통하리라

편저인 | 김장환
발행인 | 김용호
발행처 | 나침반출판사

발행일 | 2015년

등 록 | 1980년 3월 18일 / 제 2-32호
주 소 | 157-861 서울 강서구 염창동 240-21
　　　　블루나인 비즈니스센터 B동 1607호
전 화 | 본　사(02)2279-6321
　　　　영업부(031)932-3205
팩 스 | 본　사(02)2275-6003
　　　　영업부(031)932-3207

홈페이지 | www.nabook.net
이 메 일 | nabook@korea.com
　　　　　nabook@nabook.net

ISBN　978-89-318-1487-3
책번호 마-1047

값은 뒷표지에 있습니다.